文革中的公民權競爭與集體暴力

三十‧三十書系

文革中的公民權競爭
與集體暴力

楊麗君　著

趙曉靚　譯

中文大學出版社

■ 三十 · 三十書系

《文革中的公民權競爭與集體暴力》

楊麗君 著
趙曉靚 譯

國際統一書號 (ISBN)：978-988-237-080-7

出版：中文大學出版社
　　　香港 新界 沙田 · 香港中文大學
　　　傳真：+852 2603 7355
　　　電郵：cup@cuhk.edu.hk
　　　網址：www.chineseupress.com

■ 30/30 SERIES

Contest for Citizenship and Collective Violence
during China's Cultural Revolution (in Chinese)
　　By Yang Lijun
　　Translated by Zhao Xiaojing

ISBN: 978-988-237-080-7

Published by The Chinese University Press
　　　　　The Chinese University of Hong Kong
　　　　　Sha Tin, N.T., Hong Kong
　　　　　Fax: +852 2603 7355
　　　　　Email: cup@cuhk.edu.hk
　　　　　Website: www.chineseupress.com

Printed in Hong Kong

群峰並峙　峰峰相映

《三十‧三十書系》編者按

在中國人的觀念裏，「三十年為一世，而道更也」。中華人民共和國建國迄今六十餘年，已歷兩世，人們開始談論前三十年與後三十年，或強調其間的斷裂性及變革意旨，或著眼其整體性和連續性。這一談論以至爭論當然不是清談，背後指向的乃是中國未來十年、二十年、三十年以至更長遠的道路選擇。

《三十‧三十書系》，旨在利用香港中文大學出版社獨立開放的學術出版平台，使不同學術背景、不同立場、不同方法的有關共和國六十年的研究，皆可在各自的知識場域充分完整地展開。期待群峰並峙，自然形成充滿張力的對話和問辯，而峰峰相映，帶來更為遼闊和超越的認識景觀。

自2013年起，《三十‧三十書系》已推出兩批共十種著作。首批四種探討的都是集體化時期的農村、農民和農業，但由於作者的背景、研究方法不盡相同，作品之間的立場和結論甚至互相衝突，恰恰拼合出了一個豐富而多元的光譜。第二批則試圖突破中國研究領域傳統研究對象的局限，地域分隔造成的研究盲點和不同學科間的專業壁壘，尋找代表全球視野下具有前瞻性、成長性的研究方向，展現一幅更開闊而富有生機的中國研究圖景。這些作品在同一平台上呈現時自然形成的照應、

互補，乃至衝突和砥礪，正切合了《三十‧三十書系》所期待的學術景觀——群峰並峙，峰峰相映。

此次推出的最新三種為：

高崢（James Z. Gao）《接管杭州：城市改造與幹部蟬變（1949–1954）》、洪長泰《毛澤東的新世界：中華人民共和國初期的政治文化》、楊麗君《文革中的公民權競爭與集體暴力》。

三位作者所共同面對的議題是人民共和國建國早期新政權志在創造新社會、新文化、新階級的宏大計劃和實踐——從最初政策的實驗與建設，到其後的破壞與重建。1949年共產主義革命勝利之後，新政權如何著手對社會進行符合革命理想的全面改造，以確立其統治的合法性？它又如何試圖通過文化政策和宣傳運動，創造出一個新世界和新文化？而隨著國家權力在社會中的逐步滲透所確立的新制度結構，在文化大革命中又如何被衝擊破壞，並導致失控的集體暴力？

《接管杭州》被譽為研究共產黨接管中國城市的「一個標本著作」，其討論圍繞1949–1954年間中國共產黨「解放」大城市杭州的過程展開。1949年共產主義革命的勝利帶來了新的困境：革命者發現，政權的更迭並不足以確立統治的合法性，亟需在文化和社會層面對「舊社會」的城市做更深入的改造，將之塑造成符合革命理想的新城市。改造在幹部培訓、城市政策的討論與制定等方面陸續展開，從中可以看到，革命者改造城市的同時，城市也給革命者自身帶來種種如「蟬變」般的複雜變化。

《毛澤東的新世界》審視在人民共和國最初十年，中共如何通過不同領域的宣傳運動和文化政策創造出一個「新世界」，加強人民對社會主義國家的認同。蘇聯影響、民族主義訴求和中共的專制統治是起支配作用的三種因素，它們之間的角力體現在天安門廣場擴建等建國之初的重要工程中。這些新的政治文化形式藉由不斷收緊的管制手段得到推廣，然而並非無往不利，在諸如年畫等事例中遭遇民眾無聲的抵抗。《美國歷史評論》曾評價，本書為中共「如何通過文化圖像和符號塑造一種新的集體想像建立了一幅扎實全面的圖景」。

　　《文革中的公民權競爭與集體暴力》首次引入「公民權競爭」的概念，在「制度性空間」的分析框架之下考察文化大革命中的派系鬥爭與集體暴力行為。人民共和國建立後，國家權力逐步滲透至社會各個角落，創造出等級森嚴的公民權分配制度。這一制度性空間遭到文化大革命的衝擊：國家無力提供社會穩定，群眾不得不在近乎無政府的狀態之下組建臨時同盟，為獲取公民權及與之掛鈎的政治、經濟與文化資源展開激烈競爭。本書「提供了甚具創見的制度論視角」，日文版於 2005 年獲日本大平正芳紀念學術獎。

　　書系第四批仍和之前一樣，兼收中、英文著作及譯著。本社一貫注重學術翻譯，對譯著的翻譯品質要求與對原著的學術要求共同構成學術評審的指標。因讀者對象不同，中文出版品將以《三十・三十書系》標識出版，英文專著則以單行本面世。

　　「廣大出胸襟，悠久見生成」是香港中文大學的大學精神所在。以此精神為感召，本書系將繼續向不同的學術立場開放，向多樣的研究理路開放，向未來三十年開放，歡迎學界同仁賜稿、薦稿、批評、襄助。

　　有關《三十・三十書系》，電郵請致：cup-edit@cuhk.edu.hk。

香港中文大學出版社編輯部

2019 年 6 月

獻給天國的父親

目　錄

圖表目錄

中文版序

　　在日文版出版十五年之後，承蒙香港中文大學出版社的厚愛，拙著中文版終於得以出版。十五年來海外文革研究領域取得了長足的發展，不少優秀著作相繼出版。筆者非常榮幸多年前的舊作能夠在這個時候呈現給中文讀者，使得這部舊作有機緣與日文之外的文革研究者以及廣大的讀者進行交流；同時也非常慶幸舊作在多年之後依然有出版的價值，為此深深感謝當年激發我對文革課題進行深度思考的學界師友和當時的學術環境。

　　筆者的文革研究始於在日本求學時期，2003年出版於日本御茶の水書房的拙著日文版《文化大革命と中国の社会構造：公民権の配分と集団的暴力行為》為筆者博士論文的縮減版。如果閱讀拙著的分析框架，讀者或許會發現筆者對文革中的派別行為和集體暴力的分析視角，頗具「時代」特徵。上個世紀末在學界被廣為探討的「國家和社會關係」理論、公共空間理論以及關於公民權的討論等，極大地影響了筆者的文革研究。之後，相關研究領域的學術關注有了很大的變化。也許正是這種變化，使得拙著的分析框架和分析概念在學術領域之內顯得有點「過時」。然而，從現實的角度看，筆者文中所指出的公權力對私人領域的介入、政治控制和政治忠誠競爭等分析不僅對於文革，即便用來分析當今中國社會依然有效。因此，在中文版出版之際，筆者並不打算對原著分析構架進行大的修訂。中文版在增補了近十餘年來文革研究領域的重

要著作的研究評述，並應匿名評審要求對主要分析概念「公民權」以及相關討論進行了些許補充之外，基本保持了日文版的原貌。不過，與日文版相比，筆者另外新增了探討公民權競爭策略的第七章，和討論文革中的集體暴力行為與社會秩序關係的第九章。這兩個章節以筆者分別在2005年和2007年發表於日本學術刊物《亞洲研究》和《歷史評論》上的兩篇論文為基礎修改而成。兩篇論文融入了筆者在日文版出版後對該課題的後續思考的部分內容。另外，日本版的終章完成於2001年，十多年之後的今天，文中所闡述的很多情況發生了變化，但是所分析的基本問題和產生問題的根源等卻並沒有改變，因而在中文版中，筆者保留了該文的原貌。如果讀者感覺異樣，那是因為文章反映的是中國於2001年的現狀。

在日文版寫作期間，筆者摯愛的父親離開了這個世界，異國求學中的筆者沒有能夠陪伴他走過最後的時光，成為終生的憾事。幾年前，恩師三谷孝先生也往生他界。曾經引領筆者走上學術路的加藤祐三老師、毛里和子老師、天兒慧老師、國分良成老師、坂元ひろ子老師、佐藤慎一老師、唐亮老師、中兼和津次老師等，而今大多已逾或即將迎來退休年齡。感嘆時光的變幻，欣慰的是曾經共學的友人們正成為學界的中堅。在中文版出版之際，再次感謝日文版後記中提及的所有師友，以及沒有言及、卻在異國求學過程中幫助和支持過筆者的眾多的友人。也想再次感謝原出版社御茶の水書房以及曾經提供出版資金援助的日本學術振興會；正是因為這兩個機構的提攜，當年一個學術新人的作品才有機會獲得出版，拙著才有可能在2005年獲得日本大平正芳紀念學術獎。這些幫助和肯定，成為了筆者在學術道路上持續探索的動力。

在本書中文版的出版過程中，很多人付出了勞力，特在此感謝。本書的譯者趙曉靚教授在繁忙的教學和研究之餘，以極大的耐心和熱誠完成了本書的翻譯工作；如果沒有她的努力，中文版不可能呈現給讀者。本書原計劃由浙江出版集團出版，只可惜因為諸種原因沒有順利進行。非常感謝浙江出版集團為翻譯工作支付了稿酬，以及負責人王利波女士在稿件編輯中所付出的辛苦。也感謝華南理工大學公共政策研究院的前

同事劉驥博士幫助促成了本書的翻譯。在本書的學術評審過程中，三位匿名評審員詳細閱讀了全書，並提出了頗具價值的評審意見，幫助筆者完成了中文版的修訂工作。中文版的修訂基本建立在對評審意見的回應之上。如果說中文版較之原著有些許增色，則完全歸功於三位評審員的意見。筆者感謝香港中文大學出版社給予本書出版的機會，以及負責該書出版工作的葉敏磊博士、余敏聰先生和楊彥妮博士在本書的出版過程中付出的辛苦。最後感謝先生鄭永年教授，本書的寫作過程也是一個與他不斷探討的過程，無論是日文版還是中文版中都融入了很多他的思考。

在本書中文版出版過程中，繼女鄭之涵因病英年早逝，筆者再度陷入傷痛中。願她在天國安好。

最後，衷心希望文革研究在任何地方都將不再是禁區的時日早日到來。

楊麗君

2018年於廣州

序 章

問題意識與研究史整理

　　無產階級文化大革命(以下簡稱「文革」)，又稱「十年浩劫」。在中華人民共和國的歷史上，通常將1966年5月(〈五‧一六通知〉發布)至1976年10月(毛澤東逝世、粉碎「四人幫」)的十年定義為文革時期。但本書則從爭奪公民權這一視角出發，將截至1969年4月中國共產黨的「九大」做為本書的分析對象。因為縱觀文革十年，儘管文革理念貫穿始終，比如過度強調階級鬥爭和重視政治運動等，但在文革的運動形式方面，頭三年和後七年存在著很大的不同。頭三年強調運動參與者的自主性，是自下而上的運動，而後七年則強調政治運動的組織性，回歸了文革之前黨領導下的自上而下的政治運動形式。毋庸置疑，發生於文革頭三年間的運動有著兩大突出特徵。第一是形形色色派別的結成、分化與重組，第二是集體暴力行為。為了分析導致這兩大現象產生的原因，研究者們從不同的角度進行了大量的研究。本書將在充分吸收前人研究成果的基礎之上，嘗試從制度論的角度重新探討這兩大現象。

　　序章部分將闡釋本書的問題意識，並對文革及社會運動的相關研究進行整理和分析。

第一節 問題提起

在學術界，很少有人對這樣一個判斷提出疑問：史無前例的文化大革命的前三年的最大特點，就是名目繁多的派別的形成、頻繁的變遷和重組 (這裏將其稱為派別的流動性) 以及在這一過程中集體暴力行為的不斷升級。這裏所使用的「派別」概念，並非指政治學領域常用的「政治派系」的語意，而是指文革期間群眾自發結成的社會組織。派別的流動性大致可分為三類。第一類是派別在政治舞台上的流動性。也就是說，在文革的某一時期，某類派別會因為得到毛澤東或是其他國家代理人的支持而成為政治舞台上的中心角色，但隨著運動方向的調整或是派別背後政治人物的倒台，其地位也很快會被其他派別所取代。第二類是派別組織自身的流動性，即為了應對變化的政治形勢，派別組織總是處於聯合、分化、解體、重組的不斷變化之中。文革期間雖存在著眾多的派別，但今日組成、明日解體，或是被其他派別吞併吸收乃至消亡的現象，亦屬常態。第三類是派別組織內部成員的流動性。也就是說，文革時期的派別內在結構鬆散，同一派別內部成員並不固定，隨時會有新的成員加入，也會有舊的成員退出。即便某派別能夠長期存在，派別的名稱也沒有變更，但派別中的成員相較於成立之初早已大相徑庭。上述三大流動性構成了文革期間社會政治生活的日常狀態。

與派別的不斷變化相伴而生的，是大規模的集體暴力行為。歐美不少學者將文革期間的集體暴力行為與20世紀30年代蘇聯的「大清洗」相提並論。[1] 日本學者加加美光行則認為文革與20世紀40年代的國共內戰同屬大規模的「同胞相殘的內亂」。[2] 蘇聯的「大清洗」造成約1,300萬

1　白霖 (Lynn T. White III) 著，岳經綸譯，〈解釋高潮中的革命〉，《社會科學學報》(文革專輯)，第7期 (1996年)，頁1–20。

2　加々美光行，〈総論：悲劇としての文化大革命〉，加々美光行編，《現代中国の挫折》(亞細亞經濟研究所，1986年)，頁3–20。

人遇害，大批知識分子被流放至西伯利亞。[3] 與之不同的是，文革中喪生的人數，由於缺乏資料，至今仍難以做準確的計算。[4] 但是從研究史[5]已經披露的事實來看，可以說文革期間所發生的集體暴力行為所造成的惡果絲毫不遜於蘇聯的「大清洗」。

通常來說，暴力行為根據其主體的不同可分為個人暴力、集體暴力和國家暴力三種類型。本書所要研究的暴力行為並非個人間的暴力，亦非軍隊、警察等國家機器所實施的國家暴力；由於其行為主體為派別，因而屬集體暴力行為。

文革期間的集體暴力行為，根據其行為主體可分為同質派別內部的集體暴力行為 (造反派內部不同派別之間的武鬥)、異質派別之間的集體暴力行為 (保守派與造反派之間的武鬥)、人民對非人民 (黑五類和黑幫等) 施加的集體暴力行為、派別成員對國家代理人所實施的集體暴力行為四類。維持社會秩序的穩定，防止各利益集團之間的衝突，原本是國家最為基本的職能，任何國家無一例外，只要政府職能正常運作，某一社會群體就難以對其他社會群體行使暴力。因此在研究文革期間的集體暴力行為時，就不能不追問，國家究竟起了什麼樣的作用？也就是說，在暴力發生之前，國家制度中是否存在誘導暴力發生的因素？在暴力發生之時，國家是採取措施制止暴力，還是反過來鼓勵暴力的發生，乃至助長暴力規模的擴大及事態的惡化？

上述四種集體暴力行為之一為群眾組織 (多數時候為造反派組織) 對黨政幹部所行使的暴力，即社會集團或派別對國家代理人所施加的暴力。那麼，為何國家會允許這種暴力發生？這個問題可謂理解文革的關

3　白霖，〈解釋高潮中的革命〉，頁4。
4　研究者稱文革中的遇難人數達 2,000 萬人。加々美光行，〈総論：悲劇としての文化大革命〉，頁3。
5　有關文革時期的集體暴力的事實，參照下述文獻：廣西文化大革命大事年表編寫組，《廣西文革大事年表》(廣西人民出版社，1992年)，頁53、111；文聿，《中國左禍》(北京：朝華出版社，1992年)，頁444。

鍵。毋庸置疑，要理解文革期間的派別衝突與集體暴力行為，除了關注和探討派別之間的衝突，還必須從以下兩個方面進行考察。首先是國家機構內部的衝突，尤其是作為政策決定者的國家領導人之間的權力鬥爭；其次是國家機構內部的衝突對於社會派別間的衝突所產生的影響。概括而言，筆者認為文革期間的派別衝突和集體暴力行為與國家內部的政策分歧及權力鬥爭有著密切的關係，甚至可以說衝突與暴力起因於國家領導人之間的對立，並得到了領導人的獎勵、容忍及默許。不僅如此，派別衝突與暴力主體的變化也與國家領導人間的衝突密不可分。因此，要分析派別的變化與集體暴力行為這兩大現象產生的原因，有必要發展一種能夠有效解釋文革中集體暴力行為的理論。而這種理論必須重視直接行為主體社會派別與間接行為主體國家這兩大要素，既把握兩者各自的變化，同時也考察兩者之間的互動，進而觀察這種互動是如何推動文革的進程。當然，重視國家和社會之間的互動並不僅僅指簡單地考察兩者間的相互影響，而是需要將這兩個行為主體放到同一個制度性空間設置，也就是文革發生的「場」中來考察。筆者認為，研究文革必須先要研究文革發生的制度性空間設置。因為正是這種制度性空間設置制約和規定著每一個參與者的行為特徵，也制約和規定著國家和社會的互動方式。再者，筆者也認為，在研究文革時，「時空」兩個要素非常重要。「時間」要素容易理解，指文革發生的時間軸。時間要素之所以重要，在於文革是一個動態的過程，其參與主體和運動目標在不斷變化，參與者對文革的認知、參與過程中發展出的策略和方法也在不斷變化。文革後期，人們常用「老運動員」來相互調侃或自稱。這裏，所謂的「老運動員」指的是久經政治運動的歷練、練就了在各種政治運動中自保技能的人。「空間」要素一方面指前面提到的制度性空間設置，另一方面指事件發生的地理空間，比如城市與農村的文革展開方式不同；即便都是城市，也由於很多因素不同而各具特色。把文革展開的「時空」要素納入到理論建構和文革參與主體的行為特徵考察中，既重視國家和社會自身的變化，又關注兩者間的互動及其對文革進程的影響，這正是本書所要進行的嘗試。在具體闡述本書的研究方法和理論框架之前，有必要

先討論一下迄今為止的文革研究。研究文革的文獻可說是汗牛充棟，這裏僅限與本書直接相關的探討文革中集體行為的研究文獻。

第二節　文革研究史及其不同解釋

由於學術環境和政治環境的差異，中國國內與國外有關文革的研究迥然相異。本節將分別論述中國國內、日本及歐美的文革研究史。

一、中國的文革研究

中國的研究者們常常會說：「『文革』雖然是發生在中國的事件，但有關『文革』的研究卻是在國外展開的。」事實也正是如此。究其原因，主要是由於中國國內關於文革的研究存在著種種「禁區」。中國共產黨中央委員會（以下簡稱「中共中央」）1981年發布的《關於建國以來若干歷史問題的決議》中規定了文革的官方解釋：「領導者錯誤發動，被反革命集團利用，給黨和國家及全國各族人民帶來深重災難的內亂。」這一官方解釋全面否定了文革，其目的既是為了保持黨的合法性，同時也為了「消除『文革』中的派別對立給現實生活造成的持續影響」。[6] 然而，這樣的解釋方法極大地制約了文革研究的範圍和可能性，同時國家也通過限制檔案資料的閱讀及對媒體加以直接或間接的干預，進一步強化了這一「制約」。例如，1988年國家下達了出版文革相關書籍必須經過特殊審批的通知。[7] 這種出版禁令延續至今，在文革發動五十餘年之後的今天，依然在禁錮著學者們對文革的研究探討。在對文革進行多角度的研究受到種種制約的背景之下，很多學者將研究視角從理論分析轉向了

6　王紹光，〈拓展文革研究的視野〉，劉青峰編，《文化大革命：史實與研究》（香港：中文大學出版社，1996年），頁516。

7　同上註。

歷史敘述，因此中國國內的文革研究多以揭露當時的某重大事件的內幕真相而見長，而且這類研究無不建立在黨的官方敘述之上，因而很難說是「價值中立」的客觀研究。

中國國內整理文革史的最早作品是由嚴家其和高皋完成的《文革十年史》。[8] 在這部著作中，作者主要使用公開出版的政府文件和文革中各個派別發行的印刷品兩類史料，對文革的歷史進行了梳理。後來作者承認，對這一研究的自我評價是由於受到政治上的限制，而無法對文革的歷史進行深入的分析。[9] 筆者認為作者的自評非常客觀和恰當。除此之外，王年一的《大動亂的年代》也對文革的歷史進行了細緻的梳理，引發了學界的關注，[10] 但遺憾的是仍未脫離重史實、輕理論的窠臼。

在研究者們從史學的角度對文革進行梳理的同時，文學家們也用藝術的手法對文革展開了思考，而且毋寧說文學家們的行動更為迅速。以揭露文革期間非人道的殘酷行為為主要內容的「傷痕文學」，早在文革剛剛結束的1976年就已經出現，並在當時得到了多數文革親歷者的支持和共鳴，但並沒有持續多久。「傷痕文學」降溫的原因之一是隨著時間的推移，人們共鳴的熱情逐漸減退，開始冷靜看待「傷痕文學」。很多人開始覺得虛構的文學作品並不是一個反思文革的好方法。原因之二是為了維護執政黨的領導威信和社會穩定，中共中央開始提倡對文革採取「向前看」的態度，對於「傷痕文學」的發展採取了間接的阻撓措施。儘管如此，文革親歷者們仍然具有記錄自身「痛苦經歷」的強烈願望。[11] 例如著名作家馮驥才在從1980年代中期到1996年的將近十年時間，用採訪的形式記錄了文革史。1990年代，由於1989年的天安門事件與文革中的群眾運動具有形式上的相似之處，因此即便未經歷過文革的年青一代，對於文革的關注度也不斷上升，但是仍然以探究「真相」者居多。

8　嚴家其、高皋，《文革十年史》(天津人民出版社，1986年)。

9　曾慧燕，〈採訪高皋〉，《九十年代月刊》，第67期 (1987年4月)。

10　王年一，《大動亂的年代》(河南人民出版社，1988年)。

11　馮驥才，《一百個人的十年》(江蘇文藝出版社，1997年)。

例如吳文光等從1992年到1993年期間採訪了五名紅衛兵並將採訪內容整理成文檔，不做評論、不做多餘的編輯、不做理論的分析，是製作者的三原則。[12] 1997年香港回歸之後，隨著國內日益開放，學者海外交流機會漸增，由於大陸對文革出版物的限制，大陸的文革研究者開始以香港作為文革學術著作出版的主要平台。同時，在海外從事研究的學者也把香港作為一個用中文發表文革研究著作的平台。

　　總體來看，從上個世紀末至今出版的中文文革書籍中，同之前的中文文革書籍一樣，以史料的挖掘和探究歷史真相為主。其中作為全景式文革史學研究的著作，有卜大華的《「砸爛舊世界」——文化大革命的動亂與浩劫》、[13] 史雲和李丹慧合著的《難以繼續的「繼續革命」——從批林到批孔》；[14] 從地方史或者行業部門對文革的展開做史學探討的，有馬繼森的《外交部文革紀實》[15] 和高樹華與程鐵軍合著的《內蒙文革風雷——一位造反派領袖的口述史》；[16] 以文革暴力為主題的，有宋永毅主編的《文革大屠殺》[17] 與譚合成的《血的神話——公元1967年河南道縣文革大屠殺紀實》；[18] 還有一些頗具史學價值的史料集，比如說中國文革歷史出版社出版的《文革中的檢討書》，[19] 由文革時期風雲人物卜大華、秦曉、李冬民、刪大富等出版的口述歷史集《回憶與反思：紅衛兵時代風雲人

12　吳文光，《革命現場1966》（台北：時報出版，1994年）。

13　卜大華，《「砸爛舊世界」——文化大革命的動亂與浩劫》（中華人民共和國史第六卷：1966–1968）（香港：中文大學出版社，2008年）。

14　史雲、李丹慧，《難以繼續的「繼續革命」——從批林到批孔》（中華人民共和國史第八卷：1972–1976）（香港：中文大學出版社，2008年）。

15　馬繼森，《外交部文革紀實》（香港：中文大學出版社，2003年）。

16　高樹華、程鐵軍，《內蒙文革風雷——一位造反派領袖的口述史》（香港：明鏡出版社，2007年）。

17　宋永毅主編，《文革大屠殺》（香港：開放雜誌社，2002年）。

18　譚合成，《血的神話——公元1967年河南道縣文革大屠殺紀實》（香港：天行健出版社，2010年）。

19　史實編著，《文革中的檢討書》（香港：中國歷史出版社，2011年）。

物口述歷史之一》，[20] 以及由冠名為西西弗斯文化出版社、在台灣出版的系列文革資料集。[21] 這一時期的文革史學研究與之前相比，最主要的變化為在史料的使用方面更加細緻，研究對象和主題也開始微觀化。

除了史學探究之外，幾本嘗試對文革作理論分析的書籍引人注目。其一是徐友漁的《形形色色的造反 —— 紅衛兵精神素質的形成和演變》，[22] 其二是唐少傑的《一葉知秋 —— 清華大學1968年「百日大武鬥」》，[23] 其三是印紅標的《失蹤者的足跡 —— 文化大革命期間的青年思潮》。[24] 徐友漁以探究紅衛兵造反原因、行為特徵以及紅衛兵運動的地域差異等為主要目的的著作《形形色色的造反》出版於上個世紀末，著者在吸收當時英文文革研究中佔主導的社會衝突論的解釋方法的同時，又強調文革之前官方革命和階級鬥爭意識形態灌輸在年輕人中所起的作用，及其在文革中如何影響紅衛兵的造反行為。徐認為「紅衛兵在文革中似乎不可理喻的造反行為，具有規律性的派別劃分和激烈的派別鬥爭，是文革前官方意識形態灌輸、毛在文革中巧妙地施展策略手段，以及當時中國社會和政治體制中業已存在的矛盾爆發這三方面因素相結合而發揮作用的結果」。[25] 儘管作者沒有明確指出，但可以看出作者在嘗

20　米鶴都主編，卜大華等著，《回憶與反思：紅衛兵時代風雲人物 —— 口述歷史之一》(香港：中國圖書有限公司，1999年)。

21　2016年，由約翰‧西西弗斯編撰，西西弗斯文化出版在台灣出版了系列文革資料集。該系列中以江青、周恩來、王洪文、姚文元、張春橋、康生等主要文革領導人在群眾集會中的講話來分類整理的系列書籍，是研究文革中主要領導人的行為特徵時非常重要的史料。

22　徐友漁，《形形色色的造反 —— 紅衛兵精神素質的形成和演變》(香港：中文大學出版社，1999年)。

23　唐少傑，《一葉知秋 —— 清華大學1968年「百日大武鬥」》(香港：中文大學出版社，2003年)。

24　印紅標，《失蹤者的足跡 —— 文化大革命期間的青年思潮》(香港：中文大學出版社，2009年)。

25　徐友漁，《形形色色的造反》，頁16–17。

試將國家要素加入到自1980年代以來主導著文革主流研究的社會衝突論範式的努力。這也是中國本土的文革研究學者與西方主導的文革研究的一次學術對話。在此之前，由於語言阻礙以及信息不通暢等多種因素，中國本土的文革研究學者與海外文革研究世界的學術對話並不多。

　　唐少傑關於清華大學派別鬥爭的研究主要聚焦於對1966年6月到1968年8月清華大學文革歷程的描述。作者對文革中曾經處於政治舞台中心的清華大學派系鬥爭的研究，有助於瞭解中央高層的權力鬥爭如何與派別行為之間的互利互動和摩擦。特別是作者對清華大學派別組織結構，以及這種組織結構如何影響到全國各地的造反運動的研究，非常具有啟發性。在關於文革派別鬥爭和暴力的原因解釋中，唐少傑將之歸結為「恐懼」，[26] 而對產生「恐懼」現象的深層制度因素沒有做進一步的分析，可謂該著作的不足。另外，關於清華大學派別鬥爭的研究，美籍學者韓丁（William Hinton）也曾在1972年出版過一部建立在對當事人訪談之上的著作《百日戰爭：清華大學的文化大革命》。[27] 在「百日大武鬥」結束時隔不久後對當事人的訪談，鮮明地呈現了當時的運動參與者對文革的認識、參與動機以及「革命」語言包裝下的各種利益和利害關係。這兩部優秀著作相互補充，為瞭解清華大學文革的諸方面提供了很好的幫助。筆者在寫作相關章節時，在第一手的史料之外，也將韓丁的訪談作為了第二手研究史料來使用，不過筆者的重點與韓丁的歷史史實呈現不同，在於在其歷史研究基礎之上，分析國家和社會的制度性空間配置結構之下，國家和社會的互動如何建構了派別行為。

　　如果說徐友漁和唐少傑的研究主要聚焦於文革參與者的行為（這兩位學者的研究中儘管都不同程度地涉及到文革中的異端思潮，但並非研究重點），出版於2009年、印紅標的《失蹤者的足跡》則是一部對運

26　唐少傑，《一葉知秋》，頁260–271。

27　W・ヒントン著，春名徹譯：《百日戦争 —— 清華大学の文化大革命》（平凡社，1976年）。

動中參與者的思想變動──異端思潮進行探討的力作。文革中的異端
思潮對理解文革具有非常重要的作用，可以説對異端思潮研究的重要
度一點都不低於對文革參與者造反行為的探討。然而遺憾的是，在中
外的文革研究史上，關於文革異端思潮的探討一直缺乏系統和深入的
研究，到目前為止對於文革異端思潮的書籍主要以史料集為主，[28] 這可
能與主流文革研究以海外學者為主、他者的關注視角以及語言文化的
障礙所導致的結果等因素有關。印紅標的研究集中討論了1966年到
1967年的十年間流行的、來自「左」或者「右」的各種青年思潮，並對其
產生的政治社會環境作分析。作者認為1966年到1968年青年異端思潮
的大量湧現主要在於文革所倡導的「大民主」，給青年在「擁護文化大革
命的前提下，有了不經黨政領導批准，自主發表言論、結成團體、出
版報紙刊物的機會，不同的觀點得以在特定環境內爭鳴、論爭，形成
思潮活躍的局面」；1968年以後的異端思潮的大量湧現，則得益於「上
山下鄉」之後的年輕人在農村得以掙脱官方意識形態的管束，形成「民
間思想村落」。[29] 印紅標的分析部分反映了當時的事實，但過於表象。
筆者認為這主要源於作者把關注點過度傾注於對某個團體思想層面的
政治大背景，而沒有對國家和社會之間、社會各個不同團體之間在思
想或者意識形態方面的互動和競爭給予足夠重視。因為文革時期儘管
出現了作者所提到的「不經黨政領導批准」便可「自主發表言論」的權
利，這貌似獲得了某種程度的「自由」和「自主」，但文革期間也是中國
共產黨史上最為嚴格和嚴厲的文字獄時期；另外，「上山下鄉」運動在
文革之前就已經實行，但並沒有能夠發展出與官方意識形態不同的思
想。在筆者看來，文革中的各種被譽為異端的思潮是國家和社會、社
會各團體之間互動和競爭的結果，而不僅僅是因為某種較為寬鬆環境

---

28 其中旅美華人學者宋永毅在其與孫大進共同編著的資料集《文化大革命和
它的異端思潮》(香港：田園書屋，1997年)中關於異端思潮的評述，可看
作在該領域的優秀之作。

29 印紅標，《失蹤者的足跡》，頁550–551。

的獲得而有機會進行的各種不平不滿的表達。因此，研究文革中的年輕人思潮，也有必要引入筆者在之後將提到的國家和社會互動的制度論觀點。

綜上所述，儘管文革結束已經五十餘年，文革研究在中國仍處於起步階段；時至今日，除少數著作之外，總體研究尚待深入。儘管為數眾多的研究者從不同的側面努力探討文革，但是進展緩慢，要取得成果尚需相當的時日。導致這一結果的原因是多方面的。首先，史料的發掘和整理本就是耗費時間的工程，有關文革的史料收集整理工作還任重道遠。同時，由於國家對文革研究的限制，各檔案館的文革研究相關史料基本處於封存狀態。筆者在2015年在某內陸城市的檔案館要求查閱文革資料時得知，自2013年以來，包括文革在內的中華人民共和國成立後歷次運動的相關檔案資料都被禁止查看。這比2003年筆者在同一檔案館查閱文革檔案時限制更加嚴格。其次，任何一個新的重大的研究領域從開始到發展到深入，需要眾多研究者的集體努力，從不同的角度進行探究，通過不同研究成果的相互補充，逐漸形成多元的研究範式，從而產生新的學術成果，然而這一必要的學術過程在文革研究領域卻尚未得以實踐。最後，如前所述，文革研究在中國尚屬學術「禁區」，有著許多政治上的限制，不僅體現在有關文革史料的收集、整理和分析方面，而且限制了研究者從不同的角度進行研究的自由，因而阻礙了新的研究範式的產生。

然而除了上述原因，造成文革研究難以深化的更為重要的因素，在於文革研究的方法論方面所存在的問題。方法論至關重要的是其「科學性」，這意味著在分析特定的社會政治現象時，需要保持「價值中立」，不受其自身價值觀的左右，也就是保持分析的客觀性。[30] 可以說，文革

30　H. Gerth and C. W. Mills, eds., *From Max Weber: Essays in Sociology* (New York: Oxford University Press, 1958); A. M. Henderson and T. Parsons, eds., *Max Weber: The Theory of Sociology and Economic Organization* (New York: The Free Press, 1964); Reinhard Bendix, *Max Weber, An Intellectual Portrait* (New York: Garden City, 1960).

研究領域最大的爭議就存在於和價值觀相關聯的方法論問題之中，[31] 換言之，「是誰在進行研究」的問題。中國的文革研究者大致可以分為兩種類型。第一類是親身經歷過文革，並以某種形式記錄自身體驗的所謂「文革的一代」。第二類是在改革開放的體制下成長起來，未經歷過文革的一代人。這兩代人對於文革的認識大同小異，相反倒是經歷過文革的那代人之間的認識迥然相異。儘管受害者否定文革、受益者肯定文革也是可以理解的，問題在於在漫長的文革過程中，受害者與受益者之間並不存在明確界限，隨著運動方向的改變，今日的受害者變成明日的受益者，或是反過來，今日的受益者又可能變成明日的受害者；因此，即便研究同一時期，由於研究者個體經歷不同，對文革的評價也隨之變化，或是同一研究者對文革不同時期的評價也各有不同。同樣的情況也存在於未經歷過文革的研究者之間，例如從民主人權的角度對文革進行分析

---

31 學者們關於文革的不同的價值判斷，充分體現在劉青鋒對崔之元等人用後現代主義方法肯定文革的一段評論中：「……其中最引人注目的，無疑是那些試圖賦予文革某種合理性甚至先進性的論調。其一，是在聲稱反抗所謂中共官方徹底否定文革的意識形態霸權之一出發點上，或大談毛澤東的『大民主』和『造反有理』之形式合理，並宣稱他們對中國未來發展的有效性及必要性；或否認文革是對工農兵、甚至知識分子的浩劫，認為它僅是對走資派和特權分子的災難。其二，是援用西方後現代理論來重構文革，忽視西方與中國社會發展的巨大差距，從而營構文革現象的『後現代』特徵。從積極意義上來看，這些論調顯示出某種多元性和開放性。但不幸的是，它們大多以選擇性記憶為基礎，所以與大多數中國人所經歷的文革事實和經驗迥然相異。有人稱這些論調是忽視整個民族的巨大苦難，不能說沒有道理。……文革有其多面性，包括表面上似乎應該肯定的價值。但正是因為把那些看起來無可置疑的理想和價值推到極端，才產生了文革的邪惡和野蠻。」劉青峰，〈對歷史問題的再發問〉，《文化大革命：史實與研究》，頁x。崔之元對文革的解釋，請參照下述論文：〈毛澤東「文革」理論的得失與「現代性」的重建〉，《社會科學學報》（文革專輯），頁49–74；修正版：崔之元，《第二次思想解放與制度創新》（香港：牛津大學出版社，1997年），頁333–364。

時，研究者們得出了相異的結論：有的學者認為文革是無視民主人權的極端事例，有的學者則強調文革式的「民主」中也存在合理要素。[32]

對於像文革這樣具有多重特徵的事件，如果簡單地以肯定或否定的價值觀進行判斷，則難免失之片面和膚淺。即便研究者難以完全避免受自身價值觀的影響，將自身的價值觀視作唯一或是為了證明自身的價值觀而進行研究的狀況，如果持續下去的話，文革研究是無法取得進展的。因此，研究者不改變只依賴自身的價值觀從事研究的現狀，就難以展開有說服力的分析，當然也就無法期待能夠產生有效解釋文革的理論。

二、日本的文革研究

早在文革進行過程中，日本學術界就對之展開了大量研究，在世界範圍內都屬罕見。然而文革結束之後，日本的中國研究者們便將視線轉向了關注進行中的改革開放研究，尤其是在 1990 年代，文革研究在日本幾乎可以說是銷聲匿跡。其原因除了改革開放政策帶來的巨變更牽引學者的視線、更具有研究的現實性和迫切性之外，也由於文革曾在 1960 年代末、1970 年代初深刻地影響過日本知識界，並最終成為日本的中國研究領域一個沒人願意碰觸的課題。當時，圍繞對文革的贊否認識的不同，日本知識分子之間、親中國的知識分子內部以及包括以中日友好協會為首的各種社會團體內部論爭激烈，並最終導致了各個團體內部組織性的分裂。對文革禮贊者，將文革看作是毛澤東主導的以消滅三大差別（工農之間、城鄉之間、腦力勞動和體力勞動）、建立平等社會的壯大實驗。儘管也有不少文革否定者指出文革是最高領導層的權力鬥

32　1980 年代以來，由中國研究者寫的研究論文多收錄在下述兩冊論文集中：劉青峰編，《文化大革命：史實與研究》（香港：中文大學出版社，1996年）；香港城市大學當代中國研究中心編，《社會科學學報》（文革專輯），第 7 期（1996 年）。

爭，但在1960年代末，文革禮贊聲浪遠遠蓋過了否定聲音。這種現象的出現與當時兩國之間交往斷絕以及信息不通等因素有關，同時也與1960年日本國內的「安保鬥爭」運動（日本社會黨、日本共產黨以及工會等日本革新勢力，為了阻止「日美安全保障條約」的改訂，在國會內外展開的反對運動，最高潮時遊行人數達數十萬人），[33] 以及1960年代末由早稻田大學發起、後戰線轉移到東京大學並擴展至主要的國公立和私立大學的日本全共鬥運動（日本全學共鬥運動，要求學校管理民主化、自主化）正在展開的背景有很大關聯性。也就是説，一方面全共鬥運動在中國的文革方面找到了一廂情願的共鳴，另一方面文革的理念也深刻地影響了日本全共鬥運動，毛澤東思想受到崇尚，東京大學的正門曾經一度懸掛著毛澤東的肖像。可見當時文革對日本的影響的廣度和深度，而這種對文革的判斷失誤也在日後成為日本學界很多人的痛，甚至有人因此封筆。[34] 正因為以上原因，在文革結束之後，日本的文革研究一直處於相對凋零的狀態。

借用天兒慧的歸納法，文革結束後到上個世紀末的日本學者研究文革的方法論，主要有以中島嶺雄為代表的權力鬥爭論、竹內實的文革整體論、以加加美光行為代表的理念變質論三大類。[35]

第一，權力鬥爭論。這類研究認為文革名義上叫文化革命，其實質卻與文化毫無關係，是中國共產黨最高領導階層中毛澤東派和劉少奇派圍繞政策決定所產生的權力之爭，雙方在政治、經濟、國防、外交上的

33 橋爪大三郎，〈紅衛兵與「全共鬥」——兼談60年代日本的新左翼〉，《文化大革命：史實與研究》，頁289–304。

34 關於這點，請參照以下研究：毛里和子，《現代中國政治》（名古屋大學出版社，1993年），頁1–16；古廠忠夫，〈文化大革命と日本〉，池田誠等編，《世界の中の日中関係（上）》，（法律文化社，1996年），頁180–198；加加美光行，〈文化大革命與現代日本〉，《文化大革命：史實與研究》，頁305–318。

35 天兒慧，《中国——溶変する社会主義大国》（東京大學出版社，1992年），頁94–95。

政策分歧最終演化成為權力鬥爭。其代表者中島嶺雄關於「究其根本文
革的意義……不過是權力鬥爭」[36]的闡釋，至今仍是眾多研究者的共識。

　　第二，文革整體論的方法論。竹內實強調：「文革原本是一個整
體，……但它也是多重的，有五重或七重層面──①思想、②制度、
③權力、④社會權威、⑤社會風氣、⑥文藝、⑦學術的各種水準──
疊加而成。」[37]這種解釋強調了文革的混同性、多面性和複雜性，但無
助於理解文革，反而揭示了竹內實以及同時代的日本學者在嘗試理解文
革而不得的狀態下的困惑感。

　　第三，理念變質論。加加美光行重點研究了文革所包含的思想意
義，他將文革視為「理想主義的觀念屈服於現實的權力鬥爭而變質的
過程」。[38]

　　天兒慧在歸納日本的文革研究基礎上，提出「理念和不滿共鳴」的
文革解釋。他認為研究文革，既要關注毛澤東追求「統一、獨立、民
主、富強的中國」的理念以及實現其宏大理念的政治實踐，同時也要關
注由於在階級、就業、教育三方面的身份等級結構所產生的社會欲求得
不到滿足的社會現狀。在他的研究中，文革是兩者的共鳴。[39]當然，天
兒慧的「理念和不滿共鳴論」發表於1999年，與當時英文世界文革研究
中灼熱的社會衝突論潮流相吻合。

　　進入本世紀之後，日本文革研究由於新生代的崛起，不僅帶來了研
究範式的轉移，同時也掀起了一個文革研究小高潮。[40] 2001年，本書中
探討文革研究方法論的章節（第一章）以論文〈文革研究的制度主義方法

36　中島嶺雄，《中国：歷史・社会・国際関係》（中央公論社，1982年），頁
　　80–103。

37　竹內實，《ドキュメント現代史16：文化大革命》（平凡社，1973年）。

38　加々美光行，〈總論：悲劇としての文化大革命〉，頁16–17。

39　天兒慧，《中華人民共和國史》（岩波新書，1999年），頁77–81。

40　關於近年日本的文革研究的綜述，請參看山本恒人，〈中国文化大革命再
　　考：研究史の側面から〉，《近きに在りて》（2007年6月），頁21–32。

論 —— 公民權的分配與競爭〉[41] 發表,該文中筆者嘗試把公民權的概念
引入文革研究,提出了在同一制度性空間配置下觀察國家和社會互動的
文革研究理論框架。之前的日本文革研究通常採用史學的研究方法,精
於史料的收集和整理。筆者認為作為運動的文革,社會運動的解釋方法
對於理解文革時同樣有借鑒作用。將社會學、特別是社會運動的研究方
法引入文革研究,是筆者當年在這篇論文中的一個嘗試。2003年,本
書日文版《文化大革命與中國的社會構造 —— 公民權的分配與集團暴力
行為》[42] 出版。之後,金野純的著作《中國社會與大眾動員 —— 毛澤東
時代的政治權力與民眾》[43](2008年)與谷川真一的著作《中國文化大革
命的動力》[44](2011年)也相繼出版。這兩本書雖然問題關注點與拙著略
有不同,但在研究方法上不約而同,都借鑒了社會運動的研究方法,並
且都強調文革研究中國家和社會的互動關係。

　　另外,在與筆者課題相關的日本的文革研究著作中,兩本研究論文
集也值得關注。一本是由前面提到的加加美光行主持的「文化大革命與
中國型社會主義的變遷」研究小組於1985年出版的《現代中國的挫折:
文化大革命的省察》,[45] 另一本為由國分良成主持的文革研究小組於2003
年出版的《中國文化大革命再論》。[46] 正如前文所提到的,發生在中國的
文化大革命不僅在理念上影響了日本的左翼運動,也對中國研究領域帶
來了震蕩。加加美光行主持的這個歷時十年的研究小組,旨在從文獻出

---

41 楊麗君,〈文革研究の制度論的アプローチ:公民権の配分と獲得競爭〉,《ア
　　ジア研究》,第49卷第1期(2003年1月),頁86–107。
42 楊麗君,《文化大革命と中国の社会構造:公民権の配分と集団的暴力行為》
　　(御茶の水書房,2003年)。
43 金野純,《中国社会と大衆動員:毛沢東時代の政治権力と民衆》(御茶の水
　　書房,2008年)。
44 谷川真一,《中国文化大革命のダイナミクス》(御茶の水書房,2011年)。
45 加々美光行編,《現代中国の挫折:文化大革命の省察》(アジア経済研究
　　所,1985年)。
46 國分良成編,《中国文化大革命再論》(慶應義塾大學出版社,2003年)。

發，重新理解和詮釋文革。這可以看作是日本的中國問題研究領域在經歷文革的震蕩之後，一次直面文革研究的嘗試。《現代中國的挫折》便是這次嘗試的成果之一，書中多數成果聚焦於對導致文革發生的國家治國理念和文化背景的探討方面，也有論文將研究聚焦於運動的參與者。比如山本恆人通過研究文革之前的半工半讀政策，來探討文革之前的政策所導致的社會不滿如何在文革中影響參與者的行為。[47] 渡邊一衛則通過文革以前的知識青年農村下放運動，來探討湖南造反運動的生成原因以及「省無聯」思潮背後的社會基礎。[48] 這與下文將會提到的英文文獻中的「社會衝突論」視點有很大的整合性。迄今為止，對文革中年輕人運動參與行為的探討多集中在城市全日制學校，然而 1960 年代半工半讀制度以及知識青年下放運動曾經影響了為數眾多的年輕人，而從這些角度來探討文革中年輕人的政策參與動機與行為特徵的文章並不多，因而這兩篇論文今天讀來依然有參考價值。國分良成主持的研究小組緣起在於 1990 年代，由於中國的機構改革以及國有企業的改組，大量曾經存放在政府部門或國有企業單位檔案室的資料流入舊貨市場，慶應義塾大學國分良成教授開始大量購入資料，並組織年輕學者開始重新解釋文革。對於該研究小組的論文集《中國文化大革命再論》，山本恆人給出了恰當的評價，他認為儘管編者國分良成強調本書的目的在於從國家和社會互動的角度，來通過考察文革在與權力中心直接相關的中央政府部門（黨、解放軍、外交部）以及權力的周邊（民主黨派、大學、工廠、少數民族地區）展開的事例研究來揭示文革的實質，但是從論文整體來看，這種努力並沒有達到預期的目的。關於政府部門的分析研究多偏重於對國家層面的解釋，而對權力周邊的文章又忽視了與國家的相關互

47　山本恒人，〈1960 年代における労働・教育・下放の三位一体的政策展開のその破產：半工半読制度に焦点をあてて〉，《現代中国の挫折》，頁 147–226。

48　渡邊一衛，〈湖南文革と「省無聯」〉，《現代中国の挫折》，頁 105–145。

動。[49] 儘管如此，建立在扎實史料分析之上，案例選擇涵蓋了文革展開代表性部門的論文集，依然是日本的文革研究史上一本有價值的著作。

三、歐美的文革研究

較之中日學界文革研究的停滯狀況，歐美學界的文革研究無論在理論解釋及實證分析兩個方面，均取得了長足的進展。從總體上看，歐美學者對於文革的研究雖然也具有時代特徵及受研究者個體價值觀的影響，但無論是方法論還是分析問題的視角，均可謂豐富多彩。

截至上個世紀末，歐美關於文革的研究大致可分為兩類。第一類將研究的重點置於國家政策及國家領導人和政治精英身上，採取「自上而下」的研究視角，本書將其稱為「國家中心論的研究方法」。還有一類研究著重從集團和派別的層面進行分析，採取「自下而上」的研究方法，本書將其稱為「社會中心論的研究方法」。進入本世紀之後，文革研究方法開始重視建構集體行為的政治過程，本書將其稱為「政治構造論的研究方法」。

（1）國家中心論的研究方法

國家中心論的研究方法不外乎三種：強調毛澤東個人的理念、理想、超凡魅力、個性特徵和心理要素的「毛澤東中心論」，強調毛澤東與其他領導人之間的對立的「路線／權力鬥爭論」，以及強調國家政策要素的「政策論」。

第一，「毛澤東中心論」的視角。學者在強調毛澤東與文革期間的集體行為的相互關係時，也有不同的側重點。在文革發生的早期及其過程中，由於信息不暢通，海外學者只能通過中國政府正式公開的文件以及報刊來瞭解中國，在這種情況下，學者們很容易被文革理念表象中的

49　山本恆人，〈中国文化大革命再考〉，頁 25–27。

「理想主義價值取向」所吸引。這一時期一些學者的研究從毛澤東本人所講的發動文革的意圖出發，有將文革浪漫化的傾向。例如菲弗（Richard Pfeiffer）認為毛發動文革是為了追求革命的純潔性，文革是一場真正的革命，藉此毛意在建立一個新的統治結構。[50] 此外，為數眾多的研究者將關注的重點放在毛澤東的意識形態之上，認為文革期間的集體行為是毛澤東群眾動員戰略的結果。何漢里（Harry Harding）認為文革的任務主要是毛澤東想用擴大群眾參與政治的方式來防止或阻止黨內日益嚴重的官僚主義傾向。[51] 在這些學者看來，文革中的集體行為是毛澤東動員戰略的結果。

　　此外，還有的學者借用韋伯（Max Weber）的領袖超凡魅力的概念，分析文革期間的非理性集體行為。例如，薩斯頓（Anne Thurston）指出，毛澤東催眠術般的超凡魅力將理性的群眾轉變成非理性，其對崇拜者們的巨大影響力遠遠超越了群眾理性的思考能力和追求利益的判斷能力，因此以狂熱的崇拜和忠誠為根基的大眾行為不可避免地具備了非理性的特徵。作者相信，這就是文革中中國人對毛澤東個人的狂熱崇拜和忠誠的根源。[52] 王紹光則進一步指出，超凡魅力性難以永久持續，當毛的超凡魅力一旦消失，整個運動就陷入無政府狀態，極易產生派別衝突。[53]

　　另有一些研究採用社會心理學的方法解釋毛澤東發動文革的動機和文革期間的集體暴力行為。例如，李弗頓（Robert Lifton）指出，毛澤東晚年對於死亡的積極反應（activist response）這一心理要素，在其發動文

50　Richard Pfeiffer, "The Pursuit of Purity: Mao's Cultural Revolution," *Problems of Communism* 18.6 (1969): 12–15.

51　Harry Harding, *Organizing China: The Problem of Bureaucracy, 1949–1976* (Stanford: Stanford University Press, 1981).

52　Anne F. Thurston, *Enemies of the People: The Ordeal of Intellectuals in China's Great Cultural Revolution* (New York: Knopf, 1987).

53　Shaoguang Wang, *Failure of Charisma: The Cultural Revolution in Wuhan* (Hong Kong: Oxford University Press, 1995). 中文版：王紹光，《理性與瘋狂：文化大革命中的群眾》（香港：牛津大學出版社，1993年）。

革的動機中起了極大的作用。在李弗頓看來，毛澤東晚年具有恐懼自身死亡和憂慮死後中國局勢的雙重心理危機，儘管毛知道死亡是必然的，但他希望自己的革命精神不會因為他的死亡而消逝，而這個目標只能通過把整個中國社會革命化才能達到。[54] 此外，特里爾（Ross Terrill）亦認為，游離於現實之外、埋頭於自身理想世界之中的毛澤東的心理要素，對於文革的發動起著極為重要的作用。[55]

從心理學的角度解釋文革的研究當中，具有代表性的是白魯恂（Lucian Pye）的研究。白魯恂是運用社會心理學分析中國政治文化的最具代表性的人物。他指出，中國百餘年屈辱的近代史使得「怨恨」的心理內化成中國政治文化的一部分，並構成了包括文革在內的形形色色的集體暴力行為的內在原因。白魯恂論述道：「在政治情感方面，怨恨以及以人為敵的假想，二者均在現代中國政治中充當了極為重要的角色。政治文化中怨恨的重要地位，再沒有哪個國家比得上中國了」。[56] 白魯恂認為，如果考慮到「怨恨」這一情感要素在政治文化中的重要作用，就不難理解為什麼領導人之間以及社會集團之間一旦發生衝突，就比任何其他國家更容易轉化成集體暴力行為這種現象。

此外，社會學者柏格森（Albert J. Bergesen）將文革視作國家發動的大規模的政治迫害運動，他主張用「政治性女巫狩獵」（political witch hunts）來解釋發動文革的原因。也就是說，國家乃至民族的統一不僅需要忠實的崇拜者，還需要敵人。如果沒有敵人，就用肅清、審判、告密、逮捕、監禁等方法製造出敵人。國家通過對「敵人」進行專政的儀式將國家的存在神聖化，這也就是「政治性女巫狩獵」的過程。這一過程有別於禮讚英雄的獎勵儀式，是一種懲罰性的儀式。在反覆進行懲罰性儀式的過

---

54 Robert Lifton, *Revolution Immortality: Mao Tse-tung and the Chinese Cultural Revolution* (New York: Vintage Books, 1968).

55 Ross Terrill, *Mao: A Biography* (New York: Harper and Row, 1980).

56 Lucian W. Pye, *The Spirit of Chinese Politics: A Psychocultural Study of the Authority Crisis in Political Development* (Cambridge, MA: MIT Press, 1992), p. 67.

程中，國家利益內化為大眾日常生活的一部分。柏格森認為，這種製造敵人的政治儀式化過程是導致文革集體暴力行為廣泛發生的原因。[57]

　　第二，「路線／權力鬥爭論」的視角。在文革發生前，許多海外研究者曾經認為文革前的中共中央領導層存在著相當高的共識，然而文革的爆發打破了這一神話。文革發生後，研究者們開始追溯歷史，重新梳理文革前中共中央領導層的權力鬥爭，並探討這一鬥爭對文革的發生產生了怎樣的影響。「路線／權力鬥爭論」就是在這一背景下出現的。[58] 麥克法夸爾（Roderick MacFarquhar）將文革時期黨的領導階層權力鬥爭產生的原因追溯至「大躍進」以前。根據他的研究，至少從1950年代末開始，黨的領導階層中就產生了權力鬥爭，其後不斷擴大，最終導致了文革的爆發。高層領導間的權力鬥爭又影響了各自下屬派系，引發不同派系及中央與地方之間的連鎖鬥爭，從而進一步推動文革的進程。[59] 迪特默（Lowell Dittmer）亦認為，文革是毛澤東與劉少奇及其所領導之派系間權力鬥爭的必然結果。[60]

　　第三，強調國家政策要素的「政策論」視角。這一類別中最具代表性的是白霖（Lynn White）的研究。白霖認為文革及文革期間集體暴力行為的發生絕非偶然，而是由文革以前所實施的三項國家政策相互作用的結果。這三項政策之一是劃分成分和階級，該項制度的實施創造出新的

57　Albert J. Bergesen, "A Durkheimian Theory of 'Witch-Hunts' with the Chinese Cultural Revolution of 1966–1969 as an Example," *Journal of the Scientific Study of Religion* 17.1 (1978): 19–29.

58　Lucian Pye, *The Dynamics of Chinese Politics* (Cambridge, MA: Oelgeschlager, Gunn & Hain, 1981); Frederick Teiwes, *Leadership, Legitimacy and Conflict in China: From a Charismatic Mao to the Politics of Succession* (Armond, NY: M.E. Sharpe, 1984). 中日學者都經常使用其路線、權力鬥爭模式。

59　Roderick MacFarquhar, *The Origins of the Cultural Revolution*, 3 vols. (New York: Columbia University Press, 1974, 1983, 1996).

60　Lowell Dittmer, *Liu Shao-ch'i and the Chinese Cultural Revolution: The Politics of Mass Criticism* (Berkeley: University of California Press, 1987).

社會集團，並促進了集團意識的形成。之二是國家給予工作單位的領導人（即國家代理人）過大的權力，使得下屬對領導產生依附關係，因此人們自覺地打擊領導讓他們去打擊的人。正是這種依附關係使得黨的幹部不僅能輕易獲取群眾的支持，也令動員群眾攻擊鬥爭對象成為可能。之三是群眾運動。建國以來至文革前的17年間，中國共產黨不斷發動群眾運動，使集體暴力行為有了正當化的政治基礎。在白霖看來，這三項政策到文革時已經高度制度化，演變成中共制度的一部分，是導致文革期間集體暴力行為的根本原因。[61]

雖然上述國家中心論所強調的諸要素，如毛澤東本人的超凡魅力、國家領導人之間不同的治國理念和他們對共產主義意識形態的不同解釋、文革前的各種國家政策等等，無疑都是導致文革集體行為的重要根源，但是這些重視國家要素的研究方法是「自上而下」的解釋思路，將大量的文革參與者視為被動的、被操縱的客體，具有輕視普通參與者的參與意識及在運動中的行為特徵的傾向。而且，這些解釋都沒有涉及到文革的最基本的特徵，即參與者的集體暴力行為。雖然文革是由毛澤東直接發動，毛對於文革的發生方面承擔著不可推卸的責任，這是不爭的事實；但是如果沒有群眾的積極響應，文革同樣不會發生。同樣，白霖雖然指出了國家政策中蘊涵誘發文革的因素，但卻無法說明：為什麼帶來社會不穩定的政策因素恰恰是在1966年、而不是其他時候促成了文革的發生，並導致大規模集體暴力行為？這類型的問題是國家中心論的研究方法無法加以有效解析的。

（2）社會中心論的研究方法

社會中心論的研究方法是作為對國家中心論的批判而出現的，其主要特徵是重視社會衝突，不再將大量的普通參與者視為受毛澤東等領導

61　Lynn T. White III, *Policies of Chaos: The Organizational Cause of Violence in China's Cultural Revolution* (Princeton, NJ: Princeton University Press, 1989).

人操控的客體，而是將其看作運動的積極參與者，是把文革推向深入的重要角色。這類研究著重分析參與者的個性和心理、文革前存在於參與者之間的利益衝突以及他們不同的理想，從而探討不同參與者在運動中的參與運動的動機和行為特點。其中有代表性的研究如下。

李鴻永（Hong Yung Lee）批評把文革僅僅看成是中央決策層權力及政策鬥爭的產物的觀點，認為領導階層的決策某種程度上反映了各社會集團的利益。在其對1966–1968年文革的研究中，李不僅考察了政治精英層面各個角色（如軍方、政府、黨、毛澤東和中央文革小組）之間的政治關係，而且考察了群眾組織中的派別主義（factionalism），從而推究政治精英和群眾兩個層面之間的關係。根據李的研究，群眾參與運動一方面是毛澤東和黨中央其他領導人動員與操控的結果，另一方面隨著運動的發展，黨組織內部產生分裂，對群眾的控制逐漸減弱，結果文革前暗含的社會矛盾浮出水面，群眾運動開始沿著自身的方向發展。在此背景下，群眾將毛澤東及中共中央的指示視為追求自身利益的工具，或選取合乎自身利益的指示，或任意歪曲毛等人的指示，以便使自身的行為正當化。[62] 李的研究一方面指出了毛澤東等高層政治人物是如何操縱政治團體，從而揭示了群眾派別之間的衝突是精英層面衝突的表現，另一方面也說出各個派別的紅衛兵組織是如何影響高層政治和文革進程的。

紅衛兵是社會中心論的學者特別關注的集團。一部分學者在探討紅衛兵的行為特徵及派別鬥爭的原因時，追溯到文革前的社會環境。例如，拉德克（David Raddock）從個體心理成長與國家政治發展的關係這一社會心理學的角度出發進行分析，指出文革前家庭的社會化與當時青少年參與政治的態度有著密切的關係。[63] 陳佩華（Anita Chan）、駱思典（Stanley Rosen）、昂格爾（Jonathan Unger）等學者以廣州為例，從文革前

62　Hong Yung Lee, *The Politics of the Chinese Cultural Revolution: A Case Study* (Berkeley, CA: University of California Press, 1978).

63　David Raddock, *Political Behavior of Adolescents in China: The Cultural Revolution in Kwangchow* (Tuscon, AZ: The University of Arizona Press, 1977).

教育制度存在的問題出發，解析當時的青少年參與政治的動機與行為特徵。[64] 駱思典試圖找出紅衛兵派系和文革之前的教育制度之間的結構性關係，發現這樣一個行為模式：家庭出身成分越好的學生，越有動機加入共產主義青年組織，越有可能進入有名或較好的初中和高中，就越有可能在文革前上大學，也就越積極地參加文革。他還指出，由於大學錄取的基本標準是「成績、家庭出身、政治表現」三項，圍繞三者當中哪項更優先的問題，文革前在青年人中業已存在分歧，從而為日後紅衛兵運動中的派別鬥爭奠定了制度基礎。此外，關於階級出身與派別的關係，駱思典和李鴻永均將紅衛兵中保守派與造反派的衝突視作特權階級與非特權階級間的集體衝突，但是李鴻永主張保守派中階級出身較好的學生居多，造反派中則階級出身不好的學生居多，[65] 對此駱思典持並不完全贊同的觀點。駱思典在對 2,000 名廣州的原紅衛兵進行問卷調查的基礎上指出，不應將所有的「紅五類」子女看成一個整體，其中幹部子女與出身工人/農民家庭的「紅五類」子女之間同樣存在著差異。根據駱思典的研究，工人/農民家庭的子女有兩種選擇，其一是作為「紅五類」的一員同幹部子女一道支持「出身血統論」，打倒「黑幫」和「黑五類」；[66] 另一個選擇是作為非特權階級的一員參加造反派組織，批判特權階級。另外，關於造反派組織成員的出身，有別於李鴻永「造反派是由出身不好的子女組成」的結論，駱思典發現，造反派組織中還有大量居於「紅五類」與「黑五類」之間的知識分子、舊民族資本家及舊公司職員的子女。[67]

---

64   Jonathan Unger, *Education Under Mao: Class and Competition in Canton Schools, 1960–1980* (New York, NY: Columbia University Press, 1982); Anita Chan, Stanley Rosen, and Jonathan Unger, "Students and Class Warfare: The Social Roots of the Red Guard Conflict in Canton," *The China Quarterly* 83 (September 1980): 397–446.

65   Hong Yung Lee, "The Radical Students in Kwangchow during the Cultural Revolution," *The China Quarterly* 64 (December 1975): 645–683.

66   「黑幫」是指文革時期反革命的「反動派」，通常為被打倒的當權者。

67   Stanley Rosen, *Red Guard Factionalism and the Cultural Revolution in Guangzhou* (Boulder, CO: Westview Press, 1982).

　　昂格爾也是從文革前的教育制度出發分析紅衛兵的派別衝突的學者。他以廣州為例，分析了1950年代到1960年代中國教育制度的變遷，發現1960年代初期高中在校生人數逐年增加，大學在校生人數卻受到嚴格限制而逐漸減少這一比例失調的矛盾現象。他由此認為，受教育機會的減少與就業市場的惡化導致了學生之間的激烈競爭，這一情況也影響了年輕人在文革期間的行為，圍繞就學和就業的利益衝突導致了學生之間的派別衝突。[68]

　　陳佩華側重於研究紅衛兵一代不同的社會化途徑以及與文革中派別分化和衝突之間的關係，她發現文革前不同類型的政治活躍分子構成了文革中不同派別的成員。根據陳佩華的研究，文革前的青少年雖接受同樣的意識形態教育，但由於所鍾愛的英雄類型、思想及文學想像力各有不同，因而採取的行為方式也各不相同。文革前青少年就具有不同的思考傾向和行為特徵，文革不過是給他(她)們提供表現自我的舞台。[69]

　　如前所述，社會中心論的研究將群眾視為參加運動的主體，重視考察參與者在文革前所享受的政治、經濟利益及教育背景，以解析群眾參與文革的動機為中心課題。這類研究解釋了國家中心論的研究方法所不能回答的一部分問題，為理解文革期間的派別分化與衝突提供了有效的視角。但是，仍有問題尚待研究。例如，文革前潛在的矛盾為何在1966年爆發？為什麼從個人利益出發的參與者，會在運動中去迫害甚至屠殺那些與造成他們不滿的社會政治制度毫不相關的普通人民？派別和衝突的根源是如何從潛在轉變為現實的？社會中心論的研究闡釋了派別及衝突產生的原因，但是對於產生某行為原因的解釋無法說明行為本身。我們從這些解釋中看不出潛在因素為何在1966年變為現實，以及是如何變成現實的。

68　Unger, *Education Under Mao*.

69　Anita Chan, *Children of Mao: Personality Development and Political Activism in the Red Guard Generation* (Seattle: University of Washington Press, 1985).

　　要說明上述問題，在社會因素以外還需要考察領袖/精英所起的作用，因為如果沒有領袖/精英層面提供文革這樣一個機會，這些派別分化和衝突因素可能會一直處於一種潛在狀態；就是說，是毛澤東發動的文革為派別和衝突的因素提供了一個從潛在轉變為現實的機會，沒有文革這一舞台，潛在的社會矛盾就不可能爆發。此外，如果不分析領袖/精英層面的因素的變量，就無法解釋派別的分化、重組、轉型、暴力升級等現象。同樣，只考慮到派別之間的一些具體利益衝突，就很難解釋文革中派別衝突升級的嚴重性，以及文革中常常出現的施暴比賽現象。

（3）政治構造論的研究方法

　　進入本世紀以來，受社會運動理論發展以及相關領域對國家和社會關係探討的影響，海外文革研究的學者也逐漸嘗試將「社會衝突論」中次要化的「國家」要素再次放回到文革集體行為的分析框架中。近十多年來的對文革中集體行為的研究，從總體來講，有兩個大的發展趨勢。第一類是延續上個世紀的方法，將集體行為本身作為分析對象，探討其產生原因、行為特徵以及背後的政治邏輯。第二類是將集體行為背後的政治文化因素作為分析對象，探討集體行為是如何被官方的政治文化形塑，又是如何在追隨官方政治文化以及與其互動的過程中產生出與官方脫節的政治文化——異端思潮，或者試圖揭示貌似僵硬的官方政治意識形態下所隱藏著的政治文化多元性。較之第一類對派別分化和暴力行為特徵和原因的探討，這一類研究更注重形塑集體行為的「政治儀式」、政治文化中的「象徵」、「政治話語」或「腳本」等「建構性」文化要素的探討。筆者認為這兩類研究都屬政治構造論的範疇，不同之處在於第一類研究偏向於分析政治構造論中的政治過程，而後一類研究偏重於探討政治構造中的「文化」建構因素。

　　在第一類研究中，魏昂德（Andrew Walder）關於紅衛兵運動的研究[70]以及蘇陽的著作《文革時期中國農村的集體殺戮》頗具代表性。魏昂德在其關於北京大學紅衛兵運動的研究中，不贊成持「社會衝突論」觀點的學者們所主張的：階級出身或文革之前的受益群體與非受益群體的利益不同導致了保守派與造反派的分歧。他認為，紅衛兵組織中之所以有人加入保守派而另一些人加入造反派，與文革開始時運動參與者的「政治選擇」有關係。他發現1966年運動開始時，由於中央領導層對政治運動發出的非常模糊（ambiguity）的政治信息，導致有的人選擇加入與黨組織保持一致的保守派，而另一些人則加入了挑戰黨組織權威的造反派。在之後與董國強關於南京造反運動的合作研究中，魏昂德繼續沿用這個觀點分析政治運動中來自最高層的模糊指令如何造成地方的派別分化，而派別行為又是如何與地方政治鬥爭相瓜葛，將集體行為不斷升級。[71] 不確定的政治環境中的政治選擇，這一解釋對文革派別分化的原因理解有著非常重要的貢獻，但也留下了一些課題。首先，如果文革開始時參與者的「政治選擇」決定參加哪個派別，那麼通常哪些因素會影響參與者的「政治選擇」？這種「政治選擇」是基於某個偶然性政治判斷的結果，還是背後有導致其必然結果的其他因素？再者，參與者是否必須作某種「政治選擇」？或者說，既然政治發展導向不是很明確，為什麼參與者不採取觀望，而要積極投入行動？另外一方面，不確定政治環境中的政治選擇可以解釋派別分化和文革中的派別鬥爭，卻沒有辦法解釋造成運動波及範圍之廣之深的內在原因。

70　Andrew G. Walder, *Fractured Rebellion: The Beijing Red Guard Movement* (Cambridge: Harvard University Press, 2009).

71　Dong Guoqiang and Andrew G. Walder, "Factions in a Bureaucratic Setting: The Origins of Cultural Revolution Conflict in Nanjing," *The China Journal* 65 (January 2011): 1–25; Dong Guoqiang and Andrew G. Walter, "Foreshocks: Local Origins of Nanjing's Qingming Demonstrations of 1976," *The China Quarterly* 220 (2014): 1092–1110.

　　蘇陽的著作《文革時期中國農村的集體殺戮》是目前為止僅有的一本對文革中的集體暴力進行學術探討的專著，採用縣志以及檔案等資料，對1967年到1968年間發生在農村的集體殺戮行為進行了非常細緻深入的探討。蘇陽反對將文革中的集體暴力看作是社會不滿引發集體行為、進而激進化的社會衝突論的解釋方法，也不贊成將集體暴力的原因完全歸咎於國家政策倡導，或是高層國家代理人的鼓勵等國家中心論的解釋方法。他認為集體殺戮不是國家政策的直接產物，而是國家政策倡導和國家控制失靈共同作用的結果。他把國家控制能力分為信息控制和組織控制兩種，認為「一些地方社群對中央推崇的階級鬥爭和戰爭框架十分重視，這是一種成功的信息控制，但是卻沒能預見針對極端暴力的懲罰，這一點只有組織控制可以實現」。[72] 蘇陽進而認為，在國家的倡導性政策與集體殺戮的結果之間，扮演中間角色的是地方條件和地方化的過程。正是這兩個中間條件的不同，而導致集體殺戮的地域性差距。其中，國家對不同地區政權再建立過程中實施的不同政策、地方黨組織對基層控制的強度、地方政府或政治精英所營造的戰爭框架、社區與權力中心的距離關係、社區內部的宗族對立等因素都構建了不同的政治過程，從而在地方集體殺戮行為上出現不同的結果。這裏蘇陽以農村社區（community）為分析對象，但在分析過程中，較之於社會行為，更為偏向於對國家政策、社會控制系統、國家代理人的行為對社會行為帶來的影響的分析，並沒有直接對集體行為參與者的行為動機、或者是宗族衝突背後的利益因素等深層次的探究。當然，對社會層面行為者的動機和行為特徵探究的不足，與資料的不易獲取有很大關係。也正因為對社會行為探究的不足，使得蘇陽的研究在解釋集體殺戮為什麼以及怎樣發生、為什麼存在地域不同等問題時，儘管其理論建構有一定的說服力，

72　Yang Su, *Collective Killings in Rural China during the Cultural Revolution* (New York: Cambridge University Press, 2011), p. 255. 中文版：宋熙譯，《文革時期中國農村的集體殺戮》（香港：中文大學出版社，2017年）。

但是並不能夠完全解釋究竟是怎樣的動機導致地方政治精英積極主導了集體殺戮。在蘇陽所提供的一個案例中，地方政治精英是在完全得知中央政府對集體殺戮行為持阻止態度的情形之下，搶時間組織了集體殺戮。從這個現象來看，單純從政治控制的缺失、地方精英鞏固權力基礎以及向上級邀功等方面來解釋組織集體殺戮的行為動機，顯然不是很有說服力，而其分析也沒有顯示集體殺戮與宗族之爭之間的必然聯繫。另外，蘇陽通過對縣志中關於集體殺戮事件記錄的數據分析發現，集體殺戮事件發生的地方往往窮而偏僻。蘇陽因此認為距離偏遠導致了國家控制無法觸及，這使得當地控制強度相對高的黨組織可以根據自己對政策的解讀，來組織一場集體殺戮。這種解釋的確有一定的道理，但是如果從「山高皇帝遠」的角度來看，距離也可以使地方游離於運動之外，或者減少參與度。另一方面，對於一個窮鄉僻野的地方精英來說，激進化的政治表現究竟在多大程度上對他的仕途帶來影響，這也是一個需要進一步考察的問題。

正如前面已經提到的，從政治文化的角度來探討集體行為的行為邏輯以及特徵為第二類文革研究的主要特色。吳一慶在其著作《邊緣地帶的文化大革命》(*The Cultural Revolution at the Margins*) 中批評，迄今為止的文革研究中都太過偏重對集體行為中的暴力性和破壞性的分析，因而無法有效解釋文革對改革開放之後中國的政治經濟變革的影響。他認為1970年代末到1980年代中國的政治經濟制度變革的根，應該追溯到文革中草根民眾理性地追求政治經濟利益的造反運動。通過對「血統論」與「出身論」論爭、上海「經濟主義風潮」和湖南「省無聯」三個文革中被定義為異端思潮的產生背景及其意識形態主張的分析，吳認為文革的高層政治混亂為文革前的失意者們提供了表達不滿和爭取政治經濟利益的機會，他們將文革所倡導的對「走資本主義道路的當權派」個人的批判轉向為對階級制度、僱傭制度、分配體制以及其他政治制度的批判。吳在著作中強調文革的多面性，也主張用批判性思維來研究文革，並嘗試通過該著作揭示文革的另一個面相 (alternative history)，這也正是該著作在文革研究領域的重要貢獻。但正如吳在著作開篇便提到，其研究深受

中文網絡關於文革論爭的影響，很顯然起源於文革後期、近二十年來在中文網絡不斷發酵的「兩個文革論」[73]（一個是官方權力鬥爭的文革，一個是人民反官僚的文革）的討論，左右著著者對文革的看法。

　　與吳一慶一樣，楊國斌也嘗試建構文革中的集體行為與當代政治發展的關係，不過視角和方法與前者不同。在其著作《紅衛兵一代與中國的政治活躍性》（*The Red Guard Generation and Political Activism in China*）中，楊嘗試用社會運動理論中關於表演理論（performance theory），以及符號人類學家維克多‧特納（Victor Turner）的儀式過程（ritual process）理論，以及韋伯的人格魅力日常化（routinization of charisma）概念，來解釋紅衛兵一代在文革中以及文革後的政治行為，從而嘗試探討紅衛兵運動以及之後的上山下鄉經歷如何嚴重影響和塑造紅衛兵一代的人生軌跡，並在此基礎上透視當代中國的政治抗議運動與紅衛兵世代的關係。楊將紅衛兵運動中的派別鬥爭看作是一場圍繞革命和忠誠的比賽競爭，而暴力行為則是競爭激進化的必然結果。他認為之所以會出現這樣的現象，是因為在將革命神聖化的政治文化和模糊而不確定的政治過程相互作用的情形之下，人民開始展示和表演政治忠誠。也就是說，楊將紅衛兵運動中的派別行為看為一場政治舞台的表演，　認為革命的表演（performance）以及政治文化中的儀式和神化了的腳本（sacred script）對紅衛兵運動的發生和發展都有非常大的影響，但是隨著神化了的腳本達至暴力，其反作用也創生出「異端」。他認為當政治腳本神聖化至頂點時，也是其最疲弱的時期，其反作用直接導致之後的去政治腳本神聖化以及新價值的誕生。

　　丹尼爾‧里斯（Daniel Leese）也將文革中的集體行為看作是「革命的表演」。[74] 作者運用傳播學和解釋學的方法，來分析文革時期毛崇拜中

73　關於兩個文革的內容，請參照以下研究：蕭喜東，〈「兩個文革」，或「一個文革」？〉，羅金義、鄭文龍編，《浩劫之外──再論文化大革命》（台北：風雲論壇出版社，1997年），頁136–172。

74　丹尼爾‧里斯著，秦禾聲等譯，《崇拜毛──文化大革命中的言辭崇拜與儀

的言語崇拜和儀式崇拜現象。在其著作《崇拜毛 —— 文化大革命的言辭崇拜和儀式崇拜》中，作者不僅分析了在毛崇拜的塑造、推動以及抑制過程中，毛澤東本人、林彪以及廣大運動參與者等所起的鼓動、迎合與接受等作用，也通過「紅寶書」和「忠字舞」等現象分析，具體闡述了毛崇拜背後的功利性和工具性。不過遺憾的是，作者並沒有能夠對為什麼毛崇拜會具有如此強大的功能這一問題給予令人信服的答案。作者將毛崇拜看作是「既是確保政黨團結而有意謀劃的政治手段，又是一個在升遷規則沒有明確定義的政治制度中『庇護者和被庇護者』這種關係無意間產生的結果」。[75] 這個解釋也許可以部分解釋毛崇拜現象，卻無法解釋其廣泛性與狂熱性。

　　挖掘文革中的多面性似乎是近年來文革研究的一個潮流，彭麗君的著作《複製的藝術 —— 文革期間的文化生產及實踐》將分析的視點集中在文革時期政治文化的「主體形塑」(subject formation)、「社會性模仿」(social mimesis) 和「宣傳」(propaganda) 三個層面，來探討文革的多面性和矛盾性以及各個角色之間的張力。作者將其稱之為「文革的辯證和矛盾的性質」，[76] 比如個體性和集體性的辯證（文革一方面極為同質，但也有足夠的空間讓個體去表現自己的特殊性格，另一方面，所謂的個體又非常相似）；製造典範供大眾模仿，本意是為了生產順從和排他性，然而在大量複製和模仿過程中卻產生了將典範扭曲和多樣化的現象；文革宣傳本身內涵的矛盾性（一方面要發動群眾造反，一方面又要馴化群眾）和辯證性（一方面宣傳文化的反覆表演起到強化意識形態的作用，另一

式崇拜》（香港：中文大學出版社，2017年），頁223。英文版：Daniel Leese, *Mao Cult: Rhetoric and Ritual in China's Cultural Revolution* (Cambridge: Cambridge University Press, 2011)。

75　丹尼爾・里斯，《崇拜毛》，頁14。

76　彭麗君著，李祖喬譯，《複製的藝術 —— 文革期間的文化生產及實踐》（香港：中文大學出版社，2017年），頁23。英文版：Pang Laikwan, *The Art of Cloning: Creative Production During China's Cultural Revolution* (Verso, 2017)。

方面，寫大字報、跳忠字舞等也作為一種喜聞樂見的民間文化方式廣為
流傳；再者，文革宣傳文化因其用來鼓動革命，具有暴力性的內容，另
一方面，宣傳文化所強調的美學也可以歪曲政治信息）。彭認為正是文
革中文藝所產生的美學力量為當時的政治帶來了巨大的能量，讓文革的
理想和暴力走向極端。從高度思辨的角度揭示文革時期政治文化的多樣
性和辯證性，引導讀者從不同的緯度來思考文革，是該著作最為成功的
地方。但是作者在建構辯證的兩個方面時，卻常常忽視了兩個方面的相
關性分析。比如，作者提到文革文化在大量複製過程中產生的藝術普惠
作用、美學傳播功能、以及複製過程中文化的逸脫性再生產時，常常忘
記了當時制約著每一個人行為的極端政治化的制度環境，也沒有區分文
革的時間因素。舉大字報的例來說，提高了書法能力和藝術鑒賞力以及
培養書法愛好等是結果，而不是寫大字報的辯證的另一個面向。

　　很顯然，從國家和社會相關性的角度來解釋文革，為近十多年來文
革研究領域的共同特徵。在這種共性之下，有的學者注重行為發生的政
治過程，而另一些學者借助現象學和符號學的方法來分析文革中集體行為
的諸多現象。多元的視角和分析方法開拓了文革研究，不過筆者認為，
這些著作依然沒有能夠解釋文革所發生的深度和廣度。也就是說，文革
中的派別分化和鬥爭也好，毛澤東崇拜現象也好，異端思潮等意識形態方
面的論爭也好，這些文革中的現象所波及範圍的廣度和捲入的深度，是這
個運動的最主要特徵。如果文革是一場「革命的表演」，那麼為什麼多數
的中國人都參與了這場表演，並且無數人為之付出了生命的代價？是否僅
僅用「革命的表演」的激進化，就可以解釋大規模發生的集體暴力行為？

　　因此，如上所述，要透徹地說明派別的分化與集體暴力行為這兩大
問題，國家和社會相關性的分析非常重要。不過，對筆者而言，重視兩
方面的原因並不意味著簡單機械地將兩者結合起來，來分析這兩方面的因
素是如何各自影響派別和衝突。如果這樣做，新的解釋就很難超越國家
中心論、社會中心論以及政治構造論這三種方法各自所提供的解釋。一
種新的、有效的解釋方法必須將國家和社會置於同一個制度體系之下來加
以把握。筆者將這種同一制度體系稱為國家和社會所共同存在的制度性

空間配置。所謂的國家和社會的「制度性空間配置」，主要指超越於國家和社會的單一要素之上、對國家或社會的單一行為以及兩者間的互動產生規制作用的制度因素，也就是指對特定政體內的行為主體的行為特徵、各種組織間關係的形成以及組織間互動的方式，產生影響和制約作用的制度性環境因素，也可以將其簡單理解為規制國家和社會關係的制度性環境。文革時期制約國家和社會關係的制度性空間配置的理解對文革研究至關重要，這點筆者將在下一章、關於分析框架的部分具體闡述。

對筆者而言，國家和社會互動的解釋方法，需要重視兩者所存在的制度性空間配置，考察受到同一制度性空間配置束縛的兩者是如何產生互動作用的，制度性空間配置對二者間的互動又施加了怎樣的影響。無論是國家中心論、社會中心論還是政治構造論，前述研究的共同之處都忽視了領袖／精英和普通參與者共存於同一制度性空間配置之中。事實上，領袖／精英和參加運動的群眾均受特定制度性空間配置的影響，制度性空間配置決定了領袖／政治精英及參與者各自的行為特徵，以及兩者之間相互作用的模式。同樣，可以認為派別的分化、重組之類的變化以及文革期間的集體暴力行為，也同制度性空間配置有著密切的關係。

發展這樣一種制度主義的方法來解釋文革中派別形成、分化、重組和集體暴力現象是本書的目標。簡單地說，制度主義的解釋方法就是要把國家和社會放到同一個制度性空間配置中來加以考察，分析在這種制度性空間配置之下，兩者各自的行為特徵以及產生的互動如何影響文革中的集體行為。在解釋國家和社會之間的互動中，筆者嘗試用「公民權」(citizenship) 這個概念來建構兩者之間的關係。正如在下一個章節將會具體闡述到的，筆者認為國家分配公民權的方式決定了社會成員競爭公民權的方式，「公民權」這一概念既是理解國家和社會互動的重要工具，又可以有效地解釋文革中參與者的集體行為。另外，有別於之前的研究中將文革做為政治運動的認識，筆者認為文革是一場政治動員型社會運動，是各種利益集團利用政治機會爭奪公民權的社會運動。在爭奪公民權的過程當中，各個集團的行為方式以及變化，受到中國共產黨領導下的公民權分配方式這一制度因素的影響。這樣一來，便可通過分析同一

制度性空間配置之下公民權的分配與爭奪，綜合把握國家與社會兩方面的要素。

筆者所構思的制度主義的分析框架，主要包括以下四種要素。第一，國家和社會的制度性空間配置；第二，公民權的分配制度和民眾競爭公民權的行為特徵；第三，在國家、社會以及國家和社會互動的三個層面上，制度化與集體暴力行為的關係；第四，以上三種制度性因素所創出的忠誠量化為利益，這樣一種全民性精神構造在文革時期所起的作用。在這四種要素中，我們可以把國家和社會的制度性空間配置看作是制度主義分析框架中的第一層面的制度性要素，把公民權的分配制度以及競爭規則、國家與社會制度化的程度看作是第二層面的制度性要素，而忠誠量化為利益的精神構造則可理解為這兩個層面的制度性因素所決定的行為特徵。

就以上四種要素，筆者試圖通過對以下一系列問題的分析，來解釋文革時期派別分化、重組和集體暴力行為：文革是在怎樣一種國家和社會的制度性空間配置中展開的？在國家和社會的制度性空間配置的大環境下，國家對公民權的獨佔和等級性分配方法如何決定社會成員爭奪公民權的行為特徵，並對文革時期的集體行為造成影響？文革時期，國家、社會以及國家和社會互動的非制度化，如何激化派別間的利益競爭，並使暴力屢禁不止，最終導致全國性武鬥總爆發？當本書將文革理解為一場為爭奪公民權而進行的政治動員型社會運動時，其實已經把運動的參與者設定為理性行為者。在這點上，與「國家中心論」中把運動的參與者看作是被毛澤東的個人魅力所鼓動的狂熱崇拜者，有顯著的區別。但是不可否認，對毛澤東狂熱的崇拜的確是文革中極其普遍的社會現象。那麼，當把文革的參與者假定為理性行為者時，對於狂熱的領袖崇拜這種現象究竟應該如何理解？同時，理性的參與者為什麼會導致群體間的殘殺這樣一種非理性行為發生呢？這些將是筆者想要通過制度主義的分析方法來回答的問題。

由於本書所使用的概念與研究方法受歐美關於社會運動研究的啟發，因此在對「公民權」的定義和制度主義的研究方法進行具體說明之前，先簡單梳理一下以美國為代表的歐美關於社會運動的研究。

第三節　社會運動研究的方法論

歐美社會學中關於社會運動的研究眾多，全面梳理頗具難度也沒有必要，這裏將僅限與本書的研究方法相關的文獻。[77]

一、社會運動的定義

有關社會運動的研究是以解析運動的發生、發展及結果等一系列相關問題為主要課題的研究。這裏可以將其分為社會運動的內因和外因兩個方面加以探討。

有關社會運動內在因素的研究著重分析以下三大問題。第一，運動的參加者採取何種抗議行為？是暴力的、情緒化的、非理性的行為，還是理性的、較為溫和的抗議行為？第二，參加者是自願參加的，還是被動員參加的？第三，運動的目的是為了達成個體利益，還是追求超越個體利益的集體價值、信念和目標？[78]

有關社會運動外在因素的研究，是以分析社會運動與現存政治體制的關係為主要課題的。通常意義上，社會運動被定義為弱者對於強者的抗議行為，具體而言就是弱者通過集體行動要求現存政治體制滿足其訴求的抗議行為。因此，研究者最為關心的是解析現存政治體制對運動的發生產生了怎樣的影響。此外，由於社會運動中弱者對強者的反抗是反體制的，因而解釋社會運動是如何影響現存政治體制，也是社會運動研究者的一個研究重心。

77　關於歐美社會運動的研究史，參照了以下文獻：Aldon D. Morris and Carol McClurg Mueller, eds., *Frontiers in Social Movement Theory* (New Haven: Yale University Press, 1992)。

78　Sidney Tarrow, *Struggle, Politics, and Reform: Collective Action, Social Movements, and Cycles of Protest*, Western Societies Program Occasional Paper No. 21 (2nd edition) (Center for International Studies, Cornell University, 1991).

和社會科學的許多概念一樣，社會運動的概念沒有一個放之四海而皆準的定義，但是關於社會運動是一種集體行為的認知則已成為了共識。例如，蒂利 (Charles Tilly) 認為，社會運動是為了追求集體目標而展開的集體行動，[79] 是由一群懷抱共同的悲憤、希望和利益而聚集在一起的人們所採取的集體行動。[80] 塔羅 (Sidney Tarrow) 在梳理了有關社會運動的研究史的基礎上提出，社會運動是具有共同的目標和凝聚力的人們與精英、反對者及掌權者之間的持續的相互作用，是前者對後者表達抗議的行為。[81] 也就是說，社會運動具有集體抗議 (collective challenge)、共同的目標 (common purpose)、凝聚力 (solidarity) 及持續的相互作用 (sustained interaction) 四項特徵。

二、關於社會運動內在因素的研究

關於社會運動內在因素的研究在取得今日的成果之前，經歷了一個複雜的過程。在有關社會運動的古典研究當中，無論是社會學者還是政治學者，均將社會運動視為是應對社會體系的危機狀況和社會秩序的崩潰而產生的一種非理性的、情緒化的集體行為。法國的社會學者涂爾幹 (Emile Durkheim) 指出，大規模的群眾運動，尤其是因為狂熱領袖崇拜而舉行的集體儀式上所發生的暴力行為，是個人被集體完全征服的結果。原因是在這一行動中，由於集體意識的左右，「集體」超越了「個體」。涂爾幹的觀點深刻影響了現代社會科學，一直持續到1970年代，在解析社會運動的非理性層面時，他的觀點都屢屢被援用。究其原因，

79　Charles Tilly, *From Mobilization to Revolution* (Englewood Cliffs, NJ: Prentice Hall, 1978), p. 84. 日文版：堀江湛譯，《政治変動論》(蘆書房，1984年)。

80　Charles Tilly, *The Contentious French* (Cambridge, MA: Harvard University Press, 1986), p. 3.

81　Sidney Tarrow, *Power in Movement: Social Movements, Collective Action and Politics* (New York: Cambridge University Press, 1994), pp. 1–6.

主要是發生於20世紀前半葉的法西斯主義運動，特別是表現出來的狂熱性很大程度地影響了學者們對社會運動的認知。[82]

　　戰後法西斯主義運動雖然已經消亡，但是在相當長的一段時期，社會運動仍然被看成是由經濟危機或社會混亂所引發的的「失範」現象。直到1960年代，當研究者們從歷史學的角度探討社會運動時，社會運動才開始被看作恆常的社會現象，其背後的理性因素亦開始進入研究視野。湯普森（E. P. Thompson）將社會運動定義為通過騷亂進行的集體交涉行為。[83] 蒂利通過分析法國革命，指出社會運動並非完全是正常政治生活的中斷，即便是暴力式的抗議行為中也包含有以理性、和平的方式達成目標的階段。[84]

　　進入1970年代，社會運動的研究受到經濟學家奧爾森（Mancur Olson）的影響，將社會運動視為理性選擇的認識成為了主流。奧爾森的代表作《集體行為論》(The Logic of Collective Action) 雖非研究社會運動的著作，但其中所論及的理性選擇理論影響了眾多的社會學研究者。奧爾森以「成本利益」(cost-benefit) 的視角分析集體行為。根據他的研究，集體行為可以產出「公共物品」(public goods)，因此為了以較低的成本獲取較大的利益，參加者會以「選擇性的誘因」(selective incentives) 為標準判斷應採取的行為。也就是說，一旦參加者覺得參與行動得不到好處，或是不參與行動也能獲利，就有可能選擇不參與行動。簡單來說，參加者通過計算成本與利益而採取理性的行為。這就是所謂的「公共物品的搭便車 (free riding) 原理」。[85]

82　例如，社會學者柏格森將文革從「獵殺政治性異己分子」的角度來進行解釋，被認為是受到其影響的結果。

83　E. P. Thompson, "The Moral Economy of the English Crowd in the Eighteenth Century," *Past and Present* 50 (1971): 76–136.

84　Charles Tilly, "Collective Violence in European Perspective," in Hugh D. Graham and Ted R. Gurr, eds., *Violence in America: Historical and Comparative Perspectives* (Washington DC: US Government Printing Office, 1969), p. 10.

85　Mancur Olson, Jr., *The Logic of Collective Action* (Cambridge, CA: Harvard University Press, 1965). 日文版：依田博等譯，《集合行為論》(ミネルヴァ書房，1983年)。

　　如前所述，根據理性選擇的理論，社會運動被認為是人們在計算成本與利益的基礎上採取理性行為的結果，是人們為了保護和增進利益採取的集體行為。[86] 該理論排除了以往的研究對情緒性的、破壞性的、非理性的要素的強調，代之以解析運動參與者的行為動機和準則，即參加者為何參與運動，依據什麼樣的行為準則採取行動，從而發展社會運動的理論。即便如此，仍有不少問題有待進一步分析，例如其未能說明為什麼群眾在某一時期（而非別的時段）走上街頭表達抗議。

　　可以說1970年代是關於社會運動研究的全盛時期。受理性選擇理論的影響，學者們積極構築社會運動研究的新範式，探究從不同的角度展開研究的方法論。這一時期的研究大致可分為以下三種類型。其一，聚焦社會運動過程中相對制度化（institutionalized）的抗議形式，研究抗議形式如何伴隨運動的連續發生而被制度化。[87] 其二，有關社會運動過程中的暴力行為的研究。這一時期的成果表明，暴力行為的發生有可能是參與者有意為之，也有可能是參與者和政治體制間相互作用而產生的結果。[88] 其三，從研究對象來看，有別於以往的研究，這一時期的

86　用理性選擇理論對社會運動進行分析的代表作有以下幾種：Samuel L. Popkin, *The Rational Peasant: The Political Economy of Rural Society in Vietnam* (Berkeley and Los Angeles: University of California Press, 1979)；Anthony Oberschall, *Social Conflict and Social Movements* (Englewood Cliffs, NJ: Prentice Hall, 1973)；John D. McCarthy and Mayer N. Zald, "Resource Mobilization and Social Movements: A Partial Theory," *American Journal of Sociology* 82 (1977): 1212–1241；W. A. Gamson, *The Strategy of Social Protest* (Homewood, IL: Dorsey, 1975)。

87　例如Douglas Hibbs, "Industrial Conflict in Advanced Industrial Societies," *American Political Science Review* 70 (1976): 1033–1058；Walter Korpi and Michael Shalev, "Strikes, Power, and Politics in the Western Nations," in I. M. Zeitlin, ed., *Political Power and Social Theory* (Greenwich, CT: JAI, 1980)。

88　例如Douglas Hibbs, *Mass Political Violence: A Causal Analysis* (New York: Wiley, 1973)；Ted Robert Gurr, *Why Men Rebel* (Princeton, NJ: Princeton University Press, 1970)。

研究將社會運動區分為非組織化的集體行為(比如突發性事件)和組織
化的社會運動兩種類型。[89]

　　總之，與理性選擇理論相關的研究方法的共同特點是，強調行為者
是在特定的狀況中為追求自身利益而採取行動。然而此處又出現了新的
問題，即理性選擇理論與作為集體運動的社會運動這一定義之間產生了
矛盾。也就是説，決定是否參加運動的是個人行為，然而個人並非孤立
的存在，由於個人生活在某一集體(工廠、學校、公司等日常所屬的集
體，宗教團體、種族團體等等)當中，不難想像其判斷就不可能是僅僅
基於個人利益的選擇，勢必要包含對集體的忠誠和義務的要素，被集體
的志向所滲透。因此許多研究者都認識到，在研究作為集體行為的社會
運動時，不能夠脱離集體環境進行討論。在這一背景下，為解決新問
題，研究者們開始探索新的方法論，研究的焦點也隨之發生了變化。

　　1980年代初，新方法論的研究主要聚焦於集體行為產生的原因分
析。較之過去的理性選擇理論，1980年代的研究重視分析情感因素在
集體行為中所起的作用。但是這並非對以勒龐(Le Bon)為代表的古典
集體行為研究的復原。該階段的研究關注「新意義」(new meaning)與「身
份認同」(identity)的要素，並且將分析的重點放在對將集體行為正當化
並對集體行為的發生起到誘發性作用的「認知框架」(cognitive framework)
的分析上。[90]可以説，這樣的變化是受大眾文化學、法國社會學的語言
理論、人類學的象徵意義論以及1960年代以來的社會心理學的發展等
當時的先進研究影響的結果。

89　例如以下幾種：Peter Eisinger, "The Conditions of Protest Behavior in American
　　Cities," *American Political Science Review* 67 (1973): 11–28；Michael Lipsky, "Protest
　　as a Political Resource," *American Political Science Review* 62 (1968): 1144–1158；
　　Mayer N. Zald and John D. McCarthy, *Social Movements in an Organizational Society*
　　(New Brunswick, NJ: Transaction, 1987)。

90　例如Bert Klandermans, Hanspeter Kriesi, and Sidney Tarrow, eds., *From Structure to
　　Action: Comparing Social Movement Research Across Cultures* (Greenwich, CT: JAI, 1988)。

　　1980年代的社會運動研究者們發現，社會運動中存在各種各樣的「運動次文化」(movement subcultures) 和「運動網絡」(movement networks)。也就是說，運動的參與者們並非理性選擇論所描述的獨立的個人，而是被社會化 (socialized) 的集團。甚至可以說，像這樣的「運動次文化」和「運動網絡」並非社會發展的必然產物，而是運動的組織者努力創造出來的。此外，當時的法國社會學語言理論的發展為社會運動的研究注入了新的活力。受其影響，意識形態在運動中所起的作用開始受到關注，即意識形態通過語言加以傳播，影響人們的思考和判斷，進而影響人們的行為特徵。

　　1980年代的研究範式是作為對理性選擇論的批判而出現的，其主要特點是主張在解釋社會運動時僅僅從個人之理性選擇的角度出發是不夠的，需要綜合考慮「文化」、「語言」、「網絡」等多種要素。儘管如此，研究者們並不認為這一新的研究範式是對理性選擇理論的否定，兩者倒是相互補充的。也就是說，參加者們通過對共同利益和價值的認知，以及由此而組織起來的過程，即被認為是社會運動。換言之，在研究社會運動時，必須同時重視兩方面的要素：社會運動所包含的理性因素，以及將之轉化為行動的情感要素與集體化的過程。

　　由於社會運動是集體行為，所以梳理以下兩種關係就至關重要。其一是社會運動與組織的關係，其二是社會運動與動員的關係。社會運動通常被認為是弱者對強者的反抗，因此如果參加者們之間缺乏相互協調的機制與合作的意識，就無法與掌權者對抗。那麼，社會運動究竟是自發產生的，還是被動員而產生的呢？

　　一般來說，19世紀以前所發生的以奪取食糧和抗稅為目的的集體行為，大多事先不存在動員和周密的計劃，因此運動產生之前並不存在運動領導人。由於這一時期的運動多為對統治者所實施的政策的突發性反應，因而運動領袖是在運動的過程中因應對時事而出現的。也就是說，該時期的社會運動尚未制度化、組織化，因此運動一結束，群眾就解散。19世紀中葉以後的社會運動開始有了組織，但其組織性較為鬆散，與現代組織之間有相當大的距離。進入20世紀，如市民的環保運

動所展示的那樣，社會運動開始具備高度的組織性。另一方面，包括暴
動在內的缺乏組織的社會運動也依舊保持了生命力。從這一現象來看，
可以說組織化的社會運動與非組織化的社會運動具有共存的可能性。

　　那麼，在何種情況之下，社會運動是受組織操控的呢？社會運動研
究者中的某些學者受到米歇爾（Robert Michels）的「寡頭政治的鐵律」之
說[91]的影響，高度評價組織化的參與者在社會運動中所發揮的作用。與
此相反，另外一些學者則認為自發性的運動更有衝擊力。前者主張群眾
的能量只有組織起來才能得以釋放，後者則反駁說組織化的作用僅僅在
於減少運動的無序性。例如，英國歷史學家霍布斯鮑姆（Eric Hobsbawm）
就對自發的集體行為持悲觀態度，他指出缺乏組織性的集體行為難以
成功。[92] 相反，皮文（F. Piven）和克勞沃德（R. Cloward）則認為自發的行
為反而易於成功，理由是政府無法預測自發的行為將在何時、何地、以
何種形式爆發，因而無法採取有效的應急措施；相反，組織化的社會運
動將抗議行為演變成為日常生活的一部分，其結果反而減少運動爆發的
能量。[93]

　　針對上述兩大流派的爭論，塔羅提出將社會運動與社會運動的組
織區分開來加以探討的折中說，[94] 即社會運動是社會的挑戰者與壓迫者

91　米歇爾斯提出了著名的「寡頭政治的鐵律」理論。他提出，無論在哪種組
　　織中，都是只有少數人持有權威，故這些人對權力的壟斷無法避免地將
　　組織變得具有等級制度的傾向。Robert Michels, *Political Parties: A Sociological
　　Study of the Oligarchical Tendencies of Modern Democracy* (New York: The Free Press,
　　1962).

92　Eric J. Hobsbawm, *Primitive Rebels* (Manchester, England: Manchester University
　　Press, 1959). 日文版：青木保編譯，《反抗の原初形態 ── 千年王国主義と社
　　會運動》（中公新書，1971年）；水田洋等譯，《素朴な反逆者たち ── 思想
　　の社会史》（社會思想社，1989年）。

93　France Fox Piven and Richard A. Cloward, *Poor People's Movements: Why They
　　Succeed, How They Fail* (New York: Vintage, 1979).

94　Tarrow, *Struggle, Politics, and Reform*, p. 18.

之間發生的持續的、衝突性的相互作用,而社會組織是將具有共同目標
的人們凝聚在一起,並使他們為抗議政治精英、權威以及其他的對立組
織而協調作戰。自發性集體行為容易受到參加者的個體利益等私人動
機的影響而呈現出混亂,但反過來也可以認為正是由於具有私人動機和
非組織化兩大特徵,使得運動有可能基於參加者的理性選擇式行動從而
達至理性結果。相反,組織化的集體行為雖然較有秩序,但是在追求
理性目標的過程中卻極有可能激進化而導致非理性的結果。當然,社
會運動與社會運動的組織兩者實際上是難以截然分開思考的,常常會出
現自發的運動在進行過程中創造出組織的情況,此外現存的組織也有可
能成為運動的主力。這是因為運動不僅僅產生自現存體制的外部,也
有可能產生於體制的內部。塔羅的上述觀點廣泛影響了當代社會運動
的研究。

三、關於社會運動外部因素的研究 ── 與政治的關係

上文主要梳理了關於社會運動自身的研究,接下來將重點整理和討
論有關社會運動與政治的關係的研究。

社會運動的成敗與政治有著密切的關係,但是將政治要素納入社
會運動的研究,卻是在1970年代以後的事情。這是由於1970年代以
後研究者們開始普遍認識到,研究社會運動必須將國家要素置於中心
位置。[95]

在社會科學領域,最早關注社會運動研究的是政治學者。但是大
多數研究者最初都是從非政治因素著手考察社會運動的,即認為社會運
動是「異化」及「規範失調」的結果,與現存體制沒有直接關係。在1960

95　例如 Charles Tilly, ed., *The Formation of National States in Western Europe* (Princeton,
　　NJ: Princeton University Press, 1975);Peter B. Evans, Dietrich Rueschemeyer, and
　　Theda Skocpol, eds., *Bringing the State Back In* (New York: Cambridge University
　　Press, 1985)。

年代的現代化與經濟發展的過程中,「相對剝奪論」(relative deprivation theory) 被看成是分析與社會運動的關係的重點。[96] 從「相對剝奪」所引發的不滿情緒的社會化這一角度分析社會運動產生原因的相對剝奪理論,對社會運動的研究產生了極大影響。但是該理論重視的是經濟結果所引發的心理因素,而非政治因素;對於政治因素雖有論及,但並未將其放在研究框架之內。在當時追求經濟現代化的大背景之下,經濟與社會運動的關係被當成分析的重點。

1960 年代社會運動研究的領域中,美國與歐洲的研究類型多少存在差異。美國社會運動研究者的主要研究特點是,進行社會運動的多國間的比較研究,採用社會學的研究方法,尤其是運用問卷調查所得的數據詳細分析集體行為本身,具有輕視社會運動與政治關係的傾向。相反,歐洲研究社會運動的學者們則比較重視分析社會運動與政治的關係。塔羅闡明了從事社會運動研究為何要重視政治因素。[97] 通過考察戰後意大利共產主義運動與農民運動的關係,塔羅得出在導致農民運動衰退的過程中,政黨發揮了極大的作用的結論。[98] 此外,帕金(F. Parkin) 分析了英國新左翼運動中工黨的作用,指出工黨推動了新左翼運動的發展。[99]

96　Ted Robert Gurr, "A Causal Model of Civil Strife: A Comparative Analysis Using New Indices," *American Political Science Review* 62 (1968): 1104–1124. Gurr 指出了以下觀點:當人們感受到他們的實際生活水平與期待的生活水平間的差距,並做出自己權利被剝奪的判斷時,會產生進行反社會行為的動機。一旦政治、社會、文化等外部環境給予他們機會,他們則會不假思索參與其中。

97　Charles Tilly, *The Vendée* (Cambridge: Harvard University Press, 1964); "Collective Violence in European Perspective," pp. 5–45.

98　Sidney Tarrow, *Peasant Communism in South Italy* (New Haven: Yale University Press, 1967).

99　Frank Parkin, *Middle Class Radicalism* (Cambridge: Cambridge University Press, 1968).

1970年代的社會運動研究雖然延續了1960年代的方法論，但已經開始重視社會運動中的政治要素。巴耐斯 (S. Barnes)、蒂利等研究者指出，集體行為與政治參與之間存在緊密的聯繫，即社會運動的參與者具有積極參加體制內的政治活動的傾向。[100] 但是，隨著1970年代之後的「資源動員論」(resource mobilization theory) 登場並引領社會學，社會運動的研究焦點也隨之發生了相應的變化。這一時期研究的焦點從作為運動參與者的個人，轉變成運動的組織。「資源動員論」的多數研究者從經濟的角度解釋運動與動員、運動與組織的關係，但對與運動相關的政治因素卻沒有給予足夠重視。但是麥卡錫 (J. McCarthy) 和佐爾德 (M. Zald) 兩人則將運動視為政治現象，從經濟學當中引入了企業家精神和競爭等重要概念。他們認為，社會運動是一項「產業」，需要用具備企業家精神的領導能力來加以經營，這是極為重要的。另外，由於社會運動是一項「產業」，所以無法避免不同的組織間爭奪參加者。企業家精神、競爭、經營等雖是經濟學領域的概念，在此卻具有政治學的含義，作為政治學的用語而加以使用，這是因為在社會運動這一「產業」當中，無論是企業家還是組織，全都被政治化了。[101]

1970年代的社會運動研究受到資源動員論研究範式的影響，研究者們在這一研究範式的框架內解釋社會運動與政治的關係，可以說取得了極大的成果。其中引人注目的是格姆森 (W. Gamson) 的《社會抗議的戰略》(*The Strategy of Social Protest*) 及前述皮文和克勞沃德的《窮人的革命》(*Poor People's Movements*) 兩部著作。前者分析了政治同盟和國家政策如何影響社會運動的結果，[102] 後者則認為社會運動是組織者動用資源對抗體

---

100 Samuel Barnes, Max Kaase, et al., *Political Action: Mass Participation in Five Western Democracies* (Beverly Hills, CA: Sage Publications, 1979); David Snyder and Charles Tilly, "Hardship and Collective Violence in France: 1830–1960," *American Sociological Review* 37 (1972): 520–532.

101 Zald and McCarthy, *Social Movements in an Organizational Society.*

102 Gamson, *The Strategy of Social Protest.*

制內的權威的抗議行為。[103] 兩者均強調運動的參與者所擁有的政治資源，如何令引發運動的潛在可能轉化為現實。他們的研究雖然也重視對資源的動員，但是較之資源動員論的其他研究，資源指的並非運動的組織自身及組織者的企業家精神，而是指政治和現存體制。

　　總體上看，1960 年代與 1970 年代的研究雖然論及社會運動中的政治因素，但並未將其作為獨立的變量加以考量。進入 1980 年代，研究者們總結對社會運動施加影響的各個要素，提出了重視政治要素的新的研究範式。這一研究範式雖非以某個人物為首的某個學派的理論，但在把握集體行為的「政治機會構造」(political opportunity structure)，即將政治制度、尤其是國家作為獨立的變量加以抽出，進而分析其與社會運動的關係，以及分析國家與集體行為的發生、社會運動的戰略與推動力的關係方面具有相同的側重。「政治機會構造論」給本書的研究以極大的影響，這裏簡要介紹一下其主要觀點。

　　國家對集體行為的興起產生了怎樣的影響、為什麼國家不能抑制社會運動的發生、為什麼群眾能夠積累資源形成組織來對抗權威等一系列問題，是「政治機會構造論」要研究的課題。

　　「政治機會構造」之概念出現於 1970 年代，但其發展卻是 1980 年代以後的事。[104] 一些學者通過對城市中的集體行為進行研究，結果發現「政治機會構造」對於社會運動的發生和結果兩方面均產生了極大的影

103　Piven and Cloward, *Poor People's Movement*.

104　Doug McAdam, *The Political Process and the Development of Black Insurgency* (Chicago: University of Chicago Press, 1982); Herbert Kitschelt, "Political Opportunity Structures and Political Protest: Anti-Nuclear Movements in Four Democracies," *British Journal of Political Science* 16 (1986): 57–85; Mary F. Katzenstein and Carole Mueller, *The Women's Movements of the United States and Western Europe: Consciousness, Political Opportunity, and Public Policy* (Philadelphia: Temple University Press, 1987); Tarrow, *Power in Movement*.

響。[105] 雖然研究「政治機會構造」的學者們之間也存在著分歧，但在政治體制的開放與封閉的程度、政治聯盟安定與否、是否存在政治聯盟和同盟集團、統治階級對於集體行為採取何種態度以及在多大程度上容忍集體行為的發展等，對上述一系列問題卻存在共同的關心。

總之，在影響社會運動的政治因素中，「政治機會構造論」最重視以下三點。第一，政治制度的開放性和封閉性。也就是說，對於作為一種非尋常政治參與方式的集體抗議行為，是寬容和接受，還是拒絕和鎮壓，這樣的政治制度的開放和封閉程度決定了集體行為發生和進展的方式。當然，同一政治體制在不同的時期，其開放和封閉的程度是不同的，因此同一政治體制之下的社會運動也會因時間的差異呈現出不同的形式和樣態。第二，國內政治聯盟的變化，即政黨勢力的消長及政權在不同政黨之間的交替，對社會運動的發生、發展和結果所產生的影響。第三，政治精英內部的衝突對社會運動的發生、發展和結果所產生的影響。也就是說，領導層內部的政策差異及權力鬥爭，往往會為社會運動的發生提供機會。一方面社會運動容易獲得機會取得領導層內部一部分勢力的支持，另一方面領導層內部的一部分勢力也由於權力鬥爭，需要得到社會的支持。

---

105 例如巴頓（James Button）等人研究表明了以下內容。1960年代的美國城市的社會運動帶來了各種政治機會，結果地方精英向聯邦政府尋求了更多的財政支持。此外，研究巴西城市社會運動的安東尼（Anthony Leeds）等學者也指出僅分析心理因素不夠全面，分析城市一般市民的政治意識與政治喜好，以及國家的權力結構等政治因素也很重要。James Button, *Black Violence: Political Impact of the 1960s Riots* (Princeton, NJ: Princeton University Press, 1978); Susan Welch, "The Impact of Urban Riots on Urban Expenditures," *American Journal of Political Science* 19 (1975): 741–760; Anthony Leeds and Elizabeth Leeds, "Accounting for Behavioral Differences: The Political Systems and the Responses of Squatters in Brazil, Peru and Chile," in John Walton and Louis Masotti, eds., *The City in Comparative Perspective* (New York: Wiley, 1976), pp. 193–248; John Walton, "Urban Political Movements and Revolutionary Change in the Third World," *Urban Affairs Quarterly* 15 (1979): 3–22.

　　此外，一方面「政治機會構造」影響了社會運動，另一方面社會運動
也反作用於政治體制。如前所述，領導層內部的衝突給社會運動的發生
提供機會，反過來運動的發生也給領導層及政治精英創造機會。這包含
兩個層面的意思，一方面，如上所述，領導層內部的一部分勢力利用社
會運動來擴大自身的勢力；另一方面，社會運動的發生也為領導層提供
了鎮壓反體制社會力量的機會。此外，社會運動一旦發生就會具有自律
性（autonomy），受自身的機會構造所影響。也就是說，運動的發展受社
會運動自身和其他同期發生的其他運動的進展狀態，以及其他相關要素
影響，未必按照組織者的原來意圖向前推進。換言之，社會運動不僅和
現存體制相互作用，與同期發生的其他社會運動之間也存在相互作用。

四、西方社會運動文獻和文革研究的相關性

　　上述社會運動的理論都是以歐美的社會運動為研究對象發展而來
的，在理解歐美的社會運動方面，這些理論非常有效，起到理論指導作
用。但是，當把文革作為一種運動來理解時，儘管在形式上有著與歐美
社會運動相一致的地方，卻不能夠原封不動地照搬上述理論，因為文革
在很多地方有別於歐美的社會運動。

　　這裏有必要簡單地說明毛澤東時代的中國社會運動的主要特點以及
與政治權力鬥爭的關係。

　　如前所述，一般來說，社會運動被定義為弱者通過集體行動向現存
的政治體制表達訴求的抗議行為，但是毛澤東時代的中國由於不允許存
在明確的反對政權的集團，所以幾乎所有的社會運動都可以看作是在國
家安排的制度性空間配置內部，利用國家提供的政治機會爭取更多的公
民權的抗議行為。此外，由於中國不允許公開進行抗議行為，所以中國
的社會運動多與國家內部的政治鬥爭及政治動員相伴而生。

　　那麼在毛澤東時代的中國，社會運動與政治鬥爭具有怎樣的關係
呢？簡單來說，國家代理人之間，尤其是作為政策決策者的國家代理人
之間一旦發生權力鬥爭，其中一部分勢力就有可能會為獲取權力來動員

社會力量，此時的社會運動就不再是自發產生的抗議行為，而可以將其定位為政治動員型社會運動。一方面對各社會集團而言，被動員的政治參與是獲取政治經濟利益的絕好機會，另一方面正如紅衛兵組織的興衰事例所顯示的那樣，社會運動一旦發生就具有了自律性，未必按照動員和組織者的意圖推進。因此運動一旦脫軌，就給國家提供了鎮壓反社會力量的機會。也就是説，在政治動員型的社會運動當中，只有得到國家的支持，社會集團才有可能登上政治舞台，其追求利益的集體行為才具備合法性。但是如果失去這一前提條件，其行為也就失去了合法性，組織本身也可能被判定為非法，社會運動因此也就難以延續了。

正因為毛澤東時代中國的社會運動具有以上特點，因此要解釋中國的問題，自然就不能照搬歐美社會運動的理論。不過，歐美的社會運動理論也為我們分析中國問題提供了有效的分析角度和方法論。有鑒於此，本書將吸收文革研究、理性選擇理論、資源動員論、政治機會構造論等歐美社會運動的研究成果，並在下一章導入「公民權」的概念和有關公共圈的理論，在此基礎上嘗試發展文革研究的制度論研究方法。

第四節　本書的結構

在討論研究方法之前，先簡單介紹一下本書的結構。

本書共十章。在序章之外，第一章將首先梳理已有的「公民權」的概念，並明確其在本書中的定義，在此基礎上提出文革研究的制度論研究方法。

第二章和第三章將追溯至文革以前來闡述文革發生的制度環境。第二章將重點分析毛澤東時代中國制度性空間配置的重組過程及對文革的影響，並嘗試從歷史的長河中來考察文革在國家建設中的定位。第三章將著力分析文革前公民權的分配制度以及其建構的過程，並解釋這一制度如何塑造群眾間競爭公民權的方式，進而對文革期間的集體行為造成影響。

　　第四章至第六章討論文革期間各派別的集體行為。本書認為文革
在前三年期間存在三種「次運動」，文革的過程就是隨著這三種「次運動」
的轉移而展開的。在「次運動」的轉移過程中，運動的主體和目標均各
不相同。北京的中學「老紅衛兵」、清華大學的「井岡山兵團」、上海的
「工總司」等工人造反派組織分別充當了三種「次運動」的主力，他們分
別在不同的「次運動」階段致力於推進國家目標，同時也利用機會追求
自身集團的利益。第四章至第六章便是以這些派別為分析對象，力圖通
過分析闡明：①派別的組成、分化以及衰退的過程及原因，②推進各
「次運動」的動力，以及③導致「次運動」轉移的原因三大主要問題。除
了以上三點共同的問題之外，這三章還各有側重。首先，第四章將重點
探討中共中央領導層政治鬥爭的社會化與社會中利益競爭的政治化是如
何結合在一起，又是如何導致派別興起的。第五章重點分析國家政策的
變化、中央領導層最高領導間的政治鬥爭與社會中各派別的利益目標之
間是如何產生分裂，又是如何將文革引向大規模的混亂局面。第六章分
析上海的「工總司」，重點關注上海在全國的定位、上海「一月革命」的
狀況及與其他地區的比較，通過從新的角度分析上海「三結合」政權建
立的過程，以及在這一重建過程中張春橋、王洪文和「工總司」所起的
作用，得出與以往的研究不同的結論。

　　第七章將以山西省榆次市東方紅紡織廠造反運動的興起和發展為
例，探討在以上三章中所描述的三個「次運動」時期，與政治舞台中心
的派別紛爭相比，周邊（地方）的派別組織是如何在國家和社會一體化
的制度性空間安排中參與政治，並展開一場圍繞公民權的爭奪戰。與前
面章節不同，本章將聚焦於在派別競爭中起著動員和領導作用的派別領
袖，著重分析是什麼樣的人和什麼樣的原因或情形，造就了派別領袖？
在多邊的政治環境中，這些派別領袖如何組織資源，領導派別鬥爭？他
們的策略和方法如何與國家代理人之間的權力鬥爭相互影響？一方面，
筆者嘗試通過對這個紡織廠造反運動的分析達到從微觀透視宏觀、從
（政治運動）邊緣對照中心的目的，另一方面也嘗試通過聚焦於派別領
袖的行為，從派別的中心來更清楚地理解派別間的公民權爭奪行為，以

及在公民權分配制度變化的情況下，派別領袖如何組織競爭來阻止公民權的流失，或在新的規則之下爭取更多的公民權。

第八章在區分1966至1969三年間所發生的暴力行為的不同類型的基礎上，分析派別鬥爭引發集體暴力行為的原因。

第九章著重分析文革中的集體暴力和社會秩序的關係。文革中的集體暴力是一個存在時間長、波及範圍廣、破壞度強的令人矚目的現象，然而值得令人深思的是，這種非同尋常的集體暴力行為居然沒有帶來社會秩序的全面崩潰。那麼，文革中的秩序究竟靠什麼來維持？是否存在著一種文革式的秩序維持方法？文革中的集體暴力行為和秩序之間，存在著什麼樣的關係？

終章總結本書的主要論點，並探討採用競爭公民權的概念研究改革開放時期的社會運動具有怎樣的意義；具體而言，就是文革給改革開放時期的國家建設產生了何種影響，以及伴隨改革開放時期的國家建設所發生的國家與社會層面的制度性空間配置的變化，對於集體行為的轉型與追求公民權的方式所產生的影響。

第1章
文革研究的制度論視角

　　在序章中，筆者回顧了文革研究的歷史和現狀，主要聚焦於中國本身、歐美和日本的文革研究，討論了各地區學者研究所取得的成果及其存在的不足。再者，筆者也討論了西方社會運動研究領域所取得的進展，並且認為我們可以把文革置於社會運動文獻內來加以研究和理解。不過，這並不意味著簡單的照抄照搬西方社會運動文獻來機械地解釋文革，因為文革這場發生在中國的社會運動受制於中國特殊的文化、政治、經濟和社會條件。

　　在本章中，筆者進一步引入「公民權競爭」的概念，討論為什麼這一概念可以用於解釋文革，尤其是文革中所產生的暴力現象。同樣，「公民權」的概念來自西方，我們需要根據中國的政治社會實踐加以重新定義，使之符合中國現實。在定義中國「公民權」之後，本章的重點在於構建一個制度論框架，來解釋為什麼在這個制度框架內所發生的公民權競爭導致了文革及其暴力行為。筆者的意圖很明確，那就是在吸收到現在為止各國文革研究和社會運動研究成果的基礎之上，構建一個新的制度性空間論概念框架來解釋文革及其暴力。也就是說，本書的解釋框架的主體是制度性空間，這一主體整合了先前社會運動研究和文革研究的一些概念。筆者相信，這一概念框架較之一些現存概念框架在解釋文革的暴力方面更具有解釋能力，而在其他方面例如文革的起源等，則和其他概念互補。

第一節　關於「公民權」的概念

一、社會學研究中有關「公民權」的定義

最早運用「公民權」的概念解釋社會運動的研究者是英國社會學家馬歇爾 (T. H. Marshall)。1949年，在題為「公民權與社會階級」的講座中，馬歇爾以英國為例，首次運用「公民權」的概念解釋資本主義制度條件下的階級鬥爭。[1] 馬歇爾將人們追求獲取公民權的過程分為市民權利 (civil citizenship)、政治權利 (political citizenship) 及社會權利 (social citizenship)[2] 三個階段。他認為市民權利產生於18世紀，包括個人自由所必備的一些權利，如人身自由、言論自由、思想自由、信仰自由、擁有財產的權利、達至正義的權利等。政治權利產生於19世紀，包括作為政治體的一員參與政治過程的權利。社會權利是20世紀以來發展起來的，包括經濟福利和安全等一系列權利，也就是今天我們所說的社會民主和福利國家的各項權利。特別值得注意的是，馬歇爾指出了公民權和資本主義社會之間存在著的緊張狀態，即兩者間的深刻矛盾，所以才會發生階級鬥爭和社會運動。但是，他同時也指出，資本主義和公民權

1　T. H. Marshall, *Citizenship and Social Class* (Cambridge: Cambridge University Press, 1950); T. H. Marshall and Tom Bottomore, *Citizenship and Social Class* (Garden City, NY: Doubleday, 1965). 日文版：Ｔ・Ｈ・マーシャル、トム・ボットモア著，岩崎信彥等譯，《シティズンシップと社会的階級》（法律文化社，1993年）。

2　Reinhard Bendix, *Kings or People: Power and the Mandate to Rule* (Berkeley, CA: University of California Press, 1978); Ralf Dahrendorf, *Class and Class Conflict in Industrial Society* (London: Routledge and Kegan Paul, 1959). 日文版：富永健一譯，《產業社会における階級および階級闘爭》（ダイヤモンド社，1946年）。A. H. Halsey, "T. H. Marshall: Past and Present, 1893–1981," *Sociology* 18 (1984); Seymour Martin Lipset, "Tom Marshall—Man of Wisdom," *British Journal of Sociology* 24 (1973); David Lockwood, "For T. H. Marshall," *Sociology* 8 (1974); B. S. Turner, *Citizenship and Capitalism: The Debate over Reformism* (London: Allen and Unwin, 1986).

之間的「鬥爭」是被制度化的，也就是説，各種各樣的規則起到調整兩者間緊張關係的作用。

　　雖然馬歇爾有關公民權的概念以及公民權與社會階級的關係之論述僅針對英國，但其關於公民權的概念其後被許多研究者援用，產生了極大的影響，例如本迪克斯（Reinhard Bendix）、德蘭杜魯夫（Ralf Dahrendorf）、哈爾斯（A. H. Halse）、李普塞特（S. M. Lipset）、羅克伍德（David Lockwood）、特納（B. S. Turner）等等。[3] 對公民權概念的發展貢獻較多的是曼（Michael Mann）。曼認為公民權的表現形式與統治階級（ruling class）的統治戰略有關。他認為在近代史上主要的政體包括絕對專制政制、君主立憲政制、自由民主政制、威權主義政制、法西斯主義政制和威權主義式的社會主義政體等，不同政體下公民權的表現形式也有所差異。

　　這裏有必要就曼所論述的前蘇聯式威權主義的社會主義體制下公民權的表現形式進行一些討論，因為它對本書的研究具有借鑒作用。[4] 曼認為，威權主義的社會主義體制主要表現為通過運用 20 世紀所產生的國家的基礎設施能力（infrastructural capacities）與意識形態兩大手段，控制社會的每一個角落，也就是實施「高壓統治」的體制。[5] 在現實當中，「高壓統治」往往是在談判的基礎上進行的，但是談判的權利並沒有被賦予國家政權以外的集團（out-groups），而是僅限於政權內部的集團。

3　Michael Mann, "Ruling Class Strategies and Citizenship," in Mann, *States, War, and Capitalism: Studies in Political Sociology* (Oxford: Blackwell Publishers, 1992), pp. 188–209.

4　曼將前蘇聯的政體稱為威權主義式的社會主義體制，主要是為了和其他形式的社會主義相區別。

5　「基礎能力」是曼的一個特定概念。他把現代國家的能力分為兩種，即「專制能力」（despotic capabilities）和「基礎能力」（infrastructural capabilities）。前者指國家的統治階級不與市民做週期性、常規性和制度性的協商而自行採取行動的能力，而後者指國家的統治階級通過對市民社會的滲透而在社會中切實貫徹其政治決策的能力。見 Michael Mann, "The Autonomous Power of the State: Its Origins, Mechanisms, and Results," in John A. Hall, ed., *State in History* (Oxford: Blackwell Publishers, 1986)。

因為公開的反對派是絕對不允許存在的,其他團體只要不是敵對階級或反政府集團,就擁有參與政權的權利,並與政權之間結成聯盟及「保護與被保護」的關係,以這樣的方式對政權施加影響就成為可能。因此雖然反政府的社會運動由於不被官方允許而幾乎見不到,但是政權內部的整肅、派系鬥爭等政治鬥爭卻不斷發生。在威權主義的社會主義體制下,國家不僅不向國民提供市民權利,就連真正意義上的政治權利也未曾提供。但是在提供社會權利這一點上則多於其他國家,從日用品到住宅、醫療、教育、娛樂,幾乎所用生活上的權利都是由國家來提供的。

二、作為國家與社會中介的「公民權」

在上述曼關於威權主義社會主義體制下公民權的表現形式的論述中,國家這一要素被置於討論的中心。也就是說,曼所關注的是國家如何分配公民權這一問題。曼對於國家要素的重視,影響了許多中國研究者。例如,魏昂德(Andrew Walder)在分析毛澤東時代的中國國家對於政治、經濟和社會資源的壟斷是如何影響國家與社會關係的建構時,從產業組織論的角度實證分析了中國國營企業內部的威權關係,在此基礎上指出國家壟斷資源造成個人在多方面高度依賴國家乃至國家代理人(工廠的廠長等等)。[6] 儘管他的研究為理解毛澤東時代的國家與社會關係提供了極為有效的視角,但是由於主角是國家,在考量問題時的角度必然是自上而下的。

6　關於在毛澤東時代的中國,國家壟斷政治、經濟、社會資源是如何影響國家與社會的關係這一問題,請參照以下研究:Andrew Walder, *Communist Neo-Traditionalism: Work and Authority in Chinese Industry* (Berkeley, CA: University of California Press, 1986);Cecilia Milwertz, "Control as Care: Interaction between Urban Women and Birth Planning Workers," in Kjeld Erik Brødsgaard and David Strand, eds., *Reconstructing Twentieth-Century China: State Control, Civil Society, and National Identity* (Oxford: Clarendon Press, 1998), pp. 92–112。

　　如前章所述，理解文革需要導入國家與社會互動的視角，因此除了對於國家是如何分配公民權這一層面的考察之外，還需要考察社會派別和集團是如何競爭獲取公民權這一層面的問題。

　　在運用公民權的概念解釋文革之前，有必要對隨著歐美社會發展而產生的公民權概念進行重新定義。也就是説，需要解釋以下一系列相關問題，包括：公民權在中國的語境中應當如何定義？這個概念與本書所要分析的文革期間的集體行為，究竟存在怎樣的關聯？為何在對文革期間的集體行為進行分析時，需要運用公民權的概念？

　　首先，關於公民權的定義。無論哪種政體的國家都一樣，一般來講，公民權一方面指身份，另一方面指權利。公民身份通常由國家來規定，而權利通常附著在身份之上，身份決定了可享受的權利。當然，權利也意味著責任和義務。也就是説，公民權所內含的身份、權利、責任和義務構成了社會治理的基礎，也建構了社會秩序，同時也作為一種公民品德，構造了一個國家的核心價值觀。[7] 既然公民權理念反映了特定社會的關係組合和治理類型，這意味著在理解某一個國家的公民權時，需要去理解這個國家公民權所賴以運作的社會和政治背景，需要瞭解建構公民權的權力和政治運作體系以及為這套體系提供合法性的國家意識形態。也就是説，瞭解一個國家的公民權，至少需要考慮以下兩個層面的內容：第一，國家如何規定公民權？賴以支撐的合法性依據是什麼？第二，公民用以競爭公民權的方法以及其合法性依據是什麼？

　　1949年中華人民共和國建國之後，中國經歷了短暫的新民主主義政體，從1950年代中葉起開始過渡到社會主義政體。一個新型國家的建立無疑會帶來公民身份和權利的再建構，更何況是一個以顛覆式革命方式創建的新國家。無論是1949年9月發布的《中國人民政治協商會議共同綱領》還是1954年發布的《中華人民共和國憲法》，都將新國家的

7　相關討論請參照Keith Faulks, *Citizenship* (London and New York: Routledge, 2000), pp. 1–28。

政體規定為「工人階級領導的、以工農聯盟為基礎的人民民主主義國家」。[8] 儘管1954年《憲法》第85條規定中華人民共和國公民在法律上一律平等，但在實際運作過程中，階級和階級鬥爭成為了建構社會主義國家正義和公平的合法性的基礎，階級也成為了建國後建構新國家公民權的根幹。也就是說，所有享有中華人民共和國居住權的人為公民，但公民又被政治理念劃分為人民和階級敵人。正如之後的章節將會具體分析到的，人民和階級敵人之間的界限並非固定，每次政治運動發生時，國家都會根據不同的政治形勢，將一些被認為是對政權有顛覆性言行的人定義為階級敵人，而每次政治運動也會對那些積極揭發批判階級敵人的人民進行政治性的獎勵。這種建立在階級鬥爭之上的社會公平正義，構成了毛澤東時代公民權的價值核心。階級對立和階級鬥爭被包含在對政治共同體的忠誠建構以及公民的品質建構中，而這種建立在階級鬥爭之上的公民權分配方法以及價值體系，也決定了社會競爭公民權的方法是建立在階級鬥爭的價值體系之上。因為做一個忠於黨和國家的好公民既有來自追求高尚和榮耀的正面激勵因素，同時也有避免遭受懲罰等負面激勵因素所致。爭做好公民獲取政治獎勵以及避免遭受懲罰的動機，建構了文革中派別行為的理性和利益因素，而追求高尚和榮耀的正面激勵因素則為當時的派別行為添加了狂熱性和理想主義的非理性因素。正如本書後續章節關於文革中的事例分析將會呈現的，文革的集體行為中這兩個方面都存在，只是在不同的群體和不同的時段，兩個因素表現的緯度有差異。無論是承載著身份和權利功能的理性因素，還是承載著價值功能的理想主義因素，公民權所涵蓋的這些部分都是建國之後在國家認同建構過程中，通過各種政治運動中儀式化的場面、英雄塑造等政治教化來形成和不斷強化、並逐漸內化的一個過程。

8　林蘊輝、范守信、張弓，《凱歌行進的時期》(河南人民出版社，1989年)，頁26、431–432。

　　這裏需要指出的是，在本書中，公民權概念並不是一個價值觀念，而只是筆者用以分析文革中集體行為的一個分析性概念，因為這個概念能夠非常有效地解釋文革中的集體行為。也就是說，這個概念一方面能夠解釋文革中集體行為所表現出的利益因素和理想因素，另一方面，正如本文後面部分將會解釋的，公民權概念也能非常有效地解釋國家和社會兩個層面各自的行為，以及兩者間的互動對集體行為產生的影響。儘管毛澤東時代的中國，對於大多數中國人來說只有階級認同，並不具備公民權的認同，但是對於公民權所涵蓋的各種身份劃分，以及不同身份所能享受的具體權利（關於公民權的具體內容，將會在第三章具體闡述）或者將有可能受到的懲罰，以及對身份變更所產生的失或得，相信每一個在那個時代生活過的中國人都會有非常清晰的理解。或者可以說，階級認同背後的實質就是公民權，因為不同的階級被賦予不同的公民權。

　　從概念層面來看，在毛澤東時代的中華人民共和國公民權意味著包括生存權在內的、以政治和經濟利益為中心的所有權利。較之歐美具有法治傳統的國家，中國的公民權並非法律概念而是政治概念。例如，公民中關於人民與敵人，人民內部關於黨政幹部與群眾，群眾內部有關積極分子、一般群眾與落後分子絕非法律性的區分，而是一種政治性的劃分。根據政治地位的不同所享受的公民權亦有所不同。如前所述，曼指出在威權主義的社會主義體制下，國家沒有給國民提供市民權利和政治權利，但在提供社會權利這一點上則多於其他國家。不過，這裏曼忽視了實際上資本主義國家與社會主義國家的社會權利具有完全不同的性質。歐美國家的社會權利是建立在國家中的任何成員都有權享有社會權利這一法律前提之上的，即具有普世性或普遍性，而社會主義國家的社會權利則只是社會主義式正義的一部分，具有特殊性。從本質上來講，社會權利是國家授予社會主義式的正義履行者的獎品。也就是說，在社會主義國家，社會權利包含強烈的政治意味，是一種政治物品（political good）。這正是社會主義中國公民權的本質。

　　從馬歇爾的研究中可以得知，歐美的公民權是在近代化的過程中，隨著資本主義制度的分化、確立、發展及進化所伴生的各種權利的分

化、確立、發展，以及由資本主義制度保障各項權利的過程中所形成的。相反，毛澤東時代的中國的公民權是在中華人民共和國成立後各種資源從社會集中至國家、社會主義政治經濟制度和社會管理方式確立以及意識形態滲透過程中形成的產物。基於以上特點，毛澤東時代中國的公民權就無法如歐美的公民權那樣劃分為市民權利、政治權利、社會權利；相反，融合性和不可分割性是其主要特徵，其中政治權利的獲得成為決定所能享受的其他所有權利和利益的根本。

此外，由於毛澤東時代的國家和社會的制度性空間配置與歐美國家不同，因此在處於特定國家和社會制度性空間配置中的公民權分布狀態方面，毛澤東時代也與歐美大相徑庭。這一點將在下一節中做詳細論述。

那麼在解釋文革期間的集體行為時，為什麼需要運用公民權的概念呢？筆者認為，文革期間在國家與社會的相互作用中起到最大的作用的正是公民權，或者說，文革期間國家與社會之間的互動主要是通過公民權的分配和競爭來實現的。因此，使用「公民權」概念分析文革中的集體行為時，至少在以下三個方面是有效的。

第一，公民權的概念能有效說明派別行為中很多難以理解的現象。比如說，文革期間派別鬥爭激烈，那麼各個派別究竟在爭奪什麼呢？表面來看，他們爭奪的似乎是哪個階級會擁有更多的升學和就業機會等具體利益，但為什麼當時的人們對於具體利益的追求會那麼狂熱？公民權的概念可以有效地解釋這個問題。簡單來說，運動的參加者們所追求的利益是在當時中國的政治環境之中所包含在公民權中的東西。毛澤東時代中國的公民權不僅包含具體利益，還包括「革命的權利」和身份等超越具體利益之上的權利。也就是說，運動參與者的激情式參與並非僅僅是為了追求具體利益，而是通過對具體利益的追求來獲得更高層次的公民權。正如龔小夏所指出的那樣，「積極的運動參與雖然不直接給他們（運動的參與者）提供政治經濟利益，但是，通過參與，人們期待能獲得的『革命』的身份能為他們帶來或許是他們希望的政治前途，或者在瞬息萬變的政治風暴中需要的保護。因此，運動參與便間接地為人們提

供了一條通向國家控制的政治經濟資源的道路」。[9]很顯然，參與運動是獲得國家掌控的政治經濟資源的手段。對這種「革命身份」或者「革命權」的追求，較之對一般利益的追求會更具有激情。另外，正因為公民權意味著一種身份，而身份又與權利掛鉤，因此對公民權的競爭便不僅僅是一種「得」的競爭，也是如何不失掉現有身份和權利的競爭。由於公民權的分配方式完全由國家掌控，而文革時期政治機會構造的變化會帶來公民權分配的變化，因此如何在瞬息萬變的環境中避免失掉現有的公民權甚而至於落入「賤民」行列的厄運發生，對每一個參與者來說都是智的較量。一般來說，與最具有政治合法性的組織或國家代理人保持一致，或是用行為顯示自己與國家所推崇的意識形態保持高度一致，在文革前被證明是一種有效的方法；然而文革時無論是代表政治合法性的組織和個人，還是意識形態的解釋方法都處於不斷變化中，這不僅為公民權競爭注入持續的動力，也增加競爭的複雜性和多變性。從這個方面，也可以解釋為什麼文革發展到最後會把毛澤東崇拜推向極致的原因所在：因為毛是文革中能夠代表政治合法性和意識形態合法性的因素中，唯一一個最具穩定性的「正確」因子。也正因為這樣，筆者認為公民權是一個可以用來銜接國家和社會兩方面的因素，並透過這兩方面的互動，持續而又動態地分析文革中的集體行為的有效概念。

　　第二，與第一點相關聯，公民權概念可望解釋派別之間競爭的激烈程度以及競爭上升為暴力的原因。一般來說，在任何一個國家，在新的國家建設過程中，公民權是最為重要的價值。筆者認為文革並非偶然發生的事件，而是1949年中華人民共和國成立以來國家重建過程中的一個部分。國家重建過程也是對公民權的分配方式重新規定的過程，個人要成為新國家的一分子就必須具有公民權，因此追求公民權就比對其他任何具體利益的追求都具有更為重要的意義。此外，正因為國家分配公

9　龔小夏，〈文革中群眾暴力行為的起源與發展〉，《社會科學學報》（文革專輯），第7期（1996年），頁106。

民權的方式是建立在社會主義價值體系的「公平」、「正義」之上，公民
權的概念把價值體系中「應該的行為」和個人「實際的行為」之間的鴻溝
有效地銜接起來了。也就是說，「我要追求的和我在追求的」正是「我應
該追求的」。兩者的同一性既使得這種追求具有激情性質，更重要的是
使得這種追求具有強烈的政治性，同時也模糊了理想追求和利益追求之
間的界限，最終導致對公民權的競爭演變成不同派別之間的政治鬥爭，
而一旦成為政治鬥爭，暴力行為也就成為競爭的一部分，因為暴力只不
過是政治行為的終極表現而已。

　　第三，有別於其他形形色色的具體利益，公民權是一種制度性的概
念。公民權並非任何人都可以隨意得到，因為它是一種政治物品。如
本書之後的章節所闡述的那樣，國家通過實施出身階級制度、戶籍制
度、勞動人事制度、黨政幹部的行政等級制度、企業的僱傭制度、企業
所有制管理制度、評選積極分子的政策等各項制度和政策，對公民權進
行等級式分配。這樣一來，社會集團就被劃分成能夠享有公民權和不能
享有公民權的兩大集團；在能夠享有公民權的社會集團內部，由於社會
地位的不同，所享有的公民權的內容也不同。由國家政策決定什麼樣的
集團能享有公民權，什麼樣的集團不能享有公民權，某個集團享有怎樣
的公民權，以及國家按什麼樣的標準分配公民權等問題，國家代理人則
負責具體實施。

　　可以說，北京紅衛兵運動中「血統論」和「出身論」的對立，[10] 1966年
末上海造反派組織中以「積極分子」為中心的保守派組織與處於權力邊
緣位置的落後分子和普通工人為中心的造反派組織的對立結構，[11] 乃至
同期開始出現的合同工和臨時工造反運動、並很快發展為全國性造反聯

10　楊麗君，〈紅衛兵運動の社会的要因——階級と階層の視点から〉，《現代中
　　国》，第74期（2000年），頁209–221。

11　李遜，《大崩潰——上海工人造反派興亡史》（台北：時報文化，1996
　　年）。

盟的「全國紅色工人造反總團」的利益訴求[12]等等，幾乎所有的文革中的派別對立以及異端思潮，從中都可以觀察到文革以前國家對於公民權進行等級分配的結構，以及社會成員之間圍繞公民權的競爭訴求。因此，公民權的概念既提供了派別競爭的制度背景，又把派別／群眾行為和國家層面（領袖／精英）的行為有機地聯繫起來。可以説，討論對公民權的分配和競爭，實際上就是討論國家和社會的關係，因而也就是討論文革期間國家代理人和派別之間的關係及其兩者之間互動的制度背景。

　　所以，研究公民權對文革的影響，就要研究國家對公民權的分配方式和派別競爭公民權之間的關係，研究這樣的關係是如何影響文革中的集體行為。具體來説，通過使用公民權概念，我們可以回答以下幾個相關的問題：在文革期間，中國社會主義式的公民權是如何進行分配的？為什麼要對公民權進行不同方式的分配？不同的分配方式對社會團體的行為產生怎樣的影響？社會成員為什麼要競爭公民權？競爭方式如何影響社會團體的形成及其變化？競爭公民權為什麼會不斷升級，甚至導致暴力事件？公民權分配者和競爭者之間的互動又如何對文革產生影響，並使文革成為一場社會運動？

第二節　制度性空間配置與競爭公民權

一、國家、派別與運動

　　要理解文革，國家、派別、運動這三個概念至關重要。國家與派別是文革時期的兩個主要角色，運動既是兩者相互作用的產物，也是其相互作用的過程。基於這三個概念對文革進行分析時，必須重視以下問題。

12　山本恒人，〈中国文革初期における労働者階級底辺層――「臨時工、契約工」の造反〉，《アジア経済》（1981 年 2 月）。

首先，文革是一場大規模的社會運動，但是持續進行了三年的文革又包含了若干「次運動」，即小規模的社會運動，這一點在現有的文革研究中沒有得到足夠重視，但卻是極為重要的。「次運動」產生的原因、發展過程及結果，以及前一場「次運動」如何演化成下一場「次運動」，導致演變的原因為何等等一系列問題，都有必要進行探討。

第二，「次運動」是如何構成文革這一大規模的社會運動，也就是說必須研究部分與整體的關係。文革中的各種「次運動」，雖然其參加者的構成和運動目標各有差異，但派別衝突與集體暴力行為是其共有的特徵。那麼，「次運動」自身與派別衝突和集體暴力行為之間，存在怎樣的關係呢？這裏必須考察派別衝突與集體暴力行為是由「次運動」的內在因素所產生的結果呢，還是由某種外在因素發生作用的結果，又或者是由「次運動」的內在因素與外在因素相互作用的結果。

第三，要說明「次運動」與文革這一部分與整體的關係，有必要對作為運動主體的派別與國家這兩者的關係進行分析。通常社會運動一旦發生，就未必按照發動者和參與者的意志進行，而是有其自身的發展規律；但是有關社會運動的研究也表明，參與主體的內在變化與外部因素的相互作用，是運動發展的主要推動力量。[13] 從這一點來看，筆者認為有可能通過分析派別與國家之間的相互作用，來討論文革中各種「次運動」以及文革這一「主運動」的發生、發展和結果。

---

13 Doug McAdam, *The Political Process and the Development of Black Insurgency* (Chicago: University of Chicago Press, 1982); Herbert Kitschelt, "Political Opportunity Structures and Political Protest: Anti-Nuclear Movements in Four Democracies," *British Journal of Political Science* 16 (1986): 57–85; Mary F. Katzenstein and Carole Mueller, *The Women's Movements of the United States and Western Europe: Consciousness, Political Opportunity, and Public Policy* (Philadelphia: Temple University Press, 1987); Sidney Tarrow, *Power in Movement: Social Movement, Collective Action and Politics* (New York: Cambridge University Press, 1994).

這裏有必要對文革中的「次運動」做一個簡單的解釋和限定。如果把1966年5月到1969年4月的文革三年作為「主運動」的話，大凡對文革有所涉獵的人都可以觀察到，文革隨階段性和地域性的不同，呈現很大的多樣性，很難作為一個整體運動來籠統概括。這也正是文革研究重視地方文革研究的原因所在。儘管如此，正如前章也已提到的，作為政治動員型社會運動的文革，來自派別的集體行為受制於文革的政治目標，也就是說，派別的造反行為必須在國家所規定的政治目標框架之內展開。從這點來看，地域性和多樣性在文革的某一階段都服從於某個來自國家的共同的政治目標。也就是說，我們可以根據文革的政治目標不同，將文革分成至少三個「次運動」。第一個「次運動」為1966年5月到10月，主要政治目標為發動者毛澤東號召自下而上造當權派的反，「橫掃一切牛鬼蛇神」，其結果帶來了紅衛兵運動的興盛。第二個「次運動」為1966年10月到12月，主要政治目標為「打倒黨內走資本主義道路的當權派」，從中央到地方「清除劉鄧資產階級反動路線」，這一時期被譽為是造反派的學生組織登上了政治舞台。第三個「次運動」為1967年1月到1969年4月，主要政治目標為建立「三結合」政權，工人組織開始取代學生組織成為運動主力。不同的「次運動」時期，由於政治目標不同，被推到政治舞台上承擔重任的主角也不相同。筆者將在之後的章節詳述這點。這裏需要特別指出的是，由於文革的政治目標只能由中央來規定，文革從始至終都沒有被允許出現與國家所規定的政治目標相左的地方版本。因此儘管文革在地方的展開存在著很多差異，但卻不能將這些千差萬別的地方版文革稱之為「次運動」。根據筆者前面關於「次運動」的定義，這些多元化地方版的文革只是這三個「次運動」的不同形式的表現。本書第四章到第六章所分析的三個集體行為，分別在這三個「次運動」中代表了其中的一種形式，當然也是最具代表性的一種形式，因為這三個集體行為中的行為角色分別在各個「次運動」中承擔了主角的職能，最能反映文革中各個「次運動」與主運動的推進關係。

基於以上理由，本書將通過分析派別與國家之間的相互作用，解析文革中各種「次運動」的發生、發展、方向和結果，接著通過分析各種

「次運動」間相互轉換的過程，探討文革這一社會運動的本質。筆者認為這樣的研究方法既吸收了前人的研究成果，也有助於彌補其不足之處。因為這種方法並非單一地分析文革這一社會運動的內因或外因，而是同時從內外因兩個方面展開分析。

二、國家與社會的制度性空間配置

任何國家的社會運動，都是社會集團與國家或是其他社會集團之間為爭奪公民權而展開競爭的集體行為。正如曼所指出的那樣，從公民權的分配方式中可以看出國家與社會集團之間的關係。對公民權的分配方式和競爭狀況的理解，實際上也是對國家與社會之間關係的理解。因此，要理解文革，首先有必要弄清文革中國家與社會的制度性空間配置的特點。文革時期制約國家和社會關係的制度性空間配置的理解對文革研究至關重要，這點筆者將在本章後面的部分具體闡述。這裏先運用比較分析的手法，來梳理一下毛澤東時代中國獨特的國家和社會的制度性空間配置，以及在其制約下的國家和社會關係。

一般來說，在社會學領域中，社會空間被分為私人領域 (private space) 與公共領域 (public space) 兩個部分。私人領域是公民個人的特有空間，與國家之類的公共制度沒有關係。國家與社會之間的相互作用則在公共領域進行。在民主體制的國家，社會運動往往在公共領域和私人領域兩大領域之間移動。根據赫希曼 (A. Hirschman) 的研究，人們一旦在私人領域中要求得不到滿足或感到失望時，就會開始介入公共領域，結果就產生社會運動。因此，社會運動是在公共領域展開的集體行為。但是，伴隨運動的發展出現意想不到的結果，或是違背參加者的希望，令其願望得不到滿足之時，人們就會退出公共領域，回歸私人領域。

上述私人領域和公共領域的分布狀態，可謂是歐美歷史發展的產物。儘管在歐美這兩個領域的分布也有很大的不同，不存在一個統一的模式，但較之亞洲各國，兩個空間一直發展得比較均衡。私人領域受到諸多制度性的保障，如私有產權、自治和其他地方自主地發展出來的制

度因素。在歐美的歷史發展過程中，國家的作用在不同的歷史時期各有不同。除了希特勒法西斯統治的異常時期，國家罕有處於主導地位。即便是在異常時期，國家雖介入私人領域，但私人領域並未消亡。通常國家在介入私人領域時會受到很大的阻力，具有漸進性的特徵。同樣，公共領域的擴張也具有漸進性；也就是說，私人領域向公共領域的擴張也會受到阻力。[14] 這與民主政治的漸進發展有極大的關係。由於民主政治是個人參與公共政治的過程，因此是在公共領域進行的，但是民主政治並非從一開始就是全體國民都能夠參與的，不同的社會集團在不同的時期以不同的方式參與政治。在建立了現代中央集權的國家後，先是資產階級作為一個群體向佔統治地位的貴族階層和君主國家政體挑戰，要求分享政治權力。資產階級做得很成功。之後，工人階級崛起並變成一種有組織的力量，開始向佔統治地位的資產階級挑戰，用選票的形式進入國家的政治過程。現在的民主政治就是這樣被建構起來的。[15]

私人領域和公共領域的存在、兩者間較為均衡的狀態以及漸進的介入方式，給社會運動——特別是大規模的社會運動——以極大的影響。在長期的歷史發展過程中，兩個領域得到了相對的制度化。也就是說，兩者是相對獨立的，並且其獨立性受到一定的制度保障。私人領域的存在對公共領域形成了制約，國家動員社會的能力和權力是有限的。除了少數像法西斯這樣的國家動員式的社會運動外，歐美大多數社會運動都不是由國家而是由社會來推動的，是個人離開 (exit) 私人領域、介入公共領域的結果。因此，歐美的研究者們便將社會運動定義為社會力量對抗統治階級的集體行為。

14　Albert O. Hirschman, *Shifting Involvements: Private Interest and Public Action* (Princeton, NJ: Princeton University Press, 1982). 日文版：佐々木毅等譯：《失望と参画の現象学：私的利益と公的行為》(法政大學出版社，1988年)。

15　例如 Barrington Moore, Jr., *Social Origins of Dictatorship and Democracy* (Boston: Beacon, 1966)。日文版：宮崎隆次等譯，《独裁と民主政治の社会的起源：近代世界形成過程における領主と農民》(岩波書店，1986年)。

此外，正是因為存在私人領域，所以一旦運動的進行和目標的變化令參加者感到不滿的時候，參加者就會退出公共領域，回歸私人領域。這樣就給社會運動提供了一條很重要的出路，能夠緩解運動的激進化。根據赫希曼的研究，正是由於參加者們在私人領域和公共領域之間的移動，構成了西方社會運動的週期性變遷。[16]

較之歐美的社會運動，整個文革的過程都是在公共領域展開的。1949年中華人民共和國成立後，社會逐漸被高度政治化，隨著以消滅私有財產為目的的社會主義所有制改造完成，私人領域被嚴重擠壓，國民被政治動員進入了公共領域。至少到文革結束為止，可以說中國已不存在私人領域，即便假設有也不允許國民留在私人領域。不存在私人領域的事實對於文革具有極為重要的意義。有關這個問題，可以從以下四個方面進行詳細說明。

第一，由於不存在私人領域，集團間的利益競爭等爭奪就只能在公共領域展開，即公共領域成為了集團間利益競爭的唯一場所。

第二，不存在私人領域的事實給公共領域的內部變化帶來了極大的影響。也就是說，公共領域的內部由於政治風險的不同被劃分成了若干個區域。本書把被細化的區域稱為公共領域中的「次領域」。由於公共領域中存在「次領域」，運動的參加者們可以根據自身的利益認知和身份認同，選擇不同的區域。由此，公共領域中的各個次領域實際上就成為了次運動進行的場所。本書後續部分關於文革中派系鬥爭事例的分析顯示，文革中各種派別從政治舞台的退出，並非意味著從公共領域退到私人領域，而是從政治風險高的公共領域退到政治風險相對低的次領域而已。

第三，不存在私人領域，自然也就不可能存在退出公共領域的選擇，因此可以認為社會運動的激化也就理所當然。因為社會運動一旦開始，參加者們就只能參加到最後，除此外再無選擇的餘地。在大眾動員

---

16 Hirschman, *Shifting Involvements*.

型的政治參與中，參加者們不被允許退出運動，假令退出也不得不支付
高昂的代價，這是因為個人生存所需要的價值都不得不在公共領域中實
現。因此，不存在私人領域是文革激化和產生暴力的制度性背景。

第四，因為不存在私人領域，公共權力沒有制約，國家及其代理人
可以對社會進行無止境的動員，既加劇了公共領域的政治性，也給運動
升級注入無窮的政治動力。

缺乏私人領域可以說是社會主義國家的共同特徵，就中國的情況來
說，則與中華人民共和國的成立過程有著密切的關係。如前所述，歐美
的私人領域和公共領域幾乎是同時發展起來的，但是中國的發展模式卻
有別於歐美。共產主義革命在中國的近代史上是一場「救亡圖存」的革
命。革命以前的中國不存在近代意義的國家，為了建立這樣的一個國
家，政治精英們首先要建立一個黨，再用黨去建設一個國家。而這樣一
個過程是高度政治動員的過程。再則，在國家成立之後，政治精英們要
用國家的組織力量去達到既定的目標，這樣就使得中國形成一個「國家
主宰社會」（state dominion of society）式的國家—社會關係。[17] 這一發展
路徑造就了中國國家—社會關係的特殊性，也建構了中國獨特的私人
領域和公共領域關係。

在很大程度上，國家主宰社會意味著公共領域主宰私人領域。正
如前文已經提到的，在西方國家，私人領域更多地表現為一種自然和自
發的發展。也就是說，社會可以相對不受國家影響而發展私人領域。
相反，在毛澤東時代的中國，社會難以依靠自身的意志和力量來發展私
人領域。因為是否給社會以發展私人領域的權利，是否要發展私人領域
以及發展到何種程度，都是由國家決定的。

此外，歐美的公民權分布在公共領域和私人領域兩個部分，個人生
存所必需的權利和價值的公民權分布在與公共領域毫無關係的私人領

17　中國關於國家形成與國家—社會關係的討論，參見鄭永年，《中國民族主
　　義的復興：民族國家向何處去》（香港：三聯書店，1997年）。

域;具有相對獨立性的私人領域不僅保障著國民作為個人的生存權,還發揮了抑制公共權力濫用的機能。相反,毛澤東時代的中國由於不存在私人領域,本應屬私人領域的所有公民權都集中在公共領域,由此便產生了由國家或國家的代理人壟斷公民權的狀況。什麼樣的社會集團能享有公民權以及享有怎樣的公民權等,均由國家的意志決定。不僅如此,社會集團的分類方法和個人應屬怎樣的集團,也由國家和國家的代理人決定,這進一步強化了國家對公民權制度規定和分配的壟斷。再則,由於不存在私人領域,也就沒有這一領域的公民權。在這種情況下,在公共領域競爭獲取公民權,成了那個時代的中國人唯一的選擇。如果不能在公共領域中獲得公民權,就會失去在社會中基本的生存權利。換句話說,既沒有離開公共領域的可能,這一行為本身也不被允許,無路可逃便是當時中國人的命運。這點,除了超越於國家制度之上的毛澤東本人之外,其他人都一樣。即便是位高權重的國家主席劉少奇,被批判時也沒有解甲歸田的可能。

另外,歐美社會中對公民權的追求,可以說是量的追求,也就是說,在獲取了私人領域的所有公民權的基礎上,如何獲得更多的公共領域的公民權的問題。相反,毛澤東時代的中國,尤其是文革時期,對公民權的追求是獲取生存權的行為,因此可以認為是質的追求。從為獲取生存權而競爭的集體行為的角度來看,文革中的派別衝突和殘酷的暴力行為,在某種程度上也是可以理解的。

三、文革時期的國家與派別

上一節討論了圍繞公民權的分配和競爭獲取公民權的制度性空間配置,接下來說明關於國家與派別的內部動力,以及兩者間的相互作用的分析框架。如前所述,國家與派別是文革時期的主要角色,但是兩者並非抽象的概念,所以有必要對其進行解析。

國家原本是由各行政機構和國家代理人所組成的聯合體。由其機能及行政等級的不同,行政機構和國家代理人的權限範圍、對利益的認

圖表 1.1　毛澤東時代中國的國家－社會概念圖

國家	國家機構（state agency）	國家代理人（state agent）
	政策決定機構：中央政府 政策執行機構：省級政府	政策決定者：中央黨政、軍幹部 政策執行者：省政府和省級直轄單位的黨政幹部
	區級政府 縣級政府 鄉級政府	區政府和區直轄單位的黨政幹部 縣政府和縣直轄單位的黨政幹部 鄉政府和鄉級直轄單位的黨政幹部
社會	政府機構以外的領域	個人、集體、派別

知均各不同，其行為的方式和對外界的反應亦有所差異。在毛澤東時代的中國，國家與社會的區別如圖表 1.1 所示。派別作為社會的一部分，由階級、階層、職業、教育水平等較為接近的人們所組成，但也有例外。因此分析文革時至少需要從以下三個方面展開。

　　第一，國家內部的變遷，指國家政策的頻繁變化，政策決定者之間的利益分化、權力鬥爭，對於國家建設的認識和處理問題的手段以及方法的差異，以及這些因素對於政策執行者的影響，即政策決策層面的變化和與此相伴的政策執行層面的混亂。

　　第二，派別內部的變遷，包括某一派別內部的成員在階級、階層、職業、教育水平等社會層級方面是否具有同一性，以及參加運動時對於個人目標和派別的集體目標的認知是否一致等。

　　第三，國家與派別之間的持續互動方式，包括國家內部的變化給派別的變化以怎樣的影響，以及派別的變化又是如何影響國家的變化；更具體地說，指國家與派別間相互作用的過程，以及由兩者間的相互作用推動運動，導致社會混亂、運動激化和產生暴力的過程。

　　首先論述考察派別變化的方法。正如前面部分已經提到的，在整個文革過程中，派別政治的一個主要特徵是其不穩定性。在一些時候，某個派別佔據文革的舞台，而在另一些時候，主角的位置則被另一派別取代。與在政治舞台的更替同樣顯著的是派別本身的不穩定性，派別不斷分化、重組、再分化、再重組。一個派別可以一夜間擴張為大派別，

也可以瞬間遭遇成員大規模退出的境遇。這種派別政治的不確定性和流動性，構成了文革的日常。

在分析派別內部的變化時，實際上涉及到兩個層面的問題：一是派別與派別成員之間的關係，二是派別之間的關係。這裏我們可以借用赫希曼的忠誠（loyalty）、抗議（voice）、退出（exit）三個概念來加以分析。[18] 具體而言，成員對所屬的派別有三種選擇。其一是對派別保持高度的認同感（identity），對派別保持高度的忠誠。其二是對派別所提供的服務表示不滿，提出抗議，希望所屬派別能改善，從而提供合格服務。如果派別接受成員的意見加以改善，提供令人滿意的服務，成員就會恢復對派別的忠誠。其三是成員對派別提供的服務持否定的情感，同時抗議了也得不到改善，那麼只好採取退出的方法，加入另一個組織或者組建一個能夠滿足自己要求的新組織。

理解派別間的關係也一樣，對任何派別而言，要想生存就只有兩個方法：一是努力獲得成員的忠誠，二是根據成員的抗議加以改善。如果這兩者都做不到，派別就不得不面臨成員退出的危機；不僅如此，還將面臨退出的成員加入敵對派別、作為對立陣營的一員前來反攻的危險局面。由此可以認為派別之間實際上存在著看不見的競爭機制，文革時期派別間的競爭不斷將派別逼上激進化的道路。因為只有不斷激進化，才能向國家或者國家代理人爭取到更高層次的公民權。毫無節制的競爭和激進化最終必然釀成非理性的集體行為，包括暴力。這裏需要特別強調的是，文革中的集體暴力行為並不全是公民權競爭激進化而失控造成的結局；有些時候，暴力本身就是一種用來表忠誠、從而獲得更高層次公民權的手段。這點筆者將會在第九章重點分析。

那麼，應該如何解釋國家與派別之間的關係呢？文革時期國家與派

18　Albert O. Hirschman, *Exit, Voice, and Loyalty: Responses to Decline in Firms, Organizations, and States* (Cambridge, MA: Harvard University Press, 1970). 日文版：三浦隆之譯，《組織社会の論理構造：退出、告発、ロイヤルティ》（ミネルヴァ書房，1975年）。

別之間的關係是極其複雜的，今日獲得某國家代理人支持的派別，明日就可能得不到了。反之，今日全面支持某國家代理人的派別，明日就可能變成其反對派。在解釋這樣變化中的國家與社會的關係時，前述赫希曼的忠誠、抗議、退出三個概念仍然是有效的。

正如前文已經提到的，想要解釋文革中的集體行為，就必須考慮國家內部的變化。這是因為多數情況下，派別的變化是隨著國家分配公民權的方式而變化的。如果國家分配公民權的方式不發生變化，社會成員的認同就相對穩定，競爭規則也比較容易制度化。相反，如果國家分配公民權的方式頻繁變化，就會帶來社會派別的分化、重組等等的變化。因為只有通過重組，才能從新的分配方式中獲得最大利益，而國家的公民權分配方式變化的動力則來自國家內部，如領導人的不同利益認知、政策分歧、政治環境認知及其內部的權力鬥爭等。

綜合上面所討論的導致派別和國家內部變化的要素，可以認為派別與國家關係的變化表現為以下六種情況。第一是忠誠，即當國家能夠滿足社會集團的利益訴求時，派別就對國家竭盡忠誠。第二是抗議，即當派別對國家所分配的公民權或是國家分配公民權的方式有所不滿時，就會表達不滿並要求改善。第三是退出，即國家令社會集團的訴求得不到滿足時，派別就選擇退出。在文革時期的中國國家代理人，尤其是政策決定層面的國家代理人，是由分裂的、複數的政治派系組成，因此這裏所指的「退出」不是退出公共領域，而是從公共領域內部風險較高的次領域退至風險較低的領域，同時意味著退出與某一政治派系之間的「保護和被保護」關係。退出與某一政治派系之間的「保護和被保護」關係包含與其他政治派系結成「保護和被保護」關係的可能性，同時也存在像「逍遙派」這樣撤退至政治風險較低的領域，暫時放棄利益競爭的可能性。第四，有時國家政策的變化會引起派別的目標發生變化。第五，派別會根據對國家分配公民權的方法所產生的認知的變化，創造出新的派別目標。第六，如文革時期的「異端思潮」所顯示的那樣，派別間的競爭帶來了社會運動的激進化，其結果又引起了國家政策的變化。在上述六個方面，國家與派別相互作用，這一相互作用又產生了次運動的交替。

第三節　制度化與集體暴力行為

　　派別間的競爭為什麼會帶來集體暴力行為？關於這個問題，正如序章中關於文革研究史整理部分所展示的那樣，白魯恂與白霖分別從中國的政治文化中包含的「怨恨」心理所起的作用、「貼標籤」的政策帶來的制度性根源的角度，解釋文革時期集體暴力行為產生的原因。如前所述，雖然從政治心理和政治制度的角度進行的解釋對於理解文革時期的集體暴力行為極其重要，但是可以說至少有兩個問題在此類研究中尚未得以闡明。第一，「怨恨」這一政治心理在什麼樣的狀況下轉化成集體暴力行為？第二，造成社會等級化的政策性要素為什麼恰恰在文革時期表面化，並產生大規模的集體暴力行為？筆者認為，文革時期的派別競爭是國家與社會相互作用的結果，集體暴力行為在很大程度上又是派別競爭激化的結果，因此要理解集體暴力行為產生的原因，就必須從國家與社會相互作用的角度來加以分析。

　　正如韋伯關於國家的理論所顯示的那樣，維持社會秩序的穩定，防止各利益集團之間的衝突發生，是國家最基本的職能。壟斷暴力手段是國家維持穩定的社會秩序的重要方法之一。[19] 因此討論文革時期的集體暴力行為時，就必須追問國家起到什麼樣的作用。如後文所分析的那樣，文革時期集體暴力行為的產生與國家有密切的關係，可以認為是由國家的政治動員及機構內部的分裂所產生的結果。但是，國家的政治動員及機構內部的分裂未必一定帶來集體暴力行為。比如說文革以前，同樣制度環境下所展開的公民權競爭並沒有造成社會混亂，那麼為什麼在文革時期公民權的競爭會導致集體暴力行為發生呢？筆者認為，在前面所提到的國家和社會一體化的制度性空間配置以及公民權分配和競爭這兩個制度因素之外，國家、社會以及國家和社會互動這三個層面上制度

19　馬克斯‧韋伯（Max Weber）著，林榮遠譯，《經濟與社會》（下）（商務印書館，1997年），頁719–735。

化的程度都很低，這也是導致大規模集體暴力行為發生的一個重要原
因。一般來說，社會中各利益集團間的競爭所產生的集體暴力行為被認
為與國家和社會之間的制度化程度有關。國家的制度化程度與社會的制
度化程度之間，可以設想如圖表1.2所示具有四個方面的聯繫。

　　首先，在國家的制度化程度高、社會制度化程度相對較低的情況
下，社會自發的政治參與得不到國家的支持和獎勵，因此社會的自治能
力不容易得到發展。在社會制度化程度比較低的環境中，大眾的政治參
與引起混亂的可能性就比較大，但是由於國家的制度化程度高，一般來
說可以認為國家有可能控制社會中的集體行為，使之免於升級。

　　第二，在國家的制度化程度高、社會的制度化程度也高的情況下，
國家靠法律和制度來控制社會，而社會也有制度化的渠道來表達自己的
意志。此時可以認為，圍繞公民權的分配和獲取公民權的競爭通常在制
度化的環境中進行，所產生的集體行為轉化成暴力的可能性就相對較低。

圖表1.2　國家－社會的制度化程度與集體暴力行為的關係

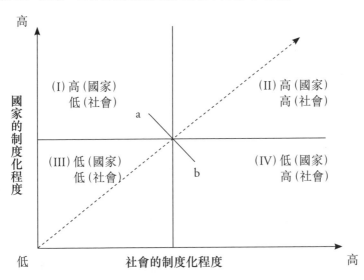

註：圖中虛線箭頭表示集體暴力行為發生的可能性，越往右上方，發生的可能
　　性越低。在延長線ab及其與之平行的線上，發生集體暴力行為的可能性可
　　視為同等。

第三，在國家的制度化程度低、社會的制度化程度也低，如前蘇聯和毛澤東時代的中國這樣的國家權力高度集中在最高領導人手中的國家中，一旦發生非制度化的政治參與，由於社會不具備抑制各利益集團間惡性競爭的自治能力，集體暴力行為就容易產生。此時如果國家能夠保持內部的一致，就能控制大眾行為的無序化，為社會提供穩定的秩序。一旦國家機構內部由於權力鬥爭而發生分裂，國家自身不具備健全的法律體系來調節其內部之爭，這不僅會削弱國家為社會提供秩序的基礎能力，使得社會集體行為得不到有效控制，更危險的是，高層領導人之間的權力鬥爭和社會派別間的利益競爭有可能相互利用、互相傾軋，將集體行為推向激進化。

第四，在國家的制度化程度相對較低、社會制度化程度較高的情況下，獲取公民權的競爭在社會被制度化的環境中進行，社會自身具有調整派別利益的機能，因此可以認為集體暴力行為發生的可能性相對較低。此時，即便國家機構內部發生分裂，對社會的政治參與施加了影響，由於社會自治力等制度化程度較高，社會有可能代替國家發揮維持秩序穩定的機能，因此可以認為在某種程度上能夠防止集體暴力行為的產生。

在以上四種類型中，穩定性相對較高的是國家與社會兩方面制度化程度都較高的國家。與此相反，可以認為穩定性最低的是國家與社會兩方面制度化程度較低的集權國家。在這四種類型中，毛澤東時代的中國可以被定位為最不穩定的第三種類型。那麼，在判斷國家與社會的制度化程度時，究竟應該採取什麼樣的標準呢？

關於國家的統治形式，韋伯將其分為三種類型。第一為統治者個人的超凡魅力式統治，第二為家父長制和傳統的世襲制統治方式，第三為法治的統治方式。當然，也存在三種類型相混合的情況。韋伯認為，這三種統治方式是政治發展和變遷的過程，隨著以官僚制和法律為前提的理性國家的誕生，國家的統治方式必然會從個人超凡魅力式統治、家父長制和傳統的世襲制統治發展成法治的統治方式。[20] 在韋伯關於法治的

20　同上註，頁 263–490、720。

認識論中，官僚體系、法律、制度為其強調的重心。根據韋伯的理論，近代國家的制度化是通過法治來實現的，國家的制度化程度可以依據法治是否健全來加以評價。具體而言，在考察國家制度化程度的時候，以下幾個指標無疑是很重要的：是否擁有健全的官僚體制？官僚體制內部的司法、立法、行政等權力關係是否具有獨立性？各種權力關係之間是否存在以法律或是制度為基準的協調關係？當我們用這幾個指標來衡量毛澤東時代的中國時，國家的制度化程度低成為顯而易見的事實。

　　第一，毛澤東時代的中國並非法治中國，而是領導者個人的超凡魅力佔主導地位的人治國家。第二，在國家的立法、行政、司法的三權關係中採用的是將所有權力集中於立法機構的議行合一的體制，[21] 在這個體制中，司法權不具獨立性，行政權不具中立性，立法權完全被共產黨掌控。第三，立法、行政、司法三項權力以及其他諸項權力之間，不存在由法律和制度為基準的協調關係。

　　國家的制度化程度低是毛澤東時代中國的總體狀況，而進入文革時期，其狀況進一步惡化，國家的制度化程度降到了最低點。究其原因，有如下幾個。第一，因為文革的目標之一是通過群眾運動來改造官僚體制。這與建設制度化的管理體制可以說是相悖而行。第二，文革時期毛澤東崇拜被推到最高點，這使法律和制度的建設更加成為不可能。第三，文革時期包括黨組織在內的所有國家機構都變成動員群眾的工具，其最重要的任務為發動群眾而非提供社會秩序，這也正是為什麼文革中很多地方公安部門會向群眾組織提供「黑五類」家庭出身者名單的原因所在。

　　在明確了國家制度化程度的判定標準，並且採用這一標準對毛澤東時代的中國國家的制度化程度進行簡要概括之後，接下來的問題是：在判斷社會的制度化程度時，應該採取什麼樣的標準？在有關市民社會的研究文獻中，一般來說，是否存在獨立於國家的社會自治組織、這些自治組織內部及與其他自治組織之間是否存在由法律和制度所保障的協調關係這一

21　毛里和子，《現代中国政治》，頁105。

指標，無疑是很重要的。此外，對於任何一個具有自治功能的社會組織來説都一樣，從其組成到形成內部的各種機制、建立與其他組織的聯絡管道等，制度化和穩定化的過程需要相當長的時間，而非朝夕所就。

當我們用上述標準來考察毛澤東時期的中國社會時，其結果一目了然。建國後，之前長期存在的各類民間組織都相繼被解散，整個社會被動員到高度政治化的公共領域中，從此社會不存在獨立於國家的社會組織。儘管有單位、共青團及工會等組織，但這些組織只不過是由黨和國家管理的大眾團體，與自治性社會組織有根本區別。表面來看，社會呈高度組織狀態，實際上這些組織都是國家統治和動員社會的工具，它們並不擁有社會爭取自我權利的機能。正是因為社會成員無法將單位、共青團及工會等被管理大眾組織用作追求公民權的工具，所以文革時期社會成員用以謀求自我利益的派別應運而生。

應該強調的是，在文革這一特殊時期，表面看來群眾在某種程度上比文革前享有更多的結社的自由權，自由組建了各種獨立於黨團組織之外的群眾組織，但這些卻並非自治性社會組織。第一，這些組織的興起源於黨的政治動員，其組織目標和存續合法性都受制於國家，很難談得上自治。第二，派別內部以及派別之間並不存在制度化的協同機制，派別內部成員以及派別與派別會為暫時的利益結合，但是當外在條件變化時，聯盟關係馬上解體，甚至於由原來的協作關係轉化為對立關係；其實有一些派別在成立或是從母體派別分化的階段開始，就已具有與另一派別或是母體派別對抗的特質。第三，自治能力的形成需要一個長期的發展過程，即便沒有以上兩個原因，文革時期的派別在短時間內發展為自治組織也有一定難度。

由於以上原因，文革時期派別內部的自治力極其低下，派別與派別之間也不存在制度化的合作與互動的機制。當國家控制社會的機能弱化時，社會就無法以自身的力量來解決利益衝突，於是群眾間的利益競爭便處於無政府狀態之中，其結果容易激進化從而導致大規模暴力事件發生。

此外，在國家和社會相互作用的層面來看，其制度化的程度同樣很低。在民主國家，國家和社會的相互作用受法律和制度的制約。國家不

可能無限制地動員社會，社會也不可能隨意地介入國家。但是在毛澤東時代的中國，國家、社會一體化的制度性空間配置中，國家與社會的相互作用並不存在明確的制度和法律保障。以下從兩個方面對此加以說明。

第一，國家對於社會的控制並非法制性的，而是政治性的。這種政治化的統治方法主要通過兩種手段來實現：①通過強調階級鬥爭論這一意識形態來控制社會，②通過對公民權的獨佔和等級性分配方式來掌控社會。階級鬥爭論的內容隨著政治目標的變化和政治鬥爭的必要性而調整，其內涵相應發生變化。公民權的分配方法也受到國家目標、政策變化、政策決策層面國家代理人的意向、政策執行層面國家代理人的意向、國家代理人之間的權力鬥爭等因素的影響，具有很大的不穩定性。從這個意義上來看，可以說在國家和社會一體化的制度性空間配置中，國家一方面通過意識形態和組織完全控制社會，另一方面其統治方法卻是非制度化的。

第二、從政治參與的角度來看，社會不具備由制度和法律所規範的政治參與機制。在這種情況下，群眾的政治參與只能通過利用國家政治動員中所提供的機會來爭取自己的權益。因而，文革這場政治運動最終成為了民眾爭奪公民權的舞台。

文革就是在這種國家、社會以及國家和社會互動三個層面制度化程度都很低的環境下展開的政治動員型社會運動。在國家內部發生政治鬥爭，並且對派別間的利益競爭產生影響，由政治動員而產生的群眾的政治參與轉化成派別間的利益競爭的情況下，由於國家與社會兩方面都缺乏自律地維護穩定社會秩序的機制，派別間的競爭就很容易從利益衝突轉化成暴力衝突。因為競爭原本就是利益衝突。正如蒂利所指出的，集體暴力行為大部分「產生自本質上非暴力的集體行為，與同時代和同等情況下發生的非暴力的集體行為基本上相類似」。[22]

22　チャールズ・ティリー著，堀江湛譯：《政治変動論》(蘆書房，1984年)，頁218。

第四節　將忠誠轉化為利益的精神結構

前述關於派別成員與派別組織的關係，以及派別間關係的分析方法，在研究社會運動方面與另外一個極為重要的問題相關聯：理性的參加者為何會帶來暴力行為這樣非理性的結果？換言之，將文革理解為圍繞獲取公民權的競爭而進行的政治動員型社會運動時，為獲取公民權產生的競爭與文革中狂熱和非理性的行為具有怎樣的關係？一般來說，獲取公民權的競爭本身未必會帶來非理性的行為，在理性和制度化的規則中進行也是完全可能的。

筆者並不完全否定文革參與者行為中的理想主義成分，因為公民權不僅含身份和權利的因素，同時也承載著公民品德建構的價值體系。正如前文已經提到的，正因為公民權分配方式建立在社會主義「公平」、「正義」的價值體系之上，使得理想主義和個人利益追求兩者之間界限模糊，很容易互相替代。儘管如此，筆者並不贊成以往有關文革的研究中過度強調參加者的非理性因素（例如對毛澤東的狂熱崇拜和忠誠）來解釋文革中的集體行為。從文革的整體進展過程來看，不可否認狂熱式的領袖崇拜、愚忠等非理性行為貫穿始終，但是不能從整體的非理性特徵來判斷參加者個體的參與動機和行為特徵是非理性的。同時，理想主義的表現也完全可以是一個理性選擇的結果。本書將在假定參加者是理性的行為者的基礎上展開分析。文革中的理性選擇受到包括時代背景在內的各種要素（毛澤東思想的影響、傳統文化的要素、體制性的要素、社會主義公民價值觀等等）的制約。儘管如此，不管外在制約因素如何，個人或是作為集體的參加者參與運動的行為，無論是主動或是被動的選擇，無論其動機是出於價值判斷還是利益選擇，都可以看作是在當時的政治環境下的理性選擇的結果。也就是說，從理性選擇理論的研究視角出發，文革中的集體行為也可看作是派別理性地追求利益或是理性地追求實現社會主義好公民價值的結果。因此在理解文革時期的派別分化和集體暴力行為時，在上述國家和社會的制度性空間配置、公民權的分配和競爭、制度化這三項制度性的要素之外，將忠誠轉化成利益這一

當時中國人普遍的精神構造所起的作用也不容忽視。簡單來講，可以説對毛澤東的個人崇拜表面上是一種類似於宗教式的非理性行為，實際上其背後卻蘊含著非常理性的因素。也就是説，非理性行為只是理性選擇的結果而已。在這裏，首先需要分析對毛澤東的個人崇拜與非理性行為之間的關係，以此解釋理性選擇帶來非理性結果的精神要素。

為什麼崇拜毛澤東？本書認為對毛澤東的崇拜是崇拜國家的表現形式，是對領導者個人的崇拜與對國家的崇拜一體化的結果。對此，這裏列舉傳統性要素、「黨國體制」以及新中國成立過程中毛澤東的建國理念所發揮的作用三項原因來加以説明。

第一，傳統性要素。正如前文已指出的那樣，王朝時代的中國不存在近代意義的「國家」，皇帝就是國家。因此，民眾只有對皇帝的認知而無對國家的認識。此外，皇帝被定位為「天子」，處於王朝的頂點。這也就是説，對於皇帝的忠誠體現了普遍的道德標準。這種對皇帝的忠誠觀乃至「皇帝＝國家」的圖式在新中國成立後轉化成「國家＝毛澤東」的圖式，便絲毫也不奇怪了。對於一部分中國人而言，毛澤東是皇帝、是神。而令中國從鴉片戰爭以來一個多世紀受西方列強侵略的痛苦中掙脱出來、令中國人重拾自尊的是以毛澤東為領袖的中國共產黨，因此對毛澤東的崇拜心理便更勝過對皇帝的崇拜，這一點從當時民間盛行的歌謠中也可以看出。

第二，「黨國體制」的影響。眾所周知，「政黨」和「國家」都是從西歐傳入中國的。中國的「政黨」和「國家」是在有異於西歐的發展過程中形成的，國家和政黨的關係也與西歐大相徑庭。西歐是先有國家、再有政黨的，也就是説，政黨是國家從非民主化向民主化轉換過程中出現的。相反在中國，國家是由黨所創建的，也就是説「黨國」（party-state）體制為中國的特徵。換句話説，西歐的政黨處於國家的內部，是國家政策執行的工具。相反，中國的政黨處於國家之上，直接統治著國家。西歐的政黨是執政黨，中國的政黨是統治黨。

由黨來創建國家的構想可以追溯到孫中山。孫中山認為俄國革命成功的關鍵在其「黨國體制」（即因其將黨放在國之上），因此在1924年

的國民黨第一次全國代表大會上，他主張：「我們現在並無國可治，只可以說以黨建國。待國建好，再去治它。」將黨置於政府之上，使之直接掌握政權，是孫中山「黨國論」的核心。孫中山在世的時候，國民黨和政府之間的關係是：黨是最高權力機構，掌握政府官員的任免權，政府執行黨的意識形態、方針、政策，受黨的領導和監督。[23]

信奉列寧主義、同樣受孫中山影響的中國共產黨在「以黨建國、以黨治國」這一點上和國民黨的認識完全相同。不同之處僅在於，在國民黨的「黨國體制」中黨是由精英組成的，民眾被置於政權以外；共產黨不是由精英、而是由眾多工人和農民組成，民眾被編入政權之內，並成為主要依靠的階級力量。

由黨來統治國家的「黨國論」在中華人民共和國成立後的政治體制中得到了確認和強化。如毛里和子指出的，1954年以來共產黨、國家、人民解放軍這三者結成牢固的三位一體結構。在這三位一體的結構中，黨以掌握最高權力的形式領導其餘兩者。[24] 表面上，全國人民代表大會被規定為「最高國家權力機構」，實際上統治國家的最高權力屬中國共產黨。

中國的政黨和國家的關係常常被歐美批判為非近代、非民主，但是從「黨國體制」的形成過程來考慮，政黨擁有對國家的絕對領導權是極其自然的。這是因為國家和軍隊都是黨所創建的，因而黨擁有所有權和領導權也就是再自然不過了。同樣道理，黨是由少數政治精英創建的，因此無論國民黨還是共產黨，雖然擁有眾多的黨員，實際上能成為黨的政策決策核心的只是一個極小的集團，這個小集團中的最高領導更是被賦予絕對的權力。

正如前文討論的，領導者個人、政黨、國家三者間的關係對大眾的認知帶來了很大的影響。因此，在1950、1960年代，一部分人將毛澤

23　鄭永年，《中國民族主義的復興》，頁149–154。

24　毛里和子，《現代中國政治》。

東、中國共產黨、中華人民共和國三者等同起來，在認識上混同了忠實
於毛澤東、忠實於中國共產黨、忠實於新中國這三者之間的關係。

　　第三，與毛澤東個人的建國理念在國家建設中所起的作用有關。
實際上，新中國可以被認為是基於毛澤東的建國理念而創立的。建國初
期，國家與社會間關係的建構、下一章將要詳細論述的「大躍進」時期
的經濟分權以及文革時期進行的政治分權等，都可以理解為毛澤東的建
國理念的實踐。尤其是「大躍進」和文革，完全可以說是毛澤東個人重
建國家的理念的嘗試。由於新國家是在毛澤東思想的指導下建設起來
的，所以對於國家的忠誠和對毛澤東個人的忠誠之間，就難以做出明確
的區分了。

　　如前所述，由於混淆了對領導者個人的忠誠和對國家的忠誠，導致
當時的中國人對毛澤東個人的崇拜變成了對國家的崇拜。那麼，為什麼
要崇拜國家呢？除了社會主義中國給中國人帶來了希望這樣的原因之
外，最重要的原因是國家、社會一體的制度性空間配置決定了崇拜國家
的必要性。具體而言，在國家、社會一體的制度性空間配置下，公民權
以及其分配方法被國家掌控，社會對於國家全方位的依賴關係應運而
生。國家一方面給社會提供從生活必需品到住宅、醫療、教育、娛樂等
幾乎所有的生活所需，另一方面從社會中最大限度地獲取忠誠。在這樣
一種制度性環境之下，對於每個社會成員來說，對國家和國家代理人表
達忠誠就成為獲取公民權的重要方法。換言之，當崇拜國家的心理要素
被國家制度和政策具象化時，對國家的崇拜就不僅僅是單純的情感表
達，而是可以轉化成利益的理性行為了。

　　如後面的章節部分將會具體討論的，國家對公民權的分配是按照政
治標準進行的。因此，公民權中的政治資源就被放在比經濟、文化資源
更為重要的位置。要獲得政治資源，就必須對黨和國家忠誠。以忠誠
來換取資源的行為模式在文革前就已經形成了，進入文革時期，對毛澤
東的崇拜被中央領導層推到了頂點。在這樣一種政治環境下，比起別人
來「我」最忠於偉大領袖毛主席──這種表忠誠的比賽成為了人們用來
自保和爭取政治經濟利益的重要手段。在這點上，不僅是普通群眾，就

連周恩來和林彪這樣的中央領導人也不例外。在這一背景之下，再加上文革中「寧左勿右」的思維方式，這種表達忠誠的比賽把毛澤東崇拜推向了狂熱化的極端，而並非宗教性感情或是群眾的盲目衝動。從這個點來看，可以認為對毛澤東的狂熱崇拜背後實際上存在理性的判斷。而對毛澤東崇拜的極端化，而且隨著文革的進展這種極端化的程度不斷升級、形式不斷更新、工具化的現象越來越嚴重，這種現象的發生正是在沒有退出制度空間狀態下競爭公民權的必然結果。因為正如前面已經提到的，文革中諸多與公民權中政治權利獲得相關的因素中，尤其是能代表意識形態合法性的組織和個人這個要素中，唯一恆定的只有毛本人和毛澤東思想，正是唯一正確性導致了毛崇拜的升級。

另外，忠誠轉化為利益的精神要素的形成也與群眾運動式的政治參加方式有關。在毛澤東時代的中國，群眾運動為大眾政治參與的唯一方式。對於國家和高層政治領袖來說，政治動員是貫徹國家目標或是領導人個人意志的重要手段。而對於廣大的社會成員來說，政治動員式的群眾運動則是一次向黨和國家、或是國家代理人表達忠誠，並進而獲得利益的機會。正如建國以來的歷次政治運動所體現出的那樣，每當政治運動發生，總是會在社會成員之間帶來表達忠誠心或「革命精神」的競爭。當然，並不是所有人都希望通過表達忠誠心來改善自己的政治經濟地位，其中也不乏真誠的崇拜者。然而不可否定的是，對於很多人來說，表達忠誠只不過是寄希望在多變的政治形勢中，能夠藉此賴以自保罷了。因為在退出可能的私人領域被消滅這樣一種國家和社會的制度性空間配置中，社會成員並不擁有依賴國家權力之外的法的手段來保障自我權益的可能性。

第五節　結語

國家、社會一體化的制度性空間配置，國家對公民權的分配制度，國家、社會及兩者間相互作用程度低下這三項制度性要素，以及這三項

制度性要素所產生出來的、將忠誠轉化成利益的當時中國人的精神構造，四者具有能夠相互補充和強化的內在關聯。前三項制度性要素帶來了社會集團間爭奪公民權的理性競爭，將忠誠轉化成利益的精神結構又賦予了理性的競爭以非理性的色彩。

從國家和社會的制度性空間配置，公民權的分配制度和競爭方法，非制度化的國家、社會以及國家和社會互動，將忠誠轉化成利益的精神構造這四個要素來加以考慮的話，實際上在文革之前就已經具備了派別分化和集體暴力行為的環境條件，而到文革便全面爆發出來。這是以下的章節所要展開討論的。

第 2 章

文革前國家建設與
制度性空間配置的重組

　　正如前面章節所提到的，筆者將文革看作是建國以來國家與社會之間相互作用的結果。如果從這一認識出發來理解文革，就有必要梳理建國以來國家—社會關係的形成和發展過程，也就需要解釋公共領域漸進擴張以及私人領域逐步萎縮的過程。再者，筆者把文革看作與建國初期的社會主義改造和大躍進一樣屬國家建設的一個階段，是國家分配公民權的結果，因此也有必要將文革置於國家建設的過程中來加以考察。因此，本章重點闡述三個問題：第一，國家與社會的制度性空間配置的重組過程；第二，國家建設對國家與社會的制度性空間配置產生的影響；第三，文革在國家建設中的定位。

　　1949 年中華人民共和國成立後，中國共產黨面臨的最重要的課題是鞏固政權及整合社會。這是兩個均刻不容緩、需要同時推進的課題。一般來說，強化政權和整合社會同時推進勢必造成國家權力的過度膨脹，因為這個過程要求最大限度地發揮國家的整合能力。通常在政權以革命方式更替的狀態下，社會秩序的重建往往並非社會自身發展的結果，在其重建的過程中，國家必然發揮主導作用。在這些共性條件之外，中華人民共和國還有其獨特之處。由於建國初期受社會資源貧乏和近代化水平低下等社會狀況所限，為了從社會吸取資源，就更有必要構築國家和社會一體化的體制。當然，國家和社會一體化的體制也與社會主義國家的理念有關，這也是社會主義國家所共有的特徵。

從制度建設方面來看，國家和社會一體化體制的形成，主要通過經濟制度和政治組織的建設兩個方面來實現的。意識形態的建設則為制度滲透提供了價值領域的正當性和合法性。兩者相輔相成，共同建構了社會主義公民權的制度基礎和其正當性，同時也為社會主義新國家的公民提供了行為準則並將其正當化。這裏，筆者通過經濟制度、政治組織的建設以及意識形態的推進三個方面，來考察建國初期國家權力對社會的滲透。

第一節 國家權力在經濟層面對社會的滲透

1949至1958年的九年間，可以説是國家高度控制社會的構造形成和得以鞏固的時期。在經濟制度方面，國家權力對社會的滲透在農村和城市呈現不同的型態。在農村經過了土地改革、農業集體化和公有化改造三個階段，在城市則是隨著對資本主義工商業的社會主義改造而進行的。

一、國家和社會制度性空間配置在農村的重組

1949至1952年所進行的土地改革沒收了地主和富農的剩餘土地，並以鄉為單位將土地平均分給所有農業人口。[1] 土地改革改變了農村的土地佔有狀況，實現了「耕者有其田」，但土地的所有權依然屬個人。接下來推進農業的集體化，首先結成「互助組」，然後逐漸發展成「初級

1　根據《中華人民共和國土地改革法》，對地主的土地採取了沒收的措施，但是對於富農的剩餘土地，名義上不是沒收，而是徵收。實際上，沒收與徵收從經濟意義上來看，完全沒有區別。土地一旦被徵收，持有者就永遠失去土地的所有權。但是，從政治意義上來看，被沒收者與被徵收者所被賦予的政治性權利是完全不同的。

農業合作社」、「高級農業合作社」。從「互助組」、「初級合作社」和「高級合作社」的具體內容中，可以清晰地看到農業集體化的過程就是土地的所有權從私人所有發展成集體所有的過程。

　　所謂「互助組」，是以農村的個體經濟為基礎，並以土地及其他生產資料的私人所有為基礎的集體生產以及勞動互助組織。土地歸農戶私有，農民對農作物的栽培等經營和管理方面擁有決定權。[2]「初級合作社」是承認土地的私有權、農戶將各自的土地拿出來統一使用的農業經營組織。農民雖具有土地的所有權，但將使用權讓渡給合作社，由合作社統一進行經營和管理。[3]簡單地説，將土地的所有權和使用權分離，是「初級合作社」的特點。

　　「高級合作社」是將土地及其他生產資料的私人所有制切換成合作社的公有制，以確立集體所有制。農村的基本組織與「初級合作社」時期一樣是生產隊，但是報酬的分配則有所變化，不再是以前的土地報酬，而變為根據勞動量的勞動報酬。[4]

　　「高級合作社」實現了土地和生產資料的集體所有。從私人所有到集體所有這一生產資料所有制的變化，帶來了國家與社會的制度性空間配置的變化。國家權力對社會的介入變得多於以往，私人領域較之「初級合作社」時期被大為壓縮。這一點從關於農業合作化發展狀況的統計資料中可以得到確認。1950年，全國參加互助合作組織的農戶僅佔10.7%，1957年已達到97.5%。[5]隨著土地改革後的集體化和高級社的重

2　張樂天，《告別理想 —— 人民公社制度研究》(東方出版中心，1998年)，頁62。

3　合作社的規模在成立之初是平均100戶左右，1955年擴大至26.7戶，1956年更擴大至51.1戶。山本秀夫，《中国の農村革命》(東洋經濟新報社，1975年)，頁220。

4　「高級合作社」的規模比「初級合作社」更為擴大，1956年平均每個公社達到246.4戶。山本秀夫，《中国の農村革命》，頁222–223。

5　國家統計局編，《偉大的十年：中華人民共和國經濟和文化建設成就的統計》(人民出版社，1960年)。

組，參加合作社的農戶比率大大提升，但是加入「高級合作社」並非制度性規定，而是由個人的意志來決定，也就是說，個人有加入或不加入的自由。政府雖然運用政治宣傳、利益誘導、行政制約等種種方法獎勵農民加入，阻止農民退出，[6] 但未能對其採取強制。

　　農村中的國家控制社會的體制最終得以完成，是在人民公社時期。[7] 人民公社提出了生產資料所有制從集體所有轉變成全民所有的這一嶄新的命題，[8] 引入了農業集體化時期所沒有的「政社合一」、「三級所有，隊為基礎」的兩項制度。「政社合一」是生產經營和行政合二為一的組織形態，具體來說，就是為了達成對農村的有效治理，將承擔生產功能的「高級農業合作社」與國家行政的末端機構「鄉政府」兩者統合起來，[9] 一方面達到了國家直接管理生產活動的目的，另一方面「三級所有，隊為基礎」也擴大了經營範圍，提升了生產活動的公共性。內容包括將勞動工分的計算等生產管理職能從生產隊、生產大隊轉移至人民公社這樣行政級別更高、規模更大的組織，以及為生產和生活注入更多的公共職能等。也就是說，人民公社制度的確立[10] 給農村中的國家與社會的關係帶來了質的改變，農民的生產活動以及日常生活被納入國家的行政管理系統，生產與生活方面的公共性也被逐步提高。也就是說，通過所有制形式變化這一社會主義經濟制度的變革，農村社會逐漸被國家化和政治化，私人領域被公共化了。

6　張樂天，《告別理想》，頁60–61。

7　1958年，中共中央政治局擴大會議在北戴河召開，大會發表了《中共中央關於成立農村人民公社若干問題的決議》，從此人民公社制度正式實施。

8　福島正夫，《人民公社の研究》(御茶の水書房，1960年)，頁252。

9　《中共中央關於在農村建立人民公社問題的決議》。

10　中共中央在1962年2月正式通過規定以生產隊為基礎的三級所有制的《人民公社工作條例(最終草案)》。

二、農村制度性空間配置重組中的國家與社會的相互作用

如前所述，1950年代末，隨著所有制改造的基本完成，國家通過全面控制農村的經濟資源，將行政管理觸角直接滲透到農村社會，實現對農村社會各個角落的直接管控。在此必須指出的是，在國家權力向社會滲透的過程中，國家當然起到了決定性的作用，但是也需要注意到社會所起的積極參與作用。也就是説，1950年代的社會主義改造必須在國家與社會的相互作用中來理解。具體而言，在互助組、初級合作社、高級合作社的階段性變化過程中，政策決策者、政策執行者和農民都各自發揮了作用。

首先，在從公共領域向私人領域的擴張過程中，除了中央政府的政策決策及對政策的強力推進之外，作為政策執行者的地方幹部起到了積極的作用。例如，1952至1953年期間，農村中的基層幹部或是為了保住自身的幹部地位，或是為了獲得上級的賞識，過分積極地推動農業的集體化，強行要求農民加入初級合作社，出現了激進化行為。1953年3月和10月，中央政府為此兩次發布指示，對農村中的合作化進程進行「急剎車」。1954年又再次發生同樣的情況。[11] 那麼，為什麼基層幹部會如此積極地推進農業集體化？筆者認為，除了對國家政策目標的認同這一因素之外，也因為公共領域的擴大帶來政策執行層面的國家代理人權力的擴大。從公民權競爭的角度來看，政策執行層面的國家代理人之間也存在著向國家或上級國家代理人競爭忠誠的必要性和動力。正是這種動力，使得基層幹部積極努力推進國家政策的過程中，帶來了政策執行

11　例如1954年，一部分基層幹部無視原則上農民有入社和退社自由權利的規定，強迫農民加入初級合作社，結果各地頻頻發生農民破壞農具、屠殺役畜的事件。農具和役畜等生產資料一旦減少，到恢復至少需要兩年左右的時間。因此，中央政府在1955年1月緊急發出了〈關於整頓和加強農業生產合作社的通知〉及〈關於保護役畜的緊急指示〉。金觀濤、劉青峰，《開放中的變遷》(香港：中文大學出版社，1993年)，頁426。

過程中的「冒進」。這不僅是毛澤東時代的中國政治的特色之一，甚至直到今天依然很深地影響著中國地方政治。值得注意的是，正因為政策執行層面的國家代理人與國家政策的推進有著最直接的關係，所以當國家和社會關係緊張時，大眾的怒火也最容易對準政策執行層面的國家代理人。文革中大批地方以及基層幹部受到群眾的攻擊，正是肇因於此。

其次，在積極推進農業集體化進程方面，除了國家代理人所起的作用之外，也有大量的農民以個人力量積極參與和推進農業集體化。例如，1955年河南信陽地區總計3,711個合作社中，上級工作組組織的有1,577個，鄉支部組織的有1,573個，農民自發組織的有561個。[12] 儘管也有1954年由於部分基層幹部強制要求農民加入初級合作社而導致農民消極抵抗的例子，但是從整體來看，為了響應國家號召，農民們自發與國家政策合作的特點十分明顯。農民之所以積極參與到農業集體化進程的推進過程中，其原因與基層幹部的行為動機有著共同之處，除對農業集體化政策的認同之外，也有積極爭當國家好公民的因素。

從以上論述可以得知，農業集體化的達成是國家與社會相互作用的結果。為什麼社會主義改造的速度會加快？關於這個問題，許多研究者都強調毛澤東建國理念的變化等國家政策因素，但實際上可以説其中也包含了作為政策執行者的國家代理人的積極推進，以及國民為了從新國家獲得更多的公民權，自發地與政策合作並相互競爭的層面。

此外，要理解國家－社會關係形成中的國家與社會的相互作用，除了國家代理人與農民的相互作用外，還必須重視國家政策與市場規則間的相互作用。關於這一點，筆者以「統購統銷」政策的決策過程為例來加以説明。

1950年代初期農村的土地改革實現了「耕者有其田」，徹底瓦解了農村中的地主階級勢力。國家由此可能將農業儲備用於發展工業，但是也必須看到，土改也破壞了以往主要由地主來維持的城鄉之間的糧食供

---

12 〈農村黨組織的工作要以合作化為中心〉，《人民日報》社論，1955年11月9日。

給體系，導致城市的糧食供應不足。為了解決這個問題，國家不得不建立新的城鄉之間的糧食供給體系，於1953年決定實施糧食「統購統銷」的政策。[13]

「統購統銷」政策的實施給當時的中國帶來了一系列的變化，尤其是給基層的幹部組織建設帶來的影響可謂巨大。「統購」實際上有賴於基層的幹部體系，意味著以低廉的價格從農民手裏「強制性地」收購餘糧，「統銷」政策意味著需要在城市制定糧食分配體系。為了順利推進這兩項政策，就需要建立從中央到基層的幹部組織系統、控制城鄉間人口流動的戶籍制度以及分配糧食的票證制度。於是「統購統銷」制度確立就與國家在城市和農村的基層政權建設密切聯繫在一起，而且兩者可以說是同時進行的。「統購統銷」政策的實施在新中國的制度變化方面帶來的結果可謂巨大，其中與本書相關的至少有以下三點。

第一，分割了農村和城市，阻止了城鄉間的人口流動。

第二，促進了農村合作化的發展，即統一收購政策的實施強化了農村中的黨的基層權力，由此促進了農業生產的組織形式由自耕農的經濟形式轉變為村幹部管理運營的集體農業經濟形式。

第三，經濟活動被吸收進官僚體系之中，這不僅對官僚系統起到強化作用，同時也使經濟活動與政治有了關聯性，從而使作為經濟活動核心要素的市場開始萎縮。

在思考農村中的國家－社會的制度性空間配置的變化時，需要特別重視「統購統銷」制度所起的作用。該制度的確立使得傳統中國的城市與農村間的自由貿易體系解體，代之為以國家為主體的計劃經濟體制。

13　中華人民共和國成立之前，城鄉間的糧食供給體系主要由地主來維繫。建國初期，國家在從農村徵收農業稅的同時，試圖以從農民手中收購糧食的方式來維持糧食供給體系。但是由於貧窮久了的大多數農民並不願意將餘糧賣給國家，而是留做家庭的食用和儲藏，造成城市糧食供應不足。金觀濤、劉青峰，《開放中的變遷》，頁419–428。

三、國家和社會制度性空間配置在城市的重組

城市地區國家權力對社會的滲透，主要可以從扶持國有企業發展、對資本主義工商業進行社會主義改造以及確立單位制度三個方面來加以闡述說明。

(1) 扶持國營企業發展的政策

建國初期，政府積極地扶持和鼓勵發展國營企業。建國初期的國營企業主要由三個部分組成：①共產黨在根據地建立的工商業，②建國之初沒收的資本主義工商業企業，③朝鮮戰爭時期徵用或是以管理的方式所獲得的外資企業。[14] 1950年代前半期，尤其是1949至1953年期間，國營企業承擔著生產組織和政治組織的雙重功能。[15] 也就是說，國營企業既是社會主義工商業的典型，又是國家權力向社會滲透的重要通道。國家通過在國營企業內部實施充滿魅力的低工資、高福利、高社會保險的政策，宣揚平等觀念，以獲得社會對新政府的支持。[16] 此外，為了支持國營企業的發展，國家對國營企業實行了各種優待政策。例如，在稅收政策方面規定對國營企業和私營企業區別對待（公私區別對待），包括規定對國營企業免徵135種商品稅，而生產同類商品的私營企業則不能免稅。[17] 這種對國營企業的優惠政策，與改革開放之後為吸引外資而採取的對外資企業優惠政策有著異曲同工之處。

(2) 對資本主義工商業的社會主義改造

建國初期，政府在扶持國營企業發展的同時，對資本主義工商業進

14　楊曉民、周翼虎，《中國單位制度》(中國經濟出版社，1999年)，頁99。

15　同上註，頁101。

16　同上註。

17　《當代中國》叢書編集委員會編，《當代中國的經濟體制改革》(中國社會科學出版社，1984年)，頁44。

行了漸進式社會主義改造。1953年12月，中共中央提出了「漸進地實現國家的社會主義工業化，漸進地實現國家對農業、手工業及資本主義工商業的社會主義改造」[18]這一執政黨在過渡時期的總路線。政府對官僚資本採取了沒收政策，但是對於民族資本則基於「利用、限制、改造資本主義工商業」的方針，實行了「公私合營、定股定息」的政策。

　　雖然對資本主義工商業的社會主義改造正式開始於1953年，但在之前1951年2月開展的「五反」運動實際上是用政治的方法控制資本主義工商業的第一步，其結果對經濟結構的變化影響深重。具體來講，「五反」運動是以反對資本家的賄賂、逃稅、貪污國家物資、偷工減料、竊取經濟情報這五種行為為主要目的。但是根據政府發表的調查結果，被認定沒有違法行為的民族資本家只佔全國的10%到15%；[19]也就是說，85%到90%的私營企業被定為「五反」運動的對象。

　　根據金觀濤、劉青峰的研究，以私營企業為主要對象的「五反」運動給經濟結構帶來的影響，表現在以下三個方面。第一，國家通過令私營企業賠償所逃之稅，增加了私營企業的「公股」。其結果，一部分私營企業變成了公私合營的企業。第二，國家通過「五反」運動謀求對私營企業內部的權力滲透，也就是說，國家通過在企業內部建立黨小組培養積極分子，使得私營企業幾乎同國營企業一樣處於黨的領導之下。第三，在防止私營企業的不正當行為的名目之下，國家壟斷了原料和商品的銷售。[20]

　　這裏不難看出，「五反」運動實際上是以政治的方法實行的城市經濟改革，也可以說是國家權力對私營企業和經濟市場進行滲透的過程。在私營企業和經濟市場中的國家權力的介入，對國家－社會的制度性空間配置的重組帶來了極大的影響，尤其是國家權力對市場的滲透直接帶

18　毛澤東，《毛澤東著作選讀》（下冊）（人民出版社，1986年），頁70。

19　《當代中國》叢書編集委員會編，《當代中國經濟》（中國社會科學出版社，1987年），頁122。

20　金觀濤、劉青峰，《開放中的變遷》，頁430。

來了市場萎縮。因為資本主義工商業的繁榮與發展,與建立在自由競爭規則之上的市場密不可分,因此市場的萎縮給資本主義工商業以巨大的衝擊,具體來講,就是原材料和商品銷售被國家所壟斷。結果從1954年開始,已經有一部分私營企業無法得到足夠的原材料,從而無法維持正常的生產活動。[21] 在這種情況下,對當時的私營企業而言,要想生存便只有公私合營。正因為以上因素,對資本主義工商業的社會主義改造,在1955年末到1956年上半年以不可思議的速度推進。1956年1月1日,北京的私營工商業者提出了北京的工商業界全體實行公私合營的申請書,10天後便實現業界全體的公私合營。北京的行動極大地影響了其他城市,1956年1月末,在私營工商業集中的上海、天津、廣州、武漢、西安、重慶、瀋陽等大城市以及50多座中等城市的私營工商業者,都接二連三地宣告業界全體實現公私合營。

從1960年公布的資料中可以確認,在全國工商業的生產總值中,社會主義工商業對資本主義工商業的比重在逐步增加。1952年「五反」運動後,資本主義工業和私營商業分別急速下降到17.1%及57.2%,1954年城市中實行「統購統銷」政策後,其比重進一步分別下降到5.3%和25.6%。到了1956年,資本主義工業在全國工業生產總值中的佔比已經不到1%,私營商業僅佔2.7%。[22] 也就是說,對資本主義工商業的社會主義改造在1956年基本完成了。

1950年代中期以來的社會主義改造速度快得有些過頭。1953年,在開始進行第一個五年計劃的同時,社會主義改造也拉開了序幕。當時的設想是工商業中除了已經實現國有化的基幹產業之外,到1962年實現公私合營及通過有償購買實現全面國營化,農業到1967年分階段地實現集體化。許多研究者將社會主義改造早於預定完成這一現象放

---

21 何均,〈論全業合營 ── 從上海私營工業的七個行業的情況看實行全業合營的作用〉,《學習》,1956年3月號。

22 國家統計局編,《偉大的十年》。

到國家政策的框架中去解釋，認為過速是由於國家大力推進社會主義改造政策的結果，或者認為是國家政策發生變化帶來的結果。但是從前文分析中可以得知，城市中的對資本主義工商業的社會主義改造同農村的集體化，一樣都可以說是國家與社會相互作用的結果。特別是國家權力介入市場，其結果直接導致市場和私人領域萎縮，由此本應在私人領域進行的競爭，便轉移到公共領域中進行。國家－社會的制度性空間配置的變化當然會帶來競爭方法的變化。對國家表示忠誠、成為國家所期待的企業也成了競爭的內容之一，這也成為企業生存下去的手段。正如當時的統計數字所顯示的那樣，1955年公私合營與「加工定貨」在全國的工業生產總值中幾乎佔有相同的比重，但到了1956年，幾乎所有企業都公私合營化了。[23] 這一驚人的速度除了國家政策的推動作用之外，也不能無視企業間及地方政府間的競爭、國家政策與市場相互作用所發揮的效應。

(3)「單位」制度的確立

　　國家權力在城市之所以能夠徹底滲透到社會，同「單位」制度有著密切的關係。「單位」制度是在國營企業的發展和對資本主義工商業的社會主義改造的過程中形成的。可以說「單位」制度是國家在城市所實施的一連串制度建設的結果，是國家與社會相互作用的結果。也就是說，通過對資本主義工商業的社會主義改造增大了公有制的比例的同時，國家的財政能力也得以增強，其結果使得國家有能力為城市中的勞動者提供住宅和醫療保障等社會福利。[24] 體制內的福利制度的形成和發展進一步強化了勞動者對國家的歸屬意識，將其吸納進國營企業。可以說「單位」制度是體制內的空間擴張和體制外空間萎縮共同作用的結果。

23　同上註。
24　關於國家財政能力的增長以及為城市勞動者分配住房和提供醫療保障等福利的國家能力的增加，參照國家統計局編，《偉大的十年》。

　　「單位」作為國家與個人之間的中介，在建構國家一社會關係方面意義深遠。我們可以從與本書直接相關的以下五個方面加以説明。

　　第一，「單位」承擔國家統合社會的最主要功能。正是因為有了「單位」的存在，建國後城市社會中的各種社會組織和團體都被國家毫不費力地納入到其統治之下。[25]

圖表2.1　單位、人民公社與黨政組織的關係圖

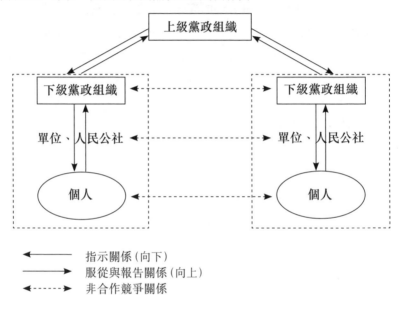

　　指示關係（向下）
　　服從與報告關係（向上）
　　非合作競爭關係

　　第二，如圖表2.1所示，「單位」發揮著黨政權力對社會進行滲透的功能。「單位」內部設置了與黨政組織相對應的機構，如黨委辦公室、宣傳部、組織部、團委等等。這些機構最重要的職能是傳達黨的路線、方針、政策，掌控單位內部的黨員、團員和一般群眾的思想。在體制上，這些機構受單位內部的黨委和上級行政部門兩方面的管轄。也就是

────────────

25　城市裏的企業、商店、醫院、學校、協會、政府機構等所有組織均被稱作「單位」。「單位」可分為「企業單位」、「事業單位」（包括從事科學、教育、文化、醫療等的機構）、「行政單位」三類。

説,「單位」是黨政一體化體制中的重要角色。在這個黨政一體化的結構中,黨的路線、方針、政策通過各級黨政組織從中央傳達到基層,政策的執行結果及社會的反應也由各級黨政組織報告給中央。這樣一來,國家對社會的控制便可直達個人。

　　國家原本的制度設計考量,旨在建立一個從中央到地方的上傳下達系統,也就是説建立從中央到地方基層社會的黨政組織,通過這個系統在社會中推進國家政策,同時將民意傳達至中央。但是,現實中這個上傳下達系統並非通過「中央黨政組織→地方黨政組織→基層黨政組織……→個人→……→地方黨政組織→中央黨政組織」這一單一循環迴路來運營的。因為缺失其他任何溝通管道,或者黨政組織壟斷了上下溝通管道,實際上形成了「中央黨政組織 ⇔ 地方黨政組織、地方黨政組織 ⇔ 基層黨政組織、基層黨政組織 ⇔ 個人」這樣從中央到基層的若干個鏈型結構的循環迴路,也就是説,形成了上級黨政組織同其管轄的下級黨政組織之間的相對封閉的循環體系。在這種情況下,除了中央黨政組織,各級黨政組織均各自承擔兩種角色,其一是服從上級黨政組織,向上級表達忠心;其二是保護其管轄的組織以及下屬,吸取來自他們的忠誠。但是黨政幹部由上級機關任命,權力並非來自下面,而是由上級授予,因此服從命令被認為比保護下級重要得多。況且,下級服從上級也是一個制度和組織生活要求。

　　由於存在這種鏈型結構,因此可以説國家對社會的統治結構基本上是自上而下的垂直結構。也就是説,同一等級的黨政組織、單位、農村之間幾乎不存在任何由制度保障的合作關係。同時,共產黨的組織是金字塔結構,越是下級,同級的組織就越多,且各級黨政組織所需要的資源都是由管轄他們的上級組織來分配的,因此同級的機構之間極易產生競爭。例如同級的黨政組織間的競爭、單位間的競爭、工廠這一單位內部的「車間」及個人間的競爭等等。這些競爭由於缺乏制度和法律的約束,因此極易產生混亂。文革以前由於這些競爭受到黨的紀律的制約,沒有發生大混亂;進入文革時期,制約競爭的黨的紀律失去了效用,競爭行為便陷入無政府狀態。

第三，從公民權的分配的角度來加以考慮時，單位是城市中唯一的除了國家之外享有資源再分配權利的組織。國家不直接同個人發生關係，而是將資源投入單位，再由單位分配給個人。具體來說，單位為職工提供終身僱用、住宅、醫療、子女教育以及就業等各種社會主義式福利。正如本書下一章將會詳細闡述的，這些社會主義式福利都包含在新中國的公民權之內。國家通過單位分配公民權造就了國家與單位、單位與個人之間的依賴關係，這帶來了兩個結果。其一是單位之間為獲取公民權展開競爭，其二是單位內部的國家代理人的權力過大，單位內的國家代理人與職工之間形成了服從與賞罰的所謂「保護和被保護」關係。

第四，由於單位是被國家授權分配公民權的唯一組織，所以國家及國家代理人對個人實施的處罰具有極重要的意義，可以決定個人的生存權。雖然憲法規定了公民的各種權利，但在現實中並不起作用，單位內部規定凌駕於法律之上的現象極為普遍。

第五，單位是個人進入社會的唯一通道。個人要進入社會，必須從單位獲取身份。

從以上五個特徵得知，單位可以說是國家控制社會的重要的「場」。除了單位制度之外，居民委員會和街道委員會這些居住地的基層權力機構，也具有直接或間接控制居民的機能。

四、戶籍制度的建立

戶籍制度是國家控制社會的最重要的制度。根據《共同綱領》的規定，從1949年到1957年，中國公民享有居住和遷移的自由。1958年，全國人民代表大會常務委員會發布了《中華人民共和國戶籍登記條例》，根據其規定，中華人民共和國公民沒有公安機關的許可，不得從居住地自由遷出遷入。形成這樣的戶籍制度的原因很多，例如為了維護社會治安、辨別不良分子等等，但是最直接的原因是國家為了控制農村人口進入城市。[26]

26　楊曉民、周翼虎，《中國單位制度》，頁53–54。

國家通過戶籍制度向社會分配資源。如果沒有戶籍，個人不僅無法獲得衣食和住宅，也無法就業、升學和結婚。戶籍制度在幫助國家將個人固定在出身地和就業地，在控制工業化過程中城市人口的過度膨脹方面極為有效。但是這一制度反過來也阻斷了城市和農村，擴大了城鄉之間、大城市與中小城市之間的差距。

除了戶籍制度之外，在城市管理方面，就業、「票證」、與就業一體化的福利制度[27]等等也發揮了重要的功能。這些都可以說是從戶籍制度中派生出來的輔助制度。

第二節　國家權力在組織層面對社會的滲透

這裏筆者從共產黨組織和被管理群眾團體的建設兩個方面，來說明組織層面上公共領域對私人領域的介入。

一、共產黨組織的建設

中華人民共和國擁有比傳統中國和國民黨時期都更為龐大的官僚機構。從幹部組織的結構來看，中華人民共和國的官僚機構滲透到鄉政府；而在實際上的社會控制層面，共產黨的領導一直滲透到城市的單位和農村的自然村。[28]那麼，共產黨如何能夠做到將政權滲透至社會的末端呢？至少可以列舉以下三條途徑。

第一個途徑與現代中國政治體制的構造有關。根據毛里和子的研究，現代中國政治體制有兩個最為突出的特徵：一是黨、國家、軍隊之間強大的三位一體結構，二是被稱為民主集中制的高度一元化的自上而

27　同上註，頁106。

28　金觀濤、劉青峰，《開放中的變遷》，頁413。

下體制。[29] 由此「共產黨的領導便達到了①軍隊、②政府及國家權力機構、③政治協商會議及民主黨派、④工會／共產主義青年團／婦聯等群眾團體的所有方面」。[30] 國家機構內部的黨組織，以及在各級黨的機關內部所設立的機構——對口部，從制度上保證了黨對國家的領導。這兩者都是建國後開始建設，並於1955年固定下來的。[31]

第二，共產黨政權在城市中擁有單位，在農村中擁有人民公社這兩個主要的組織平台。

第三，共產黨具有建設基層政權的獨特方法。在傳統中國和國民黨時期，被選為官僚的人才只能是擁有知識和經濟能力的精英；此外，官僚組織對社會的滲透是垂直的，即中央通過派遣官吏到地方來管理地方。與之不同的是，共產黨對官僚體系的建設是從垂直和水平兩個方向來展開的，也就是說，一方面進行中央政權到地方政權這樣的垂直滲透，同時也致力於基層政權建設以及在水平方面的人員吸納，某些時期甚至可以說後者先於前者開始。關於這一點，可以以共產黨在農村的基層政權建設為例來加以說明。共產黨在農村的基層政權建設早在1930年代根據地時期就開始了，共產黨進入一個村子，立刻進行土地改革，從當地的農民中選出同共產黨政權合作的人才，培養其成為共產黨員。以將基層的力量吸收進組織內部的方法建設起共產黨在農村的基層政權，可以說土地改革就是共產黨在農村建設基層政權的過程。一旦農民成為權力體系的一員，共產黨對農村社會的滲透就不再是從農村外部向內部的滲透，而是在農村內部的組織擴張，當然也就變得容易了。城市中的基層幹部的培養也基本類似。這樣一來，隨著農村的集體化和城市中的社會主義改造的進行，國家在強化統合社會的能力的同時，共產黨基層幹部的人數和網絡也不斷擴大。[32]

29　毛里和子，《現代中国政治を読む》（山川出版社），頁29–31。

30　同上註，頁39。

31　同上註，頁29–67。

32　羅茲曼編，《中國的現代化》（江蘇人民出版社，1988年），頁353。英文版：Gilbert Rozman, ed., *The Modernization of China* (New York: Free Press, 1981)。

第四，除以上原因外，黨通過建立居民委員會的方法來管理城市末端，並將自己的權力系統成功地滲透到城市末梢。根據麥克法夸爾的研究，城市中的居民委員會的建設在1954年就已經基本完成。[33]

二、被管理的群眾團體

在思考國家對社會的滲透時，被管理的群眾團體的發展以及黨對其影響力的擴大，也非常重要。被管理群眾團體主要有工會、青年團、婦聯、少先隊、文聯、僑聯等。這些團體的共同點是成員都具有共同的身份。1952年，新民主主義青年團有86.5萬人，工會會員有1,002.3萬人，1957年分別增加至2,254.7萬和1,746.7萬人。[34] 這些團體在政治參與的過程中沒有自主性，是名副其實的被管理的群眾團體。但是在連接個人和黨的政策的管道方面，這些團體的作用十分重要。正如毛澤東在1955年指出的那樣，有如此眾多的民眾被納入各類組織，在數千年的歷史中還是首次，「一盤散沙」的中國由此變成了「統一中國」。[35]

關於被管理群眾團體，天兒慧做了以下解釋：「共產黨通過在這些組織的領導部門中配置黨員和積極分子，使得黨能夠通過組織直接接觸到群眾，這樣黨的政策得以滲透到群眾中，由此可以獲得群眾的支持並動員群眾，同時可以吸收群眾的意見和情緒，通過人民團體→共產黨這一管道將之反映到政策中。更重要的是，這些群眾組織同時也承擔著向黨輸送黨員的『場』的功能。」[36]

33　麥克法夸爾、費正清編，《劍橋中華人民共和國史》（上）（中國社會科學出版社，1992年），頁96。英文版：Roderick MacFarquhar and John K. Fairbank, eds., *The Cambridge History of China*, vol. 14: *The People's Republic, Part 1: The Emergence of Revolutionary China, 1949–1965* (New York: Cambridge University Press, 1987)。

34　國家統計局編，《中國統計年鑒1991》（中國統計出版社，1991年），頁304、780。

35　麥克法夸爾、費正清編，《劍橋中華人民共和國史》（上），頁96。

36　天兒慧，《中国——溶変する社会主義大国》，頁41。

第三節　意識形態的滲透和國家認同的構建

中華人民共和國成立之後，除了前面所談到的政治和經濟制度的重建之外，更為重要的是政權和政黨合法性以及新國家公民對國家認同的建構。執政黨需要向政治體內的民眾說明為什麼該政黨以及政治領袖具有代替前政府、政黨以及政治領袖行使國家領導權的合法性。也就是說，新政府需要論證其政權合法性的意識形態，並且能夠通過輿論、教育等宣傳工具以及展開一系列的政治活動，來將這種意識形態根植於民心，用新的政治合法性取代舊的政治合法性，建構新的國家認同。政權合法性和國家認同感的構建，對於共產黨領導下的新中國來說尤其重要。因為這次政權更替所帶來的影響力，無論是在廣度上還是深度上都可謂前所未有。從歷史角度來看，王朝時期的政權更替更多地局限在王朝內部或是士大夫階層，並不涉及廣大的民眾，通常也不會引發大規模社會結構或是經濟制度的變更。而中華人民共和國的建立則不同，政權的變更不僅僅意味著政黨的變更，也意味著政治結構、社會結構（這裏主要指社會結構的政治性變革）、經濟結構甚至外交關係等全方位的大變革。從前的國民黨政府成了「反動政府」、「帝國主義的走狗」，[37] 曾經處於社會上層的權貴和精英失去了原有的政治社會甚至經濟地位，而曾經在下層掙扎的社會低收入群則被譽為國家的主人。在抗日戰爭時期曾經協助國民黨政府抵抗日本的同盟美國，在新國家的外交關係中成了「美帝國主義」。所有這些變化和反轉都需要一套意識形態來建構其合法性，從而取得民眾的認同。那麼這套意識形態的主要內容是什麼？是通過什麼樣的方法在民眾中建構的？這些建構意識形態的方法，對文革中的集體行為產生什麼樣的影響？

37　毛澤東，〈中國人民站起來了〉，《毛澤東選集》（第五卷）（人民出版社，1977年），頁3–7。

一、新國家的意識形態

　　對於建國後新國家的意識形態內容的探討，是一個有趣而宏大的課題，這裏僅就與本書直接相關的「國家」、「政黨」、「階級」和「階級鬥爭」觀的話語體系略加探討。當然，之所以選擇這樣做也是因為在筆者看來，這幾個概念是建構建國後新國家意識形態和價值體系的核心概念，而這套價值體系直接影響到社會主義新國家公民權的分配和競爭。

　　第一，世界發展史中的新國家定位和階級。社會主義中國被認為是建立在集馬克思、恩格斯和斯大林智慧結晶的馬克思主義政治理論之上的。根據這一理論，人類發展是有階段性的，即要經過原始社會、奴隸社會、封建社會、資本主義社會、社會主義社會，最終進入共產主義社會。建立在公有制和計劃經濟基礎之上的社會主義制度被認為是因其消滅了剝削和私有制，是較之資本主義制度更為優越的制度，因而也必將戰勝和取代資本主義制度。而社會主義社會隨著生產力的不斷提高，必將過渡到人類發展終極制度的共產主義社會。共產主義社會將是一個消滅三大差別（階級、城鄉、腦力勞動和體力勞動）、按需分配的公平、公正的人類社會。這個社會主義優越性的意識形態，在社會主義中國的國家建構話語中起著核心的作用：首先，不僅將社會主義制度放在資本主義制度之上，而且指出了其通往共產主義制度的唯一性；其次，為階級劃分和階級鬥爭理論提供了正當性和合法化的依據，也就是說對地主、富農和資本家進行階級鬥爭是為了幫助其進行思想改造，最終消滅階級和剝削，實現共產主義的遠大目標。正如毛澤東在〈論人民民主專政〉中所言：「消滅階級，消滅國家權力，消滅黨，全人類都要走這一條路的，問題只是時間和條件。」[38] 從這個角度講，社會主義新中國的政權建立在階級之上，其合法性來源有著階級性，社會主義的公平和正義的價值觀也是建構在階級之上。另一方面，正如本書第三章將會詳述

38　毛澤東，〈論人民民主專政〉（1949年6月30日），《毛澤東選集》（第四卷）（人民出版社，1991年），頁1468。

的那樣，社會主義國家公民權分配的核心要素正是階級。這不僅決定了
以階級鬥爭為手段展開的公民權競爭方式，同時也為公民權競爭帶來崇
高性，個人追求私利的行為賦予追求公利和實現國家目標的浪漫主義色
彩。從個人英雄主義的心理層面來考慮，對於公利和某個崇高目標的追
求往往總是更能令人激情澎湃，這也可以解釋為什麼從當時的不少參與
者身上都能看到理想主義的成分。不過，這裏需要指出的是，理想主義
式的公利追求與理性的公民權競爭不僅不矛盾，而且兩者疊加，這正是
文革時期集體行為的特徵。其實，即便是那些在運動參與時有著清楚的
個人利益追求的人，在跳上批鬥台批判「走資本主義道路」當權派時，
在高度政治化的語言運用和激情澎湃的政治場景中，也經常被自己的崇
高行為所感動。

　　第二，中國反帝反封建史中的新國家定位和政黨。毛澤東在〈新民
主主義論〉中不僅將中國共產黨領導的革命定義為「世界社會主義革命」
的一部分，更將其定義為自鴉片戰爭以來中國反帝反封建運動的一個重
要部分。他以五四運動為界，將中國百年反帝反封建運動分為由資產階
級和小資產階級領導的舊民主主義革命，和由無產階級領導的新民主主
義革命兩個時期。他認為舊民主主義革命時期經歷了向西方學習的改良
運動的失敗，最終由孫中山領導的資產階級民主主義革命派發動辛亥革
命推翻了滿清王朝，建立了民主共和國，但因其資產階級革命的階級脆
弱性，並不能承擔反帝反封建的目的。百年來反帝反封建的任務只能由
五四運動之後建立的中國共產黨領導的新民主主義革命來完成。[39] 因
此，在1949年9月頒布的《中國人民政治協商會議共同綱領》中，新中
國的成立被定義為「中國人民經過了一百多年的英勇奮鬥，終於在中國
共產黨的領導下，取得了反對帝國主義、封建主義和官僚資本主義的人
民革命的勝利」。這些都集中濃縮在「中華人民共和國成立了！中國人

39　毛澤東，〈新民主主義論〉(1940年1月)，《毛澤東選集》(第二卷)(人民出
　　版社，1991年)，頁662–711。

民從此站起來了！」（建國日毛澤東在天安門城樓的宣告語）以及「沒有共產黨就沒有新中國」（創作於 1943 年，建國後被廣為傳唱的歌曲）這兩句話中。

二、意識形態的滲透及其對文革的影響

建國後新國家的認同和意識形態的建構總體來講，主要通過政治運動、國慶閱兵等各種政治儀式、學校教育、政治話語建構、象徵（人民英雄形象與人民紀念碑等）等來實現。這裏僅就最具代表性的政治運動來解釋國家認同和意識形態是如何通過這兩種方式滲透到社會中，以及對文革中的集體行為有怎樣的影響。

正如很多研究者都指出過的，自上而下全民動員式的政治運動，在改革開放以前的中國政治中起著非常重要的作用，特別是在構建新國家認同和意識形態滲透方面。根據蘇陽的統計，建國後至 1969 年，中國共產黨發動過的大小運動共計 48 個，[40] 涉及面涵蓋了社會每一個群體，包括了政治、經濟、社會、文化等所有領域。從國家層面來講，政治運動的主要作用不僅在於解決某個具體的公共政策議題，也是一個政治動員和社會改造的過程，更重要的是在這一過程中，國家將國家認同和意識形態成功地滲透到社會的每個角落。比如說，土改運動不僅在農村解決平均地權的問題，消滅地主階級的政治和經濟地位，也在這個政治運動中建構起農民對黨和國家的認同感，並將「階級」和「階級鬥爭」這些農民所不熟知的概念和鬥爭方式成功地植入農村社會。抗美援朝運動不僅實現了全國範圍的物質供給目標，也將「保衛祖國，就是保家鄉」的意識、「雄赳赳，氣昂昂，跨過鴨綠江」[41] 的人民志願軍形象和擁軍觀，

40　蘇陽著，宋熙譯，《文革時期中國農村的集體殺戮》（香港：中文大學出版社，2017 年），頁 170–171。

41　1950 年創作的〈中國人民志願軍戰歌〉歌詞。

以及對「美帝國主義」的仇恨觀滲透到全社會。另一方面，長期而連續
不斷的政治運動和政治動員，也創造出一種政治運動文化，比如説政治
運動的儀式、鬥爭方式、政治語言等。從社會層面講，政治運動在連續
不斷的進行中，參與者凝練出一套參與策略，也發展出運動中用於自保
或者獲取上升渠道的方法（比如「保護被保護關係」、爭當積極分子等）。
這些都將影響文革中的集體行為。

第四節　作為經濟分權的大躍進

　　正如前面所討論的，從建國後到1950年代中期，國家進行了一系列
的社會改造和制度重建。通過在農村和城市進行的社會主義改造，以及
從中央到基層建立黨的組織和被管理群眾團體，國家權力不斷地向社會進
行滲透。同時，通過各種政治運動和政治動員，將新國家的國家認同和
階級鬥爭等意識形態灌輸到社會的每一個角落。其結果使得公共領域不
斷擴大，而私人領域被逐漸壓縮，最終社會的各個領域都被公共化和高度
政治化，由此形成了國家與社會一體化的國家－社會關係。新的國家－社
會關係的形成實現了社會統合，從最大限度地整合社會資源和實現現代化
的角度來考慮，是劃時代的事件，但是也帶來下文所談到的一系列問題。
　　第一，伴隨著新的官僚體制的確立，官僚的特權化現象也開始顯
現。當然，這絕非中國獨有的問題，在蘇聯等其他社會主義國家也存在
同樣的問題。例如1960年代，吉拉斯（Milovan Djilas）通過分析國家社會
主義，提出了「新階級論」。吉拉斯指出，不同於以往的革命，以消滅階
級的名義進行的共產主義革命，誕生出全面掌握權力的新的單一階級。[42]
1980年代，沃斯倫斯基在吉拉斯的理論的基礎之上分析前蘇聯的特權階

42　Milovan Djilas, *The New Class: An Analysis of the Communist System* (New York: Praeger, 1957). 日文版：原子林二郎譯，《新しい階級：共產主義制度の分析》（時事通信社，1957年）。

層，揭露出蘇聯的統治階級以權謀私的真相，指出前蘇聯的社會中存在統治階級和被統治階級，以及兩個階級間的對立。[43] 也就是說，新特權階級的出現是全體社會主義國家都存在的問題。

第二，高度集權的體制減少了社會的積極性。例如，1956年一般國營企業的廠長只具有200–500元的財務自主權，公司合營企業的廠長所具有的財務自主權比國營企業還要少得多。[44] 企業負責人對於生產和經營活動完全沒有自主權，意味著企業只能按照上級的指令和命令從事生產活動，這阻礙了社會的經濟活力和自主發展。

第三，國家對社會的徹底控制引起了社會的抵抗。例如，農村中頻頻發生農民反對「統購統銷」政策、毆打幹部的事件；[45] 城市中也發生了由於日用品供應不足而爆發的工人罷工遊行[46]和知識分子不滿政治待遇而對國家政策的抵抗事件。

第四，國家壟斷公民權提高了個人對國家的依賴程度。毛澤東時期，城市居民幾乎所有的生活必需品都可以在單位內部得到解決。此外，單位還給職工提供退休金、醫療保險等社會保障。從託兒所到養老金，單位可謂是把職工「從搖籃到墓地」全方位地加以照料。此外，旅遊出差購買機票住宿旅店也需要單位出具的介紹信。總體來說，單位一方面保障了職工的衣食住行各個方面，另一方面個人的全部生活都被束縛在單位之中，個人對組織的依賴變得廣泛而全面。

為了解決以上問題，毛澤東開始思考分權。在1956年4月25日發表的《論十大關係》的講話中，毛澤東論述了國家與生產單位以及生產

43　ミハイル・S・ウオスレンスキー著，佐久間穆等譯，《ノーメンクラツーラ——ソヴィエトの赤い貴族》(中央公論社，1981年)。

44　《當代中國》叢書編集委員會，《當代中國的經濟體制改革》，頁52。

45　中共中國人民大學委員會社會主義思想教育辦公室編，《社會主義思想教育參考資料選》(第3–4輯) (中國人民大學出版社，1957年)，頁174。

46　姬田光義等，《中國近現代史》(下卷) (東京大學出版社，1984年)，頁583–584。

者個人之間的關係：「國家和工廠，國家和工人，工廠和工人，國家和
合作社，國家和農民，合作社和農民，都必須兼顧，不能只顧一頭。無
論只顧哪一頭，都是不利於社會主義，不利於無產階級專政的」；[47]「把
什麼東西都統統集中在中央或省市，不給工廠一點權力，一點機動的餘
地，一點利益，恐怕不妥」。[48] 此外，在同一文獻中，毛澤東還闡述了
應該在保證中央的統一領導的基礎上，擴大地方的權力：「應當在鞏固
中央統一領導的前提下，擴大一點地方的權力，給地方更多的獨立性，
讓地方辦更多的事情。這對建設強大的社會主義國家比較有利。」[49]

　　在《論十大關係》的理論指導之下，1956年9月中國共產黨召開了
第八屆全國代表大會。會上劉少奇和周恩來分別做了關於中央和地方關
係的重要講話，提出關於中央和地方管理權的七項原則，[50] 其要旨是大
權集中於中央，小權分散於地方（大權集中、小權分散）；根據這一原
則，政府實施了以經濟分權為中心的體制改革。

　　1957年10月，中國共產黨八屆三中全會擴大會議發布了〈關於工業
管理體制改革的規定（草案）〉、〈關於商業管理體制改革的規定（草
案）〉、〈關於財政管理體制改革的規定（草案）〉，草案規定為了調整中
央與地方、國家與企業的關係，從以下幾個方面下放工業、商業及財政
權力。第一，將一部分央企下放給省、市、自治區管轄。第二，擴大
地方和企業的財政權。第三，擴大地方的物資分配權。第四，擴大地
方和企業的計劃管理權。第五，對農產品和工業品的價格實行分等級管
理，也就是説，省、市、自治區有權參照國家的統一定價，自行制定商
品的價格。第六，擴大地方和企業的人事管理權。[51]

47　毛澤東，《毛澤東著作選讀》（下），頁729。

48　同上註，頁727。

49　同上註，頁729。

50　劉少奇，《在中國共產黨第八屆全國代表大會上的政治報告》（單行本）（人
　　民出版社，1956年），頁32–33；周恩來，《關於發展國民經濟的第二個五
　　年計劃的建議的報告》（單行本）（人民出版社，1956年），頁61。

51　《當代中國》叢書編集委員會，《當代中國的經濟體制改革》，頁57–59。

　　大躍進時期，經濟分權的最主要的目的是抑制官僚體制的膨脹。
但是從經濟分權的以下三個特點來看，要達到這個目的是極為困難的。

　　第一，大躍進時期的分權並非國家向社會的分權，而是政府機構內
部的分權，是從中央政府向地方政府的分權。這種分權僅限於中央與地
方政府的政策決策權限和對企業的管轄權限，屬政府機關內部的權力調
整。這與給予企業自主權的分權之間存在著本質性的差異。前者屬國
家內部的權力下放，而後者屬國家向社會的分權。國家向社會的分權是
從公共領域向私人領域的分權，會帶來公共領域縮小、私人領域擴大這
樣的制度性空間配置的變化。而從中央政府向地方政府的分權，只是公
共領域內部的權力調整。

　　第二，大躍進時期的分權並非政治分權，僅限於經濟分權，這與後
文將要論述的文革中的政治分權有很大的差異。毛澤東在大躍進時期之
所以沒有同時搞政治分權，或許與當時所面臨的問題主要是經濟性的有
關，也有可能是由於他擔心同時進行政治領域的分權會引發社會混亂等
等。這只是推測，關於這個問題，迄今並沒有可供查詢的史料。但是
這裏需要強調的是，在沒有政治分權的基礎上進行經濟分權，其結果直
接導致通過政治方法解決經濟問題的現象在全國各地發生。例如，
1958 年 6 月 2 日中共中央國務院向地方政府下達通知，要求中央九個部
委必須在 6 月 15 日前將其管轄下的 880 多個企事業單位的下放手續全部
辦完，也就是說，中央所給出的行政下放時間僅為兩週。[52] 不僅中央政
府將經濟分權當作政治任務來完成，地方政府也把經濟分權當成政治任
務來執行。例如中央部委的管轄權被下放給地方後，地方又將其由省下
放至市、縣、公社。這樣的做法破壞了企業間原有的合作關係，由於地
方管理能力不足等方面的原因，造成企業生產能力下降。[53] 此外，經濟
分權和政治集權的做法還帶來了地方政府競相向中央政府顯示忠心的競

52　同上註，頁71。
53　同上註。

爭，這也正是導致大躍進時期「浮誇風」、「放衛星」等等的社會現象盛行的原因。

第三，大躍進時期的分權在政策的決策方面有許多不足之處。政策雖然規定了要將哪些權力下放至地方，但關於應該如何下放的實施階段卻幾乎未做任何規定。

第五節　作為政治分權的文革

有關文革的詳細分析將從第四章開始進行，這裏簡要討論與本章相關的部分。文革和大躍進等一系列的事件都是中華人民共和國國家建設的一個部分。如果將大躍進看作是經濟分權，那麼文革則可以看作是政治分權。為什麼要進行政治分權就有必要發動文革呢？關於這個問題，可以從以下四個方面來理解。

首先，文革和大躍進一樣以防止官僚機構過於臃腫和幹部的特權化為主要目的。但是大躍進時期的經濟分權將權力下放至地方，導致地方政府的財政權力過大及中央財政困難等問題。例如，1957年以前中央管轄的企業、事業單位大約有9,300個，分權後變成1,200個，88%被轉給地方政府管理。第一個五年計劃期間佔全國工業生產總額的39.7%的中央管轄的工業企業生產額比重，在權力下放之後的1958年急速下降到13.8%。[54] 此外，財政權從中央向地方大幅下放的結果，使得中央可支配的財力從第一個五年計劃期間的75%減少到50%，與此相對地方可支配的財力則從25%急速上升至50%。[55] 到了1960年代，為了調整大躍進時期經濟放權的失誤，國家又開始將經濟權力從地方向中央回收，

54　《當代中國》叢書編集委員會，《當代中國的經濟》，頁153。
55　同上註，頁155。

因此中央財政赤字以及地方經濟權力過大等問題得到緩解，但是比起第一個五年計劃時期，1960年代的官僚體制更加集權，機構也更加臃腫。

　　第二，和大躍進一樣，文革可以看成是毛澤東關於國家和社會構建理念的實驗。正如天兒慧所指出的，「在毛澤東的思想中，國家的地位原本就不高」；[56]「對毛而言，國家歸根結底只是手段、工具」。[57] 毛要建立的社會是「工、農、商、學、兵一體，鄉 (政府)、社 (合作社) 一體的人民公社」。[58] 建設這樣的社會是建國後毛澤東一貫的施政方針。正如前面提到的，為了解決官僚組織過於臃腫和國家幹部官僚化的問題，毛澤東首先在政府機構的內部實行經濟分權，但並沒有達到預期的效果。於是毛澤東開始考慮用政治的方法，從官僚機構的外部尋求支持來加以解決。從這個意義上來說，文革可以看成是毛澤東利用群眾的力量在政治層面進行的「民主」實驗。

　　第三，由於圍繞國家建設的理念和方法問題，中央領導層內部產生了分歧，因此毛澤東試圖向社會尋求支持。正如許多研究者所指出的那樣，在關於國家建設的理念方面，毛澤東和劉少奇之間存在分歧，劉少奇主張專業化和技術化，毛澤東則積極推進集體化。由於兩人意見相左，毛澤東在實施自身的國家建設方案時，無法做到在現有行政體制中完全撇開國家代理人劉少奇的存在和意見行動。於是，為了從官僚體制的外部尋求社會的支持，就需要越過官僚機構將政治權力下放給群眾，利用群眾的力量來貫徹自身的意志。

　　一部分研究者認為，毛澤東之所以打倒劉少奇是為了奪回失去的權力，但是本書認為，毛澤東是為了推動官僚體制的改革而令劉少奇下台的。因為劉少奇是從建國初期開始就積極推進蘇聯模式、維護現存官僚體制的最有代表性的人物，可以認為劉的存在是毛澤東實踐其理念的障礙。

56　天兒慧，《中國 —— 蛻變的社會主義大國》，頁77。

57　同上註，頁78。

58　同上註，頁79。

　　如後面章節將會詳細論述的那樣，文革前的中國存在幹部特權化、知識分子不滿、幹部和群眾間的信任度低下、農民和工人示威遊行爭取權益等種種社會問題，這些社會問題與建國後國家實施的一連串政策有關，可以說文革前國家實施的各項政策為文革中社會派別的形成、發展提供了制度性的背景。從這個意義上說，來自毛澤東的造反動員令，是社會成員結成派別表達不滿、實琪自身利益的導火線。

第3章

文革前公民權的分配制度

第二章討論了建國後國家建設對制度性空間所產生的影響，討論了公共空間和私人空間的變化過程。這為本章所要討論的公民權分配提供了一個宏觀的制度背景。本章主要討論以下一系列問題：在國家－社會一體化的制度性空間配置中，公民權的分配制度是如何被國家所構建的？這種公民權分配制度如何決定公民權競爭的方法？公民權的分配和競爭與文革時期的集體行為，有著怎樣的關聯性？

第一節　派別形成的社會背景
——公民身份與公民權分配制度

從國家和社會的制度性空間配置的角度來看，文革前的中國表現為私人領域被公共領域吞噬、社會完全被國家支配的高度中央集權體制。國家在這樣的制度性空間配置中所實施的公民權分配制度，導致社會被國家極度細分化，最終形成了多層且固化的等級結構。文革前中國的社會分層可歸納為圖表3.1。正如下文會具體闡述的，細分化的社會層級正是由國家的公民權分配制度所建構的，因此圖表3.1所顯示的也可被看作是文革以前的公民權分配制度。

圖表3.1　文革前中國的社會分層

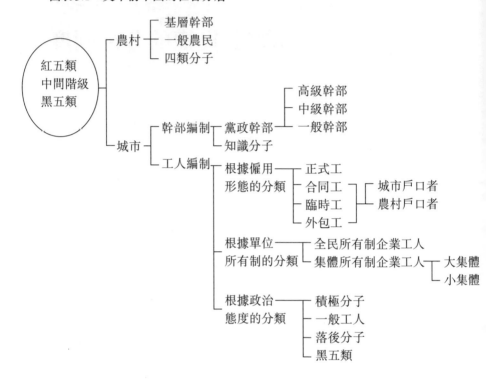

一、階級差別和階級鬥爭

　　文革以前，中國人的政治地位是由其所出身的階級來決定的。出身階級結構是文革前中國的等級結構的根幹，決定了一個人的一生。具體來說，出身不好的社會集團（「黑五類」）被定位為階級敵人，不僅得不到公民權，一生都被強制接受批判和改造。因此，從建國初期到1979年1月廢除出身階級制為止的漫長時期內，出身不好的人們沒有一天不曾受到政治上的壓迫。不僅如此，每當強調階級鬥爭和政治運動來臨時，對他們的政治迫害就日益殘酷。在這方面，即便在以「四大民主」的方式對社會實行總動員的文革時期也並無例外，甚至受政治抑壓程度更加嚴重。只要稍微瀏覽一下文革時期中共中央所發布的文獻便可以得

知，「堅決不許地、富、反、壞、右分子亂說亂動」[1] 之類的表述頻繁地
出現於各類文件中。

　　這些被排除於人民圈之外的社會成員，被定義為國家法定的敵人。
正如柏格森所指出的那樣，國家通過對被製造出來的敵人採取專制的儀
式將國家目標神聖化，從而獲得人民的忠誠。[2] 另一方面，人民也和國
家一樣，通過對敵人的狂熱批判來表達對國家的忠誠，以達到獲得比其
他人更多公民權的目的。也就是說，對於公民權的競爭者而言，敵人的
存在是不可或缺的政治資源。怎樣才能佔有更多的資源是決定勝負的要
素之一。因為對階級敵人的仇恨就等於對黨的熱愛，如果從對敵人的仇
恨越深、對黨的感情就越濃的邏輯出發來考慮的話，文革中對「黑五類」
的集體殺戮行為也就變得可以理解了。

　　除了人民和敵人的階級差異之外，在人民陣營內部也強調階級差
異。其原因除了社會主義意識形態的需要之外，還存在政治實用性的考
慮，即強調中間階級的「動搖性」和「兩面性」，[3] 對其強制要求思想改造。

1　〈中共中央轉發對需要實行軍事管制的廠礦的布告〉(1967年3月16日)、
　　〈中共中央關於各省、市、自治區報紙宣傳問題的幾項規定〉(1967年3月
　　16日)、〈中共中央通知〉(1967年3月17日)、〈中共中央轉發北京市公安
　　局軍事管制委員會三月十八日的布告〉(1967年3月18日)、〈中共中央關於
　　在文化大革命運動中處理紅衛兵抄家物資的幾項規定〉(1967年3月20日)
　　等，中國人民解放軍國防大學黨史黨建政工教研室編，《文化大革命研究資
　　料》(上)(人民解放軍國防大學出版，1998年)，頁365–370。

2　Bergesen, "A Durkheimian Theory of 'Witch-Hunts' with the Chinese Cultural
　　Revolution of 1966–1969 as an Example," pp. 19–29.

3　毛澤東在1925年12月1日發表的〈關於中國社會各階級的分析〉(《毛澤東
　　選集》第一卷，頁9) 將中產階級的革命態度概括為：「那動搖不定的中產階
　　級，其右翼可能是我們的敵人，其左翼可能是我們的朋友。我們要時常提
　　防他們，不要讓他們擾亂了我們的陣線。」此外，在1940年4月發表的〈新
　　民主主義論〉(《毛澤東著作選讀》上冊，頁360) 中，毛澤東論述道：「一方
　　面參加革命的可能性，又一方面對革命敵人的妥協性，這就是中國資產階
　　級『一身而二任焉』的兩面性。」這對建國以後的中國知識分子政策產生巨
　　大的影響，成為對知識分子進行強制思想改造的理論根據。

這樣做的政治職能主要有兩個方面。其一是可以通過對政治資源和經濟資源的分散性分配，在工人、農民和以知識分子為主的舊中產階級之間尋求平衡。[4] 其二是將知識分子排除在權力體系之外，防止知識分子作為政治勢力抬頭，並可以將這種排斥行為合法化。在現代化水平極低的中國，這是能夠有效利用政治、經濟資源的方法，因為這樣一來共產黨就能獲得工人、農民的忠誠，利用知識分子的才能實現現代化，同時將對國家權力的壟斷合法化。但是反過來，這個方法也強化了腦力勞動和體力勞動的差異和差別，造成原本潛在的矛盾表面化的結果。

另一方面，在建國之前處於政治經濟地位最下層的工人、農民，建國後被賦予國家主人翁的地位，確如許多文學作品和歌謠所描述的那樣，感受到「翻身」的喜悅，獲得主人翁的滿足感。但是，進入1950年代中期以後，隨著官僚體制的結構化，本該代表人民利益的官僚們逐漸從人民的階層中分離出去。隨著官僚們特權意識的增強，工人、農民開始意識到較之掌握權力的黨政幹部和工資較高的中間階級，自己在現實中的待遇才是最差的。

實際上，最早以集體抗議的方式挑戰共產黨政權的並非人民的敵人「黑五類」階級或具有「動搖性」的中間階級，而是作為國家「主人翁」的工人和農民。從1956年9月開始到1957年春季的半年時間裏，城市裏發生了十餘起、總計約有上萬人參加的工人罷工，[5] 而農村早在1954年已經發生農民暴動事件，[6] 不過這些抗議行為幾乎沒有給共產黨政權造成影響。因為對當時的共產黨而言，最有力的競爭對手是舊知識精英和舊商業精英。因此對於工人和農民的抗議行為，毛澤東對他的同事們說，

4　關於工人、農民、知識分子和幹部的政治財產和經濟財產的分散性分配的研究，參照楊麗君，〈紅衛兵運動の社会的要因——階級と階層の視点から〉，《現代中国》，第74期（2000年），頁209–221。

5　晉夫，《文革前十年的中國》（中共黨史出版社，1998年），頁11。

6　中國人民大學委員會社會主義思想教育辦公室編，《社會主義思想教育參考資料編輯》，第3–4輯（人民大學出版社，1957年），頁174。

社會上少數人的抗議行為屬「人民內部矛盾」，沒有必要擔心。[7] 與此同時，毛澤東判斷黨的幹部的官僚主義作風是引發工人和農民的抗議行為的原因，因此號召知識分子和各民主黨派人士協助參與「整風」運動。[8]但是對於這類發自知識分子群體的社會少數人的聲音，即便是毛澤東也不能等閑視之。其結果，以黨的「整風」運動為最初目的的「百花齊放、百家爭鳴」，最終將矛頭轉向了以知識分子和各民主黨派人士為對象的「反右」運動而落下了帷幕。也許是毛澤東為了讓同僚們相信他仍然具有卓越的判斷能力和出色的作戰技巧，他用「引蛇出洞」的説法掩蓋對知識分子的失望。但是儘管如此，根據文獻[9]中所記載的事實，仍然可以得出以下的判斷。

　　「百花齊放、百家爭鳴」和文革一樣，是毛澤東為了推進社會主義民主所做的實驗。毛澤東對於社會主義民主的構想表現在關於「民主集中制」的一連串論述中。[10]「民主集中制」簡單來説，就是在社會主義制度的國家中，「人民享有廣泛的民主和自由的同時，也必須受到社會主義紀律的制約」；[11] 此外，幹部必須走群眾路線，也就是説，「從群眾中來到群眾中去，幹部和群眾相結合」。[12] 在「民主集中制」的構想中，也從政治制度的層面強調建設和完善人民代表大會的權力機能。[13] 但是，

7　晉夫，《文革前十年的中國》，頁12。

8　毛澤東，〈關於正確處理人民內部矛盾的問題〉，《毛澤東著作選讀》（下冊）（人民出版社，1986年），頁791。

9　晉夫，《文革前十年的中國》，頁4–52。

10　毛澤東關於民主集中制的構想，散見於他的以下文章當中：〈和英國記者貝蘭特的談話〉（《毛澤東選集》第二卷，頁383）、〈論聯合政府〉（《毛澤東選集》第三卷，頁1057）、〈關於正確處理人民內部矛盾的問題〉（《毛澤東選集》第五卷，頁368）、〈在擴大的中央工作會議上的講話〉（《毛澤東著作選讀》下冊，頁816）。

11　毛澤東，〈關於正確處理人民內部矛盾問題〉，頁368。

12　毛澤東，〈在擴大的中央工作會議上的講話〉，頁816。

13　毛澤東，〈論聯合政府〉，頁1057。

在實際運用中，人民代表大會的監督機能完全沒有得到發揮，「民主集
中制」被簡化成「四大民主」。從給人民以監督權，用「四大民主」防止黨
的幹部的官僚化和官僚體制的結構化，建設民主集權的社會主義國家這
一點上來說，「百花齊放、百家爭鳴」和文革是完全相同的。但是從理
念以及實際運作的兩個層面來看，無論是「民主」還是權力的「集中」都
不存在任何制度保障，「民主」和「集中」之間也不存在任何制度性的連
接。這裏更為重要的是，在當時的制度性空間配置中，各個社會集團之
間的關係是以政治資源競爭為主導的緊張關係為主的。在這樣的背景之
下，建設社會主義民主國家的運動最終變成了各個社會集團為獲取公民
權展開競爭的舞台。

　　也許有人對於「百花齊放、百家爭鳴」和「反右」運動中存在獲取公
民權的競爭的主張存有疑問，但是依筆者所見，正是由於黨政幹部內
部、黨政幹部和知識分子之間、知識分子內部存在獲取公民權的競
爭，運動才擴大到產生出55萬右派的地步。具體來說，這一時期獲取
公民權的競爭前期（「百花齊放、百家爭鳴」期）以及後期（「反右」運
動期）競爭的形式各異。前期表現為知識分子和各民主黨派人士公開
向國家要求參與政治的權力，也就是說，從當時的知識分子和各民主
黨派人士對於「黨天下」的批判、關於建立「政治設計院」的提案和實
行多黨選舉制的要求等方面的言論[14]可以得知，他們的言論對於國家
政治制度的建設是極為有益的提案，但是反過來也表達出知識分子和
各民主黨派人士要求共產黨給予參政權、和共產黨共享政治權力的強
烈願望。

　　後期隨著政治環境的變化，競爭的形式也複雜化和隱蔽化了。由
於後期的競爭形式與文革有類似之處，在這裏稍做詳述。1957年7月中
旬，毛澤東將右派和人民的矛盾定性為「敵我矛盾，是對抗性的不可調

14　中國人民大學委員會社會主義思想教育辦公室，《社會主義思想教育參考資
　　料編輯》，第3–4輯，頁1–362。

和的生死存亡的矛盾」。[15] 同月28日，《人民日報》發表了〈反右鬥爭是對共產黨員的重大考驗〉為題的社論，社論提倡「共產黨員必須徹底批判黨內外的右派分子，堅決反對溫情主義」。[16] 從社論中可以得知，「反右」運動已經被定義為敵我矛盾，並且已經擴大到黨內。解決敵我矛盾的方法是進行階級鬥爭，因此對於手握右派判定權的黨的幹部而言，如何應對是事關政治生命的問題。也就是說，揪出更多的右派雖然未必能獲得上級的歡心，但是一旦被指數量太少，就有被貼上對階級敵人「溫情主義」的標籤的危險。在這樣的背景下，「寧多勿少」、「寧左勿右」就成為幹部保全自己的方法。

此外，在政治運動中是否採取積極的態度也事關今後的前途，結果幹部之間的競爭急劇增加了右派的數量，甚至發生某幹部為了完成上級規定的右派指標，將自己的名字寫進右派名單的荒誕現象。在這樣的背景下，一部分知識分子和黨員採用誣告、揭發等手段來保全自己。雖然中共中央在1957年10月15日公布的〈關於右派判定的標準〉[17] 對於如何劃分右派做了比較詳細的規定，但是對於黨的幹部和知識分子雙方而言，「反右」運動是生死存亡的鬥爭，加之這一鬥爭是在無法退出的制度性空間配置中進行的，因此大多數黨的幹部和知識分子都只能通過競爭來保全自己。另一方面，少數人則把「反右」運動當成排斥異己分子和謀求政治前途的途徑。

從以上分析可以得知，劃分階級和強化階級鬥爭的政策在國家管控社會的局面中發揮了非常重要的作用。劃分階級為建國後進行的政治經濟資源再分配提供了正當化的理論依據，強調階級鬥爭的政策則成為了鞏固政權穩定的重要工具。對於有威脅政權穩定的言論和行為的個人或群體，只要將之定義為敵我矛盾，就可以堂堂正正地發動群眾運動進行

15　晉夫，《文革前十年的中國》，頁37。
16　同上註。
17　同上註，頁44。

討伐。但是劃分階級也產生了諸多負面效果，比如過分強調階級間的差異、強化階級對立的意識，從而帶來社會的分裂。更為重要的是，階級間政治經濟資源的分散性分配背離以建設平等社會為目標的國家理念，其結果使所有的階級中都產生了相對被剝奪感。

劃分階級和強調階級鬥爭可以說是內含風險的雙刃劍。正如文革中的集體行為所顯示的那樣，在接連不斷經歷政治運動的過程中，社會成員逐漸發現階級出身可以成為一種可供利用的政治資本，階級鬥爭論也可用作是排斥異己的工具。幹部子女將階級政策擴大成「血統論」，試圖利用「血統論」將成績優異的中間階級的子女排除在升遷的道路之外，從而將自身的「接班人」地位鞏固住。[18] 此外，毛澤東〈炮打司令部〉的大字報發表之後，人們對於心懷不滿的黨政幹部只要貼上「黨內走資本主義道路的當權派」的標籤，便可取其性命而不必擔責任；對於各級黨政權力機構只要將其定性為「執行了資本主義反動路線」，便可輕易地奪取其權力。正如筆者在以下的章節中會分析到的，階級鬥爭的理論在文革中被各個社會集團按照自身的意志任意解釋，最大限度地利用成達到自身目的的手段。當階級鬥爭這一統治社會的工具被社會集團用作從統治者手中奪權的工具時，維持社會的穩定就只能依靠軍隊了。

二、城鄉差別

劃分階級所產生的社會集團的分化是文革中形成派別的重要因素，但不是唯一的因素，因為除了階級差別之外還存在其他的等級劃分。這些等級劃分和階級劃分相輔相成，極大地影響文革中的派別分化和重組。

如圖表3.1所顯示，戶籍制度的實施阻斷了中國的農村社會和城市社會，結果使中國人被劃分了農村戶口持有者和城市戶口持有者兩大社

18　楊麗君，〈紅衛兵運動の社会的要因〉。

會集團，兩者間存在顯著的利益差別，[19] 從農村戶口轉為城市戶口極其
困難。

戶籍制度所製造出來的城鄉二元結構又經由各種政治以及經濟要
素，各自分化出層層等級。先來看農村社會，由於農村土地改革後，經
濟差距不再是產生社會分層的因素，政治因素在農村的社會分層中成了
一個決定性因素。依照建國後社會重組的過程中權力和階級出身的重要
性，可以將農民劃分為基層幹部、[20] 一般農民、「四類分子」這樣的等級
序列。

城市的社會分層比農村更為複雜些，呈現多重結構。根據國家勞
動人事部的管理制度，城市人口被分為「幹部編制」（幹部身份）和「工
人編制」（工人身份）。[21] 這裏所説的「幹部」概念並不是指國家主席、廠
長之類具體的管理職位，而是城市檔案的一種區分類型，是一種社會身
份區分方式。具體來説，在改革開放以前的中國城市中的正式職工，都
是由檔案來管理的，檔案記錄被分為「幹部編制」和「工人編制」兩種類
型。[22] 這兩種身份不僅是檔案記錄上的差別，在工資待遇、住房條件、
醫療制度及退休金等各個方面都存在顯著的差異，從「工人編制」轉變
為「幹部編制」和變更戶口一樣困難。[23] 一般來説，「幹部編制」身份取

19　關於中國的戶籍政策，參前田比呂子，〈中国における戶籍移転政策〉，《ア
　　ジア経済》（1996年5月號）。
20　根據毛里和子的研究，中國的幹部可分類為「國家幹部」（脱產幹部）和「基
　　層幹部」（非脱產幹部）。「基層幹部」在城市裏不明確，但在農村包括生產
　　大隊級（大隊黨支部書記、同委員、大隊長）、生產隊級（黨委書記、副書
　　記）、婦女聯合會主任、民兵連長等。毛里和子，〈中国政治における「幹部」
　　問題〉，衛藤瀋吉編，《現代中国政治の構造》（日本國際問題研究所，1982
　　年），頁167。
21　李培林主編，《中國新時期階級階層報告》（遼寧人民出版社，1995年），
　　頁68。
22　同上註。
23　同上註。

得者由兩類人組成，一類是在國家行政體系中擔任職務者，另一類是畢業於國家創辦的正規中專、大專、大學並由國家分配工作者。[24]

此外，在「幹部編制」和「工人編制」之內還有更為嚴密細緻的區分。「幹部編制」內部大致可以分為國家機關的管理職務（例如黨政幹部）及各領域的專家（如知識分子和技術人員）兩大類型。[25] 國家的黨政幹部按照行政等級分為三十級，其中十三級以上為「高級幹部」（即師級、地區級、行政司／局級），十四到十七級以上為「中級幹部」（即團級、縣級、科長級），十八級以下為「一般幹部」。[26] 十三級以上的「高級幹部」中又進一步分為一到三級的主席、總理級，四到七級的部長級、省級，八到十三級的司、局長級、區長級三個等級。[27] 不同的級別享受不同的政治和經濟待遇。

以上的幹部等級制構成了城市中等級結構的核心。各領域的專家在國家幹部的等級結構中所處的位置，如圖表3.2所示。但是值得注意的是，該圖主要是根據工資待遇所製成的，也就是說，圖表3.2所顯示的是幹部和知識分子經濟地位的比較，並不代表兩者間政治地位的相關比較。

屬「工人編制」的社會階層由於受各種因素的影響，比農民和幹部的等級結構更為複雜。根據僱用形態的不同，工人階層可分為正式工、合同工、臨時工、外包工四種類型。[28] 正式工可以享受單位內部的各種福利，其餘三種類型的工人則不可以。此外，即便同為合同工、臨時工、外包工，城市戶口和農村戶口也前途各異，城市戶口持有者有機會轉成正式工，而農村戶口則幾乎永遠沒有可能。

24　同上註。

25　毛里和子將中國的國家幹部大致分為各機構的管理幹部、生產部門的專家，和文教、醫療領域的專家三類。毛里和子，〈中国政治における「幹部」問題〉，頁166。

26　同上註，頁170。

27　同上註。

28　中共中央黨史研究室，《中共黨史大事年表》（人民出版社，1981年），頁141。

圖表3.2　黨政軍幹部與知識分子的職務等級對照表

等級	黨政軍幹部				知識分子		
	軍隊	中央機關	地方機關	黨組織	技術系列	文教系列	科研系列
高級幹部 (13級以上)		主席級		政治局常委			
	軍委						
	三軍司令官						
	軍級	部長級	省級	省黨委	高級工程師	教授	研究員
	師級	司(局)長級	地區(市廳)級	地區黨委			
中級幹部 (14–17級)					工程師	講師	助理研究員
	團級	處(科)長級	縣級	縣黨委	助理工程師	助理教員	實習研究員
一般幹部 (18–24級)	營級	科員級	公社級	黨總支	技術員		
	連、排級	辦事員級	縣、公社 一般幹部	黨支部			

註：出自毛里和子，〈中國政治中的「幹部」問題〉，後藤藩吉編，《現代中國的政治結構》(日本國際問題研究所，1982年)，頁169；顧傑善等編，《當代中國社會利益群體分析》(黑龍江教育出版社，1995年)，頁310等。筆者參考以上資料，完成此表。

　　除上述差別之外，改革開放以前，工人生存所需的所有資源都只能從單位獲得，單位是工人獲得社會地位的唯一的「場」。因此，工人個人的社會地位深受單位行政分類的影響，即所屬單位是「全民所有制」還是「集體所有制」，或者是「中央直轄企業」還是「地方管轄企業」，這些差異決定了工人不同的社會地位。具體來說，「全民所有制單位」和「集體所有制單位」的工人之間存在極大的差異，前者是終身僱用制，享受家屬也能被惠及的醫療保險中的「大勞保」，後者享受只惠及本人而家屬無法享受的醫療保險中的「小勞保」。在僱用制度方面，後者亦有異於前者，受省、地區、市管轄的「大集體」中的工人的就業比較穩定，類似終身制；街道辦事處管轄的「小集體」不僅工人的工資較低，

社會保險也一概不能享受。[29]此外,「全民所有制單位」可以設立工會,「集體所有制單位」則不能設立。[30]由於工人的各種福利是通過工會來獲得的,因此單位是否設有工會則直接影響到工人的福利。

　　從單位內部的政治地位來看,「工人編制」的社會集團可分為「積極分子」、普通工人、「落後分子」和「黑五類」工人[31]四種類別。單位類似於生產班長和工會小組長之類的城市中的「基層幹部」(非脫產幹部)被劃入「工人編制」,多屬積極分子一類。[32]

　　綜上所述可以得知,在政治制度、經濟制度、社會管理系統以及官僚體制等國家體制確立的同時,社會也被建構成多重的等級結構。由等級分化所生產的社會集團,因其在文革中擁有共同的社會背景,所以在對於產生利害關係的要素的認知、行動目標等方面容易取得共同的認識,這為文革中的集體行為打下了基礎。同時,也正因為多重等級結構的存在,也產生了認知方面的多重性,非常有利於集體認知隨政治目標和政治環境的變化而再調整和重組,這也是文革中派別能夠隨時分化和重組的一個原因。

　　階級、階層、職業、收入、福利等方面的差距以及由此形成的不平等結構,在任何國家中都存在。但是在此需要特別強調的是,改革開放前的中國由於國民的社會身份由國家分配,所以難以通過個人的努力來變更,也就是說其本質是先天而且是固化的身份制。

29　李遜,〈文革中發生在上海的「經濟主義風」〉,羅金義等編,《浩劫之外——再論文化大革命》(台北:風雲論壇出版社,1997年),頁30–32。

30　上海市總工會,《關於集體所有制工廠企業職工要求組織工會的請示報告》,1966年8月30日。

31　「落後分子」和「黑五類」工人的區分十分曖昧,通常「黑五類」階級和「落後分子」工人會被加以區別分類,但有時也會被統一當成「落後分子」。

32　華林山,〈文革期間群眾性對立派系成因〉,劉青峰編,《文化大革命:史實與研究》(香港:中文大學出版社,1996年),頁196。

如圖表3.1所示，毛澤東時期身份制的先天性可大致分為兩種類型。一是從父母處繼承而來，出生前就決定的，例如階級出身制度和戶籍制度。另一類是步入社會時由國家分配的，通常其後也難以通過個人的力量來改變的，例如「幹部編制」和「工人編制」，以及單位所有制規定的身份。

以上兩種類型的身份制當中的先天性都是由國家決定的，甚至可以說，國家通過實施劃分階級和戶籍制度等一系列的制度和政策創造出社會集團，進而締造出封閉的等級社會。在這個封閉的等級社會中，人們缺乏在社會中上升的渠道，且為數不多的渠道也被國家控制。從以下關於人們在社會中上升流動的分析可以得知，國家壟斷社會流動權，以及社會集團為爭取上升移動的機會而展開的競爭，極大地影響文革中的集體行為。

三、社會流動中的機會分配差距

社會流動[33]可以清楚地表明決定個人和集團的社會地位的資源的獲取機會是如何分配的。筆者這裏簡要闡述改革開放之前的中國，社會上升流動與公民權的分配制度的相關性。

在改革開放前的中國，社會成員主要採用什麼樣的方式來實現在社會中的上升流動呢？如前所述，在當時的中國，所有資源都被國家壟斷，社會不具有任何能促進人們上升流動的資源。因此，社會中大幅度的上升流動只能依賴國家政策的變化，因而討論社會的上升流動不能夠脫離國家政策。在不存在私人領域的國家和社會的制度性空間配置中，

33　在社會學中，「社會流動」一詞指個人和集團在不同的社會經濟位置之間的流動。其中，「垂直流動」意味著社會經濟尺度的上下流動。財產和所得增加，地位上升的人們進行的是「上升流動」，相反則被稱做「下降流動」。相對於「垂直流動」，還有「水平流動」。水平流動指在居住地域和城市之間，以及地方社會之間的地理流動。本書中的「社會流動」主要是指「上升流動」。

國家政策與上升流動的關係，理論上講可分為以下三種類型。第一是通過集體抗議行為對國家施加壓力，促使國家變更等級結構和與之相關的政策，實現流動。第二是國家自動調整政策，給一部分社會集團提供上升流動的渠道。第三是在恆常的政策狀況下的上升流動，即在國家政策不發生調整的情況下，社會成員如何達成上升流動。具體來說，就是存在怎樣的流動路徑，哪些社會集團被賦予使用路徑的權利，被排除在外的人採取怎樣的應對方法。在此將圍繞這三種類型，考察當時社會上升流動的主要方法。

第一，由於文革前中國的等級結構是由國家政策的實施製造出來的，因此通過集體抗議行為迫使國家調整政策是最徹底的解決問題的方法。但是，文革前的中國不存在能夠帶來國家政策變化的大規模社會運動產生的條件。儘管文革前的中國是不平等的等級社會，各社會集團間存在各種各樣的利益差距，但是對社會的不滿並沒有達到無法忍耐的程度，社會矛盾也沒有深刻到引發大規模抗議行動的地步。因此通過集體抗議方式達成上升流動的方式，歸根結底不過是脫離現實的假設。[34] 例如，1950年代中期城市和農村雖然發生了數十起罷工和遊行，但都不具備引發大規模的社會運動的能量，因此沒有對等級結構產生影響。此外，如「反右」運動所顯示的，國家擁有足夠的能力處理社會集團的抗議行為，共產黨的統治具有充分的合法性。在這樣的狀況之下，如果沒有國家在文革時期的政治動員，難以想像會發生全國範圍的挑戰國家權力的社會運動。可以認為，文革時期國家對社會統合能力的衰退，是由於國家機構內部的分裂所導致的國家自身能力的削弱所致。關於這一點，將在後文有關文革時期集體行為的分析中詳細論述。

34　文革以前雖發生過以改善經濟地位為目的的小規模遊行示威，但據筆者所知，未發生過大規模的抗議行為。1956年在「百花齊放、百家爭鳴」中表達的「右派」言論或可被定義為大規模的言論抗議行為，但這並非自發進行的運動，可以說是國家動員的「整風」運動的結果。

　　第二，文革前中國的等級結構是由國家政策造成的，因此國家政策的變化在大幅度的上升流動中起著關鍵性的作用。正如許多研究者指出的那樣，在中華人民共和國的歷史中，政策的變化是以「穩健」和「激進」循環運動的方式進行的。受國內政治狀況和國際形勢的影響，國家政策不得不隨著國家目標的變化而進行調整。此外，由於對政策具有影響力的不同的集團掌握政權，政策也會隨之發生動搖。

　　由於國家壟斷公民權的分配權，所以政策的調整會帶來公民權分配的變化，影響到社會中的上升流動。例如，「大躍進」時期的勞動力不足使得大約 2,000 萬農民在城市中就業。[35] 但是進入 1960 年代初期，「大躍進」的挫折使得政府為了避免國民經濟的崩潰，又迫使這些農民回鄉務農。

　　此外，政策的調整在給一部分社會集團帶來上升渠道的同時，又使得另一部分集團社會地位下行流動。例如，1964 年劉少奇實施的多用臨時工、少用正式工的「兩種勞動制度」給一部分城裏人帶來就業機會，也給 1960 年代回鄉務農的一部分人提供回城的機會。[36] 但是另一方面，原本試用期滿就該被錄用為正式工的一部分工人則未能如願，代之以被錄用為臨時工或合同工。[37]

　　相關政策的調整能夠帶來社會流動。因此，等待政策的變化對於期待改善現狀的人而言雖然是極為被動的對策，但卻是在文革前的中國可能實施的方法之一。如果把期待理解為希望，擁有對未來的期待在某種程度上或許可以看作是人們排解對現狀不滿的宣泄口。事實上，國家也會在某些時候為了緩和社會不滿，主動調整政策。例如，為了緩和農民對人民公社和糧食危機所引發的不滿，政府於 1958 年 11 月和 1962 年

35　前田比呂子，〈中華人民共和国における「戸口」管理制度と人口移動〉，《アジア経済》（1993 年 2 月號），頁 23。

36　李遜，〈文革中發生在上海的「經濟主義風」〉，頁 36–37。

37　山本恒人，〈一九六〇年代における労働・教育・下放の三位一体的政策展開とその破産〉，加々美光行編，《現代中国の挫折》，頁 155。

2月兩度調整了農村政策，允許農民保留自留地。[38] 但是細究起來，利用政策的調整維持社會集團間利益分配的平衡也許可以暫時緩和社會的不滿情緒，但是這樣的調整是在維持等級結構的基礎上的調整，因此社會依舊是先天性的身份社會。因而「激進」與「穩健」的循環變化，最終必將帶來大範圍的社會不安。

第三是在恆常的制度環境中，中國人如何實現在社會中的上升流動的問題。對年輕人來說，升入大學、參加人民解放軍、與身份地位較高的人結婚，是上升流動的主要渠道，尤其是要改變被階級出身和戶籍之類的世襲的身份制所決定的人生，就只有升學、參軍和結婚這極少的機會了。對年輕人以外的大多數人而言，在社會中的上升流動可以等同於諸如被評選為積極分子、入黨以及進入官僚體系之類的政治進步。然而，獲得政治進步的名額有限，同時正如下文將會具體闡述的，這種政治進步機會獲得的分配也並非平等。這裏從升學、參軍、結婚和政治進步四個方面，簡單考察社會上升流動的機會分配狀況。

（1）升學路徑

教育是文革前的中國人達成上升流動的主要渠道之一，因此教育機會的平等十分重要。「向工人和農民敞開教育的大門」是中華人民共和國在建國初期確立的教育目標。[39] 但是現實中「紅五類」出身的普通工人／農民階級的子女由於從小沒條件接受父母學習上的輔導，還因為要承擔家務勞動，難以保證學習的時間。再加上經濟條件差，各城市之間、城市與農村之間的教育水平差距等方面的原因，能夠升入大學的只是極少數人。[40] 另一方面，「非紅五類」家庭出身的子女能否升學不僅取決於個人的努力，還在很大程度上受制於國家政策。因為建國後大學錄取的標

---

38 天兒慧，《中國 —— 溶変する社會主義大国》，頁91–92。
39 新島淳良，〈中国教育の現状〉，《中国研究月報》(1964年2月號)，頁16。
40 Rosen, *Red Guard Factionalism and the Cultural Revolution in Guangzhou*, p. 26; Lee, *The Politics of the Chinese Cultural Revolution*, p. 81.

準包括成績、階級出身和政治表現三項，在這三項中實際起作用的是成績和階級出身，而這兩項當中何者為重，則極大地受到當時的政治經濟形勢的左右。例如，從1953到1957年的第一個五年計劃期間以及1960到1962年的調整時期，出於優先發展經濟的考慮，較之階級出身，成績成為了相對重要的選拔條件。這一時期不僅是中間階級家庭出身的子女，就連一部分「黑五類」家庭出身的子女也都升入了大學。但是，從1958到1960年的「大躍進」時期及1963年的「四清」運動至文革期間，階級出身最受重視，「黑五類」家庭出身的子女被完全排除在大學之外。[41]在這種狀況之下，強調階級路線意味著升學機會將傾向於幹部子女和中間階級出身的子女。這也正是在本書第四章和第五章將會分析到，文革之前圍繞升學的競爭之所以在幹部子女和中間階級子女為主的兩大群體之間展開的原因，而這種文革前存在的利益競爭與文革中強調的階級鬥爭理念完美結合，形塑了文革中的派別行為。

（2）參軍路徑

對於文革時期的年輕人來說，參加人民解放軍與考學一樣，是可以獲得政治上升機會的一個重要途徑。然而，參軍與考學一樣也有嚴格的限制。只是較之升學的標準，參軍的條件更為明確，只限於階級出身好、不曾犯過政治錯誤的人。但是在這個標準中還存在先後順序，共產黨員和共青團員享有絕對的優先權。儘管在文革之前，加入人民解放軍是個無上的榮耀，只有被嚴格篩選的少數年輕人能夠獲得參軍機會，但值得特別留意的是，並不是只要加入人民解放軍就一概能實現社會地位的上升流動。根據前田比呂子的研究，「原則上農村戶口的人就算加入了解放軍，復員以及退役後也只能返回原籍所在地就業，通常很難在城

41　仲維光，〈「清華附中紅衛兵小組」誕生史實〉，《北京之春》（1996年10月號），頁7–11；鄭義，〈清華附中、紅衛兵與我〉，《北京之春》（1996年11月號），頁27–29；張承志著，小島晉治譯，《紅衛兵の時代》（岩波新書，1992年），頁20–26。

市中就業。只有在軍隊內部晉升至一定的級別之上才能獲得城市戶
口」。[42] 此外，擁有城市戶口的人參軍後如果不能晉升至一定的地位，
復員以及退役後即便能在城裏就業，也難以獲得「幹部編制」。例如，
「四人幫」的一員王洪文在1951至1956年之間參加了中國人民志願軍，
他雖然在軍中入了黨，但只是普通士兵，所以復員時就只能到上海國棉
十七廠任普通工人。[43] 總體來說，無論是否擁有城市戶口，通過參加人
民解放軍改變地位的道路是狹窄的。很多文革資料顯示，復員軍人在各
地文革中的派系鬥爭中均非常活躍，其在軍隊受訓而得的組織能力以及
各種技能，在文革中的派系鬥爭中被重視和使用。本文第六章所分析的
王洪文的造反，便是一個典型的例子。王由於對復員後在工廠所受待遇
不滿，以及偷拿工廠布料做襯衫而被要求當眾脫下等事情而積怨，繼而
在文革開始後率先造反，最終成為中共中央領導人。[44] 在1966年末，對
復員後待遇不滿而集結造反的原軍人曾組織復員軍人全國造反聯盟，該
組織出現後很快被作為反動組織取締。[45]

（3）婚姻路徑

由於大城市和中小城市之間，城鄉之間生活水平、就業以及教育機
會存在著顯著的差距，對於年青人來說，婚姻是謀求在城市間遷移及由
農村戶口改為城市戶口的一個手段。但是根據1958年1月9日公布的
《中華人民共和國戶口登記條例》規定，「與城鎮中的職員、工人結婚的
農村人口除因長期療養、獨立生活困難，且在農村中沒有親屬照顧」之

42　前田比呂子，〈中国における戸籍移転政策〉，頁75。

43　李遜，〈文革中發生在上海的「經濟主義風」〉，頁49–50。

44　李遜，《大崩潰──上海工人造反派興亡史》，頁49–52。

45　〈周恩來、李先念同志接見財貿口司局長以上幹部的講話〉（1967年2月18
　　日），首都大專院校紅衛兵代表大會、北京政法學院政法公社編，《有關無
　　產階級文化大革命的參考資料》（1967年，第29期），頁456。

外，其餘即便結婚也不能獲得城市戶口。[46] 此外在城市間的遷移也必須具備「單位錄用證明」、「調動證明」和「准遷證」三者中的一項。[47]

此外，婚姻與階級出身也有關係。階級出身給婚姻所造成的影響有正面和負面兩種。具體來說，如果是「紅五類」階級出身中的普通工人、農民或是其子女，與出身革命幹部、革命軍人、革命烈士家庭的人或子女結婚，意味著前者在獲取政治資源和經濟資源的條件方面有可能得到改善。相反，如果「紅五類」出身的人與出身「黑五類」階級的人或子女結婚，前者在學校以及工作單位所得到的政治評價則會受到配偶階級出身的影響，其婚姻就會影響到今後的政治前途。總之，在改革開放前的中國，階級出身是一種重要的政治資源，對於人生在社會中的升遷起決定性的作用。因此與階級地位高的人或其子女結婚，便成為獲取這項資源的方法之一。

但是，在改革開放前的中國，對於一部分人來說，與誰結婚並不完全是個人私事。例如，根據1955年人民解放軍總政治部公布的〈關於現役軍官婚姻問題的規定〉，人民解放軍團以上幹部以及從事機密工作的人，其配偶必須是共產黨員或是共青團員。此外，該規定還禁止軍內幹部與反革命分子的直系親屬及出身地主、富農、資本家家庭未經改造好的子女結婚。[48] 這類關於婚姻的限制不僅適用於軍內，同樣適用於公安機關等部門的一定級別以上的幹部和從事機密工作的人。文革中，即便是位居中央高層的張春橋，都曾為了大好仕途不被「革命隊伍叛徒」的妻子影響，而與感情甚好的妻子文靜離婚，[49] 可見婚姻既是資源又是包袱的兩面性。

46　張慶五編，《戶口登記常識》（法律出版社，1983年），頁63–67。

47　前田比呂子，〈中華人民共和国における「戶口」管理制度と人口移動〉，頁25。

48　總政治部幹部部、軍事科學院軍制研究部編，《人民解放軍幹部制度概要》（軍事科學出版社，1988年），頁343–344。

49　徐景賢，《十年一夢》（香港：時代國際，2005年），頁389–409。

(4) 政治進步路徑

除升學、參軍以及結婚之外，加入共產黨、共青團以及被選為積極分子，也是謀求政治進步和實現上升流動的主要方法。簡單來講，文革前中國的政治等級結構是由黨政官僚→積極分子→普通人民→階級敵人所構成的金字塔結構。[50] 在這個結構中，入黨入團和被選為積極分子，等於踏上了步入仕途的台階。但是入黨入團和遴選為積極分子的標準極其曖昧，遴選的過程極大地受到負責幹部個人價值觀的左右。[51] 根據華林山的研究，建國後規定積極分子的人數為15%，但沒有明確規定什麼樣的人、經過怎樣的過程才能成為積極分子。一般來說，積極分子首先由上級幹部從普通人民中遴選出來，然後再對其進行特殊指導和培訓，加以培養而成。[52]

這裏有必要簡要地說明一下積極分子的遴選過程。第一階段由國家代理人對所管轄的全體人民進行政治性的調查，第二階段對調查結果用百分比進行「先進」、「中間」、「落後」的分類，第三階段對於被選為「先進」者進行黨的政策等方面的特別培訓，第四階段將被判定「合格」者遴選為「積極分子」。[53]

從這個流程可以得知，國家代理人在「積極分子」的判定方面具有絕對的決定權。因此，直接參與判定過程的國家代理人在公民權的分配過程中具有怎樣的行為特徵、追求政治進步的人在競爭過程中採用怎樣的方法，這兩個因素將直接影響「積極分子」的遴選結果。

首先來看試圖成為「積極分子」的競爭者所採取的競爭方法。由於在是否「先進」的問題上不存在客觀的標準，因此對於想成為「積極分子」的人而言，競爭方法不外乎兩種。其一是努力做到比其他人更符合黨的

50　華林山，〈文革期間群眾性對立派系成因〉，頁194–197。

51　同上註。

52　同上註，頁196。

53　同上註，頁197。

要求的一個堂堂正正的競爭方法。其二便是採用檢舉、誣告等方法排除競爭對手，或是通過向掌握選拔權的國家代理人表示忠心與之建立良好關係等歪門邪道來取得競爭優勢的方法。

另一方面，對於掌握選拔權的國家代理人來說，為了擴大自身的權力基礎，並能順利有效地落實中央政策和完成上級領導機關給予的任務，也需要獲得下級的支持和合作，這就是魏昂德 (Andrew Walder) 所研究的單位內部的「保護和被保護」的關係。[54] 正如許多研究已經證明的那樣，單位內部的「保護和被保護」關係導致工人之間的分裂，成為了文革時期工人進行派系鬥爭的原因。此外，政策執行層面的國家代理人由於文革前直接參與了包括「積極分子」遴選在內的公民權分配，在文革中受到被排除在「保護和被保護」關係之外的人們的衝擊和迫害。[55]

那麼，在包括「積極分子」的遴選在內的公民權分配之中，政策執行層面的國家代理人具有怎樣的行為特徵呢？這是一個很複雜的問題，這裏著眼於他們在官僚體系中的位置來加以說明。

在思考政策執行層面的國家代理人在官僚體系中的角色時，認為他們沒有個人利益的動機、一心推進國家政策，不免太過理想主義。也就是說，在現實中很難避免政策執行層面的國家代理人在執行國家政策時，不受個人價值判斷的左右或追求個人利益的影響。這包含以下三個方面的原因。

第一，政策執行層面的國家代理人個人的喜好及價值觀，會影響他們對國家政策的理解。

54　Walder, *Communist Neo-Traditionalism.*

55　Andrew G. Walder, "The Chinese Cultural Revolution in the Factories: Party-State Structures and Patterns of Conflict," in Elizabeth J. Perry, ed., *Putting Class in Its Place: Worker Identities in East Asia* (Berkeley: University of California Institute of East Asian Studies, 1996); White, *Policies of Chaos*; 華林山，〈文革期間群眾性對立派系成因〉。

　　第二，政策執行層面的國家代理人雖然不能改變國家政策，但在政策的實施過程中握有某種程度的主導權。例如，是努力推動某項政策，還是以「當面一套，背後一套」、「上有政策，下有對策」的做法來對應，不同的舉措所帶來的結果和社會影響迥然相異。

　　第三，政策執行層面的國家代理人在國家政治運作的體系中起「上傳下達」的作用，決定了其行為的特徵——即當國家的政策與社會的要求之間發生矛盾時，國家代理人極有可能犧牲社會的要求，優先執行國家的命令。[56] 其原因來自以下三個方面。其一，權力不是來自人民，是由國家和上級黨政機構賦予的。其二，對黨的忠誠是評價幹部最重要的標準。其三，國家代理人之間也存在競爭。儘管也存在政策執行層面的國家代理人為保護社會的利益而敷衍國家政策的案例，[57] 但是膽敢做此行為的人一旦被追究，通常會為自身的行為付出極大的代價，因為多

56　例如，從1954至1955年冬期間，合作化運動面臨農民的抵抗。一部分政策執行者為了完成上級部門交待的任務，無視個人有入社和退社自由的原則，對不參加合作化運動的個體農民和互助組實施了沒收私人財產和農業貸款的經濟性懲罰，或者對其貼上「走資本主義道路的壞分子」的標籤，進行政治性處罰。此外，「大躍進」時期，某些農村基層幹部出於對黨和國家的忠誠，以「爭取農業大豐收」的名義，強迫農民大量提供食糧。強遠淦、林幫光，〈試論一九五五年黨內關於農業合作化問題的爭論〉，《黨史研究》(1981年1月號)，頁11。

57　張樂天對浙江省海寧地區的農村進行的調查結果顯示，從1962到1963年期間，海寧地區的某生產隊在取得生產大隊長的默許之後，無視國家的生產計劃，在本該種植桑樹的地方大量種植糧食作物，因此無法完成國家布置的養桑任務 (張樂天，《告別理想》，頁93–94)。在這個例子中，基層幹部把農民的利益擺在國家利益之前。但是，值得注意這是在非常時期發生的個案。也就是說，1960年代初期，中國剛剛發生全國性的糧食饑荒，對於基層幹部來說，保證在管轄區域內不餓死人是國家對幹部的首要要求。從這點來看，表面上基層幹部採取了社會利益優於國家利益的行為，但不能完全否認其背後仍然有打小算盤的一面。當然，也不能就此斷言不存在純粹為保護社會利益、某種程度上犧牲國家利益的基層幹部。

數情況下，對於不執行國家政策和黨的命令的幹部，黨中央會將其視做反對黨和防礙國家建設來加以處罰。

第二節　公民權分配與文革時期的集體行為

從上一節的分析中可以知道，文革前的公民權分配制度所製造出來的等級分化結構，給文革中的集體行為的發生和發展至少造成以下三個方面的影響。

第一，文革前社會成員的多重集體認知，為文革期間派別的流動創造了基礎。從前文的分析可以得知，派別出現於文革開始之後，但是派別形成的基礎（不同利益的社會集團、階級劃分和階級對立等）並非文革中形成，而是文革前就已經存在，並且是由國家製造出來的。國家將經濟財和政治財分散分配給各個社會集團，製造出多重的等級結構，因此就造成每個人都具有同時歸屬於若干個不同社會集團的多重認知。這種對於若干個集團的歸屬意識帶來了進行多樣選擇和多種組合的可能性，也就是說，當文革的目標發生變化，或者派別無法充分滿足其成員的利益要求，或者成員對於所屬派別的價值認知發生改變，又或是成員被排除在所屬派別或其價值觀之外時，參加者就很容易調整其對於集體的歸屬意識加入其他派別，或是能在短時間內結成新的派別。

但是，對於社會集團根據何種歸屬意識來結成派別，起決定性作用的是國家。也就是說，文革時期國家的目標以及中央領導層權力陣容的不斷變化，影響了派別的穩定性，同時也阻礙了派別培養其自治的能力。

第二，正如筆者在本書的後續章節將會詳細闡述的，正因為文革之前的公民權分配制度和競爭方式生產了等級性結構，並且滋生廣泛的社會不滿，所以毛澤東倡導改變現狀的造反動員令才有可能得到社會上廣泛的響應。文革前的中國社會是一個等級化的結構，社會中的各個利益集團都是各自等級結構中的一部分，與其他集團共同維持等級結構。這樣的等級結構不僅存在於所謂的「敵」「我」之間，人民內部也由於公民

權分配制度的實施，被建構成多重的等級制。被規定為「敵人」的社會集團沒有權利享受公民權，這點很容易理解。因為中國共產黨重視階級鬥爭，根據共產黨的階級鬥爭理論，對「敵人」採取歧視政策是正當的革命行為。但是，人民內部的等級結構卻與社會主義的平等理念自相矛盾。

社會理念與現實的背離與文革的發生具有很大的關聯性，這體現在毛澤東的文革理念以及文革期間群眾的集體行為兩個方面。具體來說，建立平等的社會既是中國的社會理念，也是毛澤東一貫以來的政治理想。但是1950年代後半期開始，尤其是進入1960年代以來漸漸形成等級化的社會結構和特權化的官僚體系，這和毛澤東的政治理念之間存在極大的差異。如前所述，1950年代後半期開始，毛澤東就已經強調官僚脫離群眾是產生人民內部矛盾的原因，因此可以認為毛澤東的文革設想是動員官僚體系外部的社會集團，借助其力量改造官僚體系，以實現他所追求的平等社會。

1966年，毛澤東的文革設想可以用「不破不立」、[58]「大亂而大治」[59]來加以概述。毛澤東關於「立」的想法可以在1966年的〈五七指示〉中的「人民解放軍應該成為一座大學校……」的主張中得以窺見，關於「破」的認識則可見於1966年7月8日給江青的信中。[60] 在信中，毛澤東指明了文革的鬥爭對象和運動的目標：「天下大亂，達到天下大治。過七八年又來一次。牛鬼蛇神自己跳出來」，「現在任務是要在全黨全國基本上(不可能全部)打倒右派」。關於右派和左派的鬥爭，他做了以下陳述：

---

58 「不破不立」一詞出現在毛澤東1940年發表的〈新民主主義論〉(《毛澤東著作選讀》上冊，頁384)當中。在這篇文章中，毛澤東在論述帝國主義、半封建主義的文化與新民主主義的文化關係時，使用了「不破不立」、「不塞不流」、「不止不行」等表達。這些表達在1967年的〈五 一六通知〉中被再次使用，並被賦予了以下新的解釋：「不破不立。破，就是批判，就是革命。」「破字當頭，立也就在其中了。」

59 王年一，《大動亂的年代》，頁6–7。

60 同上註，頁2–9。

……中國如發生反共的右派政變，我斷定他們也是不得安寧的，很可能是短命的，因為代表百分之九十以上人民利益的一切革命者是不會容忍的。那時右派可能利用我的話得勢於一時，左派則一定會利用我的另一些話組織起來，將右派打倒。這次文化大革命，就是一次認真的演習。有些地區（例如北京市），根深蒂固，一朝覆亡。有些機關（例如北大、清華），盤根錯節，頃刻瓦解。凡是右派越囂張的地方，他們失敗也就越慘，左派就越起勁。這是一次全國性的演習，左派、右派和動搖不定的中間派，都會得到各自的教訓。[61]

這封信在當時只有江青、周恩來、王任重看過，其餘中央領導人均未有機會看到。從〈五七指示〉和毛澤東的信中可以得知，對毛澤東來說，文革是利用左派和右派間的鬥爭打倒右派的演習，旨在建立像「軍學、軍農、軍工、軍民」相結合的黨、國家、社會一體化的體制。

另一方面，從社會層面來看，理念和現實的背離所產生的社會不滿，早在文革前就已經在國民間蔓延開來了。對於在等級結構中地位較低的社會集團來說，一旦被給予機會就有可能奮起進行社會改造。從這一點來考慮，毛澤東的文革理念與具有被剝奪感的社會集團的行動願望是一致的，這是毛澤東與各社會集團之間能夠結成同盟關係的最重要原因，但是兩者的目標卻存在很大差異。具體來說，在對於等級分化不滿這一點上，毛澤東與許多的文革參與者是一致的。但是從上述兩個文獻中可以得知，毛澤東並不打算摧毀官僚體制，他的目的是通過群眾運動，借助人民的力量改造官僚體制，最終實現官民一體的體制。也就是說，毛澤東所追求的不是一般意義上的國家制度的建設，而是人的思想改造，是意識形態領域的建設。另一方面，對於運動的參加者來說，獲得更多的公民權、實現在社會中的上升移動，是參加運動的主要目的。

61　竹內實編譯，《毛沢東：文化大革命を語る》（現代評論社，1974年），頁268–269。

當然，除了個人的利益訴求之外，受毛澤東平等理念的感召起來造反的參與者，其最終的目標是改變他們認為的不平等或不合理結構，而非僅僅是思想改造。這一目標上的差異，決定了毛澤東不可能與各社會集團結成長期的同盟關係。因此文革中，毛澤東總是在不同的派別中選擇最能實現其政治目標的加以支持，先是倡導血統論的紅衛兵組織，繼而是造反派紅衛兵組織；在1967年文革蔓延至全國，毛澤東又選擇支持上海的工人造反派組織。至於取捨的原因及其背景，將在本書的後續部分詳述。

第三，從有關社會上升流動的分析中可以得知，在文革以前的多重等級社會中，人們上升流動的機會十分稀缺，並且在機會的分配方面，國家乃至國家代理人握有絕對的決定權。從這一點來考慮的話，可以說早在文革以前，國家／國家代理人和社會成員之間圍繞社會資源的分配和競爭，就已經存在緊張關係了。正因為國家代理人，尤其是政策執行層面的國家代理人直接參與了公民權的分配，這導致文革中大批幹部遭受對公民權的分配心懷不滿的人們的攻擊。

第四，從前文有關社會結構的分析中可以得知，各社會集團之間圍繞公民權的競爭在文革之前就已經展開，但競爭並沒有引發如文革那樣大的社會衝突和集體暴力，其主要原因在於國家在維持社會穩定方面發揮了重要的作用。也就是說，文革以前的公民權競爭是各社會集團在國家規定的制度框架內追求各自的權利。這裏值得注意的是，正如前面部分已經提到，這裏所說的制度框架並非由法律而是「人治」來維繫，國家統治的穩定性是靠黨內最高領導人之間的共識、甚至毛澤東的個人超凡魅力來保證的。文革以前儘管存在社會不滿，但由於制度的框架相對穩定，所以不平不滿者並沒有通過抗議來表達其訴求的機會。隨著文革的發生，中央領導層中的政策分歧和權力鬥爭表面化，高層的政治動蕩動搖了國家統治的基礎，削弱了國家控制社會集團間利益競爭的能力。再加上隨著文革衝擊面的擴大，各級黨組織喪失對社會進行管理和控制的合法性，這直接削弱國家對社會運動的管控能力，導致社會的無序化。在這樣的背景之下，社會集團之間的利益競爭便只能在無政府狀態下進行了。

第4章

「老紅衛兵」組織的興衰

上一章討論了文革前的社會結構及社會流動的機會分配中，所隱含的造成文革中對立結構的背景因素，闡明了國家在文革前社會集團的形成以及獲取公民權的競爭中所起的作用，並分析了文革前的多重等級結構與文革時期的集體行為之間的關聯性。那麼，文革前形成的各種社會集團，在文革中是各自通過怎樣的政治機會構造參與運動？在派別的組成、分化及重組中，國家起了什麼樣的作用？派別的分化與重組又如何影響文革的進展？這是第四章至第六章所要探討的核心問題。

本書認為前三年的文革包含了三場次運動，文革的過程就是這三場次運動轉移的過程。在這些次運動中，運動的主體和目標各有不同。北京中學生組成的「老紅衛兵」、大學生組成的「清華大學井岡山兵團」、上海工人的造反派組織「上海工人革命造反總司令部」分別成為了各次運動的主角。因此第四章至第六章重點關注以上派別，在國家與派別的相互作用以及派別間的相互作用中考察其組成、分化和重組的過程，試圖闡明以下三點：第一，派別的組成、分化及衰退的過程和原因；第二，各次運動的推動力量；第三，導致次運動向下一個次運動轉移的原因。

在進入討論之前，首先對本書提出的文革時期的三場次運動做一時間上的劃分。根據不同的運動主體，文革前三年間可以被分為以下三個次運動時期。文革的第一個次運動可以被劃分為從1966年5月末至10月，這一個時期也可被定義為文革的政治動員期。在「批判一切牛鬼蛇神」

的政治動員令中，北京的初高中以幹部子女為中心的紅衛兵組織最早起來造反，為毛澤東提供了自下而上發動運動的方法，因此被選做文革的主角。這給幹部子女提供了謀求集體利益的機會，但是由於他們追求利益的行為脫離了毛澤東發動文革的總意圖，所以被給予的政治資源也最終被收回了。文革的第二個次運動可以被劃分為從1966年10月到12月。這個時期文革的目標被明確定義為「批判黨內走資本主義道路的當權派」，批判和揭發劉少奇、鄧小平在全國的「反動路線」成為文革公開的目標。在這個背景下，具有「懷疑一切」、「打倒一切」精神的大學造反派組織被選做運動的主角。這對於文革前的非既得利益集團而言，是一個合法地追求集體利益的機會。文革的第三場次運動可以被劃分為從1967年1月到1969年4月，這一時期文革的目標被明確規定為政權重建。「上海工人革命造反總司令部」(簡稱「工總司」)積極地抑制經濟主義風潮的蔓延，謀求恢復生產秩序，因而被選做第三場次運動的主角。這一時期，工人中的非既得利益集團獲得追求權力和利益的機會。這在許多城市和地區都激化了派別間的利益競爭，導致大規模的武鬥。然而在上海，張春橋採用以暴制暴、以派別控制派別的方法，完成上海的政權重建，實現了毛澤東「革命與生產」並行不悖的構想。在這個過程中，「工總司」也完成了其準政府化的轉型。當然，嚴格説來，在文革的第三場次運動期，還可以以1968年為界，再分為兩個次運動期，因為特別是1968年夏季之後，從全國範圍來看，運動的重心已經完全轉向了秩序重建。這一時期運動的主角不再是任何社會組織，而重歸各級黨政軍組織。不過，這一時期由秩序重建引發的暴力衝突不是本書的重點，這裏將不再細分加以論述。

　　本章以第一場次運動的主體為分析的對象。眾所周知，最初以組織化的形式登上文革的政治舞台的，是北京的重點中學的以幹部子女為中心的紅衛兵組織。1966年10月以後，他們為了與其他的同名組織相區別，並強調自身的正統性，開始稱自己為「老紅衛兵」。[1] 本書為了方

1　　米鶴都，《紅衛兵這一代》(三聯書店，1993年)，頁180。

便，也將他們稱為「老紅衛兵」。這些前途大好的重點中學的在校生為何要起來造反？想要理解這一現象，就必須把「老紅衛兵」的造反動機和行為放在國家與社會互動中來考察。從結論來看，可以認為紅衛兵組織的出現是中央領導人之間的政治鬥爭的社會化、年青人之間的利益競爭的政治化兩大要素相結合的結果。這個問題可以從以下兩個方面來考察。第一，中共中央的權力鬥爭是如何影響各社會集團間的利益競爭的；第二，各社會集團間是如何利用中央領導層的權力鬥爭所提供的機會，來展開集團間的利益競爭的。從這兩方面的相互作用來進行考察，不僅對於理解早期的紅衛兵組織，對理解文革中其他派別的形成、發展和衰退也是極其重要的。

第一節　中央領導層政治鬥爭的社會化

一、批判吳晗及「北京幫」

　　文革以前，黨中央在政策方面就存在諸多方面的分歧，其中與文革直接相關的，可以歸納為以毛澤東為代表的激進派與以劉少奇為代表的穩健派之間的對立。[2] 前者主張繼續革命，具有批判現存體制的強烈意向，後者則重視經濟發展和現存體制的穩定性，強調正規化和技術化。兩者間的對立早在文革之前就已經相當深刻了。

2　關於 1960 年代毛澤東與劉少奇的政治衝突，參照以下研究：麥克法夸爾，《文化大革命的起源：大躍進 1958–1960》，第二卷（河北人民出版社，1991年），英文版：Roderick MacFarquhar, *The Origins of the Cultural Revolution, part 2: The Great Leap Forward, 1958–1960* (Cambridge University Press, 1983)；Harry Harding, *Organizing China: The Problem of Bureaucracy, 1949–1976* (Stanford, CA: Stanford University Press, 1981)；J・R・タウンゼント著，小島朋之譯，《現代中國 —— 政治體系的比較分析》（慶應通信，1980 年），英文版：J. R. Townsend, *Politics in China* (Boston: Little Brown, 1974)。

　　當時毛澤東已經退居最高指揮部的二線，黨和政府的營運權由以劉少奇為中心的第一線所掌握。從1950年代末開始，毛澤東對於蘇聯型的社會主義和官僚體制的不滿逐漸表露出來，認為現存蘇聯式官僚體制過分重視行政化和組織化，已經演變出被官僚勢力和專業技術集團壟斷的新體制，有產生出「新階級」的傾向。[3] 進入1960年代，對於國內「大躍進」失敗所帶來的深刻社會矛盾以及以1956年匈牙利事件為中心的蘇聯東歐局勢，令毛澤東深感憂慮。毛澤東開始把劉少奇等中央第一線領導所實施的一連串以追求經濟效率為優先的調整期政策，視為是「修正主義」。在這一背景之下，毛澤東再次提出「繼續革命論」，試圖用階級鬥爭的方法改造官僚體系。從1964年末起，毛澤東開始強調黨內存在「走資本主義道路的當權派」。

　　正如湯森德 (J. R. Townsend) 所指出的那樣，1960年代初期，對於普通中國人而言，毛澤東的個人超凡魅力一如既往，但在最高領導層的內部，他的權威和發言權已經呈現弱化的趨勢。[4] 尤為重要的是，從直接領導黨和政府的位置上退下來，放棄國家主席的地位，使得他在行政過程中被相對孤立了。也就是説，由於失去了官僚機構內部的執行機構，毛澤東喪失了將命令傳達下去所必需的「腳」。在1970年與斯諾的會談紀錄中，毛澤東對於自己在中央領導層中的政治地位做了以下闡述：「那個時候的黨權、宣傳工作的權、各個省的黨權、各個地方的權，比如北京市委的權，我也管不了了。」[5] 因此，可以推測毛澤東所設

3　施拉姆 (Stuart R. Schram)，〈一九四九年到一九七六年的毛澤東思想〉，載麥克法夸爾等編，《劍橋中華人民共和國史》，第二卷，頁82–83。英文版：Roderick MacFarquhar and John K. Fairbank, eds., *Cambridge History of China*, vol. 15: *The People's Republic, part 2: Revolution within the Chinese Revolution, 1966–1982* (Cambridge University Press, 1991)。

4　J・R・タウンゼント，《現代中國》，頁301。

5　王年一，〈評《「文化大革命」十年史》〉，載張化、蘇采青編，《回首「文革」》(上) (中共黨史出版社，2000年)，頁572。

想的無產階級文化大革命，有可能是試圖通過動員官僚體制外部的社會力量，進行自下而上的政治動員，來實現以下三個目標。第一，徹底摧毀劉、鄧及其在領導層的勢力及影響；第二，更換深受劉、鄧影響的中央領導層；第三，確立取代劉、鄧路線的新的基本路線，以及構建推進該路線的新的權力機構。[6] 文藝界則成為其達成目標的最初的突破口。

1965 年 11 月 10 日，上海的《文匯報》刊載了姚文元的署名文章〈評新編歷史劇《海瑞罷官》〉。這篇文章的要點為指責吳晗對海瑞（明代因勸諫皇帝而被罷官的官吏）的清廉正直的頌揚，其實是在影射彭德懷對毛澤東的批判。業已被指定為文藝界的領導機構的「文化大革命五人小組」（以下簡稱「文革五人小組」，成員有彭真、陸定一、周揚、吳冷西、康生）將對《海瑞罷官》作者吳晗的批判限定為學術論爭，避免將其政治化。但是毛澤東則將其定性為政治鬥爭，認為吳晗現象代表了修正主義傾向，強調將其作為深刻的政治鬥爭和階級鬥爭來加以反擊。[7] 以此為契機，以毛澤東為代表的激進派與以劉、鄧為代表的穩健派之間的對立開始公開化。

正如天兒慧所言，儘管毛澤東在普通群眾中具有至上的權威，但在對抗以劉、鄧為代表的官僚體系的初始階段卻並不容易。「大躍進」的失敗及其之後的調整政策所帶來的經濟復蘇，提高了劉少奇、鄧小平在黨中央的威信。另一方面，黨中央的正式機構、中央委員會、中央書記處、宣傳部、組織部、農村工作部以及北京市委等，均在劉、鄧的強大影響之下。[8] 相反，在現任的中央政治局委員、常務委員中，

6 天兒慧，〈中国プロレタリア文化大革命〉，《岩波講座：世界歴史二六》（岩波書店，1999 年），頁 189。

7 同上註。

8 根據丁望的分類方法，1966 年 8 月以前的中央政治局委員毛澤東、劉少奇、周恩來、朱德、陳雲、林彪、鄧小平、董必武、彭真、陳毅、李富春、劉伯承、賀龍、李先念、李井泉、譚震林 16 人，以及候補委員烏蘭夫、張聞天、陸定一、陳伯達、康生、薄一波六人，大致可以分為四組。

積極支持毛澤東的則是少數派。[9]

根據哈丁 (Harry Harding) 的研究，文革時期毛澤東的權力基礎主要由三個部分支撐。第一個部分是以江青為中心集結的年青知識分子群體，其主要成員有位於中央的毛的夫人江青，毛的政治秘書陳伯達、康生等親信；地方上有中國科學院哲學社會科學部的關鋒、戚本禹、林傑，以及上海市委宣傳部的張春橋和姚文元等。第二個部分是林彪領導下的人民解放軍。第三個部分是文革中被動員起來的各種社會力量。[10]從1965年末到1966年初，除了第一個部分，毛澤東與其餘兩個部分之間的結盟尚未形成。

由於毛澤東等激進派在中央領導層中明顯屬少數，因此難以通過正常的黨內行政手段將劉少奇、鄧小平等排除出中央領導層，確立取代其路線的新的基本路線。在這樣的背景之下，毛澤東可用的應對方法有三。第一，確保軍隊的支持；第二，通過壟斷宣傳權，在佔領意識形態的制高點的同時，從意識形態上審判對方；第三，公開中央領導層的政治鬥爭乃至將其社會化，從社會中尋求支持。從1965年末到1966年5月文革的發動過程來看，毛澤東同時運用了上述三種方法。

在確保軍隊的支持方面，毛澤東利用了這個時期發生的解放軍領導層的權力鬥爭，即國防部長林彪與總參謀長羅瑞卿之間的對立，支持林

第一組是以毛澤東為代表的激進派，成員有毛澤東、林彪、陳伯達、康生四人。第二組是以劉少奇為代表的穩健派，其成員有劉少奇、鄧小平、彭真、賀龍、李井泉、譚震林、烏蘭夫、陸定一、薄一波、張聞天十人。除了這兩派外，還有以周恩來為代表的國務院派（周恩來、陳毅、李富春、李先念）和朱德、陳雲、董必武、劉伯承等軍隊的老幹部派。由於國務院派和軍隊的老幹部派之間，以及和其他派系之間不存在明確的對立，可稱為中間派。丁望，《中共「文革」運動中的組織與人事問題：1965–1970》（當代中國研究所，1970年），頁2–4。

9　天兒慧，〈中国プロレタリア文化大革命〉，頁189。

10　哈里・哈丁，〈文化大革命：混亂的中國〉，《劍橋中華人民共和國史》（下），頁121–129。

彪將羅瑞卿趕下台，以此換來了林彪指揮下的人民解放軍的支持。[11] 其標誌性的事件是1966年2月2日至20日，江青受林彪的委託，在上海召集了關於人民解放軍部隊的文藝工作座談會。這次座談會在三個方面具有重要意義。第一，象徵著毛澤東與林彪政治聯盟關係的結成。第二，根據座談會的紀錄整理而成的〈林彪同志委託江青同志召開的部隊文藝工作座談會紀要〉（以下簡稱〈二月紀要〉）明確表示了與1966年2月3日「文革五人小組」為了將對吳晗的批判限制在學術論爭範圍而發表的〈二月綱要〉（全稱為〈文化大革命五人小組關於當前學術討論的彙報提綱〉）相對抗的意圖。〈紀要〉指出建國以來，文藝界中「有一條與毛澤東思想相對立的反黨反社會主義的黑線專了我們的政」，[12] 並且將攻擊的目標從吳晗等文藝界轉向了彭真、陸定一及他們領導下的北京市委、中共中央宣傳部和「文革五人小組」。第三，由於毛澤東與林彪結成了政治聯盟，以毛澤東為首的激進派的輿論中心從作為地方輿論工具的上海的《文匯報》轉向了全國性軍隊系統輿論工具的《解放軍報》。從那時到1966年5月31日、陳伯達率工作組進駐《人民日報》為止的一段時間，《解放軍報》作為激進派的輿論工具，在社會動員和掌控意識形態方面起到重要的作用，傳達了來自黨中央的另一個司令部的聲音。

　　從毛澤東想要掌握意識形態部門的領導權這個角度來考慮，批判吳晗的《海瑞罷官》背後有可能隱藏著重大的政治考量。也就是說，在思考為什麼要批判《海瑞罷官》時，可以說重要的不是《海瑞罷官》的內容，而是作者吳晗的政治位置。吳晗及其《海瑞罷官》只不過是一個非常合適的突破口。具體來說，在共產黨的行政體系中，北京市副市長吳晗的上級是北京市委第一書記兼市長、中央書記處書記、「文革五人小組」組長彭真。此外，「文革五人小組」幾乎所有成員均屬北京市委及管理

11　天兒慧，〈中国プロレタリア文化大革命〉，頁189–190。

12　中共中央文獻研究室，《關於建國以來黨的若干歷史問題的決議注釋本》（人民出版社，1985年），頁375。

情報、政治宣傳、意識形態部門的中共中央宣傳部。中共中央宣傳部管轄著中國共產黨的機關報《人民日報》、中國共產黨的理論雜誌《紅旗》以及新華通信社。當時，陸定一任中共中央宣傳部部長，和彭真均為劉、鄧路線的擁護者。中共中央宣傳部的上級機構是處於國家權力中樞位置的中共中央政治局。此外，為吳晗提供言論場所的《前線》是北京市委的政治理論雜誌，在接受北京市委領導的同時，也接受對口部門中共中央宣傳部的領導。因此，可以認為以吳晗為突破口，是一招可以順藤摸瓜，追究北京市委、中共中央宣傳部和「文革五人小組」責任的好棋。儘管沒有史料可以證實本書推測，但是從一向注重戰略的毛澤東的行為特徵來推測，卻也具備其合理性。

從與林彪結成政治聯盟後的1966年3月末開始，毛澤東發動了對彭真、陸定一及他們領導下的北京市委、中共中央宣傳部和「文革五人小組」的猛烈攻擊。首先是彭真受到了來自毛澤東的嚴厲批評，被指責中宣部不支持左派。進入4月，攻擊的目標擴大到吳晗和《三家村札記》的另外兩位作者，即北京市委書記鄧拓及北京市統戰部長廖沫沙。4月19日，中央書記處通知北京市的各單位停止執行北京市委的命令。由此北京市委基本陷入了癱瘓，接著在1966年5月4日開始召開的中共中央政治局擴大會議上，彭真、陸定一和在軍內政治鬥爭中失利的羅瑞卿、楊尚昆被打成「反黨集團」，並被解除所有職務。會議還決定廢除「文革五人小組」，取消〈二月綱要〉，成立新的「中央文革小組」（陳伯達、康生、江青、張春橋）。新成立的「中央文革小組」設置在中央政治局常務委員會之下，較之設在中央書記處之下的「文革五人小組」，權限得到了提升。毛澤東通過將其支持者配屬在權力機構的核心位置，奠定了在權力機構內部貫徹自身意志的強大權力基礎。「文革五人小組」被廢除之後，中宣部和北京市委也相繼被改組了。[13] 結果，毛澤東不僅完全掌

---

13 〈一九六五年九月到一九六六年五月文化戰線上兩條道路鬥爭大事記〉，中國人民解放軍國防大學黨史黨建政工教研室編，《「文化大革命」研究資料》

握了對信息、宣傳和意識形態的管理權，政治中心北京的領導權也落入其手中。

對於彭真而言，避免將學術論爭政治化的初衷，既是為了保護吳晗，同時更是為了保護自己。因為從共產黨的獎懲機制來看，如果部下吳晗犯了政治錯誤，自己也會被問責。因此從1965年末到1966年初的數月間，他組織了寫作團隊，以《北京日報》、《北京晚報》、《前線》為陣地，盡全力將論爭限於學術範圍，避免政治化。[14] 但是在1966年4月9日至12日召開的中共中央書記處會議上，彭真不僅受到了毛澤東等激進派的批判，就連周恩來、鄧小平也認為「彭真路線是反對毛主席的」。會議還決定由中共中央書記處起草通知，糾正並批判〈二月綱要〉的錯誤。[15] 事實上，〈二月綱要〉的內容原本在1966年2月5日召開的中共中央政治局常委會上，是得到劉少奇、周恩來、鄧小平的認可的。[16]

1966年3月和4月是中央領導層政治鬥爭的重要時期。在這個關鍵時期，劉少奇出國訪問，陸定一為迴避關於其妻嚴慰冰的匿名信的調查而視察地方。在這種情況之下，受到中央的第一線負責人鄧小平和周恩來的批判，對彭真來說是一個致命的打擊。因為在中央政治局委員和候補委員中，周恩來具有極高的政治威信，他的決斷對於既非毛澤東派亦非劉少奇派的中間派有巨大的影響力。

在中央領導層的政治鬥爭中陷於孤立的彭真為了維護自身，於1966年4月16日利用《北京日報》展開了對吳晗、鄧拓、廖沫沙及其著作《三家村札記》和《燕山夜話》的批判。但是，他拋棄部下求自保的轉

（上）（人民解放軍國防大學出版，1988年），頁4–12。

14　關於1965年末至1966年初之間，彭真為了避免對吳晗的批判政治化，組織寫作小組進行抵抗的具體行動，參照以下資料：李筠，〈我與三家村〉，《中共黨史資料》，總第6輯（中共黨史出版社，1988年），頁58–81。

15　〈一九六五年九月到一九六六年五月文化戰線上兩條道路鬥爭大事記〉，頁11。

16　陳清泉等著，《陸定一傳》（中共黨史出版社，1999年），頁481。

向行為不僅沒有效果,反而被反對派批判為「假批判,真包庇」。不僅如此,彭真的「三家村」批判還被毛澤東等用作攻擊北京市委的材料。5月8日,《解放軍報》發表了高炬(江青的筆名)的文章〈向反黨反社會主義的黑線開火〉;10日,姚文元也在上海的《解放日報》和《文匯報》發表了〈評《三家村》:《三家村札記》和《燕山夜話》的反動本質〉。5月在全國範圍展開的批判「三家村」的政治運動中,北京市委的主要成員被扣上「反黨反社會主義的黑線」的罪名,成為文革的首批被批判對象。

二、〈五·一六通知〉與紅衛兵組織

1966年5月召開的中共中央擴大會議通過的文革的綱領性文件之一〈中國共產黨中央委員會通知〉,即〈五·一六通知〉,規定文革面臨的任務是:「全黨必須遵照毛澤東同志的指示,高舉無產階級文化革命的大旗,徹底揭露那批反黨反社會主義的所謂『學術權威』的資產階級反動立場,徹底批判學術界、教育界、新聞界、文藝界、出版界的資產階級反動思想,奪取在這些文化領域中的領導權。而要做到這一點,必須同時批判混進黨裏、政府裏、軍隊裏和文化領域的各界裏的資產階級代表人物,清洗這些人,有些則要調動他們的職務。」[17]

〈五·一六通知〉明確顯示,資產階級學術權威及支持他們的當權派兩類人是文革的批判對象。這也許會被認為與「反右」運動相類似,但實際上對當權派的批判甚於學術權威,這一點與「反右」運動是完全不同的。將資產階級學術權威和庇護他們的當權派規定為批判的對象,意味著以下兩點:第一,一部分知識分子和黨內幹部因其被規定為運動的目標而將會成為運動的靶子,這是遲早要發生的;第二,對於各社會集團來說,造各級黨組織的反通常情況下會被認定為反革命行為,但是

---

17 〈中共中央通知〉,北京化工學院編,《無產階級文化大革命彙編》(1967年),頁1–7。

在文革當中他們被號召造反，造反成了正當的革命行為。也就是説，在運動當中一部分社會集團被賦予了運動主體的地位，並擁有批判被認為是修正主義的黨的幹部和黨的組織的權利。這些正是文革的目標所決定的。

〈五‧一六通知〉中有關運動的對象的界定雖有些曖昧，但其範圍在某種程度上有所限定。與此不同的是，關於哪些社會集團才能成為運動的主體，除了「無產階級的左派」這一抽象的概念之外，〈五‧一六通知〉中並無清楚的表述。也許在紅衛兵組織出現之前，毛澤東自身也沒有明確的想法。但是〈五‧一六通知〉發表後不久，以北京大學的大字報為代表，文化教育領域就成為了批判黨組織的前沿陣地，當時還是中學生的年青人作為運動的主體，迅速登上了政治舞台。

那麼，為什麼文革會首先開始於教育領域呢？換言之，在文革前的等級結構中首先揭竿而起的為什麼不是農民和工人，而是一部分的知識分子和中學生呢？這裏主要有兩個原因。

第一，大多數人都將「文化大革命」理解為批判文化教育領域中的資產階級學術權威的運動。[18] 從1965年11月姚文元在上海的《文匯報》上發表〈評新編歷史劇《海瑞罷官》〉以來就已經開始發動的文革，在其相關的輿論宣傳方面圍繞的是將運動控制在學術論爭的範圍內還是將其升格為政治鬥爭，中央高層中存在著尖鋭的對立。但是，由於批判吳晗和「三家村」畢竟是文化教育界的事情，〈五‧一六通知〉規定的批判對象之一的資產階級學術權威也集中在文化教育界內，因此就不難理解文化教育界的人士比工人和農民更為關注文革。此外，從政策層面來看，到1966年夏天為止，文革的展開也主要限於文藝界和教育界。[19]

18 王紹光，《理性與瘋狂》，頁28–31。
19 〈中共中央、國務院關於工業交通企業和基本建設單位如何開展文化大革命的通知〉(1966年7月2日)，《「文化大革命」研究資料》(上)，頁54。

第二，與文藝界和教育界進行的政治動員有關係。〈五‧一六通知〉的發表令水面下的中央高層的政治鬥爭表面化，結果導致國家與社會中的政治勢力的集結，而大眾動員型政治參與方式給政治勢力的集結提供了機會。具體來說，由於1966年5月中央領導層發生了大面積的人事變動，某一派勢力為了戰勝其他政治勢力，努力從社會中尋求支持。尤其是新生勢力「中央文革小組」在中央領導層中除了毛澤東的支持和林彪的合作外，可以說再無任何基礎，因此有必要從社會中獲取支持。在這種情況之下，最先被「中央文革小組」選中的是北京大學。

〈五‧一六通知〉發表後，康生將妻子曹軼歐派往北京大學，指引運動的方向。曹軼歐出發前，康生明確指示她「北大點火，往上搞」。[20] 另一方面，1965年1月北大進行「四清」運動時，彭真也曾支持過受到校內的激進黨員批判的北京大學黨委書記兼校長陸平。因此，對於在「四清」運動中反對陸平的人們來說，彭真被批判意味著對陸平和北京大學的社會教育運動有重新評價的可能。[21] 在這種情況下，1966年5月25日受康生間接暗示的北京大學講師聶元梓等七人，在北大貼出了猛烈批判校長陸平等領導層的大字報。[22] 之後，毛澤東高度讚揚這張大字報，並將其拔高為「60年代的中國的巴黎公社宣言」，並指示立即向全國進行廣播。該大字報於6月1日晚通過中央人民廣播電台向全國傳達，第二天《人民日報》也進行了隆重報道。

聶元梓等人的大字報最引人注目的地方，是將政治運動的批判對象直接指向身邊的黨組織。尤其是毛澤東對這一行動的高度讚揚經過共產黨的機關報《人民日報》的大幅報道，在當時的中國無異於一種來自最

20　林浩基，〈北大第一張大字報是怎樣出籠的〉（1981年1月），《「文化大革命」研究資料》（上），頁33。

21　印紅標，〈文革的「第一張馬列主義大字報」〉，《文化大革命：史實與研究》，頁3–14。

22　安藤正士等著，《文化大革命と中国》（岩波新書，1986年），頁44。

高領導層的政治動員令。這等於向全國人民公告，造各級黨組織的反是被鼓勵和允許的正當的革命行為。6月4日北京市委被改組的事實，則進一步強化了這一動向。在這一大環境下，從6月1日晚大字報被電台傳播的瞬間開始，各地的中學和大學陷入了大混亂，批判學校的黨的幹部和教師的行為迅速在多個校區頻繁發生。

在聶元梓的大字報被全國性廣播的次日（6月2日），清華大學附屬中學貼出了標題為〈將無產階級文化大革命進行到底〉的大字報。該大字報的署名為「紅衛兵」，自此「紅衛兵」在北京的各重點中學變得廣為人知。接下來不到一週時間內，北京地質學院附屬中學、北京石油學院附屬中學、北京礦業學院附屬中學、北京大學附屬中學、北京第二十五中學等學校也成立了冠名為「紅衛兵」、「紅旗」、「東風」等的學生組織。[23]根據紅衛兵組織的創始人之一卜大華的回憶，1966年5月29日清華大學附屬中學的幹部子弟相約，今後書寫大字報均署名「紅衛兵」，其後這一天便被追認為紅衛兵組織的誕生日。[24]

如前所述，在年青人成立紅衛兵組織造學校領導的反這一點上，〈五・一六通知〉所包含的誘導性因素、北京大學大字報的社會效果、更為重要的是毛澤東對於北京大學大字報的支持等一連串的政治動態作為外部原因，起了極大的作用。從這個意義上說，紅衛兵組織的出現也許可以說是自上而下動員的結果。但是，在此要強調的是在紅衛兵組織成立之前，年青人之間就已經分化成不同的群體，這種分化孕育了派別的政治胚胎。也就是說，紅衛兵組織是在年青人間的派別利益競爭政治化的過程中所形成的。

23　江沛，《紅衛兵狂飆》（河南人民出版社，1994年），頁11。

24　梁梁執筆，〈一個紅衛兵發起者的自述〉，《文化大革命研究資料》（上），頁66。

第二節　年青人之間利益競爭的政治化

一、派別的形成

正如之後將會具體論述的，紅衛兵組織的形成與年青人之間的派別形成有著密切的相關性，但是這裏需要指出的是，兩者並非是同時產生的。紅衛兵組織是在〈五·一六通知〉發表之後形成的，是文革的產物，而派別在文革之前就已經存在，可以説是國家等級性分配公民權的結果。

舉紅衛兵運動的發源地清華大學附屬中學的例來説，在紅衛兵組織成立之前，年青人之間就已經形成了派別對立的結構。最初的派別對立發生在以卜大華、王銘、駱小海、酈桃生為首的幹部子女，和以鄭光召 (現用名鄭義，出身民族資本家家庭)、仲維光 (自稱家庭出身不好，詳細情況不明)[25] 為首的中間階級子女之間。兩者在升學、入團等上升的機會方面認識存在分歧，從1964年開始便衝突不斷。據仲維光、鄭義以及張承志等親歷者的回憶錄顯示，這樣的衝突在紅衛兵組織出現之前，共計發生過五次。[26] 鄭義也曾在回憶這段歷史時直言，文革前形成的派別結構被帶入文革之中。[27] 從筆者對清華大學附屬中學紅衛兵組織的研究[28]以及前面提到的親歷者的回憶中可以得知，文革前幹部子女和中間階級的子女之間形成派別分化和對立結構的直接原因，是圍繞升學、入團等上升機會所產生的競爭。但是，這裏需要解釋的是，為什麼

25　仲維光，〈「清華附中紅衛兵小組」誕生史實〉，《北京之春》(1996年10月號)，頁13。

26　楊麗君，〈紅衛兵運動の社會的要因：階級と階層の視点から〉，《現代中國》，第74期 (2000年9月)，頁219–220。

27　鄭義，〈清華附中、紅衛兵與我〉，《北京之春》(1996年11月號)，頁29。

28　楊麗君，〈紅衛兵運動の社會的要因〉，頁219–220。

升學競爭會帶來派別對立？這個問題需要回歸到1962年開始的強調階級鬥爭的環境中來加以理解。前面的章節已經解釋過，在1960年代，年輕人向上流動的機會非常少。這不僅在農村，即便在城市也是一樣。稀缺的上升流動資源完全由國家掌控，其分配標準被高度政治化。在這種情況下，對於上升資源獲得的這種利益競爭非常容易與意識形態競爭相融合，使得利益競爭具有極強的政治化因素。競爭者也極易將個人的利益訴求上升到追求國家政治目標的崇高位置，使得個人利益追求因與國家目標的相疊加而高尚化和正當化。在某種特定的政治情景之中，甚至連利益競爭者本人也會將個人的利益追求和國家目標混淆化，進而產生無尚的崇高感。

在這樣的背景下，在成績、階級出身和政治表現三項升學的標準中，強調階級出身激化了年青人之間、尤其是幹部子女和以知識分子為中心的中間階級家庭出身的子女之間的升學競爭，其結果導致階級間的緊張關係升級。中間階級的子女對於自身被貼上「白專學生」[29]的標籤，以及在升學考試中幹部子女因為階級出身好而被優先錄取而心懷不滿。另一方面，對於幹部子女來說，要與普遍成績優秀的中間階級的子女競爭有其困難之處，因為這些中間階級家庭出身的子女的父母多為建國以前的精英，擁有良好的教育背景，在知識傳承方面較之新精英的幹部子女有著更加有利的條件。在這種情況下，幹部子女感到把成績作為錄取的標準就是優待中間階級的子女，並且認為這樣做是嚴重違反建國以後建立起來的階級政策。這一基於平等觀的差異而產生的年青人中間的對立結構被原封不動地帶入文革時期，直接影響到紅衛兵組織內部的對立和分化結構以及紅衛兵的行為特徵。[30]

29　指對政治和國家大事不關心、埋頭學習的學生。
30　楊麗君，〈紅衛兵運動の社會的要因〉，頁219–220。

以上情況絕非清華大學附屬中學所獨有的特點，在幹部子女和中間階級的子女兩個群體集中的北京其他中學裏也同樣存在。例如，1965年6月發生在北京四中、六中、八中的「四、六、八」學生事件[31] 就是其中一個例子。此外，陳佩華、洛森、安格關於廣州紅衛兵的一項共同研究，和洛森有關廣州紅衛兵的問卷調查，也近乎顯示了同樣的結果。[32] 如前所述，清華大學附屬中學中最初的派別對立結構產生於文革之前，存在於部分中間階級子女和幹部子女之間。進入1966年3月，隨著政治環境的變化，年青人之間的利益競爭漸漸地政治化。利益競爭政治化的結果使得原本居於對立結構之外的人們也被捲進來，結成新的派別，使得派別結構更加複雜化。

具體來說，從1965年10月中旬開始，由於受到關於姚文元〈評新編歷史劇《海瑞罷官》〉一文的論爭的影響，清華大學附屬中學也開展了批判性的討論。接著中央領導層關於是學術論爭還是政治鬥爭的對立也反映在學校當中，帶來幹部子女和學校黨支部之間的意見對立。幹部子女主張通過批判「三家村」來消滅「三家村」背後的「黑市場」。幹部子女認為，所謂「黑市場」是指資產階級及具有資產階級生活習慣的知識分子的子女，這些子女們與「三家村」有強烈的共鳴，是「三家村」的社會基礎。因此，他們反對黨支部將討論限制在學術爭論的範圍內，指責這是不突出政治，是在偏袒資產階級的子女。[33]

1966年3月末，主張學術論爭的〈二月綱要〉被毛澤東批判為內容完全錯誤。幾乎就在同一時間，持相反立場的〈二月紀要〉被中央軍事委員會通過。在這樣的政治環境中，幹部子女的論調變得更加尖銳了。當時一般學生難以入手的《解放軍報》和《毛澤東語錄》成為了幹部子女

31　米鶴都，《紅衛兵這一代》，頁118–119。

32　Chan, Rosen, and Unger, "Students and Class Warfare: The Social Roots of the Red Guard Conflict in Canton," 397–446; Rosen, *Red Guard Factionalism and the Cultural Revolution in Guangzhou.*

33　仲維光，〈「清華附中紅衛兵小組」誕生史實〉，頁9–10。

在爭論中取勝的武器。他們或是受《解放軍報》社論的影響，[34] 或是通過父輩得知中央領導層內部的情況，由此明確地將批判的靶子對準了學校的黨支部。幹部子女對黨支部的批判，使得以班幹部和共青團員為中心的先進學生們為保護黨支部而起來與幹部子女進行對抗。結果在幹部子女和中間階級子女為中心的派別結構中，又捲進了以學生幹部、共青團員為中心的先進學生派別。

從1966年4月末到5月末，在清華大學附屬中學的三個派別中，將批判矛頭直接指向學校黨支部的是幹部子女群體。雖然當時中間階級子女和先進學生之間並未結盟，但卻不約而同地站在保護黨支部的一邊。中間階級子女和先進學生保護黨支部的最主要原因是對現狀的判斷，而

---

34 《解放軍報》在文革的發動中起到極大的作用。尤其是從1966年1月到6月期間，《解放軍報》超過了黨中央的機關報《人民日報》，發揮了誘導文革輿論的作用。這個時期所刊載的主要社論的題目如下列圖表所示。1966年6月以後，隨著中央文革小組掌握《人民日報》的領導權，《人民日報》的報道風格開始具有火藥味。從那時到「四人幫」垮台的漫長期間，《人民日報》繼《解放軍報》之後發揮了誘導文革輿論的作用。

1966年1月至6月《解放軍報》的主要社論

日期	標題
1月1日	〈更高地舉起毛澤東思想偉大紅旗、為繼續突出政治、堅決執行五項原則而鬥爭〉
2月3日	〈永遠突出政治〉
2月9日	〈提倡一個「公」字——再論突出政治〉
2月14日	〈最重要最根本的戰略——三論突出政治〉
2月18日	〈政治統帥軍事、政治統帥一切——四論突出政治〉
3月2日	〈把毛澤東的書當作全軍各項工作的最高指示——五論突出政治〉
3月23日	〈提倡唯物主義、抓好活思想——六論突出政治〉
4月5日	〈關鍵在於黨委的領導——七論突出政治〉
4月18日	〈高舉毛澤東思想偉大紅旗、積極參加社會主義文化大革命〉
5月4日	〈千萬不要忘記階級鬥爭〉
5月21日	〈毛澤東思想哺育的戰士最堅強〉
6月7日	〈毛澤東思想是我們革命事業的望遠鏡和顯微鏡〉

非政治認同。他們不像幹部子女有獲得內部消息的可靠渠道,因此當時還無法清楚地認識到批判黨的幹部是被要求的行為。在混亂的政治局面下,他們很可能是根據與黨支部保持一致才是安全的這一傳統的經驗判斷來採取行動的。從這一點來考慮,就能夠解釋為什麼在1966年6月以後對學校的黨的幹部表示最強烈的憤怒的未必是幹部子女組成的紅衛兵,反而是剛剛還在支持黨支部的年青人們。[35] 因為要消除之前的誤判所造成的政治上的不利,唯有用強烈的憤怒行為向黨表示「革命志向」。這就是第一章中論述的將忠誠轉化成利益的精神結構的具體表現。正如胡平指出的那樣,文革時期人們主張某政治觀點的理由多數情況下並非出於本心,而是主張這一觀點可以證明自己的革命性,顯示自己比其他人更加革命。[36] 這個判斷不僅適用於文革時期,對於理解整個毛澤東時代高度政治化的社會中生存的中國人的行為,都是極其重要的。

可以說,文革爆發前形成的派別分化結構被原封不動地帶入了文革時期,其後隨著文革的推進,發展成以幹部子女為主體的「老紅衛兵」、以先進學生為主體的「保守派」紅衛兵[37] 和以中間階級子女為主體的「造反派」紅衛兵組織這樣的派別分化的核心結構。

---

35 張承志著,小島晉治譯,《紅衛兵の時代》(岩波新書,1992年),頁66。

36 胡平,〈比賽革命的革命〉,《北京之春》(1996年6月號),頁18–23。

37 保守派紅衛兵是在1966年8月1日至18日期間,毛澤東支持紅衛兵組織之後組成的。其核心成員是學生幹部、共青團員以及學生中的積極分子。先進學生群體不像幹部子女有渠道得到準確的情報,因此在應對混亂的政治形勢時,具有聽從黨的指示採取行動的特點。文革前夕幹部子女批判黨組織時,他們站在保護黨組織的立場。其後,工作組掌握了學校文革的領導權,他們一面熱烈地批判黨組織,一面配合工作組的工作。此後,毛澤東支持紅衛兵,他們便組成了紅衛兵組織。由於他們在政治觀點上總是與黨組織保持一致,1966年10月以後,這一紅衛兵組織被對立的「造反派」組織稱為「保守派」。

「保守派」紅衛兵與幹部子女紅衛兵沒有本質上的差異。兩者最大的不同在於,幹部子女紅衛兵是紅衛兵組織的創始人,是文革初期的政治運動

二、派別行為政治化的諸類型

文革初期的紅衛兵組織雖自稱為「紅五類」組織，但實際上其成員多為「紅三類」(革命幹部、革命軍人、革命烈士)的子女。[38] 那麼，為什麼在文革爆發前就形成的派別對立的結構中，最先起來造反的不是中間階級子女和以共青團員為主體的先進學生，而是幹部子女呢？事實上，在當時急劇變化的政治形勢下，所有的學生為了成為先進分子，都在努力參與政治運動。但是他們文革前的社會地位影響和約束了其文革初期的行動，使得他們參與政治的行為呈現出不同的狀況。其中幹部子女的行動最符合毛澤東的文革理念，因此得到了毛澤東的支持。從當時現實的政治環境來考慮，有可能按照毛澤東的期待採取行動的，學校裏就只有幹部子女。這裏有幾個主要原因。

的主體，而保守派紅衛兵是紅衛兵組織的追隨者，是文革初期的政治運動的參與者。「保守派」紅衛兵組成之後，與幹部子女紅衛兵一道參加了「破四舊」、批判「黑幫」、「大串聯」、批判教育等「革命行動」。對於幹部子女提出的「出身血統論」，「保守派」紅衛兵雖不能完全贊同，但也沒有像「造反派」組織那樣進行激烈的批判。兩者在1966年10月以後，隨著造反派紅衛兵組織的興起，行為開始趨同。可以認為這是因為同為「紅五類」階級出身的歸屬認知，使得幹部子女紅衛兵和「保守派」紅衛兵在「橫掃一切牛鬼蛇神」的運動中合流。

由於「保守派」紅衛兵和幹部子女紅衛兵採取了共同行動，幹部子女紅衛兵的衰退也影響了「保守派」組織。1966年末，隨著「造反派」紅衛兵組織勢力的增長，許多「保守派」組織的成員都脫離了組織，加入「造反派」組織。但是，在「保守派」組織內部的成員脫離組織的同時，新成員也不斷加入進來。這個時期的新成員基本上都是原幹部子女紅衛兵組織的成員。在幹部子女紅衛兵、「保守派」紅衛兵、「造反派」紅衛兵三個組織中，幹部子女紅衛兵和「造反派」紅衛兵兩者都成為不同時期的運動的主體。但是，由原先政治運動的主體先進學生組成的「保守派」紅衛兵在文革中卻由始至終只是運動的追隨者，其理由可以認為最重要的是以往給「保守派」紅衛兵提供庇護和政治機會的黨組織在文革中變成了運動的靶子。

38　印紅標，《紅衛兵運動的兩大潮流》，頁243。

　　第一，社會主義國家中，無產階級居於國家主人翁的地位，除了「百花齊放、百家爭鳴」這一特殊時期之外，建國以來無產階級一直是運動的主體。因此，在1963年開始強調階級鬥爭的環境中，能夠無階級顧慮地與學校領導部門相對抗的只能是「紅五類」階級出身的人。此外，從文革的意識形態層面來看，最早揭竿起來造反的也不可能是出身「紅五類」階級以外的人，因為在發動文革和文革的初始階段，造反被定位為防止修正主義，這並非意味著反抗權威和體制，而是要反抗脫離了正統馬克思主義路線的修正主義者。因此，有資格指責他人是非正統的只有出身「紅五類」階級的人，因為正統是被指為修正的前提。另一方面，文革爆發前在中學提倡重視階級鬥爭和按照階級路線進行的教育改革，其結果是令中間階級和「黑五類」階級出身的子女在升學中處於更加不利的地位，因而理所當然無法獲得這類學生的積極合作。

　　實際上以北京大學的大字報在全國被廣播為開端，舉國上下的年青人開始意識到用大字報攻擊學校的黨組織是本次政治運動中被鼓勵的正確行為之後，中間階級出身的年青人也開始積極地批判黨組織。例如，清華大學附屬中學中間階級出身的學生們，在全國廣播的當天夜裏就貼出了批判學校黨組織的大字報，這個行動比幹部子女還要早一天，但是從內容來看，兩者有很大的差異。幹部子女批判的是學校黨支部未貫徹階級路線，而執行資產階級教育路線；中間階級子女針對的是衛生問題、浪費水電以及與周邊農民的關係等非政治性的問題。[39] 中間階級子女的批判明顯不符合當時的政治方向，因此無論採取多麼積極的行動，也很難被選做運動的主體。關於6月1日中間階級子女對黨組織展開的批判行為，當時的清華大學附屬中學的學生仲維光在回憶錄中如此解釋：「實際上不管我們持怎樣的觀點66年6月都必然失敗，這是注定的。因為當時的政治形勢是強調階級鬥爭和階級路線，推進無產階級專

39　仲維光，〈「清華附中紅衛兵小組」誕生史實〉，頁11。

政。」[40] 也就是説，無產階級文化大革命是以無產階級為主體的運動，「非紅五類」階級出身者從一開始就被排除在主體之外。

第二，可以説幹部子女造反是毛澤東號召的結果。實際上從1964年開始，毛澤東就頻繁地號召幹部子女造反了。1964年，高級幹部的子女間流傳著〈毛澤東與毛遠新、王海蓉的談話〉，在這個談話中毛澤東表示：「階級鬥爭是你們的一門主課」，「要造現行教育的反。……幹部子女要做革命的接班人，應有高度的責任感和使命感」。[41] 在與王海蓉的談話中指示造學校制度的反：「學校必須允許造反。你回去就帶頭造反。」[42] 這些談話極大地鼓勵了幹部子女，使其深刻了兩個認識。第一，對現行的教育制度造反是革命行動；第二，幹部子女的特殊地位包含著作為「革命接班人」的「使命感和責任感」。[43] 在這樣的背景之下，1965年開始，幹部子女中就已經有造反的動向。北京的四、六、八中以幹部子女為中心的「紅五類」階級出身的子女「串聯」「罷課」，抗議學校的指導方針「不貫徹階級路線」，要求走出校門，參加農村的「四清」運動。這一「四、六、八」學生事件很快波及到北京師範大學女子附屬中學、北京師範大學第一附屬中學和北京大學附屬中學。[44] 此外，1965年3月，上海一部分以幹部子女為中心的「紅五類」階級出身的學生要求廢除大學的入學考試。[45] 更有甚者，1965年10月28日，北京清華大學附屬中學的駱小海在題為〈造反精神萬歲〉的文章中明確表示造教育的反：「現行的教育法規對學習是極大的束縛，僅就這一點造反也極為必

40 同上註。
41 南開大學衛東資料室編，《最高指示》(1967年)，頁152–160。
42 北京電影製片廠毛澤東主義公社編印，《戰無不勝的毛澤東思想萬歲》，頁121。
43 任知初，《紅衛兵與嬉皮士》(明鏡出版社，1996年)，頁266。
44 米鶴都，《紅衛兵這一代》，頁118–119。
45 徐友漁，〈文化大革命中紅衛兵行為動因的調查與分析〉，《中國社會科學季刊》(1996年，夏季卷)，頁109。

要。」[46] 用原紅衛兵創始人之一張承志的話説，「從駱小海的〈造反〉到紅衛兵的〈三論造反精神〉，其直接源泉均來自60年代毛澤東對侄女王海蓉的談話」。[47]

有別於幹部子女，由學生幹部和共青團員組成的先進學生雖然也是「紅五類」階級出身，但其行動與幹部子女相反。當黨支部受到來自幹部子女的批判時，他們選擇站在黨支部的一邊來與幹部子女對抗，在維護黨支部權威性的過程中開始組建派別。正如前面提到，學生幹部們的行為特徵並非完全出自政治認同，更多的可能是基於從前的政治慣習和經驗判斷，也許還受不敢鋌而走險的謹慎態度所致。因為從建國以來的經驗來看，當政治運動發生時，選擇與黨的幹部站在同一政治陣營、積極配合幹部的行動較有可能獲得獎勵。正如歷次政治運動所顯示的，對於每一個參與者來説，政治運動是獲取政治資源的重要機會，也是創造出積極分子的舞台。對於已經被選為學生幹部和共青團員、在上升渠道中佔據優勢的這類年青人來説，從歷次運動的經驗來看，選擇與黨組織保持一致無疑是最安全、也最有可能在上升渠道上更進一步的做法。

表面上看來，先進學生派和幹部子女派在文革前和文革初期的行為特徵截然相反，但實際上從通過積極參加運動佔有政治資源這一點來説，兩者可以説是相同的。只是文革前的歷次運動都是在黨組織的領導下進行的，而文革是最高領導人毛澤東將監督黨政幹部和黨政機關的權利直接授予群眾，試圖用「大民主」的方法改造官僚體系的運動。黨的意志和毛澤東的意志兩者失去了統一性。因此習慣依賴黨組織的先進學生的行動跟不上形勢的需要，被認為是保守的了。相反，造黨組織的反這一幹部子女的行為原本是要受到處罰的，但由於其符合毛澤東的文革理念，為毛提供了自下而上的政治動員的方法，其後得到了毛澤東的熱烈支持，成為文革第一個次運動的主角。

46　《首都紅衛兵》，第1期（紀念八·一八專刊）（1967年），頁27。
47　張承志，《紅衛兵の時代》，頁38。

三、兩個司令部的鬥爭與〈三論造反精神〉

如上文分析所示，從當時的政治形勢來考慮，以幹部子女為中心的紅衛兵組織的興起絕非偶然。同樣，紅衛兵組織與工作組之間的對立在當時的政治形勢中，也可以說是難以避免的，這主要是因為兩者想要達成的目標截然相反。紅衛兵們想要的是工作組肯定其行動的正確性以及承認紅衛兵組織的合法性。相反，劉少奇給工作組的指示是「消化紅衛兵，溶化紅衛兵」。[48] 即在承認紅衛兵的左派地位的同時，將紅衛兵逐步溶化在共青團組織中。在目標衝突的情況下，兩者間產生對立是理所當然的。除此之外，更為重要的是，兩者是各自按照兩個相互對立的司令部的指示來採取行動的。

決定派遣工作組的是劉少奇。北京大學的大字報被媒體報道之後，各地的中學和大學陷入大混亂，頻頻發生批判學校黨的幹部和教師的行為。不久，一部分學校黨組織癱瘓，無法進行正常授課。此外，隨著北京市委的重組，各學校都發生了對執行舊北京市委指示的校內黨組織的不信任、要求新的北京市委派遣工作組的事件。[49] 在這樣的政治形勢下，劉少奇在向毛澤東請示之後，決定派遣工作組。[50]

工作組的任務有兩個，一是貫徹〈五·一六通知〉，揭發批判政府機關和學校內部的黨內修正主義者和資產階級學術權威；二是恢復黨組織的功能，將學生運動置於黨的領導之下。[51] 通過駕馭學生運動從而控制文革的進展方向，是派遣工作組的主要目的。在清華大學附屬中學，工作組進校後立刻宣布學校黨支部犯了重大錯誤，組織學生展開對黨支

48　印紅標，〈紅衛兵運動的主要流派〉，《中國青年》，第4期(1997年)，頁36。

49　〈周恩來、董必武、陳伯達同志八月五日在清華大學的講話〉，河北北京師範學院《鬥爭生活》編集部編，《無產階級文化大革命資料彙編》(1966年12月)，頁111。

50　關於派遣工作組的決定過程，參照王紹光，《理性與瘋狂》，頁32–33；王年一，《大動亂的時代》，頁29–35。

51　哈里·哈丁，〈文化大革命：混亂的中國〉，頁141。

部的批判。[52] 然而，倔強的紅衛兵們強烈反對將紅衛兵組織置於黨的領導之下。從6月到7月上旬，全國各地的大學和中學頻頻發生將工作組驅逐出學校的事件。[53]

「反工作組」的活動變成了繼對抗校領導之後，紅衛兵們採取的第二波對抗行為。這裏值得注意的是，紅衛兵並非從一開始就反對工作組。當工作組進駐清華大學附屬中學的初期，曾與紅衛兵們保持著良好的關係。工作組承認紅衛兵組織成員是批判「修正主義路線」的積極分子，並且高度評價其「對革命的熱情」。不過，這種良好關係並沒有能夠持續太久。不久之後，圍繞文革運動的指導方針，紅衛兵與工作組之間的意見對立開始公開化。

紅衛兵認為工作組的做法過度強調政策，過分重視團結，卻忽視了鬥爭。[54] 另一方面，由於紅衛兵無視工作組的指揮擅自行動，工作組得出如下結論：「在運動中學生離開黨團組織另外自發建立的一些左派組織多數在運動初期起過積極作用，但長期下去，後果不好，不利於無產階級專政和黨的絕對領導。」工作組按照劉少奇下達的「消化紅衛兵，溶化紅衛兵」、「逐步把紅衛兵溶化到團組織中來」的指示，要求紅衛兵解散組織，放棄過激的口號和行動，和其他學生一樣在班級和團組織中參加「文化大革命」的運動。[55] 但是一部分紅衛兵們宣稱「我們的領導是黨中央和毛主席」，[56] 並頑固地堅持自身的組織。其結果，很多學校的工作組與紅衛兵之間不斷產生摩擦，深化了兩者間的對立。然而清華大學附屬中學情況則略為不同，紅衛兵與工作組之間的關係並未發展至極端對立的狀態。當然，像清華大學附屬中學的例子是極為少數的，其他學

52　張承志，《紅衛兵の時代》，頁66。

53　學生抵抗工作組的事例，參照王年一，《大動亂的時代》，頁33–46。

54　石雲，〈紅衛兵運動述評〉，《中國青運》，第1期（1989年），頁22。

55　同上註。

56　清華大學附屬中學，〈再論無產階級的造反精神萬歲〉（1966年7月4日），《紅旗》第11期（1966年）。

校中類似紅衛兵的學生組織多數都被工作組宣布為「反革命組織」而遭到取締。[57]

　　導致這一情況發生的主要原因，可以說在於同時傳達下來的兩個黨中央的指令所造成的混亂所致。具體來說，工作組強調黨的領導和秩序的穩定，但是1966年5月31日陳伯達率領工作組進駐《人民日報》之後，《人民日報》發表了一系列煽動性的社論，號召「徹底摧毀『黑幫』、『黑組織』和『黑紀律』」。[58] 工作組進駐學校後，紅衛兵組織內部的部分年青人認為工作組代表了黨中央的意志，開始依照工作組的指示行事。[59] 但是少數人援引《人民日報》，就紅衛兵組織的合法性和存續問題與工作組展開了論戰。其後聞名全國的〈三論造反精神〉就是清華大學附屬中學的紅衛兵在與工作組之間「駕馭與反駕馭」的對抗過程中的產物。

　　紅衛兵的行動脫離黨的領導，受到工作組的批判，但卻得到毛澤東的「熱烈支持」。[60] 1966年7月下旬，毛澤東和中央文革小組指責工作組壓制群眾，同時明確表示支持紅衛兵的行動。進而在中國共產黨第八屆中央委員會第十一次全體會議上（以下簡稱中共中央八屆十一中全會），紅衛兵及其行動被肯定為「革命青少年」、「闖將」和「革命的大方向是正確的」。由此，紅衛兵取代共青團，變身為學校裏最受重視的學生組織，成為了文革政治運動的主力。8月18日，毛澤東在天安門廣場接見紅衛兵，進一步提高了紅衛兵組織在文革中的地位，給人以紅衛兵組織已經能夠影響中國政治中心的印象。[61]

57　石雲，〈紅衛兵運動述評〉，頁22。

58　〈歡呼北大的一張大字報〉，《人民日報》，1966年6月2日。

59　哈里．哈丁，〈文化大革命：混亂的中國〉，頁142。

60　〈毛澤東給清華大學附屬中學紅衛兵的信〉（1966年8月1日），《「文化大革命」研究資料》（上），頁63。

61　任知初，《紅衛兵與嬉皮士》，頁40–41。

　　那麼毛澤東為什麼要支持紅衛兵的造反行動呢？其主要原因可以歸
納為以下兩點。

　　一是紅衛兵的行動符合毛澤東自下而上地發動文革、以「天下大亂
達到天下大治」的想法。如前所述，毛澤東自1964年開始就已經頻繁地
號召幹部子女造反了。文革爆發前，毛澤東號召造反的動員令就更加明
確化。在文革前夕的1966年3月18日，毛澤東曾公開鼓勵向中央進
攻：「凡是中央機構做壞事，我就號召地方造反，向中央進攻。各地要
多出些孫悟空大鬧天宮。」[62] 宣布「造反有理」和「無產階級要大鬧天宮，
創造出無產階級的新世界」[63] 的紅衛兵，正是毛所期待的「孫悟空」。

　　二是出於黨中央內部政治鬥爭的需要。正如〈五·一六通知〉所
示，文革前毛澤東認為黨中央出現了修正主義者。在〈通知〉中，毛澤
東批判了資產階級的代表人物，要求各級黨組織充分注意「睡在我們身
邊的資產階級式的人物」。5月23日，政治局常委會擴大會議決定停止
彭真、羅瑞卿、陸定一中央書記處書記，楊尚昆中央書記處候補書記的
職務，撤銷彭真北京市委第一書記和市長，楊尚昆中共中央宣傳部部長
的職務。[64] 這一連串的事件表明，揭露中共中央領導層內部的修正主義
者是本次政治運動的重點，然而劉少奇卻通過派遣的工作組改變了政治
運動的矛頭。根據哈丁的研究，劉少奇明確指示工作組，政府機關和大
學、中學的黨組織內混入了大量資產階級的代言人，要對其加以批判並
在必要時免去其職務。在這樣的指示之下，財政部幹部中的九成遭到了
批判，文化部的多數幹部被免去職務。[65] 結果，揭發修正主義者的運動
對象從中央領導層轉移到下級黨組織和政府機關。派遣工作組後的一個

62　〈中共中央政治局擴大會議決定〉(1966年5月23日)，《「文化大革命」研究
　　資料》(上)，頁10。

63　清華大學附屬中學紅衛兵，〈無產階級的革命造反精神萬歲〉，《「文化大革
　　命」研究資料》(上)，頁63。

64　〈中共中央政治局擴大會議決定〉，《「文化大革命」研究資料》(上)，頁24。

65　哈里·哈丁，〈文化大革命：混亂的中國〉，頁141。

月裏，中央部級黨政機關、地方各級黨政機關和大學、中學等教育機關中眾多黨的幹部和知識分子被打成「資產階級代言人」和「反動學術權威」，人們還在工作組的政治誘導下展開了對所在單位內部的「反動人物」的狂熱批判。表面上看來，〈五‧一六通知〉在劉少奇的領導下得到徹底的貫徹，但實際上和揭發中央領導層內部的修正主義者這一毛澤東的運動方針之間產生了差異。

此外，通過駕馭學生運動領導「有秩序」的「文化大革命」這一工作組的另一項任務，也背離了毛澤東「以天下大亂達到天下大治」的設想。具體來說，根據對工作組的態度將學生分類為「可以信賴的革命左派」、「政治意識低下的中間派」和「反革命的右派」，並發動「左翼」學生鬥爭「右派」學生的工作組的做法，進一步激化了學生內部的矛盾，[66] 其結果不僅未能實現發動群眾、揭發黨內的修正主義者的運動目標，反而變成了群眾間的揭發運動。在這個背景之下，1966年7月末開始，「中央文革小組」抨擊工作組煽動學生鬥學生，犯下了重大失誤。[67] 肯定紅衛兵的行動就意味著否定工作組。由於工作組是奉劉少奇的命令派遣的，所以撤銷工作組不僅排除了自下而上地發動文革的障礙，也為日後批判劉少奇做了理論上的準備，可以說具有雙重的功效。

在以上背景之下，8月1日中共中央八屆十一中全會在北京召開。這次會議上毛澤東明確表示支持紅衛兵的行動，並將〈炮打司令部〉的大字報作為會議資料加以發放。大字報中毛澤東雖未點名，但明確表示對劉少奇為首的中央第一線的批評，將黨中央內部的意見對立定性為兩

---

66 關於工作組對學生進行分類的方法，請參照以下研究：加々美光行，《逆説としての中国革命》（田畑書店，1986年），頁41；W‧ヒントン著，春名徹譯，《百日戦争——清華大学の文化大革命》（平凡社，1976年），頁69，英文版：William Hinton, *Hundred Day War: The Cultural Revolution in Tsinghua University* (New York: Review Press, 1972)。

67 〈關鋒、姚文元、張春橋八月二日在國務院接待室的講話〉，《無產階級文化大革命資料彙編》，頁103。

條路線的鬥爭。[68] 較之〈五・一六通知〉，毛澤東的大字報明確了運動的矛頭，將其直接對準黨中央的「司令部」。

四、「老紅衛兵」的造反行為

（1）批判的對象

　　1966年8月以後，紅衛兵在毛澤東的支持下取得了合法地位，一夜之間就取代共青團，成為了學校裏最受重視的學生組織，極大地提高在文革中的政治地位。8月8日，毛澤東在天安門廣場接見紅衛兵之後，紅衛兵組織便擴展到全國。以先進學生為中心的保守派紅衛兵組織多數都是在這個時期成立的。中學的保守派紅衛兵組織非本書討論的重點，在此省略。

　　1966年8月和9月是「老紅衛兵」的極盛時期。這個時期他們的造反活動主要是「破四舊」、[69]「大串聯」、批判「黑幫」和「牛鬼蛇神」、提倡教育改革以及宣揚「出身血統論」。這些行動對於動員群眾將造反行動擴大至全國起到很大的作用。尤其是北京學生「南下大串聯」直接介入地方上的造反活動促進了當地的派別分化，導致地方權力體系的癱瘓。儘管如此，從結果來看，以幹部子女為中心的紅衛兵組織未能如毛澤東所願發揮出「炮打司令部」的作用，這是因為他們造反行動的目標與毛澤東的目的有明顯的差異，即他們鬥爭的方向並非黨內，多數指向黨外。具體而言，「老紅衛兵」的「破四舊」、「橫掃一切牛鬼蛇神」以及批判修正主義教育路線的行動都是針對「紅五類」階級出身之外以及與之相關的人們，他們雖然也參加了批判舊北京市委、中共中央宣傳部和文化教育界的「黑幫」的活動，但一般來說，那並非是他們造反活動的重點。

68　王年一，《大動亂的時代》，頁54–55。

69　關於紅衛兵「破四舊」造反行動的研究，請參照王年一，《大動亂的時代》，頁69–71；江沛，《紅衛兵狂飆》，頁49–81、132–153。

實際上，正如北京市委主要領導下台所顯示的那樣，幾乎所有的「黑幫」都不是紅衛兵揭發下台的，而是在黨內被批判、被黨組織打倒的。[70]

不可否認，以「非紅五類」階級出身的人為批判對象的「老紅衛兵」的行為特徵與當時強調階級鬥爭的意識形態和文革初期的政治動員有關，但是更為重要的是，他們在文革前的等級結構中的位置以及謀求晉升的利益訴求決定了他們的行為特徵，這點在「出身血統論」中表現得尤為突出。

（2）行為理論 ——「出身血統論」

在幹部子女的造反行動中，最引人注目的是宣揚「出身血統論」。1966年6月，北京大學附屬中學內出現了「老子英雄兒好漢，老子反動兒混蛋」的對聯，很快就在社會上廣泛流行起來。出身幹部家庭的紅衛兵用對聯強調「血統主義」目的有以下四點。

第一，以血統為依據謀求政治特權。正如「父輩們打下了江山，子孫們就要代代相傳」[71] 所宣示的，血統論的中心在於權力的傳承。也就是説，他們主張革命幹部、尤其是高級幹部的子女不需要努力學習，積累知識和經驗，公平地參加競爭，先天就具有承繼社會權力和財富的正當性，理由就在於「江山是誰打下的？是我們『紅五類』的父兄們！」[72] 的主張之中。從中國的權力結構來考慮，謀求權力世襲的要求具有極為重要的意義。在毛澤東時代的中國，獲得政治權力是唯一的晉升之道。土地工廠皆為國有，知識雖然也是必要的，但並非重要的權力晉升之道。再者，在社會主義中國的意識形態中，知識也是具有階級性的。在這種話語體系之下，對聯中的「血統主義」意味著憑藉幹部子女這一

---

70 印紅標，《紅衛兵運動的主要流派》，頁33。

71 北大附中紅旗戰鬥小組，〈自來紅們站起來了〉（1966年7月），北京首都毛澤東思想兵團《兵團戰報》（1966年11月）。

72 北京航空學院紅衛兵，〈紅衛兵永遠跟著毛澤東幹革命！〉，《光明日報》，1966年8月26日。

天生的出身血統，便可實現晉升的願望。他們所謀求的世襲不是個人的、家族的財產的世襲，而是以「階級」為集團的權力、社會身分、等級的世襲。

第二，把中間階級的子女排擠出晉升之路。毛澤東時代中國的階級政策雖然以劃分階級為最重要的指標，但階級劃分並非唯一的標準，政治表現也極受重視。強調政治表現對中間階級的子女來說意味著即便出身不好，只要肯努力，仍然有獲得晉升的希望。但是，在知識水平上資質佔優的中間階級子女的崛起，其結果必然會威脅到幹部子女。[73] 在這樣的背景中，在階級政策中添加血統要素，意味著幹部子女要壟斷晉升的權利。

第三，壟斷「文化大革命」的參與權。紅衛兵組織由於被毛澤東賦予了合法性，一躍成為文革初期最具革命性的青年組織。對當時的青年來說，加入紅衛兵組織意味著獲得最重要的政治資源。是否獲得這項政治資源決定了政治身分和政治地位，因此幹部子女拼命要壟斷文革的參加權。例如，為了防止他們的行動被其他組織模仿，1966年8月初，他們對外部隱瞞從非正式渠道取得還未被正式公開的毛澤東〈給清華附中紅衛兵的信〉，也就是說，他們隱瞞了毛澤東支持紅衛兵組織的消息。此外，《紅衛兵組織條例》也明確規定「紅衛兵的成員必須是紅五類子女中的先進分子，紅五類子女的父母、親友中有落後分子的不得加入紅衛兵」。[74]

第四，1966年7月末至8月間，「出身血統論」大流行與學校內圍繞掌握文革的領導權展開的競爭有密切的關係。7月25日，毛澤東下令撤退工作組。工作組撤退後，帶來了學校中文革領導權的真空。同年8月，中共中央八屆十一中全會通過了〈關於無產階級文化大革命的決定〉（以下簡稱〈十六條〉），將「文化革命小組」、「文化革命委員會」、「文化革命代表大會」等群眾組織規定為文革的權力機構，並規定這些權力機

73　北大附中紅旗戰鬥小組，〈自來紅們站起來了〉。

74　加々美光行，《歷史のなかの中国文化大革命》(岩波書店，2001年)，頁63。

構的代表將如巴黎公社般直接選舉產生，在此基礎上指示「學校裏的『文化革命小組』、『文化革命委員會』、『文化革命代表大會』以革命學生為主體，加上一部分革命教師和教職員工組成」[75]。但是有關判定「革命」的標準，〈十六條〉中並無明確的規定。1966年5月以後一連串的事件所顯示，原有的黨員、團員、積極分子、一般群眾的判定標準已經不再適用，與學校的黨組織和工作組對立的、以幹部子女為中心的紅衛兵組織，得到了毛澤東的支持。〈十六條〉雖然沒有點紅衛兵的名，但是將其行動高度評價為「儘管有各種缺點，但他們的革命大方向是正確的」。同時〈十六條〉還指出，對於遭受工作組打壓的「少數人」「也要加以保護，因為真理有時候掌握在少數人手裏」。同時評價兩者的做法，也許包含了毛澤東想要調和工作組時期表面化的年青人之間的矛盾的用意，但結果卻帶來了「革命」判定標準的混亂。在這種情況下，「出身血統論」在肯定階級出身的基礎上，提出了根據父輩的功績來判定革命性的新標準。從這一點來說，「出身血統論」的提出在當時具有極為重要的含義，因其直接觸及到公民權分配的最為核心的部分，因而在社會上引起廣泛的論爭。從另一個方面講，正因為「出身血統論」和以遇羅克為代表的「出身論」的論爭不僅僅是政治主張的論爭，表面的政治主張之後牽扯著與每個中國人息息相關的公民權分配問題，所以兩者的爭論才會有相當的深度和廣度，以至於兩者的論爭蓋過了文革的主要目標。

實際上，從工作組撤退到1966年9月的一段時間，幾乎所有中學、大學的文革領導權都落入幹部子女手中。這主要是因為從6月到7月間，許多中學裏都只有以幹部子女為中心的紅衛兵組織。這些組織得到了毛澤東的支持，再加上工作組撤退便理所當然地在事實上取得學校的領導權。在這個背景下，「出身血統論」為幹部子女掌握文革領導權的行為提供了合法性的理論基礎。

75　中國共產黨中央委員會，〈關於無產階級文化大革命的決定〉，《「文化大革命」研究資料》(上)，頁75。

　　「出身血統論」可以說是早期紅衛兵對階級政策不滿以及改良的提案，但是與共產黨的階級政策並無根本性的差異。原本階級政策本身就難以同時重視階級劃分和政治態度。如〈出身論〉的作者遇羅克所說，「『既看出身，也看表現』，實際上不免要滑到『只看出身，不看表現』的泥坑裏去」。[76]

　　但是，初期紅衛兵「血統論」的主張並未獲得中共中央的支持，主要原因有二。第一，正如加加美光行指出，「文化大革命」思想的內在原理會產生與「出身血統論」的矛盾，[77] 也就是說：「黨內的最高幹部『最大的當權派』、即劉少奇、鄧小平、彭真等均屬『革命幹部』，是『紅五類』的代表，沒有比他們的出身血統更優異的領導人了。儘管如此，他們卻被黨內的最高權威毛澤東指控為『走資本主義道路』，成為『紅色中國』復辟資本主義的罪犯。更為重要的是，不同於以往的運動，對他們的批判（整風）不僅僅是在同為『紅五類』的黨內展開，還號召包括青少年在內的黨外人士參與批判，也就是說，從階級出身的排列來說，意味著處於低位的黨外人士可以批判處於高位的最高幹部。」[78] 第二，關於「出身血統論」的爭論激化了年青人之間的派別對立，紅衛兵的主張與工作組一樣，是將運動的矛頭對準黨外，而非中央領導層。

　　毛澤東和「中央文革小組」試圖將以幹部子女為中心的紅衛兵引向批判「黨內走資本主義道路的當權派」的方向。[79]「中央文革小組」組長

76　遇羅克，〈出身論〉（1966 年 11 月），《首都中學文革報》，創刊號，1967 年 1 月 18 日。

77　加々美光行，《逆説としての中国革命》，頁 23。

78　同上註。

79　在給清華大學附中的紅衛兵的信中，毛澤東針對他們的「我們只允許左派造反，不允許右派背叛。你們膽敢造反的話，我們立刻鎮壓。這就是我們的理論。國家機關已經掌握在我們手中」的宣言，指出：「不僅是北京，在全國的文化大革命運動中，只要是和你們採取同一態度的人，我們一律送上熱烈的支持。我們支持你們，也要求你們團結一切可以團結的人。」清華大學附屬中學紅衛兵，〈再論無產階級的革命造反精神萬歲〉，頁 64。

江青在1966年8月6日接見紅衛兵時明確表示：「我們無產階級文化大革命的任務是什麼呢？首先揪出黨內走資本主義道路的當權派，其次打破舊思想、舊文化、舊風俗、舊習慣。」[80] 但是，對於幹部子女的紅衛兵來說，首要的是將知識分子和民族資本家等中間階級的子女排擠出去，建立由「紅五類」組成的純粹的革命階級隊伍。[81] 幹部子女的紅衛兵以此作為文革的目的。他們將批判的矛頭指向黨外，明確背離了毛澤東打倒「黨內走資本主義道路的當權派」的意圖，因而阻礙了文革的進行。因此1966年10月開始，他們便漸漸失去政治舞台上的主力的位置。

事實上，從家庭出身來考慮，幹部子女的紅衛兵無法承擔毛澤東「炮打司令部」的任務是理所當然的。因為「老紅衛兵」組織的核心是由高級幹部的子女組成的，將造反的矛頭對準黨內意味著打倒他們的父輩，他們當然是難以接受的。

（3）分化與解體

1966年10月1日林彪的國慶講話和10月3日《紅旗》第13期的社論號召國民「徹底批判資產階級反動路線」，由此文革的矛頭終於對準「黨內走資本主義道路的當權派」。對「資產階級反動路線」的批判影響了「老紅衛兵」的父輩，他們中的許多人一夜之間就淪為「黑幫」子女。因此「老紅衛兵」開始抵抗批判「資產階級反動路線」，對於文革的目標也逐漸產生懷疑。另一方面，1966年8月18日以後開始組建、在關於「出身血統論」的爭論中逐漸壯大起來的造反派紅衛兵組織積極參加對「資產階級反動路線」的批判運動，得到「中央文革小組」的支持，擴大了組織的規模和勢力，取代「老紅衛兵」成為最「革命」的勢力。

80　〈江青同志在天橋劇場的講話〉（當時的傳單）。
81　印紅標，《紅衛兵運動的兩大潮流》，頁235。

1966年10月以後「老紅衛兵」急劇分化，他們分化後的去向有以下三個大類。[82]

第一，加入其他組織繼續參與文革。1966年10月以後，學生造反派組織除了分化中的「老紅衛兵」組織外，還有以先進學生為中心的「保守派」組織和以中間階級子女為中心的「造反派」組織。一部分退出的「老紅衛兵」加入了這兩個組織。[83]

第二，成為脫離運動的所謂「逍遙派」。關於「逍遙派」將在第八章詳細論述，在此省略。

第三，組成「首都紅衛兵聯合行動委員會」(以下簡稱「聯動」)對抗「中央文革小組」。「聯動」是文革中最早公開質疑毛澤東的文革理念和「中央文革小組」行動的組織。「聯動」的言論中明確出現了對毛澤東和「中央文革小組」的批判。例如，「聯動」在1966年12月20日的集會中喊出「打倒中央文革小組」、「劉少奇萬歲」的口號。他們還在1967年1月1日發表的003號通告中提出「廢除專制制度」、「忠於馬克思主義和1960年以前的毛澤東思想」、「保護優秀忠誠的革命幹部」。「聯動」在公開質疑文革、批判毛澤東的文革理念方面具有重要的意義。

宋永毅將「聯動」的主張歸納為三點。第一，要求回歸文革前的中國政治體制；第二，要求維持文革前17年建立起來的官僚體制；第三，反對批判「出身血統論」。[84]此外，宋永毅通過與「省無聯」(湖南省會無產階級革命派大聯合委員會)等「極左派」異端思潮的比較，高度評價「聯動」的思潮是來自「右」側的批判文革的異端思潮。[85]

「聯動」的思潮在當時幾乎沒有對社會造成影響，原因有以下兩點。第一，「聯動」對文革的批判和他們參與文革一樣，具有追求集團利益

82　梁梁執筆，〈一個紅衛兵發起者的自述〉，頁69。
83　老紅衛兵轉為保守派紅衛兵組織並非首次，1966年8月進行「出身血統論」的論爭時就已經發生。
84　宋永毅，〈文化大革命中的異端思潮〉，《文化大革命：史實與現實》，頁260。
85　同上註。

的強烈特徵。第二，「聯動」要求回歸文革前的中國政治體制的主張，
對於1967年初的多數中國人而言是一個缺乏魅力的提案。1966年末至
1967年之間正是城市底層表達對文革前政策的不滿，為追求經濟利益
競相造反的高潮時期。此外，對「非紅五類」出身的年青人來說，在批
判「資產階級反動路線」的運動潮流中才好不容易獲得了「革命權利」。
在這樣的情況下，「聯動」要求終止運動、回歸文革前的體制的主張是
不符合時代潮流的聲音。

　　「聯動」與「老紅衛兵」組織一樣，以「出身血統論」為組織原則，甚
至比「老紅衛兵」更傾向於「出身血統論」。這一點在「聯動」的全稱「中
國共產黨中央委員會、中共北京市黨委革命幹部子女、中華人民共和國
國務院、人大常委革命幹部子女、中國人民解放軍帥、將、校革命幹部
子女、十六省、市黨委革命幹部子女聯合行動委員會」[86]中就充分地體
現了出來。對「出身血統論」和特權意識的強調，孤立了他們自己。因
此，由於「出身血統論」的影響，他們對文革的批判被看成是失意者在
發泄胸中的鬱悶。「聯動」遭到反對派「造反派」組織和「中央文革小組」
的激烈批判，最終其核心成員於1967年1月被逮捕，「聯動」從此衰退。

86　〈中央、北京黨政軍幹部子弟(女)聯合委員會通告中發秘字〇〇三〉，《紅
　　衛兵狂飆》，頁103–106。

第5章
「清華大學井岡山兵團」的興衰

　　從1966年10月開始，中學「老紅衛兵」組織的重要性讓位給大學的造反派紅衛兵組織，大學裏文革的領導權也從保守派和黨員團員轉移到一般群眾的手中。從這一時期開始，文革進入第二個次運動階段。本章主要分析承擔第二個次運動階段主力的大學的造反派組織的興衰。

　　從全國範圍來看，造反派組織是隨著「老紅衛兵」組織的衰退而發展起來的。其中大多數是在1966年8月18日以後開始組建、10月響應批判「資產階級反動路線」的號召參加運動的，在得到「中央文革小組」和毛澤東的支持後，取代「老紅衛兵」組織成為運動的主力。[1] 根據相關研究，造反派組織的成員在黨的權力體系中多處於較低的位置。學校裏的造反派紅衛兵組織通常具有三項特徵。第一，幹部子女較少，幾乎沒有高級幹部的子女，黨員和團員佔比也很少。第二，派別領袖多為文革前或文革初的工作組時期被貼上「反革命分子」、「反黨分子」、「右派分子」、「假左派、真右派」、「白專學生」等標籤的學生。第三，成員中的多數為中間階級 (職員、教師、自由職業者、小業主、店員、中農等) 出身的子女，尤其是在重點中學、大學，由於這些學校的學生中工人、農民出身的子女很少，所以造反派紅衛兵的成員幾乎都是出身中間階級

1　　石雲，〈紅衛兵運動述評〉，頁27。

的子女。[2] 工廠裏的造反派組織主要是由「落後分子」以及各種運動中被批判的對象等各種對社會心懷不滿的人組成，很少有黨團員和積極分子參與。[3] 總之，造反派組織是當時社會非既得利益集團的集合體。由於成員的階級出身和社會地位的不同，其主張也各有不同。此外，中學、大學和工廠造反派組織的行為狀況也有很大差異。因為本書不可能分析文革中的所有造反派組織，也因為文革的第二個次運動是以大學的造反派組織為主體的，因此本書著重考察其中最有影響力的「清華大學井岡山兵團」（以下簡稱「兵團」），通過分析兵團組織的興起、發展及衰退的過程，探究文革進行的推動力。

本章由①兵團的興起、②分化與圍繞「革命性」的競爭、③激進化與組織的解體、④結語四節組成。第一節通過考察兵團發展為全國性造反派組織的歷史背景，分析兵團興起過程中國家和社會所起的作用。第二節考察1967年文革進入以上海的工人造反派組織為主體的第三個次運動階段後，圍繞「三結合」政權的建設兵團內部發生的分化、聯合及再分化，分析產生這些變化的原因。第三節分析1967年夏季之後，兵團內部分化出來的兩大派別為了從國家獲得更多的公民權，圍繞著「革命性」而展開的競爭，以及這一競爭帶來的組織的解體。最後，在第四節中，筆者總結本章的主要論點。

和其他章節一樣，本章也以筆者強調的派別間的相互作用、派別與國家間的相互作用兩個方面作為分析的重點。具體地說，本章要回答和解釋的重點問題包括：國家政策及國家代理人的言論和行為，是如何影

2　關於學校造反派組織的構成，參照以下研究：Rosen, *Red Guard Factionalism and the Cultural Revolution in Guangzhou*, pp. 645–683；印紅標，《紅衛兵運動的兩大潮流》，頁243–244。

3　關於工廠造反派組織的構成，參照以下研究：王紹光，《理性與瘋狂》，頁85–92；李遜，《大崩潰──上海工人造反派興亡史》，頁82–128；Elizabeth J. Perry and Li Xun, *Proletarian Power: Shanghai in the Cultural Revolution* (Boulder, CO: Westview Press, 1997), p. 40。

響派別的集體行為的？不同的派別是如何利用國家提供的政治機會，展開獲取公民權的競爭的？派別間的競爭又在多大程度上影響到國家政策和國家代理人的言論？

第一節 兵團的興起

「兵團」是以「清華大學井岡山兵團」組織為基礎建立起來的，因此要考察兵團的興起，首先必須考察「清華大學井岡山紅衛兵」的組建、組織的發展等歷史背景。「清華大學井岡山紅衛兵」（以下簡稱「井岡山紅衛兵」）成立於1966年9月24日，其領導人蒯大富是貧農階級出身的大學三年級學生，工作組時期被貼上「反革命分子」的標籤也不屈服，以絕食等活動進行抗議，工作組撤退後被高度評價為反工作組的英雄。[4]「井岡山紅衛兵」成立時成員只有十幾人，全都是和蒯大富一樣受到工作組猛烈打壓的人物。[5] 由於他們被貼上了「反革命分子」的標籤，工作組在時他們被校內所有紅衛兵組織拒之門外。但是，正是這個人數極少的組織在三個月後摧毀了對立的保守派組織，並與政治立場接近的其他造反派組織形成聯合，發展成成員超過5,000人的大型組織，[6] 並且不僅是在北京，在全國的造反派運動中也發揮了中心的作用，在成立半年後成員發展到8,000人以上。[7] 這一節聚焦於討論兩個問題：「井岡山紅衛兵」是如何發展組織的？為什麼能在短期內由少數派變身為多數派組織？

---

4 W・ヒントン，《百日戰爭——清華大學の文化大革命》，頁76–79。

5 〈蒯大富同志在慶祝井岡山紅衛兵成立半週年大會上的講話〉，紅代會清華大學井岡山編輯部，《井岡山》，1967年3月25日。

6 〈向劉鄧反動路線猛烈開火——記井岡山兵團一二月二五日大行動〉，清華大學井岡山報編輯部，《井岡山》，1967年1月1日。

7 〈蒯大富同志在慶祝井岡山紅衛兵成立半週年大會上的講話〉。

　　概括地說，「井岡山紅衛兵」能在短時間內迅速擴張勢力，最重要的原因是國家政策的變化。國家政策的變化帶來公民權分配方式的變化，並產生既得利益集團和非既得利益集團的重組。如果以國家政策的變化為軸心，可以將1966年6月清華大學內形成派別至1966年12月兵團成立的半年期間劃分為三個時期。

　　第一個時期是從6月初至7月末的派別形成期。這一時期圍繞著擁護工作組和反對工作組的意見分歧，清華大學的學生分裂成保守派和造反派兩大陣營。造反派中最具戰鬥性的學生被工作組判定為「反革命分子」，成為了攻擊的主要目標。

　　第二個時期是從7月末到9月末的保守派和造反派的對峙時期。這個時期的國家政策極為曖昧，工作組撤退後中央文革小組開始出現在第一線，公開領導文革。儘管中央文革小組要求搞好團結，但是曖昧的國家政策卻擴大了群眾對「文革」的解釋範圍。結果兩派的對立頻繁發生。

　　第三個時期是從9月末到12月末的造反派取得全面勝利的時期。這個時期被工作組和「老紅衛兵」轉向「下層」的文革的矛頭，終於被扭向針對「黨內走資本主義道路的當權派」。中央文革小組明確亮出支持造反派組織的方針。國家政策的變化和中央文革小組轉而支持造反派組織造成保守派和造反派組織之間的實力對比的變化，前者的組織最終破裂，迅速分解，後者則快速成長。

　　這裏主要分析這三個時期，國家政策及國家代理人的言論和行為的變化帶給集體派別行為的影響。

一、派別的形成

　　在「井岡山紅衛兵」成立之前，清華大學就已經存在主張揭發工作組的「資產階級反動路線」的「八‧八派」和主張揭發大學黨委中的「黑幫」的「八‧九派」兩大對立組織。「八‧八派」成立於1966年8月8日，以此命名為「八‧八革命串聯會」。8月18日，毛澤東在天安門接見紅衛兵的四天後，他們改名為「毛澤東思想紅衛兵」。「八‧八派」的核心成員

雖然也反對工作組，但並未被劃為「反革命分子」，他們中的一部分曾在1966年6月下旬和蒯大富一道反對工作組，但在受到壓力後就退卻了。[8] 此外，從其成員的階級出身來看，絕大多數是「非紅五類」階級出身的學生。[9]「八‧九派」組建於1966年8月9日，自稱「八‧九揪黑幫串聯會」，8月19日改名為「清華大學紅衛兵」。「八‧九派」由擁護工作組的學生組成，其中有許多幹部子女和黨團員，派別領袖為劉濤(劉少奇之女)、賀鵬飛(中央軍委副主席賀龍之子)、劉菊芬(黨中央國際聯絡部部長劉寧一之女)、李黎風(西南局第一書記李井泉之子)、喬宗灌(外交部副部長喬冠華之子)等高級幹部的子女。[10]

「井岡山紅衛兵」、「八‧八派」、「八‧九派」為什麼會形成這樣的分化結構呢？

有關這個問題，有必要追溯到1966年6月來加以說明。6月1日，聶元梓的大字報被媒體報道後，清華大學校園裏就出現了批判黨委的風潮。工作組進駐學校後，如何才能獲得工作組的重用便成為學生們極為重要的課題。這是因為越是靠近權力的中心，就越能獲得更多的政治、經濟利益，而權力中心的變化往往會引發權力所轄範圍之內爭奪政治資源的新的競爭。如建國以來許多政治運動所顯示的那樣，在政治運動中率先按照黨中央的指示展開行動的人，往往會被選拔為積極分子。當然也有像「反右」運動那樣的情況，隨著運動的急劇變化，率先行動的人反而被打成反體制者，因此有一定的風險。但是和商業競爭一樣，風險越高的地方往往利益也越大。此外，如前所述，在公民權的分配中，兩個要素極為重要。一是國家政策，二是握有分配權力的國家代理人的個人意志。國家關於公民權分配的政策變化帶來了全國

8　清華大學井岡山紅衛兵宣傳隊編，《清華大學大字報選》(1966年)，頁10–11；W‧ヒントン，《百日戰爭》，頁141。

9　劉濤，〈我的初步檢查〉，清華大學井岡山報編輯部，《井岡山》，1966年12月31日。

10　同上註。

範圍的公民權分配方式的改變，另一方面握有分配權力的國家代理人的變化造成該人所管轄範圍內的「保護和被保護」關係的重組。也就是說，為了加入新的「保護和被保護」關係，群眾之間會展開競爭。在此意義上，學校的領導權由黨委轉移至工作組後，學生之間為了接近權力中心，便展開了競爭。

工作組進入清華大學後即判定黨委有問題，並領導師生展開對校黨委的批判，由此校內的所有學生便轉而批判黨委的幹部。其中為了向工作組表示自己的革命意志，一部分學生採取了激進的行動，給黨委的幹部戴上三角帽，將之送上批鬥台。但是這一行為不僅沒有得到工作組的好評，反而被工作組制止，這些激進學生也受到工作組的嚴厲批判。幾天後，在蔓延至整個北京市的反工作組運動的浪潮中，激進學生的批判矛頭開始轉向工作組。結果，蒯大富等最激進的學生被工作組打成反革命分子。[11]

從 1966 年 6 月末到 7 月下旬之間，學校運動的中心任務從批判校黨委轉移至批判蒯大富。於是，對學生們而言，批判蒯大富便成為對工作組表示忠心的方法之一。尤其是對於那些曾經支持過蒯大富的人來說，掉轉槍口是保住自己的最好方法，許多蒯大富的支持者都轉而開始批判他。其中為了減輕或逃避自己激進行為的責任，比任何人都更加狂熱地投入批判，甚至散播謠言的也大有人在。[12] 另一方面，黨委掌權時曾受到重用的高級幹部子女和黨團員學生，卻在黨委遭到批判後仍被工作組當成是可以信任的左派學生，尤其是劉濤和賀鵬飛直接作為工作組顧問王光美的代言人，在群眾中執行上級的政治指示。[13]

11　蒯大富，〈工作組往哪裏去〉，《清華大學大字報選》，頁 1–4。

12　蒯大富，〈關於六月二十七日大會聲明〉、〈致劉才堂、王鐵成等同志〉，《清華大學大字報選》，頁 10–11。

13　《清華大學大字報選》。

　　根據韓丁 (William Hinton) 的觀察，劉濤和賀鵬飛等幹部子女無論是在領導能力還是論辯能力方面，是無法與後來崛起的造反派領袖蒯大富相提並論。但是，在運動的初期，普通群眾很難想到劉少奇會成為被攻擊的目標，因此，國家主席的女兒和中央軍委副主席的兒子這樣的身份，就被看成具有某種程度的領導權威，而得到上下的支持。[14] 劉濤和賀鵬飛所享有的來自上層的支持不僅包括劉少奇和王光美，薄一波和王任重也有一定的關聯。[15] 下層的支持則來自按照工作組的指示採取行動的眾多學生。

　　如前所述，工作組採用文革前的公民權的分配標準，重用黨員、團員，特別是高級幹部的子女。也就是說，清華大學的派別分化的結構可以說是工作組掌握學校的權力時，進行公民權分配和競爭的結果。但是這個結果只維持了不長的時間，其主要原因在於下文將要分析的國家政策的變化帶來的公民權分配方式的變化。

二、「八‧八派」與「八‧九派」的對立

　　1966年8月至9月是國家政策極為混亂的時期，這主要體現在中共中央八屆十一中全會通過的文革的綱領性文件〈十六條〉當中。

　　首先，有關文革的目標的規定十分曖昧。〈十六條〉規定文革的任務主要有三點。第一，與「黨內走資本主義道路的當權派」作鬥爭。第二，批判資產階級反動學術權威和意識形態。第三，改革教育、文藝等所有不符合社會主義的東西。這三點也就是所謂的「鬥、批、改」。對於工作組，〈十六條〉指出工作組錯誤地對待一部分真正的革命積極分

14　W‧ヒントン，《百日戰爭》，頁80–82。

15　蒯大富，〈六月九日—三十日活動情況〉，《清華大學大字報選》，頁44；劉濤，〈我的初步檢查〉。

子,犯了方向和路線錯誤。[16] 但是在具體的執行階段,也就是説在工作組撤退後,是應該先發動群眾運動揭露工作組的錯誤、追究其原因,還是先展開與「黨內走資本主義道路的當權派」的鬥爭,〈十六條〉並未明言。也許對於文革發動者來説,這兩件事其實並無區別,都是指向劉鄧路線,然而對普通參加者來説區別卻很大。

第二,有關黨組織對運動的領導及黨組織與群眾組織的關係的規定十分曖昧。〈十六條〉規定文革原則上要由各級黨組織來領導,因此要求各級黨組織必須對文革加以正確的領導,但同時又提倡群眾解放自身,也就是説承認群眾運動的自發性。此外,〈十六條〉並未論述黨組織與紅衛兵之類群眾組織的關係。這帶來黨組織對群眾運動的領導混亂,一部分黨組織為了維持權力基礎操縱群眾組織,還有一部分則自動放棄對運動的領導權。[17] 另一方面,〈十六條〉給群眾提供了按照自身意志行事的合理依據,結果無限制的政治動員和政治參與在其後造成運動失控,並促進運動的激進化。

第三,關於「運動的左派」的標準的規定十分曖昧。〈十六條〉規定運動的主體是「革命的左派」,但並未闡述什麼樣的人才是「左派」。此外,關於已經形成了對立的學生,〈十六條〉肯定大多數青少年的革命大方向是一貫正確的,在此基礎上,要求保護持不同意見的少數派,因為「真理有時候掌握在少數人手裏」。這樣的規定可看做是為了調和學生內部的矛盾,結果卻令各派均認為自己才是「革命的左派」,[18] 隨著運動的發展擴大矛盾,加深派別間的對立。

---

16 〈中國共產黨中央委員會關於無產階級文化大革命的決定〉,《「文化大革命」研究資料》(上),頁72。

17 哈里·哈丁,〈文化大革命:混亂的中國〉,頁152–154。

18 劉濤,〈我的初步檢查〉。

圖表5.1 中央政治局成員的變化（1966年8月）

序列	八屆五中全會（1958年5月）	八屆十一中全會（1966年8月）
1	◇ 毛澤東	◇ 毛澤東
2	◇ 劉少奇	◇ 林　彪
3	◇ 周恩來	◇ 周恩來
4	◇ 朱　德	◇ 陶　鑄
5	◇ 陳　雲	◇ 陳伯達
6	◇ 林　彪	◇ 鄧小平
7	◇ 鄧小平	◇ 康　生
8	董必武	◇ 劉少奇
9	彭　真	◇ 朱　德
10	陳　毅	◇ 李富春
11	李富春	◇ 陳　雲
12	彭德懷	董必武
13	劉伯承	陳　毅
14	賀　龍	劉伯承
15	李先念	賀　龍
16	李井泉	李先念
17	譚震林	譚震林
18	△ 烏蘭夫	李井泉
19	△ 張聞天	徐向前
20	△ 陸定一	聶榮臻
21	△ 陳伯達	葉劍英
22	△ 康　生	△ 烏蘭夫
23	△ 薄一波	△ 薄一波
24		△ 李雪峰
25		△ 宋任群
26		△ 劉瀾濤
27		△ 謝富治

註：◇為常務委員，△為候補委員。

中共中央傳達的文件為何如此曖昧呢？根據哈丁的研究，〈十六條〉一方面意味著毛澤東將發動文革和通過文革攻擊劉少奇等激進派官僚的行為合法化，同時也反映中央委員會內部的意見分歧。[19] 也就是說，〈十六條〉是中央領導層中各派勢力相互妥協的結果，從中共中央八屆十一中全會改組的中央政治局的構成中，也可以看出這一點。

如圖表5.1所示，新的中央政治局中，林彪、陶鑄、陳伯達、康生等文革派的位置大幅提升；相反，劉少奇從第二位降到第八位。此外，彭真、陸定一及1959年的中共中央八屆八中全會上被打成「彭黃張周反黨集團」的彭德懷和張聞天被正式解職，取而代之的是七名新成員。新成員可以分為以下兩個類型。一類是擔任中央分局第一書記的群體，例如陶鑄（中南局）、李雪峰（華北局）、宋任窮（東北局）、劉瀾濤（西北局）等。另一類是人民解放軍的將領，例如徐向前、聶榮臻、葉劍英等。前者的增補表面看是官位的提升，但從半年之後就以執行「資產階級反動路線」的理由全體遭到批判來看，可以認為提升是為批判做準備。也就是說，要批判各中央分局的最高領導，必須防止他們集結地方政治勢力對抗中央，所以首先要把他們從地方政權中分離出來，筆者認為極有可能是出於這樣的策略。當然，筆者的猜測是否屬實，有待今後史料公開後的證實。後者被增補，筆者認為一是當運動無法控制時需要投入人民解放軍，二是為了抑制林彪的權力擴張。前面章節討論過，林彪與毛澤東的關係是政治聯盟，完全不同於毛澤東與中央文革小組的關係。因此，對毛澤東來說，一方面利用林彪在軍內的勢力，另一方面又要限制林彪的權力擴張，這是極為重要的考量。從這一點來考慮，利用人民解放軍內部的林彪以外的勢力對毛澤東來說可能就是上策了。

此外，新中央政治局的27名成員中，劉少奇、鄧小平、陶鑄、賀龍、李井泉、烏蘭夫、薄一波、宋任窮、劉瀾濤九人在文革中下台，譚震林、陳毅、葉劍英在「二月逆流」中遭到批判，從這一事實來看，可

19　哈里·哈丁，〈文化大革命：混亂的中國〉，頁146–147。

以推斷改組的中央政治局在〈十六條〉的製成階段關於文革的理解未必是一致的。

總之，通過改組中央政治局，形成了以毛澤東為首的，由人民解放軍、中央文革小組、國務院官僚三者組成的推動文革的指揮部。但是三者內部、三者之間、三者與毛澤東之間並未形成意見完全一致的整合，而是存在互惠、制約、依存、對立等複雜關係的利益聯合體。這給其後的文革的進行帶來極大的影響，隨著內部矛盾的表露，其影響也波及到群眾組織的造反運動。

此外，除了中央政治局構成方面的問題外，如前所述，〈十六條〉中關於「文革」的大方向的規定並不明瞭，這些問題的存在不僅給相互對立的派別雙方都提供了將自身的利益合法化的依據，也給領導文革的中央領導層帶來困難。1966 年 7 月末工作組撤退後，中央文革小組作為文革的領導機構正式公開領導運動。7 月末開始，中央文革小組和周恩來受毛澤東的指示在各個大學進行演講。他們演講的內容主要可歸納為以下三點。第一，承認工作組的路線錯誤，認為工作組應該在群眾面前做自我批判。第二，給在工作組主政期間受到壓制的學生恢復名譽。第三，提倡群眾不應依賴工作組等外界的領導，應該自己解放自己。[20] 但是關於是先批判工作組，還是先批判「黨內走資本主義道路的當權派」，黨、團組織與群眾組織的關係等當時全國議論紛紛的課題，他們給出的回答和〈十六條〉一樣混亂而曖昧。尤其是從 7 月末到 8 月初期間，為了避免像工作組一樣被指責為壓制群眾運動，中央文革小組和周恩來等中央領導層在領導群眾運動的問題上，與其說是解決問題，不如說是在「不能包辦代替」[21] 的名義下對問題放任處理。例如，陶鑄在 1966 年 8 月 21 日接見地方學生時，對於西安學生提出的「我們不相信省委，省委應該改

20　〈中央及有關同志講話〉，《無產階級文化大革命資料彙編》，頁 71–153。

21　〈江青、康生同志七月二十五日晚在北大的講話〉、〈關鋒、姚文元、馬力同志七月二十七日在北京廣播學院的講話〉，《無產階級文化大革命資料彙編》，頁 84、90。

組」的要求，回答說：「這個問題你們自己決定吧。」[22] 類似的發言在 8 月中央文革小組的成員和周恩來等中央領導人的言論中也常常出現。這可以說是 1966 年末學生中蔓延的「無政府主義」思潮的開端。

對於學生內部的對立，中央領導層要求兩派搞好團結。[23] 烏貝・李希特 (Uwe Richter) 指出，在 1966 年 8 月這個時點，中央文革小組對造反派的支持「尚未公開表明，與其說是組織上的，不如說是意識形態上的」。[24] 也就是說，如上一章所述，在這個時期，中學的「老紅衛兵」組織仍然受到毛澤東、周恩來和中央文革小組的高度重視，其後所顯示的中央文革小組和造反派組織之間的直接的合作關係尚未達成。

在如此混亂的政治形勢中，「八・九派」和「八・八派」展開了對立。「八・八派」主張今後的運動應重點揭露工作組的「資產階級反動路線」，和恢復被工作組迫害的學生的名譽；相反「八・九派」雖承認工作組犯了路線錯誤，但主張將運動扭回原有方向，再度展開對黨委的批判。8 月，「八・八派」拒絕了蒯大富及其核心支持者們的加入，其原因主要是蒯大富曾受到批評，被貼上「反革命分子」的標籤，「八・八派」的大部分雖然和他有思想共鳴，但並不打算冒險與他聯合。[25] 這點在其後影響了造反派內部的分化結構。

從表面上看，「八・八派」和「八・九派」的對立是圍繞如何對待工作組的意見分歧的對立，但實際上其背後仍然存在著在新的政治形勢下展開的爭奪公民權的競爭。這一時期的爭奪公民權的競爭主要體現在成為「革命的左派」學生這一點上。如前所述，〈十六條〉未規定判斷「革命左派」的標準。中央文革小組的陶鑄在面對學生們的提問時，將「革命

22　〈陶鑄八月二十一日對外地同學的講話〉，《無產階級文化大革命資料彙編》，頁136。

23　〈中央及有關同志講話〉，《無產階級文化大革命資料彙編》，頁71–153。

24　ウーヴィ・リヒター著，渡部貞昭譯：《北京大学の文化大革命》（岩波書店，1993年），頁61。

25　W・ヒントン，《百日戰爭》，頁91–92。

左派」的標準概括為以下四點。第一，服從毛澤東和黨中央的領導。第二，最堅決勇敢地參加革命。第三，團結百分之九十五的人。第四，任何時候都能起到模範作用。[26] 在按照陶鑄的解釋進行自我評價時，對立雙方的任何一方都認為自己才是「革命的左派」。

劉濤等幹部子女有意迴避對工作組的批判。因為自己曾擁護工作組，所以保護自己是當然的目的。但是，除此之外更重要的原因在於劉濤等幹部子女對當時的政治形勢的判斷。劉濤在1966年12月末所寫的自我批判書中，闡述了她8月行動的判斷依據：「中央對工作組未做定論，批判工作組對還是不對尚不可知。」「沒有認識到批判工作組是路線鬥爭，是文革的中心問題。認為批判工作組只是運動的插曲，批判『黑幫』才是最正確、最革命的，是運動的大方向。」因此，劉濤等幹部子女為首的組織採取了「寧左勿右」[27] 的行動方針，「認為自己才是最革命的，其他人都是不革命的，因為批判『黑幫』才能表示革命性」。[28]

劉濤的自我批判有推卸自身責任的傾向，但是當中也反映了幹部子女們對當時的政治形勢的認識。因為8月中旬，賀鵬飛和劉濤等幹部子女在校園內數次貼出了批判王光美的大字報，[29] 其中展示的「革命意志」絲毫也不遜於與之對立的「八‧八派」。此外，劉濤不僅批判王光美，8月18日甚至打算張貼批判劉少奇的大字報，被王任重阻止未能實現。[30]

「八‧八派」為什麼和「八‧九派」一樣堅持批判工作組呢？可以認為他們主要有以下兩個目的。一是試圖挽回名譽，因為這不僅事關參加文革的權利的問題，也關係到今後能享受到什麼樣的公民權。其二是成為「革命的左派」，在新一輪的競爭中，曾經遭受打壓的經歷可以用做

---

26 〈陶鑄七月一日在北京大學全體革命師生員工慶祝黨的生日的大會上的講話〉、〈陶鑄講話〉，《無產階級文化大革命資料彙編》，頁80、157。

27 劉濤，〈我的初步檢查〉。

28 同上註。

29 同上註。

30 同上註。

戰勝競爭對手的重要政治資源，可以認為他們是認識到批判「黑幫」比批判工作組更有利於目標的達成，因而採取行動的。

總之，兩派的對立不僅是圍繞工作組問題的意見相左，背後還糾纏著獲取利益的競爭。因此無論中央文革小組和周恩來等如何呼籲學生們搞好團結，兩派間的對立仍然不斷深化，8月24日兩派的對立終於從言論鬥爭發展成武鬥。[31]「八·二四」武鬥發生的直接原因是校內貼出了批判毛澤東的大字報，賀鵬飛等幹部子女認為是「八·八派」造反派子女所為，便聯合北京林業學院和北京師範大學附屬女子中學的幹部子女對「八·八派」發起攻擊。[32] 在這場武鬥中，保守派組織提出了「只允許左派造反」的口號。[33]

如前所述，保守派組織的領導劉濤和賀鵬飛等幹部子女的政治領導權威是來自於上層，隨著上層的權力坍塌，他們也失去了領導的合法性，再也無法得到下級的支持。此時便頻頻發生成員退出，甚至連他們自己也被組織拋棄了。在清華大學，當工作組被中央判定為有問題後，劉濤的支持者們便開始退出。但是儘管劉少奇在1966年8月由於派工作組而被毛澤東公開嚴厲批評，在中共中央八屆十一中全會改組的中央政治局中從第二位降到第八位，但仍然留在中央政治局內，因此劉濤在校內仍有許多人支持，進入9月時「八·九派」仍然是校內的多數派組織。[34] 再者，8月份劉濤等得到中央文革小組副組長王任重的直接支持，也是其得以維持多數派地位的重要原因之一。[35] 保守派和造反派的勢力開始逆轉，是1966年9月下旬以後的事。

從全國範圍來看，如韓丁所指出的那樣：「造反派組織和保守派組

---

31 有關8月24日在清華大學發生的武裝鬥爭的詳細內容，參W·ヒントン，《百日戰爭》，頁94–104。
32 劉濤，〈我的初步檢查〉。
33 W·ヒントン，《百日戰爭》，頁99。
34 劉濤，〈我的初步檢查〉。
35 同上註。

織都不是固定的，每個個人在這兩大組織形成之前都依據政治形勢的變
化從一方的陣營轉移到另一方，在組織形成後仍越過界限繼續從一方轉
移到另一方。一般來說，從夏季到秋季是造反派的勢力擴張，保守派逐
漸失勢的時期。到了12月，保守派最終在組織上解體了。但是在鬥爭
的過程中保守派組織的成員也出現了增加，一直到年底都保持了不可輕
視的力量。6月保守派是毫無疑問的多數派，進入8月他們的力量與造
反派勢均力敵，接著10月6日 —— 全國的造反派組織為揭露『資產階級
反動路線』在天安門廣場舉行了大遊行 —— 那以後造反派就開始佔優
勢，保守派則開始急劇分化。」[36]

三、兵團的組成

如前所述，8月以後群眾運動沒有能夠回應毛澤東的期待，學生內部
的對立壓倒了批判「黨內走資本主義道路的當權派」這一文革的本來目的。
中學的紅衛兵組織糾纏於「出身血統論」的爭論，大學的保守派和造反派組
織則拼命爭奪「革命左派」的位置。無論中央領導層如何號召百分之九十
五的左派搞好團結，學生內部的分化依然日益深刻。更重要的是，一部分
黨政幹部把「出身血統論」當成將運動的矛頭從自身引開的工具。[37] 在這樣
的背景下，9月末開始中央領導層決定調整政策，支持當時被稱作少數派
的造反派組織。9月末至10月初的一連串事件體現了國家政策的變化。

9月26日，周恩來接見了北京大專院校紅衛兵第三司令部 (全稱北
京大專院校紅衛兵革命造反司令部，以下簡稱「三司」)。這個組織結成
於9月6日，是由北京24所大學中受到工作組嚴厲鎮壓、一直被排除在
運動之外的學生們結成的聯合組織，清華大學的蒯大富擔任主要領導。
這次是該組織成立以來首次受到中央領導的接見。相比頻繁接受中央領

36　W·ヒントン，《百日戰爭》，頁91。
37　宋永毅、孫大進，《文化大革命和它的異端思潮》，頁79。

導直接指示的第一、第二司令部[38]及中學的紅衛兵組織,該組織之前可謂備受冷淡。因此,這一次的接見具有重要的意義。在接見中,周恩來明確地表示支持他們的意向,並以黨中央的名義宣告恢復被工作組壓制的學生的名譽、撤銷檔案中的「黑材料」、「三司」享受與其他學生組織同等的政治、經濟待遇。[39]

在這以前,「三司」的學生被紅衛兵組織排除在外,失去了參加運動的資格。由於學校裏群眾運動的領導權掌握在以幹部子女為中心的「紅五類」組織手中,他們即便是組織起來,也幾乎難以獲得「串聯」所需的資金和宣傳自身主張所需的通信、印刷設備。這不僅僅是「三司」的問題,清華大學「八‧八派」等造反派組織也遭受了不平等的待遇。因此,周恩來的指示對於改善他們的政治地位極為重要。10月以後,周恩來的指示作為正式的中央文件傳達下來。[40]

---

38 第一司令部(首都大專院校紅衛兵司令部)是1966年8月27日各大學的保守派紅衛兵組織組成的聯合組織。第二司令部(首都大專院校紅衛兵總部)是各大學的一部分造反派組織為了與第一司令部對抗,於1966年9月5日成立的聯合組織,其政治觀點類似於第三司令部。1966年11月7日發生內部分化,其中一部分組織脫離母體,建立了「首都大專院校紅衛兵總部革命造反聯絡站」。其後,「首都大專院校紅衛兵總部革命造反聯絡站」掌握了第二司令部的領導權。

39 〈周恩來九月二十六日在工人體育館對首都大專院校革命造反司令部的講話〉,《無產階級文化大革命資料彙編》,頁215–220。

40 1966年10月5日,中央軍事委員會總政治部為了給被工作組鎮壓的人恢復名譽,發出了〈關於軍隊院校無產階級文化大革命的緊急指示〉。該指示雖是直接面向解放軍內的軍隊附屬學校發出的,但黨中央在其中添加了〈公文指示〉,將這〈緊急指示〉推廣至全國省以上的大學、初中、高中,要求全體學生和教職員堅決執行,黨中央做了以下號召:「凡運動初期被院校黨委和工作組打成『反革命』、『反黨分子』、『右派分子』和『假左派、真右派』等的同志,應宣布一律無效,予以平反,當眾恢復名譽。個人被迫寫出的檢討材料,應全部交還本人處理,黨委和工作組以及別人整理的整他們的材料,應同群眾商量處理辦法,經過群眾和被整的人的同意,也可以當眾銷毀。」〈關於軍隊院校無產階級文化大革命的緊急指示〉,廣東省革命群眾批資平反總部編,《平反資料彙編》(1968年),頁1–2。

　　1966年10月1日，林彪在國慶講話中論述以毛澤東為代表的無產階級革命路線與「資產階級反動路線」之間的鬥爭依舊存在。兩天後，《紅旗》雜誌第13期發表社論，號召國民「徹底批判資產階級反動路線」。在其後召開的中央工作會議上，劉少奇和鄧小平被指為「資產階級反動路線」的代理人，被迫做了自我批判。[41]

　　10月6日，在中央的領導下，全國各地彙集到北京的造反派組織以揭露「資產階級反動路線」為名，在天安門廣場舉行了約12,000人參加的大遊行。周恩來和中央文革小組的主要成員出席了活動，周恩來、陳伯達和江青表示堅決支持造反派。張春橋現場朗讀了關於對被工作組迫害的人員恢復其名譽的中央文件。[42] 蒯大富是此次活動的領導者和組織者。他在大學裏組織的「井岡山紅衛兵」儘管剛剛成立兩個星期，但在此次集會中發揮了核心的作用。

　　這一連串的事件，特別是周恩來和中央文革小組出席造反派組織的活動這一事實，明晰地傳達出一個信息，即在批判「資產階級反動路線」的運動中，以「井岡山紅衛兵」為首的造反派組織是運動的主力軍。這一信息的廣泛傳達，其結果帶來全國範圍內保守派和造反派組織力量對比的變化。以清華大學為例，1966年9月末隨著中央明確表示支持蒯大富，並明確了批判劉少奇是運動的目標，「八‧九派」的成員開始大量脫退，劉濤和賀鵬飛失去了領導權威，29日被迫辭職。退出「八‧九派」的人大部分離開北京，到地方開展「革命經驗交流」（大串聯），[43] 另外還有一部分轉而加入蒯大富的「井岡山紅衛兵」。[44] 另一方面，10月份

41　陳伯達，〈無產階級文化大革命中的兩條路線〉，《「文化大革命」研究資料》（上），頁133–141。

42　〈陳伯達、江青、周恩來同志十月六日在「全國在京革命師生向資產階級反動路線猛烈開火誓師大會」上的講話〉，《無產階級文化大革命資料彙編》，頁247–248。

43　劉濤，〈我的初步檢查〉。

44　〈關鋒同志講話〉，《無產階級文化大革命資料彙編》，頁250。

「井岡山紅衛兵」得到迅速發展。1966年12月19日，在中央文革小組的領導下，實現了和包括「八·八派」在內的清華大學所有左翼組織的大聯合，舊的名稱被捨棄，代之為更加宏大的新名稱「清華大學井岡山兵團」(以下簡稱「兵團」)。[45] 與此同時，其對立派「八·九派」組織的印章被「兵團」凍結，辦公室被查封。[46] 其後「八·九派」的殘餘勢力多數轉入了「兵團」。於是學生中一直態度消極的，也多數站在「兵團」一方開始活動。[47]

保守派組織解體的過程並不平靜，一部分核心成員為保住失去的政治地位，展開了激烈的抵抗。但是，這一次保守派沒有將矛頭指向對立的造反派組織，而是對準其背後的勢力中央文革小組，原因是中央文革小組明確支持造反派的同時，也嚴厲地批判了中學的「老紅衛兵」和大學的保守派組織。在10月16日的中央工作會議上，陳伯達指出「出身血統論」和「高級幹部子女掌權論」脫離了無產階級專政的軌道，指責支持「出身血統論」的譚立夫(北京工業大學學生)8月中旬的講話是對抗中央。[48]

在這個背景中，10月開始保守派組織貼出激烈抨擊中央文革小組的大字報，指出中央文革小組是新的「資產階級反動路線」，是「形左實右」路線的推進者。[49] 諷刺的是，保守派組織批判中央文革小組所用的

45　W·ヒントン，《百日戰爭》，頁100。

46　〈清華大學紅衛兵造反兵團關於凍結「清華大學紅衛兵」大印的重要聲明〉，《井岡山》，1966年12月19日。

47　W·ヒントン，《百日戰爭》，頁103。

48　陳伯達，〈無產階級文化大革命中的兩條路線〉，《「文化大革命」研究資料》(上)，頁135。

49　1966年10月12日，北京廣播學院毛澤東主義紅衛兵貼出了〈中央文革小組應對我院進行自我批評〉的大字報，批判中央文革小組不信任群眾，鎮壓群眾，將自身的意見強加給群眾。11月末，北京航空學院的八一縱隊數次貼出了批判中央文革小組的大字報。12月1日，北京林學院的李洪山做了激烈批評中央文革小組的演說。

話語與三個月前中央文革小組動員群眾批判工作組時所用的話語一模一樣。中央文革小組批判工作組把自身的觀點強加給群眾（包辦代替），挑動群眾鬥群眾，現在保守派也以同樣的理由批判中央文革小組。[50] 此外，中央文革小組動員群眾時說「你們不需要保姆」，[51] 如今保守派也號召「要從中央文革小組獨立出來，我們不需要保姆」。韓丁在評價保守派組織的這種行為時說：「一旦自己不可能置身於右翼，他們便突如其來地轉向了從左翼發起攻擊。」[52] 上一章提到的「聯動」就是在這樣的政治形勢中組成的。清華大學的這類反叛者，是以賀鵬飛和李黎風為主的「八‧九派」的核心成員。[53]

　　保守派對中央文革小組的批判，進一步深化了保守派和造反派之間的對立。為報復以前遭受保守派組織的排擠和向中央文革小組表示忠心，造反派組織發動了對保守派組織的全面進攻。另一方面，保守派的核心成員對中央文革小組的攻擊行為，加速了組織的崩潰。在中央文革小組的領導下，「三司」利用這個機會讓公安部門逮捕反叛者中最為激進的成員。[54] 這樣一來，兩者的對立以造反派組織的全面勝利而告終。在此需要指出的是，保守派作為組織雖然已不復存在，但是形成保守派的社會基礎依舊存在。於是，由於崩潰後的保守派組織的多數成員都參加了造反派組織，如後文所論述，兩者間的對立以造反派組織內部的派別對立的形式，在其後的文革進行過程中繼續展開。

50　〈駁謬論四則〉，《井岡山》，1966 年 12 月 19 日。

51　〈江青、陳伯達同志七月二十七日在北師大的講話〉，《無產階級文化大革命資料彙編》，頁 89。

52　W・ヒントン，《百日戰爭》，頁 126。

53　同上註，頁 127。

54　〈江青、張春橋、關鋒、戚本禹、宋任窮、姚文元等同志十二月十八日在人大會堂接見一司、二司造反聯絡站、三司、首都兵團以及部分院校革命派代表的座談紀要〉，《無產階級文化大革命資料彙編》，頁 580；〈堅決支持清華大學紅衛兵造反兵團的革命行動〉，《井岡山》，1966 年 12 月 19 日。

第二節　分化與圍繞「革命性」的競爭

1966 年 12 月是兵團的極盛時期。25 日蒯大富受張春橋指派，[55] 指揮清華大學 5,000 人以上的「兵團」成員和激進的教職員工，為批判劉少奇、鄧小平為代表的「資產階級反動路線」，在天安門廣場舉行了大遊行。以這次大遊行為開端，批劉、批鄧在全國展開，蒯大富及其領導下的「三司」隨之成為全國造反派組織的領袖。需要指出的是，就在這個全盛時期，「兵團」的內部實際上就已經潛藏了分裂和衰退的因素。這主要體現在以下三個方面。

第一，正如韓丁指出的，「1966 年 12 月造反派獲得的並非大學的領導權，只是領導群眾運動的權力」，「上海的一月風暴將全國的鬥爭水平提升了一大截，究竟該由誰來領導黨和國家這一重大權力問題作為現實的課題，被突出地擺在全國各級黨和政府機構面前」，「短時間內，井岡山兵團掌握了實權，但是未能建立大學的合法的行政機構。1 月，井岡山兵團的成員們沒收和燒毀了保守派臨時革命委員會的公章，建立了管理行政的新的委員會，但這終究只是非正式機構，並非正式的權力機構。因為黨的北京市委和黨中央並未承認其為合法的革命委員會」。[56]

第二，隨著造反派實力的增長，組織的權力也隨之擴張，這主要體現在造反派組織的「準政府化」方面。根據唐少傑的研究，從 1966 年末到 1967 年初，「兵團」構建出類似政府的指揮機構、組織、宣傳以及通信體系，[57] 這些體系的內部做了極為細緻的劃分。通過這些體系的運營，「兵團」不僅控制著清華大學的政治、財政以及宣傳等權力，而且影響著全國各地的造反派組織。「兵團」對全國造反派組織的影響力的

55　唐少傑，〈清華井岡山兵團的興衰〉，劉青峰編，《文化大革命：史實與研究》，頁 51。

56　W·ヒントン，《百日戰爭》，頁 137–138。

57　有關「兵團」的權力組織、組織系統與宣傳系統的詳細內容，參照唐少傑，〈清華井岡山兵團的興衰〉，頁 59–61。

發揮主要通過在當地設置聯絡站、[58] 派遣記者和發行內部刊物[59] 來實行。利用聯絡站和宣傳、情報搜集的體系，地方上發生的事情幾乎在同一時間就傳達到「兵團」總部，中央領導的指示和中央內部的權力鬥爭等情報也在瞬間廣泛傳播到全國的造反派組織。群眾組織能比地方黨政機關更先得知中央的文件內容，成為文革時期的獨特現象。

在批判「資產階級反動路線」的運動中，地方黨政權力體系由於受到群眾組織的攻擊瀕臨崩潰；另一方面，「兵團」徐徐擴張勢力，具備了類似黨政權力體系的組織形態和行政機能。這一「兵團」的「準政府化」給共產黨政權帶來很大的威脅。毛澤東在發動文革時說「以天下大亂達到天下大治」，但是從1967年文革的展開來考慮，毛澤東所言的「大亂」是指他能控制範圍內的「大亂」，目的是在清除劉、鄧「資產階級反動路線」後重建政權。也就是説，由群眾組織在黨政權力體系之外構築權力體系，絕非毛澤東所願。因此，1967年1月毛澤東命令在中學和大學中開展軍訓，並指示限制學生組織進入社會。

「兵團」的勢力擴張不僅產生了中央是否允許「準政府化」的群眾組織存續這一有關組織合法性的外部問題，也產生了「兵團」自身營運的內部問題。也就是説，「兵團」總部對下級組織的管理發生困難，同時還出現組織內部的派別化的問題。「兵團」是在吸收各種主張的組織及其成員的基礎上形成的，因此組織內部的派別化直接成為導致「兵團」分化的要素。

---

58 〈首都大專院校紅衛兵革命造反總司令部第六號通令——不許招搖撞騙〉，首都大專院校紅衛兵革命造反總司令部(第三司令部)，《首都紅衛兵》，1967年1月31日。根據《首都紅衛兵》，蒯大富於1967年1月31日以「三司」的名義，在瀋陽、重慶、長沙、南京、上海、杭州、西安、南昌、鞍山、福州、合肥、南充、銀川、常州、揚州、貴州、徐州、天津、南寧、齊齊哈爾、青島、旅順、廣州、太原、漳州、吉林、烏魯木齊、成都、鄭州、洛陽、濟南、通縣、唐山、武漢、昆明、煙台、汕頭、無錫、株洲、濰坊、邯鄲、青島、哈爾濱、安新等城市設立了聯絡站。

59 有關「兵團」的內部刊行物的詳細內容，參照唐少傑，〈清華井岡山兵團的興衰〉，頁51。

　　第三，與「老紅衛兵」和「八‧九派」等組織一樣，在文革的參與過程中「兵團」的行動激進化了。這進一步影響已經混亂的社會秩序，助長1966年末全國「無政府主義」風潮的蔓延。例如，1966年10月以後「兵團」在全國各地均派遣了聯絡站，領導當地的造反派組織衝擊地方黨政機構。另一方面，地方黨政幹部也採取動員有合作關係的群眾組織與之對抗等方法，拼死維護地方權力機構和自身的政治地位，[60]結果造成各地群眾組織之間的派別衝突，某些地區甚至出現死傷者。[61]不僅如此，11月8日，北京甚至發生蒯大富組織造反派，強行衝擊中南海和國防部的事件。[62]

　　從全國範圍來看，1966年造反運動超出了文革發動初期規定的文教界的範圍，擴大到承擔經濟生產活動的部門。學生組織的「大串聯」已經給財政和交通造成巨大的負擔，產業工人參加文革更是給生產、經濟以及交通等多方面造成惡劣的影響。在這種情況下，為了不重蹈「大躍進」的覆轍，保障正常的生產活動，有必要再次調整政策。從1966年學生組織的派別變化中可以看出，國家政策的變化帶來公民權分配方式的變化，影響了派別的重組。同樣，1967年「兵團」內部的分裂無疑也與國家政策的變化緊密相關，其中「三結合」政權的建立成為了導致派別分裂的直接誘因。

一、「兵團」的分化

　　1967年初，為了控制紅衛兵組織的派別鬥爭和限制其權限，中共中央採取了一系列將紅衛兵組織從社會趕回學校的措施，以此作為穩定

60　哈里‧哈丁，〈文化大革命：混亂的中國〉，頁152–154。

61　ウーヴィ‧リヒター，《北京大学の文化大革命》，頁61。

62　〈周恩來、江青同志十一月八日接見部分學校紅衛兵代表談話紀要〉、〈中央負責同志關於無產階級文化大革命的講話〉(續編)(1967年)，頁15–17；〈陳伯達同志十一月八日指示〉、〈中央首長十一月十一日對待中南海問題的講話〉，《無產階級文化大革命資料彙編》，頁334、338–342。

社會秩序的一個方法。例如，1966年12月31日，中共中央、國務院發布了〈大中學校進行短期軍事訓練的通知〉；[63] 1967年2月至3月，中央文革小組向蒯大富等大學紅衛兵組織的領袖下達關於紅衛兵組織進行「大聯合」的指示；3月7日，中共中央發布了〈關於現階段大專院校無產階級文化大革命的規定〉以及同一天中共中央通過《人民日報》傳達關於「中小學復課鬧革命」的指示[64]等等。這些措施起了暫時限制紅衛兵的權限和行動的效果，但是未能從根本上解決紅衛兵組織內部的矛盾。

1967年1月，毛澤東讚揚了上海的「一月革命」，以此為契機，全國的造反運動進入了由革命群眾代表、軍隊幹部、機關革命幹部共同組建「三結合」臨時領導機構的政權再建階段。圍繞建立「三結合」政權，「兵團」內部產生了意見分歧，終於在4月以後分裂成「四‧一四派」和「團派」兩個組織，兩者的意見分歧主要在於對舊幹部的處理問題上；也就是說，在建立「三結合」政權之際，舊幹部中的哪些人可以被評定為是革命的這一問題。「四‧一四派」主張文革前掌握大學權力的多數幹部都是革命的，「三結合」政權的幹部應當從被工作組停職的幹部中選出。他們的根據是1967年3月1日中共中央發出的關於「大部分幹部都是好的」的指示。與之相反，「團派」主張建國後至文革17年間學校的教育領導權被「資產階級反動路線」掌握了，因此「三結合」政權的幹部應當從17年以來被壓迫的幹部中遴選。[65]前者是4月14日從「兵團」中分離出來的，自稱「四‧一四派」；後者沿用「兵團」的舊名，被稱作「團派」。

表面看來，兩者間的分歧是在新的政治形勢中產生的，但實際上可以說分歧只不過是1966年後半期保守派與造反派之間的對立以新的表現形式再現。這點可以從以下兩個方面來加以理解。

---

63 〈中共中央關於對大中學校革命師生進行短期軍政訓練的通知〉，《「文化大革命」研究資料》（上），頁195。
64 〈中共中央關於對大專院校當前無產階級文化大革命的規定〉、〈中小學復課鬧革命〉，《「文化大革命」研究資料》（上），頁330、331。
65 W‧ヒントン，《百日戰争》，頁140。

　　第一，從派別的構成來看，與運動初期保守派與造反派的分化結構
有很大的相關性。韓丁指出，「四‧一四派」的大部分是從「八‧九派」
轉而投向「兵團」的，而「團派」的大部分則是蒯大富等「井岡山紅衛兵」
的成員、曾經的「反革命分子」。此外，前造反派「八‧八派」這時分裂
成兩個部分，一部分加入蒯大富的「團派」，另一部分則轉入「四‧一四
派」。[66]「八‧八派」的一部分人為什麼會加入前保守派成員佔多數的
「四‧一四派」呢？根據韓丁的研究，主要原因在於這部分人大多為
1966年工作組時期追隨蒯大富造反的人，但他們在遭受到工作組的壓
力時脫離了支持蒯大富的陣營，轉變了立場。因此在「兵團」內部被蒯
大富批判為右派動搖分子，較之蒯大富的忠實追隨者，他們受到了不公
正的待遇。[67]

　　第二，從主張來看，兩者的意見分歧類似於保守派和造反派之間的
「出身血統論」和「出身論」的對立。「四‧一四派」的中心論點是「階級
關係不變論」；也就是說，他們認為文革前17年的階級關係和社會結構
基本未變，先進的人們依然是領導階級，地主、富農、反革命、壞分
子、右派依然是被專政的階級，是否造反不是判斷革命與否的標準。[68]
總之，「四‧一四派」的主張是恢復文革前的階級劃分和社會結構。因
此，他們要求讓幹部們復職。相反，「團派」的觀點是「階級關係變化
論」；也就是說，他們認為隨著建國17年來的發展，中國的階級結構和
社會結構有了很大的變化，官僚特權階級和工人之間的矛盾成為了社會
主義國家的主要矛盾。文革的目的是打倒官僚特權階級，重新分配財產
和權力，促成社會的革命變化。[69]實際上兩者的目的可以說是相同的，
即通過讓與己方友好的幹部復職，使自身在權力結構中居於高位。舊既

66　同上註。

67　同上註。

68　周泉纓，〈四‧一思潮必勝〉，宋永毅等編，《文革大屠殺》，頁390–408。

69　同上註，頁393。

得利益集團擁護恢復官僚體制，舊的非既得利益集團倡導造反，這一結構系譜與保守派和造反派的對立系譜完全相同的。

如同文革初期造反派與保守派的對立擴展至全國一樣，「四·一四派」與「團派」的對立結構也不僅僅存在於清華大學，幾乎在同一時期全國各地的各種組織中都存在相似的情況。例如，北京的中學中的「四·三派」與「四·四派」的對立、黑龍江的「山上派」與「山下派」的對立、湖北省的「三新派」與「三鋼派」的對立、廣州的「緊跟派」與「抗拒派」的對立、山西省榆次市的「總司」與「總站」的對立等等。如前所述，表面看來這似乎是造反派內部的對立，但實際上依然可以說是保守派與造反派的對立。這是由於1966年末隨著保守派組織的解體，大批保守派成員加入了造反派組織，因而保守派的勢力得以在造反派內部被保存下來。那麼，為什麼在1967年春夏之間，已經弱勢的舊保守派勢力會再度捲土重來，在全國範圍內形成與造反派的對立呢？其中的原因主要有以下兩點。

第一，如清華大學「四·一四派」與「團派」的對立所顯示的那樣，「三結合」政權的建立激化了派別間圍繞公民權的競爭，文革前的既得利益集團和非既得利益集團兩大陣營再次出現。

第二，舊保守派勢力的復興與人民解放軍的支持有關。如前所述，1967年初毛澤東為了穩定混亂的社會秩序，採取了一連串的措施，命令人民解放軍介入文革是其中之一。1966年毛、林聯盟的建立對於毛澤東發動文革起到極為重要的作用。當激進派的言論在北京被拒絕刊登時，《解放軍報》為他們提供輿論宣傳的舞台。儘管如此，從總體上看，1967年以前軍事院校雖然參加了文革的造反運動，但人民解放軍採取了盡量避免直接介入文革的姿態。但是，1967年1月23日中共中央、國務院、中央軍委、中央文革小組下達了〈人民解放軍堅決支持革命左派群眾的決定〉，其中毛澤東批評了人民解放軍的「不介入」的姿態，命令「積極支持廣大革命左派群眾的奪權鬥爭。凡是真正的無產階級左派要求軍隊去援助他們，軍隊都應該派出部隊積極支持他們」，「堅決鎮壓反對無產階級革命左派的反革命分子，反革命組織。如果他

們動武，軍隊應當堅決還擊」。[70] 在這個文件發表之後，軍隊作為「三結合」政權建構的重要一環，參加了地方的「三支兩軍」(支持左派、工人、農民以及進行軍事訓練和軍事管制)。

進入1967年，由於大部分黨政機構已陷入癱瘓，人民解放軍作為恢復社會秩序和重建政權的主力，被賦予了巨大的權力。軍隊不僅有權判定群眾組織是革命還是反革命，毛澤東還指示對於攻擊軍事設施的組織勸告無效時有權開槍。[71] 但是，由於缺乏判定「左派」的明確標準，人民解放軍往往將黨、團員、先進學生乃至積極分子、「紅五類」階級出身者較多的組織，當成「左派」來支持，[72] 因為人民解放軍就是由「紅五類」階級的子女組成的隊伍。此外，軍隊幹部也和黨政幹部一樣屬官僚特權階層。尤其是地方黨政機構和企業的武裝、保衛、人事部門的幹部，由於工作上的相關性與軍隊幹部關係密切，因此軍隊幹部中很少有人贊成造反派將幹部作為官僚特權階級全盤否定的言論和行為。這樣一來，保守派勢力就在軍隊的支持下勢力擴張。

另一方面，一旦軍隊支持保守勢力(以下簡稱為「保守派」)，激進的造反勢力(以下簡稱為「造反派」)就開始攻擊軍隊。軍隊不能公然鎮壓造反派組織，於是便操縱保守派組織與造反派組織相對抗。這樣一來，群眾組織中造反派與保守派之間以及軍隊與造反派組織之間便展開了激烈的對立，全國各地頻繁發生造反派組織攻擊人民解放軍指揮機構的事件。1967年1月，中共中央和中央軍事委員會傳達一律禁止襲擊軍區的指令，[73] 2月至3月上旬之間，各地發生了多起人民解放軍武

70 〈中共中央、國務院、中央軍委、中央文革小組關於人民解放軍堅決支持革命左派群眾的決定〉，《「文化大革命」研究資料》(上)，頁258–259。
71 王年一，《大動亂的時代》，頁201。
72 同上註，頁200。
73 〈中共中央關於不得把鬥爭鋒芒指向軍隊的通知〉，《「文化大革命」研究資料》(上)，頁250。

裝反擊襲擊軍區的造反派組織的事件。[74] 這些事件被造反派稱作「二月
鎮壓」。

　　另一方面，1967年2月，幾乎就在各地頻繁發生人民解放軍武裝鎮
壓造反派組織的事件的同時，共產黨中央發生了譚震林等軍隊將領批判
中央文革小組的激進做法的「二月逆流」事件。這些事件的發生使得毛
澤東將政策向著有利於造反派組織的方向做了調整。由於政策的變化，
已經返回學校的學生組織又再度衝向社會。毛澤東的政策調整給清華大
學的學生造反運動造成直接的影響，「四・一四派」與「團派」對立的舞
台再度從學校轉向社會。

二、圍繞革命性的競爭

　　1967年3月末開始，中共中央傳達了一系列的文件，[75] 主要內容是
明確指出人民解放軍在「支左」（支持左派）中煽動群眾鬥群眾，犯了方
向性錯誤，並下令嚴格禁止解放軍將群眾組織判定為反革命組織。與此
同時，指示立即為在「支左」運動中受壓制的群眾組織和被貼上「反革命
分子」標籤的人們恢復名譽。另外，中央軍事委員會也在4月6日下達
了限制軍隊權限的〈軍委十條〉命令。根據〈軍委十條〉，在1967年1月
軍隊被授予的可以裁定群眾組織是革命還是反革命的權力，從此被收
回。不僅如此，中央還命令軍隊禁止任何對群眾組織開槍的行為。[76] 這

74　王年一，《大動亂的時代》，頁202–206。
75　〈中共中央、國務院、中央軍委、中央文化革命小組關於青海問題的決定〉
　　（1967年5月7日）、〈中共中央關於安徽問題的決定〉（1967年3月24日）、
　　〈中共中央關於安徽問題的決定〉（1967年4月1日）、〈中共中央關於福建問
　　題的決定〉（1967年4月30日）、〈中共中央關於四川問題的決定〉（1967年5
　　月7日），《「文化大革命」研究資料》（上），頁371、372、373、389、445、
　　446。
76　〈中央軍委命令〉，《「文化大革命」研究資料》（上），頁390–391。

一連串的動向，使造反派組織從軍隊的管制下解放出來，獲得解放的造反派立刻將鬥爭的矛頭對準軍內的幹部。

也許毛澤東預料到中央政策的調整會帶來造反派對軍隊幹部的攻擊，為了緩和攻擊，也為了平息譚震林等在「二月逆流」中受到批判的軍隊高級將領的憤怒，4月毛澤東做了兩件有象徵意義的事情。一是釋放被逮捕的「聯動」成員，多數「聯動」成員是軍內高級幹部的子女，釋放他們可看作是要討軍隊幹部的歡心。此外，「聯動」是全國有名的保守派組織，釋放其成員也讓一部分保守派組織認為今後的政策會朝著對己方有利的方向變化。另一件是在國慶節前一天邀請譚震林等高級將領在自己住所舉行會談，允許譚震林參加第二天的國慶集會。這兩件事給保守派和人民解放軍將領極大的激勵。[77]這樣一來，造反派和保守派兩者都以為毛澤東會支持自己。結果，原本是要緩和對立，保持平衡的毛澤東的做法反而激化了兩者的對立。

另一方面，為了反擊「二月逆流」，中央文革小組再度起用學生組織。1967年5月到8月之間，圍繞揪軍隊幹部中「帶槍的走資派」造反派和保守派組織之間發生了激烈的對立，各地頻繁發生造反派組織攻擊軍隊的事件。這種情況下，保守派組織通常會站在保護軍隊的立場，而軍隊由於被禁止向群眾組織開槍，於是以各種方式支持保守派來反對造反派，包括將武器存放地點告知保守派，製造武器被群眾組織搶的假象。而如果造反派組織來搶奪武器，則不令其得逞。[78]這種情形之下，造反派組織和保守派組織的對立衝突不斷並發展成武鬥。武鬥早在5、6月間就已經開始，全國範圍內的武鬥是在7、8月以後的事。

不用說全國發生大規模的武鬥原因在於群眾組織自身的利益競爭，但除此之外，《紅旗》和《解放軍報》社論的煽動性言論也是重要的原因。

77　王紹光，《理性與瘋狂》，頁115。

78　內容來源於2000年筆者在山西省榆次市文革親歷者訪談記錄。

1967年7月26日《解放軍報》的社論闡述「我們要揪出黨內、軍內一小撮走資本主義道路的當權派」，8月1日《紅旗》的文章更是號召全國的革命者把「揪出軍內的一小撮」作為現在的中心課題。

　　清華大學的蒯大富「團派」紅衛兵組織直接接受中央文革小組的指示，活躍在全國各地，成為「揪出軍內的一小撮分子」運動的主力。在這樣的背景之下，「四·一四派」與「團派」的對立也在新的政治機會構造中，以究竟哪一方更革命這一圍繞「革命性」的競爭的方式而展開，這一點集中體現在以「揪出劉少奇」為口號的中南海靜坐事件、衝擊英國領事館事件、南京的「揪許世友」三件事件中。

（1）中南海靜坐事件

　　從1967年7月10日至8月6日，以清華大學為主體的北京紅衛兵組織為「揪出劉少奇」，在中南海前進行了為期一個月的靜坐集會。根據韓丁的研究，事件的發端非常簡單。北京建築工學院的一部分學生為抗議劉少奇在工作組時期迫害全體學生，在中南海外舉行示威活動，叫嚷「揪出劉少奇」，最初只有四個組織參加。由於周恩來明確表示，不應該在群眾面前公開揪鬥劉少奇，採用集會、著作、廣播和大字報等方式進行即可。因而，中央文革小組、尤其是關鋒和戚本禹從這一小型示威運動中嗅到了實施逮捕、拘留周恩來計劃的機會。在關鋒的煽動下，蒯大富的「團派」和與之對立的「四·一四派」兩者在中南海前上演了一場「揪出劉少奇」的競爭。他們比賽看誰能動員更多的成員參加揪劉少奇的活動，看誰能先佔據距離中南海西門最近的戰略要地，看誰能擁有更強大的擴音喇叭發出彈劾的聲音。最終兩派為爭奪場地大打出手造成數百人受傷，示威運動在失敗中宣告解散。[79]「團派」與「四·一四派」的競爭勝負未分。

79　W·ヒントン，《百日戰爭》，頁154–157。

（2）衝擊英國領事館事件

在1967年8月23日發生的衝擊英國領事館的事件中扮演主角的並非「團派」，而是「四‧一四派」。事情的發端為，香港受文革的影響發生暴動，英國當局逮捕了新華社記者。於是外交部的造反派組織「反帝反修聯絡站」向香港的英國當局遞交最後通牒，要求48小時內釋放被逮捕的中國記者，否則將發生嚴重後果。通牒到期那天，「四‧一四派」受外交部造反派組織的邀請參加了行動。這一事件和中南海事件一樣，其背後的目的是打倒周恩來。[80] 不過，大部分事件的參加者並不知情。「四‧一四派」之所以參加這次運動，有可能是因為想要通過這次參與行為來提高知名度。因為8月22日造反組織向港英當局遞交通牒的行為被新華社作為革命行動大肆報道，[81] 因此，與「團派」相比名不見經傳的「四‧一四派」也想藉此揚名。然而由於行動最終被定性為反革命事件，「四‧一四派」的目的不僅沒有能夠達成，反而需要為自己的行為做自我批評。[82]

（3）「揪許世友」事件

「揪許世友」事件是在中央文革小組，尤其是王力、關峰和戚本禹的直接唆使下，蒯大富指揮「團派」進行的一連串「揪軍內帶槍的劉、鄧」行動中的一環。王力將南京軍區的許世友、福州軍區的韓先楚、瀋陽軍區的陳錫聯列為必須打倒的人物。1967年7月至8月間，蒯大富向這些地區派遣「團派」人員，集結當地的造反派打倒許世友、韓先楚、陳錫聯。「四‧一四派」為了在「揪軍內帶槍的劉、鄧」行動中與「團派」競爭，也向全國各地的十餘個聯絡站安插了數百人員，但是與「團派」的超過

---

80 同上註，頁169–172。

81 〈首都紅衛兵對英代辦採取強烈行為〉（1967年8月22日），《「文化大革命」研究資料》（上），頁555。

82 Ｗ‧ヒントン，《百日戰爭》，頁172。

2,000人次的47個聯絡站相比，仍然處於劣勢。儘管南京的「四‧一四派」也想加入揪許世友的隊列，但卻被「團派」指責為「偽批判」。對「四‧一四派」的攻擊不僅來自「團派」，也來自當地反對許世友的「優秀派」。於是「四‧一四派」便決定聯合與南京的「優秀派」對立的「風波派」，加入保護許世友的一方。對立雙方展開了激烈的武鬥，在周恩來和江青的干預下才停止戰鬥。由於周恩來和江青反對揪許世友的運動，毛澤東也批評「揪軍內帶槍的劉、鄧」是「毀我長城」的行為，這一次「四‧一四派」由於站對了隊，在與「團派」的競爭中佔了上風。[83]

從全國來看，1967年7月和8月是文革中最混亂的時期。就連毛澤東也在1970年與斯諾的會談中說：「1967年7月和8月兩個月不得了了，天下大亂了。」[84]這樣的大混亂是多方面存在的對立同時爆發的結果。主要表現在以下兩個方面。

第一，以周恩來和中央文革小組為首的官僚幹部之間產生了對立。對於在中央領導層中缺乏基礎的中央文革小組來說，利用文革發展自身的勢力也是文革中追求的一個目標。為了實現這個目標，他們利用群眾組織令盡可能多的舊官僚幹部倒台，然後把自身的勢力安插進權力體系之中。這樣一來，自然就同拼命維護官僚體系和保護幹部的周恩來之間產生了對立。因此，1967年夏天發生的中南海靜坐事件、衝擊英國領事館事件和「揭發伍豪叛變」[85]等事件背後，都包含中央文革小組打倒周恩來的企圖。

第二，中央文革小組和人民解放軍之間發生了對立。人民解放軍在「支左」運動中鎮壓造反派，不僅帶來人民解放軍與造反派的對立，也違背了支持造反派的中央文革小組的意願，因而引起中央文革小組的

---

83 同上註，頁157–168。

84 〈毛主席會見美國友好人士斯諾談話紀要〉，《「文化大革命」研究資料》（中），頁493。

85 有關「五‧一六兵團」的詳細內容，參照哈里‧哈丁，〈文化大革命：混亂的中國〉，頁183–186。

不滿。此外，毛澤東限制人民解放軍權限的政策削弱了軍隊駕馭造反派的能力，因此一部分軍隊便操縱支持軍隊的群眾組織，與造反派對抗。例如，武漢軍區公然支持和獎勵保守派組織「百萬雄師」的行動，結果激化了「百萬雄師」和「工人總部」的武鬥。[86]

　　除了上述兩項原因之外，軍隊內部、官僚幹部內部、地方上軍區幹部和地方幹部之間產生的權力鬥爭，也是造成大規模派別衝突的原因。哈丁指出，文革時期毛澤東的權力是由林彪領導下的軍隊勢力、中央文革小組和激進的群眾組織、以周恩來為首的國務院官僚勢力三部分組成。1967年夏，這三股勢力內部、三股勢力之間、三者與毛澤東之間各自都出現了分裂。[87]上層統治結構中權力鬥爭的複雜化，極大地影響了群眾組織內部的派別鬥爭。上層勢力為了在權力鬥爭中戰勝對立派，操縱群眾組織；群眾組織為了在派別鬥爭中獲得中央的支持，積極投入運動。結果武鬥頻發，用毛澤東的話說，全國展開了全面內戰。[88]中共中央數次下達了堅決禁止武鬥的聲明，[89]但是由於監督執行中央命令的官僚體系已經陷入癱瘓，軍隊也捲入混亂之中，所以中央的指令完全無效。另一方面，江青接見造反派組織號召「文攻武衛」，[90]姚文元在《紅旗》雜誌發表題為〈無產階級必須牢牢握緊槍杆子〉[91]的文章，煽動了鬥爭。

86　王紹光，《理性與瘋狂》，頁131–157。

87　哈里‧哈丁，〈文化大革命：混亂的中國〉，頁166–173。

88　〈毛主席會見美國友好人士斯諾談話紀要〉，《「文化大革命」研究資料》（中），頁493。

89　〈中共中央、國務院、中央軍委、中央文革小組通令〉（1967年6月6日）、〈中共中央通知〉（1967年6月24日）、〈中共中央關於禁止挑動農民進城武鬥的通知〉（1967年7月13日）、〈中共中央關於湖南問題的若干決定〉（1967年8月10日）等，《「文化大革命」研究資料》（上），頁492、496、500、531–532。

90　〈江青在接見河南代表時關於文攻武鬥的講話〉（1967年7月23日），《「文化大革命」研究資料》（上），頁501。

91　〈無產階級必須牢牢掌握槍杆子〉（1967年8月1日），《「文化大革命」研究資料》（上），頁525–557。

如前所述，1967年開始毛澤東的主要方針政策是重建政權，為此他讓人民解放軍介入了文革。4月，毛澤東削弱了人民解放軍的權限，但這並不意味著贊成群眾組織攻擊人民解放軍。在維持社會秩序的系統遭到全面破壞的情況下，社會秩序的恢復只能有賴於人民解放軍。因此8月，毛澤東、周恩來和林彪為了重建人民解放軍的權威，再度展開「三結合」政權的建立，從以下四個方面調整了政策。

第一，整頓中央文革小組。改組煽動「揪軍內帶槍的劉、鄧」的中央文革小組，撤銷了直接唆使造反派行動的王力、穆欣、林傑、關鋒的職務。與此同時，由於黨的理論刊物《紅旗》雜誌長期發表中央文革小組的激進言論，1967年8月刊登了「揪軍內一小撮」為內容的社論，被下令暫時停刊。[92]

第二，在全國開展擁護人民解放軍的「擁軍愛民」運動。[93] 這是文革期間第二次提出「擁護人民解放軍」的口號，上一次是在1967年4月限制軍隊的權限時，毛澤東為防止造反派攻擊軍隊，提出了同樣的口號。[94] 但是由於發生了武漢事件，「擁軍愛民」運動事實上未能開展。

第三，整頓群眾組織，限制其活動。從1967年9月到10月間，中共中央為限制群眾組織的活動，發布了一系列的文件。[95] 主要規定如下：①禁止串聯活動；②要求「復課鬧革命」；③禁止群眾組織擁有廣播、通訊設備；④提倡組織的大聯合；⑤禁止搶奪人民解放軍的武器；⑥追究以打倒周恩來為目的的「五·一六兵團」成員的責任。

92　哈里·哈丁，〈文化大革命：混亂的中國〉，頁184。

93　〈中共中央、國務院、中央軍委、中央文革小組關於展開擁軍愛民運動的號召〉(1967年8月25日)、〈中共中央、中央文革小組關於掀起擁軍愛民活動的通知〉(1967年8月29日)，《「文化大革命」研究資料》(上)，頁558、559。

94　〈江青在北京市革命委員會成立和慶祝大會上的講話〉(1967年4月20日)，《「文化大革命」研究資料》(上)，頁435。

95　《「文化大革命」研究資料》(上)，頁584、585、593。

第四，恢復黨組織的活動。1967年10月27日以中共中央、中央文
革小組的名義下達了〈關於已經成立了革命委員會的單位恢復黨的組織
生活的批示〉。[96] 雖然實際執行是1968年以後的事，但是這個文件的存
在本身，在當時具有極為重要的意義。

1967年9月以後，學生組織聽從中央「復課鬧革命」的指示，陸續
返回學校。學生組織內部的派別鬥爭再次圍繞「三結合」政權中的幹部
問題，而在校園繼續展開。

第三節　激進化與組織的解體

1967年9月以後，清華大學的「四‧一四派」和「團派」一邊通過夏
季的社會活動在群眾面前比賽誰更革命，一邊深化了分裂，並在這樣
的背景下回歸校園，開始重建「三結合」政權。和以前一樣，問題的焦
點在於應該讓哪些幹部復職進入「三結合」政權。雙方的標準十分簡
單，即反對那些支持反對派的幹部。兩派都在收集支持反對派的舊幹
部的秘密材料，一旦從中發現問題，立刻便攻擊對方在庇護反革命分
子。[97] 如前所述，「三結合」政權的建構過程也是權力的再分配過程。
在不存在私人領域的中國，奪取權力是獲取公民權的最高層次，只要
擁有權力，在享受政治、經濟、文化權等所有方面均能獲得優先權。
因此，奪取權力無論對於哪一方來説，都是事關今後的政治地位的重
要問題。9月，清華大學數次召開了批判舊幹部的批鬥大會，[98] 但這些
集會實際上與幹部的思想改造全無關係，可以説是學生組織內部為獲
取權力展開的競爭。王紹光指出，雖然「三結合」政權被指定為文革期

96　〈中共中央、中央文革小組關於已經成立了革命委員會的單位恢復黨的組織
　　生活的批示〉(1967年10月27日)〉，《「文化大革命」研究資料》(上)，頁600。
97　W‧ヒントン，《百日戰爭》，頁177。
98　同上註。

間的政權形式，但是政權的建設過程，即關於候選人的確定標準以及
從候選人中選出當選者的方法等選舉規則方面的問題，卻全無規定。[99]
這樣無規則的政權重建最終自然會導致爭權奪利。清華大學的情況
是，由於中央規定「三結合」政權的建立必須以群眾組織的「大聯合」為
前提，因此「四・一四派」和「團派」為了奪取權力暫時地實現「大聯
合」，但最終還是走向分裂，並且隨著兩者行動的激進化，對立最終升
級為武鬥。

一、大聯合的實現

　　1967年9月末到11月期間是「四・一四派」和「團派」大聯合的時
期。在蒯大富承認「四・一四派」為合法組織，並承認聯合總部中雙方
完全擁有相同的議席和平等地位的原則基礎上，9月22日雙方實行了大
聯合，新組織的名稱是「聯合司令部」。11月8日組建了由「團派」17人
和「四・一四派」16人組成的「聯合總部委員會」。[100]

　　相互對立的雙方為什麼會聯合？原因主要有以下三點。

　　第一，如前所述，由於實現「大聯合」是「三結合」政權成立的前提
條件，因此無論是對「四・一四派」還是「團派」來說，不聯合便喪失了
加入「三結合」政權的合法性，因而不得不聯合。這不僅是清華大學的
特點，武漢等其他地區也出現許多類似的事例。[101]

　　第二，毛澤東號召「大聯合」和中央文革小組的警告也是促成聯合
的重要原因之一。1967年9月，《人民日報》刊登了毛澤東的最新指示，
其中心是關於「大聯合」和終止派系鬥爭的指示。毛澤東指出：「在工人
階級內部，沒有根本的利害衝突。在無產階級專政下的工人內部，更沒

99　王紹光，《理性與瘋狂》，頁168。
100　唐少傑，〈清華井岡山兵團的興衰〉，頁58。
101　王紹光，《理性與瘋狂》，頁173–174。

有理由一定要分裂成為勢不兩立的兩大派別組織。」[102] 其後全國就開展了實現「大聯合」和終止派別鬥爭的宣傳活動。幾乎在同一時期，中央文革小組向清華大學群眾組織的領袖施加了壓力：「全國都在搞聯合，你們要鬥爭到什麼時候？如果你們不建立某種形式的團結合作體制，我們就無法邀請你們參加國慶慶典了。」[103]

第三，與蒯大富自身的政治利益有關。清華大學的「大聯合」可以說是蒯大富在聯合組織的名稱[104]和委員會的議席分配等方面做了讓步才得以實現的。但是其妥協並非為了組織的利益，而是他自身政治利益的需要。1967年9月，毛澤東提出要召開中國共產黨第九次全國代表大會（以下簡稱「九大」）。由此，關於黨代表如何產生、什麼樣的人才能成為黨代表的問題不僅在中央領導層，在群眾組織中也引起了關注。[105] 如1967年12月末的大字報所揭示的，早已是「北京市革命委員會」常任委員的蒯大富實際上在這個時期已經瞄準「九大」中央委員的位置。[106] 這遭到了「四·一四派」的嘲笑：「蒯大富怎麼能做中央委員，他連共產黨員都不是」，但這在文革時期卻未必不可能。很顯然，蒯大富要成為中央委員，就必須首先實現清華大學內的「大聯合」。

如上所述，清華大學的「大聯合」是外部施壓，以獲取權力為目的的，這種表面的聯合不僅不能緩和兩者間的對立和競爭關係，聯合組織自身也不久就破裂了。

---

102 〈在革命的大批判的高潮中實現革命的大聯合〉，《人民日報》，1967年9月14日。

103 W·ヒントン，《百日戰爭》，頁180。

104 根據韓丁的研究，在舉行慶祝大聯合的慶典之前，兩者圍繞修改名稱產生了意見對立，大聯合眼看就要破裂，但最終蒯大富還是做了讓步。W·ヒントン，《百日戰爭》，頁181。

105 〈中共中央、中央文革關於徵詢對「九大」意見的通知〉（1967年10月21日），《「文化大革命」研究資料》（上），頁598–600。

106 W·ヒントン，《百日戰爭》，頁192。

實際上，聯合司令部在成立之初就顯示出分裂的徵兆，因為聯合司令部從成立到分裂兩派間都存在一個爭議，即圍繞舊幹部譚好正的對立。譚是大學共青團的幹部，是大學幹部中最早批判劉少奇的，「四‧一四派」和「團派」都想拉他入夥，但譚本身喜歡「四‧一四派」。當譚將他對派別的偏好披露之後，「團派」就開始了對譚的批判。由於受到「團派」的攻擊，譚得到了「四‧一四派」的全面支持。9月聯合司令部組建後，「四‧一四派」希望他成為司令部的幹部，但遭到「團派」的拒絕。圍繞這個問題兩派均不肯妥協，其鬥爭一直持續到聯合司令部分裂。[107]

除了關於譚正好的分歧之外，兩派的分裂還存在其他更深刻的原因。這裏從內因和外因兩個方面來討論。

首先從內因來看，兩派的聯合不能說是組織層面的聯合，而是上層結構的策略性的聯合。也就是說，這場聯合並未取得成員的廣泛認同和支持。在慶祝「大聯合」的儀式舉行之前，「四‧一四派」的一部分成員以早先決定的名稱「井岡山兵團總服務站」中沒有顯示「四‧一四派」的存在為藉口，逼迫己方代表向「團派」提出更改「總司令部」名稱的要求。[108] 另一方面，「團派」的部分成員也對蒯大富為了個人利益同意組建「總司令部」心懷不滿，他們在10月5日成立了「鬥私批修聯絡站」，[109]目的是與蒯大富謀求個人私利的行為和「四‧一四派」的修正主義進行鬥爭。11月圍繞「聯合總部委員會」委員的選舉，來自下層的反對聲音更加強大了，11月17日「團派」的刊物《井岡山》刊登的文章〈總部委員由誰來擔任〉突出地體現了這一情況。

「總部委員應該是為人民服務的，由群眾選舉，接受群眾的監督。不應該由少數人躲在小房間裏，像做交易一樣交涉議席」；「什麼樣的人能做委員，什麼樣的人不能做，應該由群眾制定標準，經過群眾的討論

---

107 同上註，頁183–184。
108 同上註，頁181–182。
109 紅代會井岡山報編輯部，《井岡山》，1967年10月12日。

來決定。既不能自認『左派』，也不能自認委員」。[110] 像這樣缺乏群眾基礎的聯合，其組織上的破裂也從聯合辦公室和聯合資料室等若干下層結構的分裂顯現出來。[111]

從外因來看，中央文革小組的戚本禹的煽動性講話破壞了聯合的唯一基礎。戚本禹早在10月左右就批評清華大學的大聯合是騎牆主義，他煽動剮大富說：「你們這麼快就實現聯合了嗎？一百年前馬克思號召工人團結起來，不是到現在都沒實現嗎？」[112] 12月，他又接著說：「清華大學的大聯合必須以『團派』為中心」，「『四‧一四派』必須承認『團派』的領導權」。[113] 如前所述，大聯合是以議席的對等和政治地位的平等為前提實現的，兩派鬥爭的最終目的是獲取權力。因此，戚本禹的講話激化了兩派的對立，徹底破壞了「大聯合」。

二、百日戰爭

1967年12月，以戚本禹的講話為契機，「四‧一四派」和「團派」再度分裂了。早在10月，毛澤東就已經批判了「大聯合」中的「自我中心論」的派別主義。據此，「四‧一四派」開始攻擊「團派」「自我中心論」的論調是反毛澤東的。但是，由於最早提出大聯合應以「團派」為中心的是戚本禹而非「團派」，因此「團派」反過來抨擊「四‧一四派」的行動是攻擊戚本禹和中央文革小組的反革命行為，接著「團派」率先採取行動，逮捕了「四‧一四派」的領袖陳楚三，並將其作為反革命分子引渡給公安機關。為爭取陳楚三的釋放，12月21日「四‧一四派」舉行了千人以上的示威遊行。[114] 自此兩派互相攻擊，頻頻爆發小規模的武鬥。

---

110 〈總部委員由誰來當〉，《井岡山》，1967年11月17日。
111 W‧ヒントン，《百日 爭》，頁185。
112 同上註，頁184。
113 同上註，頁187。
114 紅代會井岡山報編輯部，《井岡山》，1967年12月28日。

陳楚三12月末被釋放，但這不僅未能終止兩派的鬥爭，反而使兩派的對立更加尖銳化，「團派」的政治立場陷入了被動。1968年初在政治形勢的變化中，與蒯大富直接相關的有兩件事，一是從1967年開始就直接指揮蒯大富行動的中央文革小組成員戚本禹的下台，二是黨中央將1967年被稱為「現代的狂人」的陳里寧[115] 判定為反革命分子。由於蒯大富和戚本禹的密切關係以及對陳里寧的全面支持，這一時期蒯大富陷入了極為困難的處境。[116]

1968年4月中旬，「兵團」為恢復威信，逮捕了支持「四‧一四派」的舊幹部羅中齊和李剛以及「四‧一四派」的領袖文學民和饒維思，經嚴刑拷問逼迫，他們承認了攻擊毛澤東和無產階級司令部的「自白」，據此製造出「羅文李饒反革命集團」，並試圖將其與1968年3月被中共中央定罪的「楊余傅反革命集團」（楊成武是人民解放軍代總參謀長，余立金是空軍政治部主任，傅崇碧是北京軍區衛戍司令）聯繫在一起。另一方面，「四‧一四派」為了報復，也逮捕了支持「團派」的舊幹部陶森。就在「四‧一四派」準備召開陶森批鬥大會的4月23日，「團派」佔領了會場開始武力還擊，這一行動一直持續到了7月27日，擴大成了綿延百日的大規模武鬥。[117]

---

115 陳里寧出身地主家庭，曾是湖南省湘潭市的革命幹部，文革前寫過長文批判劉少奇，因此被解除職務，最後被關進精神病院。但是1967年1月，清華大學的造反派組織「紅色教師聯盟」為了證明陳里寧「今天的革命派必須產生於昨天的反對派當中」的理論，要求公安部門釋放陳里寧。北京市公安局表示陳對於毛澤東的攻擊言論甚至超過了對劉少奇的攻擊，就算其病好出院，也要對其以反革命罪加以起訴。「紅色教師聯盟」襲擊了公安部。中央文革小組的王力和戚本禹認為陳是「革命的英雄」、「現代的狂人」，支持要求釋放他的「紅色教師聯盟」的行動。清華大學裏，蒯大富大力吹捧陳里寧。另一方面，公安機關的群眾組織為證明陳不僅批判劉少奇，也反對所有的社會主義制度，編輯出版了陳的反毛澤東言論。1968年2月，王力下台半年後，中央委員會做出陳里寧是反革命分子的聲明。

116 W‧ヒントン，《百日戰爭》，頁193。

117 唐少傑，〈清華井岡山兵團的興衰〉，頁59。

關於「百日戰爭」的過程，韓丁和唐少傑的研究[118] 做了詳細的論述，在此不贅。武鬥中兩派共死亡11人，傷者達300人以上。[119] 7月為制止武鬥，毛澤東向學校派遣了「首都工人毛澤東思想宣傳隊」。在制止衝突的過程中，工人中有5人死亡，731人負傷。1968年8月以後，「首都工人毛澤東思想宣傳隊」正式進駐大學，「團派」和「四‧一四派」自動解散。這樣持續了將近兩年的學生運動終於宣告結束。

1967年9月開始，毛澤東就已經呼籲停止派別鬥爭。接著中共中央為解決派別主義，傳達了一系列文件。在重建秩序和恢復生產是國家政策的中心這一形勢日益明朗、多數人開始從造反派的爭鬥中脫退之時，蒯大富為何要違背毛澤東的意願挑動武鬥？這主要有以下五個原因。

第一，貫徹中央指示的黨政機關尚未恢復職能，因此中央的指示難以完整地貫徹到群眾中去，無法發揮抑制群眾組織的行為的職能。

第二，中央領導層一方面呼籲群眾組織停止派別鬥爭，另一方面中央領導層的權力鬥爭仍在繼續，這就影響了清華大學的派別鬥爭。1968年3月，作為肅清「五‧一六兵團」運動的一環，楊成武、余立金、傅崇碧被定為反革命集團並遭到批判。在這一背景下，「團派」指稱「楊余傅反革命集團」是「四‧一四派」的幕後黑手，通過將「四‧一四派」與當時被揭發出來的最大的反革命集團掛鈎的方法，以期中央領導層直接介入清華大學的派別鬥爭。[120]

第三，由於控制社會的體系尚未恢復，派別間的權力鬥爭是在無政府狀態下進行的。無政府狀態下的權力鬥爭最終自然會帶來行動的激進化。

第四，從派別領袖的戰略來考慮，通過製造敵人激化對立，也是促進組織內部團結的方法。用蒯大富的話說，「我們的隊伍面臨分裂和解

118 唐少傑，〈紅衛兵運動的喪鐘：清華大學百日大武鬥〉，劉青峰編，《文化大革命：史實與研究》，頁65–79。

119 唐少傑，〈清華井岡山兵團的興衰〉，頁59。

120 唐少傑，〈紅衛兵運動的喪鐘〉，頁66。

體」；「不進行武鬥，舊幹部就會漸漸離我們而去，成員們也會喪失鬥志，脫離隊伍」。[121]

第五，發動武鬥是「團派」的領袖借助中央領導層的力量戰勝「四‧一四派」的方法。蒯大富勸誘成員參加武鬥時曾說：「我們要通過發動武鬥擴大事態，如果中央介入就會有利於我們。」[122] 蒯大富之所以這麼做，是因為有北京大學的先例。1968年3月27日，北京大學以聶元梓為首的新北大公社向其反對派北大井岡山派發動了武鬥，並通過取得中央文革小組的支持，新北大公社最終戰勝了反對派。[123] 因此，蒯大富也仿而效之，有意圖地策劃了武鬥。

三、組織的解體

1968年夏，派別間的武鬥由於「首都工人毛澤東思想宣傳隊」的介入而結束。但是在此要指出的是，在武鬥開始之前，兩派的組織其實就已經開始解體了。1967年10月以後，兩派的成員都相繼離隊，一部分開始從事學校內部的教育改革，另一部分則完全脫離了政治運動，開始回歸讀書和自我本位的生活。[124] 在「百日戰爭」前夕，「團派」、「四‧一四派」均出現了由於成員的內鬥而導致大批人員離隊的現象，結果繼續鬥爭的僅為派別的核心成員。許多人為了安全而離校，留在大學家屬區中的人們則組建了超越派別的自衛隊，守護地方的安全。[125] 這樣一來，參加武鬥的學生就被完全孤立了。1968年7月末，參與武鬥的學生兩派加起來不過400人左右，其中學生約300人，「團派」200人，「四‧一四派」100人左右，其餘為校外人士。[126]

121 同上註。
122 同上註。
123 ウーヴィ‧リヒター，《北京大学の文化大革命》，頁76–86。
124 W‧ヒントン，《百日戦争》，頁178–179。
125 同上註，頁209。
126 同上註，頁217。

導致參加者退出的原因，主要可以從以下四個方面來考慮。

第一，因為國家政策明確禁止派別鬥爭。進入1968年後，全國開展了批判派別主義和無政府主義的政治運動。與此同時，重建黨組織、整頓階級隊伍和恢復生產活動，成為了成立不久的革命委員會的主要任務。這些措施的實施在某種程度上起了防止派別鬥爭的作用。

第二，由於國家內部權力鬥爭的表面化，領導人為謀求個人私利操縱群眾組織的內情，隨著運動的進展逐漸被社會所瞭解，結果導致許多人脫離政治運動。例如，隨著「三結合」政權的建立，許多文革初期被打倒的黨政幹部重新掌握權力。此外，在「揪軍內一小撮分子」的運動中，保守派和造反派在各地進行大規模的武鬥，造成大批死傷者。另一方面，煽動「揪軍內一小撮分子」運動的一部分中央領導層的幹部僅僅在一個月之後就開始積極倡導「擁軍愛民」。這些隨著國家政策的循環左右變化和根據政治形勢調整立場的行為，帶來參加者對文革的質疑，同時也令參加者產生對政治運動的厭倦感。

第三，運動的目標無法滿足參加者的利益要求。「三結合」政權的建構變成了少數派別領袖爭奪議席的鬥爭，無法體現多數參加者的利益，被利益競爭排除在外的多數參加者便選擇了退出的道路。

第四，群眾脫離運動是派別領袖為謀取私利操縱群眾的結果。例如，如清華大學的「大聯合」所顯示的，派別領袖基於自身的權力競爭需要而組建的聯合，最終導致成員之間凝聚力的喪失。

第四節　結語

本章分析了作為文革的第二個「次運動」的主體的大學造反派組織，尤其是其中影響運動的主力「清華大學井岡山兵團」的組成、分化和解體。從以上分析可以看出，促進「次運動」進行的推動力有外部推力和內部推力兩個方面。外部推力主要是指國家對社會的影響，可以從以下兩個方面來考慮。

首先是中央領導層的直接影響。這主要體現在通過國家政策的變更和國家代理人的發言，有意識地指引文革的方向或是對群眾進行誘導。例如，1966 年 10 月毛澤東為肅清黨內的劉、鄧勢力，有意識地將國家政策朝著有利於造反派的方向做調整。此外，周恩來和中央文革小組也頻繁地接見造反派組織，直接支援了當時被稱作「少數派」的造反派的發展。

第二是中央領導層的間接影響。也就是說，國家政策的變化、國家和國家代理人的不明確的指示以及中央領導層內部的權力鬥爭等等，給群眾組織提供了派別間利益競爭的機會，對群眾組織之間的對立結構產生間接的影響。例如，〈十六條〉的曖昧解釋擴大了群眾對文革的解釋範圍，帶來保守派和造反派為爭奪「左派」學生位置的競爭。此外，1967 年毛澤東限制軍隊權限的措施，被造反派用以攻擊軍隊。同年中央領導層內部的權力鬥爭，激化了群眾組織的對立，引起了全國範圍的武鬥等。

以上所論來自國家的兩股外部推力，在理解「次運動」的發生和發展時極為重要。但是僅僅從中央領導層的影響出發，不足以充分說明派別間的對立。因為如前所述，毛澤東一方面號召群眾打倒「黨內走資本主義道路的當權派」，另一方面也積極地推動重建社會秩序和倡導終止武鬥。但是儘管如此，1967 年造反運動仍然脫離了國家的控制，並進入全國範圍的激進化狀態。要解釋這一點，必須考慮國家要素之外的社會運動自身的內部推力。促進社會運動的內部推力主要可以分類為以下兩種。

第一，派別內部的競爭是導致激進化的原因之一。例如，1967 年「四‧一四派」和「團派」在群眾面前競相展示「革命性」的競爭，就是典型的例證。

第二，正如蒯大富發動「百日戰爭」的例子所顯示的，派別內部的領袖的個人利益、對運動的理解、戰略上的考量等要素，也是促使運動激進化的原因。

此外，社會運動本身的內部推力不僅影響派別的行動，在國家政策的調整和國家代理人的行為等方面也施加了影響。如本章所述，1966

年「八‧九派」等保守派組織的行為阻礙了運動的進行，結果政府為起用造反派，將政策向激進的方向做了調整。另一方面，隨著群眾運動導致的無政府主義日益顯著，國家政策越來越重視維護秩序。因此，可以說次運動的展開是國家和社會兩方面相互作用的結果。

1968年8月，隨著「首都工人毛澤東思想宣傳隊」進駐大學，清華大學的派別鬥爭衰退了，其後組織自動解體。表面來看，在結束社會運動方面，國家起了主導作用；但是1968年8月，在國家機構和社會控制系統尚未完全恢復運營的情況下，政府能夠用派遣工人毛澤東思想宣傳隊和人民解放軍毛澤東思想宣傳隊的方法來結束運動，與社會運動自身的衰退有著密切的關係。也就是說，1968年群眾組織的參加者大量退出，參加運動的只剩下少數激進成員，穩定社會秩序成為了大多數中國人的願望。像這樣在社會運動自身衰退的情況下，政府才能夠通過讓工人毛澤東思想宣傳隊和人民解放軍毛澤東思想宣傳隊介入的方法來駕馭少數人的激進行為。像1967年夏天那樣，不僅是學生、工人內部也發生武鬥的時刻，採取同樣的措施不僅不可能，即便是實施也只會帶來大混亂。從這一點來考慮，不僅是社會次運動的發生和發展，其衰退也可以說是國家與社會相互作用的結果。

工人毛澤東思想宣傳隊進駐大學、中學後，社會秩序逐漸恢復，文革從無序的運動階段開始進入有序的運動階段。實際上早在1967年1月時，毛澤東就已經設想在維持某種程度的社會秩序的基礎上進行「革命」，這一設想具體表現在其將上海樹為政權重建的典範這一事例中。這一點將在下一章中詳述。

第6章

政權的重建與上海模式

　　1967年1月，以毛澤東支持上海的「一月革命」為契機，文革進入了以建設「三結合」政權為主要目的第三個「次運動」時期（1967年1月至1969年4月）。在這一時期，上海被當成全國重建政權的模範，以王洪文為首的「上海工人革命造反總司令部」（簡稱「工總司」）取代以前活躍的學生組織，成為了文革的新主體。在文革之前的利益分配結構中處於非既得利益集團的工人造反派組織，這一時期在政治舞台上揚眉吐氣，在革命運動中不僅擁有最優先的革命權，也獲得在運動中謀求權力和利益的機會。然而，正如學生組織中的派系鬥爭一樣，工人組織中因為其牽扯利益較之學生更加具體，圍繞各種政治權利和利益的競爭也更為激烈，因而在全國大部分地區派別間的利益競爭激化，武鬥頻發。從這個意義上，可以說上海的「一月革命」開啟了文革時期的全國大動亂。正因為有這樣的歷史背景，以往的研究[1]將上海的運動視為與其他地區的運動具有同一特徵，都是文革中大動亂發生的一個城市，並且將上海的「三結合」政權看作是派別間爭奪權力的結果。這些研究都將這一假設當作不證自明的事實而展開討論。

1　Elizabeth J. Perry and Li Xun, *Proletarian Power: Shanghai in the Cultural Revolution* (Boulder: Westview Press, 1997)；李遜，《大崩潰——上海工人造反派興衰史》；王年一，〈對上海「一月革命」的幾點看法〉，張化等編，《回首「文革」》（下），頁799–809。

本章將分析「工總司」從組成到發展、直至具有「準政府化」機能的過程，尤其是通過考察在上海的「三結合」政權建立過程中，中央領導層、地方黨政機關、社會各派別這三個層次的行為主體的特徵，得出與以往的研究完全不同的結論。概括地說，上海的「三結合」政權是張春橋主導下進行的黨政權力重建過程的產物，與其他地區展開的權力爭奪有著本質上的區別。也就是說，上海之所以被選為政權再建的典範，是因為上海的安定秩序，是因為其向全國提供了「治」的樣板，這使得上海有別於「大亂」的全國其他城市。

為了說明這一論點，本章將重點分析被以往的研究所忽略的問題：毛澤東為什麼會在1967年時，將視線從過去一直力挺的學生組織轉移至工人造反派組織，並以上海的工人造反派運動作為重建政權的模範？上海的「三結合」政權具有怎樣的特徵？對於當時上海的穩定起了什麼樣的作用？

第一節　上海模式形成的社會背景

上海的造反運動為何會被選為全國政權重建的典範？要搞清這個問題，首先必須追溯至1966年末以後文革對當時中國的政治、經濟以及社會等帶來的影響，這是關係到理解上海模式成立以及其在文革中的定位的一個極為重要的問題。文革對當時中國社會的影響是多方面的，這裏主要從以下三個方面來加以討論。

一、「大串聯」的社會影響

「大串聯」用周恩來的話來說，就是「為深化文革的進行」，「全國各地的學生來北京交流經驗，北京的學生外出各地加深革命聯繫」。[2] 全國

2　〈周恩來在接見外地來京革命師生大會上的講話〉(1966年8月31日)，《「文化大革命」研究資料》(上)，頁109。

的「大串聯」始於1966年8月，同年11月16日中共中央、國務院指示暫停利用鐵路、航運、公交等交通工具的「串聯」活動。因此，其後全國範圍的學生「串聯」活動漸漸轉入低潮。[3] 在這四個月期間，毛澤東在北京共計八回接見了外地來京的約1,200萬學生。11月上旬，各地來京者每日超過25萬人，最高時期達到一日29萬人。[4] 此外，各地學生來京的同時，大量北京的學生前往全國各地交流革命經驗。一般來說，各地來京的「串聯」活動被稱做「北上」，北京前往各地的「串聯」叫做「南下」。根據周恩來當時的講話，「南下串聯」活動達到最高潮的10月，每天有4萬到5萬北京的學生前往各地。[5]

　「大串聯」本來的目的是通過有組織的進京參觀，將北京的文革經驗分享至全國。[6] 但是由於學校長期以來的營運主體黨組織已經喪失了

---

3 〈中共中央、國務院關於革命師生進行革命串聯問題的通知〉(1966年11月16日)，《「文化大革命」研究資料》(上)，頁161。

4 〈周恩來一一月一六日在北京工人體育館接待工作緊急會議上的講話〉，《中央負責同志關於無產階級文化大革命的講話》(續編)(1967年1月)，頁54。

5 〈周恩來最新口頭指示〉(1966年10月24日)，《無產階級文化大革命資料彙編》，頁280。

6 1966年6月，毛澤東指示：「支持全國各地的學生來北京，讓他們免費進京」(王年一，《大動亂的年代》，頁77)。8月以後，全國各地有少數學生為了向中央申訴當地工作組和黨委的迫害，來到了北京。這個行動得到陳伯達的讚揚，黨的理論雜誌《紅旗》對此進行報道；以此為開端，學生進京的行動開始在全國普遍化。在同年9月5日，中共中央、國務院下達了〈關於組織外地高等學校革命學生、中等學校革命學生代表和革命教職工代表來北京參觀文化大革命運動的通知〉，以黨組織和政府的名義進行了「大串聯」的總動員。〈通知〉做了以下規定：

　「外地高等學校(包括全日制和半工[農]半讀高等學校)革命學生，除了有病的、已經來過的或有其他原因不能來的以外，都可以組織來北京參觀。高等學校教職工可按每五十名學生選出革命教職工代表一人參加。」

　「外地中等學校(包括全日制和半工[農]半讀中等專業學校及普通中學)按每十名學生選出革命學生代表一人；教職工按每一百名學生選出革命教職工代表一人參加。」

指揮權，中央領導層期待的有組織的「串聯」行動難以實現。不僅如此，由於食宿交通等均由政府承擔，「大串聯」給國家財政造成了極大的負擔。為了給大量的來京者解決食宿問題，中央領導層動員部隊、政府機構、工廠、學校、居民委員會等，要求他們提供宿舍、教室、會場、食堂、一部分辦公室等公共設施以及解決吃飯和住宿問題，有時候甚至以行政命令來分配人數。[7]此外，承擔來京者的醫療保健、提供接受毛澤東接見的交通工具和維持秩序等對於北京市而言也是極為緊迫的問題，如周恩來當時的言論和中央文件所顯示，進入1966年11月以後，北京市就已經不堪重荷了。[8]

「來京參觀一律免費乘坐火車。……來京參觀的革命學生和革命教職工生活補助費和交通費由國家財政中開支。」

「到京後的伙食、住宿由北京市負責安排。在京時的飯費，由國家財政開支。」《「文化大革命」研究資料》（上），頁112。

以上關於「串聯」的中央文件顯示，大串聯的最初目的是通過組織進京參觀，向全國普及北京的文革經驗。

7　1966年11月16日，為了解決110萬進京參觀者的接待問題，周恩來做了如下指示：北京市的黨政機關、工廠、企業、居民委員會及派出所除了已經接待的人數外，一律再增加50萬人的接待任務。中央黨政機關除了已經接待的人數外，再增加30萬人的接待任務。大學和專業學校增加20萬人的接待任務。由於憂慮「南下串聯」造成學校人力不足，向學校派遣1萬名解放軍，支援食物的供應。解放軍總部及各機關增加10萬人的接待任務。〈周恩來一一月一六日在北京工人體育館接待工作緊急會議上的講話〉，《中央負責同志關於無產階級文化大革命的講話》（續編），頁54。

8　1966年11月2日和14日，周恩來兩度召集北京各紅衛兵組織的負責人，召開關於招待進京者的緊急會議。在2日的會議上，周恩來對北京各紅衛兵組織的負責人下達了北京的紅衛兵不參加天安門接見、勸説已被接見的外地學生離京的命令。在這次會議上，周恩來對紅衛兵組織的負責人説：「進京者每天有24萬，離京者不到2萬。再這麼下去，幾天後北京就承受不了了。」恩來進而在16日召集黨政機關、工廠、企業、居民委員會及派出所的負責人，召開關於分配接待任務的緊急會議。此外，中共中央、國務院也在1966年10月31日至12月1日期間的大約一個月時間裏，下達

「南下串聯」是從 1966 年 8 月 18 日毛澤東在天安門接見紅衛兵之後開始的。原本「南下串聯」是自發行動，並非有組織的活動，但是到 9 月出現了組織化的傾向。[9] 就上海的情況而言，根據李遜的研究，大規模的「南下串聯」共計 1966 年 8 月末、9 月中旬和 10 月初三次。第一次有數千人，其中大多數是北京的學生。這一次的「南下」行動沒有統一的名稱和領導機構，是自發性的行為。第二次有數萬人，統一名稱為「首都大專院校紅衛兵司令部南下兵團」，比較有組織性。第三次人數較第二次南下減少，但卻是以與中央文革小組有直接聯繫的北京「三司」等造反派紅衛兵組織為中心，在政治影響和活動能力方面都是之前的「南下」所無法比擬的。「三司」的「南下」直接影響到上海的文革。[10]

「南下」不同於「北上」，由於人員分散於各地，某一地區的人數相對來看並不多。因此，「南下串聯」在財政和住所方面帶給當地的負擔不如北京那麼嚴重，但是卻造成極大的政治上的混亂。因為「南下」學生將「懷疑一切、打倒一切」的文革的革命風格帶到地方，結果動搖了當地黨政機關領導文革的合法性基礎，激化了群眾之間的對立，起到促進派別的組織化和工人造反運動抬頭的作用。以下以上海為例，從三個方面加以說明。

首先，「南下」學生促進了當地的文革的進展。和當地人相比，「南下」學生的特點是並非將矛頭對準學校和工廠內部的當權派，而是直接指向省、市級的黨政機構的負責人。由於「南下」的學生是外來者，與當地的各級黨政機構不存在直接的領導關係，不像當地人那樣受到文革

了命令暫時停止串聯活動的三個文件（〈周恩來同志一一月二日在首都各紅衛兵責任同志緊急會議上的講話〉，《中央負責同志關於無產階級文化大革命的講話》（續編），頁 6–7；〈中共中央、國務院關於維護鐵路運輸秩序的緊急通知〉（1966 年 10 月 31 日）、〈中共中央、國務院關於革命師生進行革命串聯問題的通知〉（1966 年 11 月 16 日）、〈中共中央、國務院關於大中學校革命師生進行革命串聯問題的補充通知〉，《「文化大革命」研究資料》（上），頁 152、162、180）。

9　李遜，《大崩潰》，頁 30–31。

10　同上註。

前形成的「保護和被保護」關係的束縛，也不存在一旦政治形勢發生變化、曾被自己批判過的幹部會轉過頭來迫害自己的憂慮，因此文革初期他們的行動往往比當地的造反者更具攻擊性。「南下」的學生當中無論「南下」前是造反派還是保守派，一旦「南下」多數都變成勇敢的造反者。[11]

根據李遜的研究，在北京學生第一次「南下」之前，上海就已經有了紅衛兵組織。但是上海的紅衛兵組織不同於北京，受到市黨政機構及校內工作組的支持和領導，這些組織的領袖和成員基本都是先進學生，性質上類似於共青團。市黨政幹部的子女在組織中起領導作用，在市黨政機構的領導下行動是上海紅衛兵組織的行動特徵。此外，這個時期工廠中尚未出現大規模的工人組織，不滿現狀的少數工人對工廠幹部和「四清」工作組的幹部進行了批判，但是他們的行動僅限於工廠內部，其影響幾乎未波及到市黨政機構。[12]

但是「南下」學生到達上海後喊出了「炮轟上海市委」的口號，將批判的目標直接指向上海市的黨組織。[13] 這一行為極大地影響上海市的群眾運動，造成當地的造反者將批判的矛頭從學校和工廠內部的黨政機構轉向市黨政機構。1966年9月4日，上海市的一部分學生和工人向當時的上海市長曹荻秋發出「最後通牒」，要求其承認「炮轟上海市委」的口號是革命的，[14] 這個行動成為了上海文革的轉折點。

第二，「南下」學生激化了當地群眾之間的分化。李遜指出，「南下」學生對上海市黨政機構的攻擊，使得以往並不明確的上海保守派和造反派的陣營明確化。與市黨政機構關係密切的積極分子、「老工人」等先進工人和幹部子女、先進學生集結起來，一邊保護市黨政機構，一邊抵抗「南下」學生的行動。與此相反，文革以前被排除在既得利益圈之外，對社會

11　〈戚本禹、關鋒同志一〇月二五日在《人民日報》社對首都紅衛兵第三司令部部分紅衛兵戰士的講話〉，《無產階級文化大革命資料彙編》，頁286。

12　李遜，《大崩潰》，頁33。

13　陳祖恩等，《上海通史》（第11卷）（上海人民出版社，1999年），頁216。

14　李遜，《大崩潰》，頁37。

不滿的工人和學生則一面支援北京學生的行動，一面攻擊市黨政組織。[15]

第三，「南下」學生的行動促進了當地群眾的組織化。「南下」學生的行動將上海的造反運動從學校和工廠的內部引向社會。由此，持相同觀點的人們深化了交流，為組成市一級的聯合組織打下基礎。在這個背景中，如圖表6.1所示，從9月到11月末期間，上海接連誕生了幾個學生聯合組織和工人聯合組織。

二、工人造反運動的社會影響

1966年10月以後，原本只限於文化教育領域的文革擴大到工廠，產業工人參與文革對全國的經濟和社會秩序等多方面造成破壞性的影響。

圖表6.1　1966年上海市群眾聯合組織的組成狀況

	成立日期	保守派	成立日期	造反派	備註
學生聯合組織	9月12日	上海市紅衛兵總部（上紅總部）	10月12日	紅衛兵上海市大專院校革命委員會（紅革會）	
	9月26日	紅衛兵上海市大專院校總部（上紅大專總部）	11月22日	上海市紅衛兵革命造反總司令部（紅革總部）	12月「紅革總部」分裂成上海紅衛兵革命造反總司令部（上三司）和紅衛兵上海第三司令部（紅三司）兩個部分
工人聯合組織	11月26日	上海工人赤衛隊（赤衛隊）	11月6日	上海工人革命造反總司令部（工總司）	

註：資料出自陳祖恩等，《上海通史》（第11卷），頁219；李遜，《大崩潰——上海工人造反派興亡史》，頁155。括號內為簡稱。

15　同上註，頁33–40。

　　首先，產業工人參與造反運動帶來了經濟主義風潮的蔓延。將經濟上的要求擺在最前列的，是城市底層的群眾組織。[16] 城市底層的造反運動主要是由「半工半讀」的學生造反組織、臨時工和合同工的造反組織、[17]「歸農」工人造反組織、[18]「支內」工人造反組織、[19] 實習工人造反組

16　關於臨時工、合同工、「半工半讀」學生、下放青年的造反，參照以下研究：山本恆人，〈一九六〇年における労働‧教育‧下放の三位一体の政策展開とその破産〉，加々美光行編，《現代中国の挫折：文化大革命の省察 I》，頁147–226；李遜，〈文革中發生在上海的「經濟主義風」〉，羅金義等編，《浩劫之外——再論文化大革命》，頁30–49；方圓，〈自由工人運動的先驅——紀念獨立公會全紅總成立30周年〉，《北京之春》(1997年3、4、5月號)。

17　1960年代初期，毛澤東退居二線，劉少奇作為第一線的領導活躍在政治舞台上時，為了實現城市經營的效率化和合理化，劉少奇大力推進「兩條腿走路的勞動制度」和「兩條腿走路的教育制度」。結果，全國出現大量的臨時工、合同工、「半工(農)半讀」學生和下放青年。他們在勞動保險、醫療保險、晉升等方面，比起正式工人和正式的全日制在校生處於劣勢。1966年10月，在批判劉少奇路線的背景中，處於城市底層的臨時工、合同工、「半工(農)半讀」學生和下放青年在批判劉少奇路線的名義下，起來提出了種種經濟要求，使得以往隱藏在中國社會底層的問題一舉浮出水面。

18　1960年代初期，為應對「大躍進」的挫折所造成的國民經濟崩潰的危機，3,000萬城市工人及其家庭在支援農業的名義下被強制歸農，歸農者被編入了農村戶口。歸農的第一年國家援助口糧，但從第二年開始，政府聲稱歸農者已經完成了從糧食消費者向生產者的轉換，因此國家不再提供糧食援助。歸農者的戶口從城市轉為農村，城市和農村之間在經濟、文化教育方面的巨大落差，使得歸農者進一步認識到城市戶口的優勢。「文革」開始後，他們就組織起來造反。

19　1965年，國家提出了「加快三線建設」的第三次五年計劃的方針。「三線」中的「第一線」是「上海、天津、廣州等沿海發達的舊工業基地」，「第二線」是「第一線和第三線之間的經濟初步發達的地區」，「第三線」是「四川、甘肅、新疆等位於內陸深處，工業、交通、基礎設施等欠發達的地區」。「三線建設」的方式是將以軍事工業為中心的獨立的工業體系分散至內陸深處的地區，這一政策的實施使得上海等大城市的許多工人遷移到內陸地區。這批工人飽嘗地區間的差異，「文革」開始後為了回歸原來的城市，展開了造反行動。

織、[20] 下放青年造反組織[21] 來進行的。[22] 其中臨時工、合同工組成的「全國紅色工人造反總團」(以下簡稱「全紅總」) 最為活躍。[23] 這些群眾組織對於經濟利益的要求主要集中在改革相關制度和取得城市戶口方面。以城市底層的群眾組織謀求經濟利益為開端,1966年12月正式工也在全國展開謀求多種經濟利益的活動。[24]

20　根據國務院的規定,新入職的正式工人在成為熟練工之前必須經過實習期,實習期內不發工資,只有每月18元的生活費。此外,實習期根據工種和難易程度有所不同,國家沒有統一規定,只是規定最長三年。「文革」時期,一部分是實習工人以自己的實習期被長期化為理由,要求轉為正式工和補發工資。關於實習工人造反的研究,參見李遜,〈文革中發生在上海的「經濟主義風」〉,頁37。

21　1960年代,為了抑制城市人口的過度膨脹和就業人數激增所造成的負擔,與城市人口大量歸農同時進行的是大力推進動員、組織城市青年上山下鄉運動。「文革」時期被下放至農村的下放青年組織起來,要求回歸城市。

22　李遜,〈文革中發生在上海的「經濟主義風」〉,頁37。

23　「全紅總」是全國的聯合組織,各地均有其下級組織,在要求實現經濟利益的群眾組織中是規模最大的。該組織的要求主要可歸納為以下三點。第一,工廠不能單方面開除臨時工、合同工、外包工,廢除臨時工、合同工、外包工的僱傭制度,要求上述職業擁有職業保障。第二,享受與全民所有制工人相同的政治和經濟待遇。第三,給「文革」中和「文革」前夕遭到解僱的臨時工、合同工、外包工恢復職務(李遜,〈文革中發生在上海的「經濟主義風」〉,頁30–38)。1967年2月,反對「經濟主義風潮」之際,「全紅總」被當成反動組織,遭到取締。同一時期遭到取締的全國性的造反派組織還有以下八個:全國滅資軍造反團總部、全國國營農場紅色造反兵團、全國上山下鄉知識青年捍衛真理革命造反團、全國軍墾戰士革命造反團、國際紅衛軍中國支隊、全國上山下鄉知識青年紅色革命造反團、全國上山下鄉知識青年紅色第一線戰鬥隊、全國聾人革命造反聯合總部(〈傅崇碧同志接見左派隊伍代表時的講話〉(1967年2月2日),首都大專院校紅衛兵代表大會、北京政法學院政法公社編,《有關無產階級文化大革命的參考材料》,第32期(1967年),頁507–508)。

24　李遜,〈文革中發生在上海的「經濟主義風」〉,頁39。

上海正式工的經濟要求出現在1966年12月。他們對於經濟利益的要求不同於城市底層的群眾組織，主要集中於要求提高工資和津貼等金錢和物資方面。[25] 根據周恩來和江青的發言紀錄，1967年1月上海出現了濫發工人工資和津貼的情況，結果耗費的資金高達人民幣5,000萬元以上。[26] 黑龍江省則達到1,000萬至2,000萬元。[27] 面對這樣的事態，政府不得不對銀行採取軍事管制的措施，實施凍結企業財務的政策。[28]

經濟主義風潮的蔓延造成的混亂不僅體現在財務方面，其他許多方面也受到影響。例如，由於大批工人脫離生產現場，造成鐵路運輸和貨物運輸無法正常進行，維持生產的原材料、電力、燃料等供給不足，導致產量銳減。此外，津貼等資金的濫發帶來購買力激增，對市場造成衝擊，破壞了需求和供給之間的平衡。[29]

第二，工人參與政治給社會造成極大的混亂。一部分工人組織為實現經濟利益而參加造反運動，而另一部分工人則為了實現政治利益而組織起來。因此，各地頻繁發生大批工人脫離生產現場進行罷工的事件，尤其是上海、北京等大城市工人進行的罷工，造成北京、上海、南

25　同上註，頁39–42。

26　〈周恩來、陳伯達、康生、江青、王力、戚本禹等同志的座談紀要〉（1967年1月10日）（北京礦業學院東方紅公社整理，首都職工革命造反總部西城分部印刷，1967年1月11日），頁3；〈周恩來、陳伯達、江青、康生等同志在人民大會堂接見革命造反派學生、工人、軍事院校代表和其他方面代表時的講話〉（1967年1月10日），《有關無產階級文化大革命的參考材料》，第3期（1967年），頁59。

27　〈周恩來同志接見解放軍參加文化部文化革命工作隊造反聯絡站代表和部分四清工作隊代表的講話〉（1967年1月11日），《無產階級文化大革命首長講話彙集》（北航紅旗印，1967年4月），頁159。

28　〈周恩來、陳伯達、康生、江青、王力、關鋒、戚本禹等同志的座談紀要〉（1967年1月10日），頁3。

29　有關具體事例，參照李遜，〈文革中發生在上海的「經濟主義風」〉，頁44–45。

京、蚌埠等地的鐵路運行一度中斷，其中上海、南京、蚌埠的鐵路一度中斷長達12天。[30]

　　此外，工人造反派在謀求組織的合法性的同時，為控訴文革初期所遭受的地方黨政組織和保守派工人的壓制，舉行了絕食罷工，用臥軌的方法強行攔截火車前往北京的事件也急劇增加。[31] 例如，在被視為工業典範的大慶油田，七萬多工人中有超過一萬人去了北京，結果大慶油田的一部分中斷生產。[32] 此外，一部分前往北京的工人為了向周恩來和中央文革小組講述被壓制的經歷，試圖強行衝入中南海，並採取在天安門廣場和王府井大街靜坐的極端方法。[33] 在這種情況之下，要維持正常的生產活動是極為困難的。

　　第三，全國性的造反派組織的出現對政權帶來巨大威脅。從1966年末到1967年初之間，各種名稱的造反組織組成了全國性的聯合組織，大肆謀求政治、經濟利益。這些組織不僅僅是被動員參加文革的群眾組織，實際上具有利益集團的性質，尤其是退伍軍人組成的全國性的聯合造反組織，給政權造成極大的威脅。[34] 結果1967年2月，中共中央

30　〈周恩來同志在中南海接見北京建工學院八一戰鬥團、井岡山部分戰士時的講話〉（1967年1月7日），《有關無產階級文化大革命的參考材料》，第3期（1967年），頁35。

31　〈周恩來一二月四日接見成都工人造反兵團代表時的講話〉，《無產階級文化大革命資料彙編》，頁501；〈周恩來一二月一四日晚接見成都工人造反兵團代表時的講話〉，《中央負責同志關於無產階級文化大革命的講話》（續編），頁172。

32　〈周恩來同志在人民大會堂關於對接待、招待工作的講話〉（1967年1月11日），《無產階級文化大革命首長講話彙集》，頁166。

33　〈周恩來同志在工人體育館接見革命師生和石油工礦企業代表大會上的講話〉（1966年1月8日），《有關無產階級文化大革命的參考材料》，第3期（1967年），頁40；〈周恩來同志一一月二六日同西南赴京聯合告狀團四〇名代表座談時的講話〉，《中央負責同志關於無產階級文化大革命的講話》（續編），頁100。

34　〈周恩來、李先念同志接見財貿口司局長以上幹部的講話〉（1967年2月18日），《有關無產階級文化大革命的參考材料》，第29期（1967年），頁456。

對當時的150個全國性組織進行整頓，取締了包括退伍軍人組織的其中九個，強制解散了剩下的全部組織。[35]

第四，群眾組織行動的激進化和脫離政府的控制造成了大規模的社會動亂。除了上述強行衝入中南海和強制攔截火車以外，群眾組織還以革命的名義佔據廣播電台等媒體，侵入糧倉和監獄等處。像這樣威脅社會穩定的行為在許多地方都曾發生，在這樣的情形之下，1967年初中共中央、國務院、中央軍委聯名對銀行、廣播電台、糧食倉庫、監獄、航空公司等重要設施下達軍事管制的命令。[36]

如上所述，隨著造反運動擴大到工廠，社會陷入了無序狀態。

三、官僚體系的破壞及其影響

1966年8月，中共中央將「黨內走資本主義道路的當權派」規定為文革要打倒的對象，極大地動搖了黨的權威。此外，給予群眾組織批判黨的幹部的權利，用動員群眾的方式來改造黨的官僚體系的文革設想，實際上否定了建國以來所維繫的黨的領導的合法性，結果使得各級黨政幹部處境十分困難，因為積極領導運動有可能被當做是壓制群眾，對運動放任不理又有可能被指控為對壞分子的反黨行為聽之任之。

1966年11月之前，地方黨政幹部對文革的處理方式可歸納為三種類型。第一種類型是主動類型，如上海的例子所顯示的，由上級部門組織先進的人民，再利用這些由先進人民組成的群眾組織來對群眾運動施加影響。第二類是被動地對應群眾組織行動的類型。例如，黨政組織遭到群眾批判時，為保護最高領導，將重要程度較低的幹部推出，使之接受群眾的批判，或者是將被批判的幹部轉移至軍方的設施等等。[37]第

---

35 〈傅崇碧同志接見左派隊伍代表時的講話〉(1967年2月24日)，《有關無產階級文化大革命的參考材料》，第32期(1967年)，頁507–508。

36 《「文化大革命」研究資料》(上)，頁245、254、259、261。

37 Harding, *Organizing China*, p. 153.

三類是放棄領導權的類型。也就是説，一部分黨政幹部認為文革和
1950年代末的「百花齊放、百家爭鳴」時期一樣是暫時的，等待一段時
間，秩序就會恢復。[38]這類黨政幹部本著「寧願坐著犯錯誤，不願動著
犯錯誤」，[39]放棄對群眾運動的領導權，將需要解決的問題轉嫁給中央，
有時為了保存自己和維持地方秩序，甚至無視中央的指示，允許大批工
人進京「上訴」。[40]

　　到了1966年12月，隨著多數幹部遭到批判，放棄領導權的幹部越
來越多。造成這一現象的原因是多方面的，其中最重要的有以下三點。
第一，由於批判「資產階級反動路線」運動的擴大，多數幹部遭到群眾
組織的批判，喪失了領導群眾運動的權威，結果使得地方政府無法履行
原本應該承擔的傳達和執行政策的職能。第二，工人造反組織的合法化
相對削減了地方黨政組織的權力。第三，1966年12月9日中共中央發
表了〈關於抓革命促生產的十條規定〉，其中明確規定堅決禁止以促生
產為名妨礙文革的進行，中央最高領導的這一指示制約了地方黨政幹部
的行動。[41]由於以上原因，1966年末只有極少的幹部能夠行使領導群眾
運動的權力。但是，因為幹部們仍然掌握著行政權力，他們的行動依然
極大地影響了社會。具體來説，進入1966年末，地方黨政幹部仍然是
群眾組織實現政治和經濟利益要求的唯一手段。掌握財務和物資分配審
查權的黨政幹部被群眾組織逼迫，在各種利益要求的文件上簽名。另一
方面，地方幹部也通過提供「進京費用」和「免費車票」等方法支持群眾

38　碧峽，〈把回憶的材料留給歷史〉，徐友漁編，《一九六六：我們那一代的回
　　憶》(中國文聯出版社，1998年)，頁194。
39　〈陶鑄一一月一二日接見華東工程學院赴京戰鬥團時的講話〉，《無產階級文
　　化大革命資料彙編》，頁353。
40　〈潘復生同志一一月一日傳達中央工作會議〉，《無產階級文化大革命資料彙
　　編》，頁316。
41　〈陶鑄一二月三日在國家部長幹部會上的講話〉，《無產階級文化大革命資料
　　彙編》，頁500。

組織進京，將應在地方解決的問題轉嫁給中央。[42] 由此，1966年末到1967年初，約有80萬工人脫離生產現場，滯留在北京。[43]

如上所述，文革的擴大化動搖了黨委領導的合法性。此外，承擔調和社會矛盾和穩定社會秩序機能的各級政府機構陷入癱瘓，造成派別對立的激化，進一步加劇社會動亂。

中央領導層將經濟主義風潮的產生和大批工人進京「上訴」所造成的弊害看成是部分地方黨政幹部抗拒文革的結果，將責任歸咎給地方黨政幹部。[44] 但實際上造成大混亂的原因不僅在地方幹部，可以說中央領導層也有責任。關於這一點，以下從三個方面進行說明。

第一，社會大動亂的發生可以說是中央領導層權力鬥爭的反映。例如，批判劉少奇的總動員，為在文革前的政策下處於經濟不景氣狀況的工人提供以革命的名義謀取利益的機會。另一方面，在1966年10月，為實現經濟利益的群眾的造反行動也被中央文革小組等中央領導層最大限度地利用做批判劉少奇的工具。[45]

第二，政策的變化和中央最高領導間政策的差異造成了地方幹部領導上的混亂。1967年7月，中共中央指示文革在文教界和黨政機關開

---

42 〈周恩來同志接見安徽革命造反派時的講話〉(1967年1月20日)；〈周恩來、陳伯達、康生、江青同志在接見外地來京群眾大會上的講話〉(1967年1月22日)，《有關無產階級文化大革命的參考材料》，第11期 (1967年)，頁166、168。

43 〈周恩來、陳伯達、江青、康生等同志在人民大會堂接見革命造反派學生、工人、軍事院校代表和其他方面的代表時的講話〉(1967年1月10日)，《有關無產階級文化大革命的參考材料》，第3期 (1967年)，頁61。

44 同上註，頁57–64。

45 〈周恩來一〇月三一日在首都及外地半工半讀學校師生向資產階級反動路線猛烈開火大會上的講話〉、〈江青、陳伯達等同志一二月二六日接見全國紅色勞動造反總團部分代表講話記錄〉，《無產階級文化大革命資料彙編》，頁304–306、620–622。

展，工礦業的文革隨著「四清」運動的展開有計劃有組織地進行。[46] 此
外，9月為防止造反運動擴大至工礦業，中共中央發布了《〈關於抓革命
促生產的通知〉，提倡維持生產活動。[47] 較之參加革命，優先強調維持
生產活動是這個〈通知〉與其後在12月發布的前述〈關於抓革命促生產
的十條規定〉的不同之處。不過，9月的這個〈通知〉是中共中央擔心紅
衛兵在秋季的「大串聯」會極大地影響農作物的收成，而對於工礦業影
響的顧慮不過是次要的。但是，正是因為有了中共中央關於維持生產的
明確指示，這個時期地方幹部才得以發揮遏制群眾運動向無序化方向發
展的作用。然而到了11月以後，中共中央決定在工礦業也要開展文
革，並且下指令給地方幹部嚴禁以生產的名義妨礙文革的進行。[48] 這一
政策的變化反映毛澤東個人政策意向的變化和中央領導層內部的意見對
立，[49] 可以說中央領導層的這一政策展開的混亂，極大地影響了下級黨
政組織和群眾運動。

　　第三，社會動亂是「革命」和「生產」這一文革自身所包含的政治目
標和經濟目標的差異產生的結果，有關這一點將在其後做詳細的論述。

第二節　「工總司」的崛起與上海模式

　　上一節論述了造反運動給政治、經濟、社會秩序等多方面帶來的混
亂，這些混亂是毛澤東發動文革造成的結果，但是與毛的文革設想卻並

46　〈中共中央、國務院關於工業交通企業和基本建設單位如何展開文化大革命
　　運動的通知〉(1966年7月2日)，《「文化大革命」研究資料》(上)，頁54。
47　〈中共中央關於抓革命促生產的通知〉(1966年9月14日)，《「文化大革命」
　　研究資料》(上)，頁114。
48　〈中共中央關於抓革命促生產的十條規定〉(1966年12月9日)，《「文化大
　　革命」研究資料》(上)，頁182。
49　蘇采青，〈「文革」初期三個回合的鬥爭〉，張化等編，《回首「文革」》(下)，
　　頁735–763。

不一致。在毛澤東的文革設想中，革命與生產並不矛盾，革命的最終目的是發展生產力。[50] 關於這一點，在1966年中共中央八屆十一中全會通過的〈十六條〉中的第十四條「抓革命促生產」的有關規定中有明確規定。該規定將革命與生產的關係論述為：「無產階級文化大革命，就是為的要使人的思想革命化，因而使各項工作做得更多、更快、更好、更省。只要充分發動群眾，妥善安排，就能夠保證文化革命和生產兩不誤，保證各項工作的高質量。無產階級文化大革命是使我國社會生產力發展的一個強大的推動力。把文化大革命同發展生產對立起來，這種看法是不對的。」王力的回憶錄中，也有毛澤東關於「革命」與「生產」的統一關係的言論紀錄。此外，從文革初期到1966年末這半年的經過所顯示，毛澤東始終都在強調「抓革命促生產」。

但是，現實中的革命卻給生產帶來了極其重大的惡劣影響。這一事態的產生促使毛澤東摸索一面維持經濟領域的秩序、一面進行政治領域的革命，同時推進革命與生產發展的新方法。可以認為，毛澤東支持上海的「工總司」，與他使革命與生產並行不悖的構想密切相關。要理解毛澤東為何將上海的造反作為重建政權的樣板，首先必須說明毛澤東的文革構想。

一、毛澤東的文革構想

在毛澤東看來，文革是解決幹部脫離群眾、官僚化、特權化這一幹群問題而進行的意識形態領域的革命。這一點類似共產黨以往的「整風運動」，但是從將監督和評價幹部的權利交給群眾這一點來說，文革又不同於「整風運動」。用人民的力量來改造現存的官僚體系，最終實現官民一體化的政治體制，可以認為是毛澤東發動文革的目的之一。但是，對於實現這一目標的方法，毛澤東事先並無具體的計劃，而是採用

---

50 王力，《現場歷史：文化大革命紀事》（牛津大學出版社，1993年），頁102。

了隨著事態的變化進行調整的摸索性的方法。可以說，毛澤東在文革期
間，自始至終都在探尋最能表現自己思想的方法。一旦發現能夠表現自
己思想的方法，毛澤東就立刻給與支持，而當這個方法與自己的希望出
現差距時，就放棄它，致力於探索和實現新的方法。如上一章中的「老
紅衛兵」和「清華大學井岡山兵團」的例子所顯示的那樣，1966年「老紅
衛兵」和「清華大學井岡山兵團」在政治舞台上的交替、其崛起和衰弱的
過程，實際上都可以說是毛澤東從發現一個方法到放棄的過程。從這個
角度來考慮，1966年末是為了控制上述社會大動亂而有必要發現新方
法的時期。在這樣的背景之下，可以認為毛澤東選擇了將穩定經濟秩序
和重建黨政權力體系作為中心課題。

　　如果閱讀毛澤東在1966年12月末的發言就會發現，關於修訂文革
的軌道，毛澤東最初期待的是黨政幹部。根據王力的記錄，毛澤東曾
說：「幹部們必須積極地參加文革。深入到群眾中去，和工人、農民、
學生一道參加文革，實現幹部的革命化」，[51] 這可以說是毛澤東「從群眾
中來、到群眾中去」思想的再現。關於文革的進行，毛澤東指示：「在
這次階級鬥爭運動中，中共中央要有重點地領導，首先是北京，然後是
上海、天津和東北」，[52] 恰好在同一時期的1967年1月，上海的造反派組
織聯名發表了〈告上海全市人民書〉和〈緊急通告〉。可以認為這個行動
給了毛澤東靈感，他開始考慮「革命」與「生產」並行的「三結合」政權的
構想。接下來，上海也因為發表了這兩個重要的通告，被定位成文革時
期重建政權的樣板。

　　上海模式究竟是什麼？簡而言之，即群眾組織大聯合，建立由革命
幹部、革命軍人和革命群眾三者組成的「三結合」政權。上海的「三結合」
政權於1967年2月組建完成，但是從時間序列來說，在全國是排在第三

51　同上註，頁104。

52　〈張春橋、姚文元同志在上海接見各校紅革會負責人時的講話〉(1967年1
　　月9日)〉，《無產階級文化大革命首長講話彙集》(北航紅旗印，1967年4
　　月)，頁117。

位的，黑龍江和山東省走在前面。[53] 儘管如此，上海仍然被選定為重建政權的模板，這與上海在全國的經濟地位有關，但更為重要的原因在於，在1966年末至1967年初上海進行的文革包含有與毛澤東的「三結合」政權構想相一致的要素。有關這一點，有必要上溯至「工總司」組建的階段來加以說明。

二、「工總司」的崛起

1966年11月6日，「工總司」在上海成立，這是全國最早的工人造反派組織，領袖為其後的中共中央副主席王洪文。成立之初的成員有數千人，基本都是文革前政治經濟地位較低的年青工人。[54] 由於〈十六條〉沒有寫入允許工人組建群眾組織的規定，因此「工總司」成立後的第一個行動是要求上海市的黨政機構承認其組織的合法性。11月8日，「工總司」向上海市委提出了①承認「工總司」的合法性；②要求上海市長曹荻秋參加9日下午的群眾大會，接受批判；③給「工總司」提供宣傳、交通工具三項要求。但是，上海市委在取得中央文革小組的同意後，採取了不支持「工總司」的行動、不承認組織的合法性、不參加大會的「三不」對策，拒絕他們的要求。為此，「工總司」數千成員決定上北京請願，強行登上了火車。因接獲國務院指示，原計劃赴京的列車停靠在上海附近的安亭站，於是在安亭站發生了以王洪文為首的「工總司」成員與試圖阻止其進京的保守派工人之間的對抗。「工總司」的成員躺在鐵軌上阻止過往列車通行，造成列車停運長達31小時以上，結果導致了超過100列旅客列車和貨物列車停運，南京－上海間的滬寧線全線中斷，南北交通受阻。[55]

---

53 金春明，《「文化大革命」史稿》(四川人民出版社，1995年)，頁217。
54 李遜，《大崩潰》，頁65–69。
55 同上註，頁91–108。

　　在中國最大的工業城市上海發生的這起事件，對北京的中共中央來
說是一個十分重大的問題。周恩來和陳伯達命令「工總司」立即端正態
度返回上海，但是沒有效果。最終打開局面的是張春橋的上海之行。
1966年11月12日，為解決問題，張春橋被中央文革小組派往上海。張
春橋到達上海的第一天採取了與中央文革小組和上海市委同樣的處理方
法，向「工總司」的領袖強調了問題的嚴重性，並向其施加壓力，要求
他們立刻返回上海，但是依舊沒有效果。第二天張春橋開始讓步，與
「工總司」交涉，以簽署承認組織合法性的〈五項要求〉為條件，換取他
們立刻返回上海，解決了問題。[56]

　　在「安亭事件」的解決中，張春橋違反了組織原則，即上海市委決
定不能承認「工總司」組織的合法性，並且這個決定是得到陶鑄支持的。
但是，在交涉的現場，張春橋卻沒有執行陶鑄和上海市委的決定。[57] 在
以往的文革研究中，許多研究者都指出，張春橋為了奪取上海市委的領
導權，利用群眾組織向中央領導層和上海市委施加壓力。[58] 但是從當時
的狀況來考慮，在「安亭事件」的解決中，防止事態惡化、恢復鐵路運
行是比承認群眾組織的合法性更為緊迫的課題，並且這也是毛澤東所期
待的。從這一點來考慮，張春橋的處理方法比陶鑄和市委的決定更加現
實，這恐怕也是張春橋得到毛澤東支持的原因。[59] 這樣一來，「安亭事
件」後，「工總司」就作為具有合法性的造反派組織，開始活躍在上海的
政治舞台。

56　王年一，〈對上海「一月革命」的幾點看法〉；陳祖恩，《上海通史》(第11
　　卷)，頁216–218。
57　李遜，《大崩潰》，頁118–121。
58　持此類觀點的研究如下：李遜，《大崩潰》，頁117；金春明，《「文化大革
　　命」史稿》，頁194；王年一，〈對上海「一月革命」的幾點看法〉，頁130。
59　毛澤東從中央政治局聽取了張春橋關於安亭事件的處理報告後，表示了替
　　張春橋違反黨委指示的行動辯護的態度：「先有事實，然後才有概念。」

三、「工總司」與「赤衛隊」的對立

1966年11月下旬，「捍衛毛澤東思想工人赤衛隊上海總部」(簡稱
「赤衛隊」) 作為「工總司」的對立組織出場了。「赤衛隊」的多數成員都
是共產黨員、共青團員、積極分子等被稱為「先進人民」的工人。[60]「赤
衛隊」成立時得到了多數工人的支持，與「工總司」相比是壓倒性的多數
派。[61] 他們把張春橋和「工總司」作為主要批判對象，得到上海市長曹荻
秋和市委書記陳丕顯等黨政機構的主要負責人的支持和合作。[62]

1966年末，「工總司」與「赤衛隊」之間頻繁發生衝突，在「解放日
報事件」和「康平路事件」中，衝突開始升級為武鬥。

(1)「解放日報事件」

「解放日報事件」起因於上海的紅衛兵造反派要求自己的宣傳報《紅
旗戰報》與上海市委的黨報《解放日報》共同發行。1966年11月，在江
青的指使下，北京大學哲學系講師、曾於文革初期的1966年5月率先批
判大學黨委而聞名全國的聶元梓前往上海，對學生造反派組織進行了一
週前後的政治動員，其意圖是通過打倒批判上海市黨政機構的主要負責
人曹荻秋和陳丕顯，迫使中央領導層的鄧小平下台。結果11月22日和
25日，上海的學生造反派以「上海市紅衛兵革命造反總司令部」的名義
召開大會，展開對曹荻秋的批判。25日大會後，「上海市紅衛兵革命造
反總司令部」向上海市委提出，要求將刊有批判內容的宣傳報《紅旗戰
報》第九期與《解放日報》共同發行。但是，陶鑄指示群眾組織的宣傳報

60　李遜，《大崩潰》，頁150–152。

61　〈張春橋、姚文元同志一二月六日在政協禮堂三樓休息室接見上海工人革命
　　造反總司令部赴京代表團時的講話〉，《中央負責同志關於無產階級文化大
　　革命的講話》(續編)，頁149。根據姚文元的講話，到2月初期「赤衛隊」已
　　有40萬名成員。

62　李遜，《大崩潰》，頁151。

與黨報性質完全不同，不能夠共同發行。接受陶鑄指示的上海市委拒絕了他們的要求。其後，學生造反派要求上海市郵局的報刊發行部和解放日報社發行部的負責人給予合作，但再次遭到拒絕。在遭到解放日報社拒絕後，學生造反派用武力封鎖了解放日報社，阻止報紙的正常發行。[63] 其後事態逐漸擴大，工人組織也被捲進來，最後形成造上海市委反的「工總司」和擁護上海市委的「赤衛隊」的對立。「解放日報事件」所產生的混亂持續了七日，在出現多名傷者之後，中央文革小組發出了「可以共同發行」的許可，事件逐漸平息。[64]

「解放日報事件」擴大的原因不僅在於群眾組織間的利益競爭，上海市黨政組織採取的對策也有問題。具體來說，在「工總司」為支援學生造反組織介入事件後，上海市委為瞭解「赤衛隊」是否打算介入事件，開始與「赤衛隊」的負責人展開接觸。根據李遜的研究，在此階段，上海市委實際上已有意向同意學生造反派和「工總司」的要求，希望「赤衛隊」不要介入事件。也就是說，一旦「赤衛隊」介入，同意「工總司」的要求就會使得一直與上海市委保持合作關係的「赤衛隊」處境困難，今後就再難得到「赤衛隊」的支持。正是出於這樣的顧慮，上海市委事先聽取了「赤衛隊」的意見。但是，上海市委的行動被「赤衛隊」的負責人誤解，也就是說，當被問到是否會介入事件時，他們以為市委希望自己介入，但又不能明確指示，因此用這樣的方法來暗示自己。[65] 於是「赤衛隊」便介入了事件，導致上海保守派勢力和造反派勢力之間的衝突升級至武鬥。

（2）「康平路事件」

「康平路事件」的發生，與上海市黨政機構政策的變化及內部的意見分歧密切相關。在「安亭事件」和「解放日報事件」中，中央文革小組

63　陳祖恩，《上海通史》（第11卷），頁219–220。

64　王年一，〈對上海「一月革命」的幾點看法〉，頁131–132。

65　同上註，頁171–172。

支持「工總司」，結果帶來上海市黨政機構內部的分裂和政策的變化。首先是上海市委書記馬天水和候補書記王少庸等幹部改變立場，轉而支持造反派。幾乎就在同時，上海市政府負責宣傳工作的「寫作班」也接受張春橋和姚文元的指示，設立了「市委機關革命造反聯絡站」。毛澤東和中央文革小組對「工總司」的支持以及市黨政機構內部的反叛帶來上海市黨政機構政策的變化，即以曹荻秋和陳丕顯為首的上海市黨政機構撤回一直以來給予「赤衛隊」的支持，開始支持「工總司」。結果「赤衛隊」憤慨於上海市黨政組織的行為，也改變了立場，開始批判上海市的黨政組織。[66]

1967年12月23日，「赤衛隊」召開上海市委的批判大會，會上提出包括要求上海市委承認「赤衛隊」組織的合法性和革命性、限制「工總司」行動等內容的「八項要求」，並迫曹荻秋同意。[67]曹荻秋被迫在「八項要求」上簽名，但是在第二天的上海市委會議上，陳丕顯等市委委員決定今後支持「工總司」，曹荻秋的簽名被指不代表黨委的意思，進而被要求以上海市委員會的名義發表前一天的簽名無效的聲明。曹荻秋無奈服從市委的決定。[68]

曹荻秋的聲明公開兩天後的12月28日，兩萬名以上的「赤衛隊」成員聚集在華東局和上海市委所在的康平路，要求曹荻秋接見，並要求其發表對「八項要求」的簽名依然有效的聲明。另一方面，「工總司」為了壟斷批判上海市委的權利，29日調集約10萬成員，包圍了聚集在康平路的「赤衛隊」，第二天天亮之前捏造了「赤衛隊」「搜查掠奪張春橋住宅」的罪名，開始攻擊「赤衛隊」。兩者的武裝衝突持續了幾個鐘頭，最終以「赤衛隊」敗北而告終。[69]

66 同上註，頁177–209。

67 Perry and Li, *Proletarian Power*, p. 86.

68 陳祖恩，《上海通史》（第11卷），頁220–221。

69 同上註，頁222。

　　「康平路事件」是1966年發生的最大規模的武鬥事件，「工總司」和「赤衛隊」雙方共有15萬以上的人員參與鬥爭，[70] 91人負傷。[71] 事件給上海的行政、生產、交通、社會秩序等多方面造成了惡劣的影響，其影響一直延續到武鬥結束之後。例如，上海鐵路調度所80餘名職員中，有70多人是「赤衛隊」的成員，事件發生後，他們為進京「上訴」離開工作現場，結果造成鐵路再三停運，30日黎明到31日的26個小時中，有接近100列的旅客列車和貨物列車停運。再加上當時蔓延的經濟主義風潮，1966年末上海的經濟和治安已經到了崩潰的邊緣。[72]

　　在此需要留意的是，「工總司」在結束混亂局面中所起到的作用。當時上海市黨政機關的負責人曹荻秋和陳丕顯已經完全喪失對上海的領導權威，如何結束混亂局面是當時的重要課題。1966年12月31日，「工總司」發布了「緊急通令」，宣布要將「赤衛隊」的負責人帶到公安局。[73] 這個「通令」獲得張春橋的支持和公安局的合作，240名「赤衛隊」的負責人被公安局拘留。[74] 失去了市黨政機構的支持和派別領袖的「赤衛隊」組織開始瓦解，從此消失於文革的舞台。到了1967年1月，「赤衛隊」的成員多數已被「工總司」吸收，擊潰了對手的「工總司」成為上海最有影響力的群眾組織。[75] 此外，1967年1月，造反派組織奪了《文匯報》的權。被奪權後的《文匯報》於1月4日刊登了12個造反派組織共同署名的〈告上海全市人民書〉，9日又刊登了32個造反派組織共同署名的〈緊急通告〉。這兩篇文章的目的是提倡「抓革命促生產」，遏止住經濟主義風潮的蔓延。進而在1月10日，幹部、工人、學生造反派組織自發建立了「上海市反經濟主義聯絡部」，負責管理銀行非正常資金的外

70　同上註，頁230。

71　王年一，〈對上海「一月革命」的幾點看法〉，頁91。

72　金春明，《「文化大革命」史稿》，頁198。

73　李遜，《大崩潰》，頁231。

74　王年一，〈對上海「一月革命」的幾點看法〉，頁170。

75　李遜，《大崩潰》，頁234–239。

流、解散謀求經濟利益的組織、「歸農」工人和「支內」工人返回原籍等事項。「上海市反經濟主義聯絡部」下設秘書組、組織組、調查組、接待組、寫作組、政策研究組等機構，這些機構在事實上履行了政府的職能。[76]

四、上海模式的建立與毛澤東的文革構想

上述一連串的事件說明了以下幾點，並且從中可以看出毛澤東把上海選為重建政權之模式的理由。

第一，在1966年末，上海市的黨政機構已經沒有能力解決混亂。在許多場合，他們的行動甚至可以說不但沒有解決問題，反而是介入衝突使問題進一步惡化。當然，中共中央政治見解的不一致是導致社會混亂的決定性因素。但是，對變化的形勢缺乏靈活對應的能力，只知道呆板地執行上級命令的官僚式做法，正是毛澤東最厭惡、並且希望通過文革來加以改革的地方。

第二，在「康平路事件」中，「工總司」採用武力介入的方法，解決「赤衛隊」包圍市黨政機關的事件，瓦解了「赤衛隊」的組織，結果平息了持續數月的保守派和造反派之間的對立，消除了由此產生的社會混亂。其後，尤其是在恢復生產、穩定秩序以及反對經濟主義風潮等方面，「工總司」採取了最為果敢的行動。這些舉動客觀上穩定了瀕臨崩潰的上海治安，而這正切合毛澤東希望穩定社會秩序的願望。

第三，上海的造反派組織是全國最早提倡「抓革命促生產」、自發反對經濟主義風潮的群眾組織，這一點具有極為重要的意義。在「康平路事件」最混亂的時期，產業工人的罷工造成了停電、停水、停火車的「三停」事件，給上海帶來了巨大的經濟損失，造成了社會秩序的極大混亂。「工總司」宣稱責任在上海市委和「赤衛隊」，但實際上挑起武鬥

---

76 同上註，頁259。

的「工總司」和張春橋可以說責任更大。但是從當時的情況來考慮，防止事態的惡化比追究責任更重要。因此，在上海發布〈告上海全市人民書〉和〈緊急通告〉之後，毛澤東立刻表明了對他們的支持。

　　第四，除上述原因外，毛澤東讚賞〈告上海全市人民書〉和〈緊急通告〉最重要的理由可能是，來自人民的提倡「抓革命促生產」的聲音是經由幹部、工人、學生造反派的聯合組織的方式傳播開來的。尤其是上海的幹部成立造反派組織參與運動，在毛澤東看來極為重要。如前文所論1966年末，毛澤東期待黨政幹部發揮穩定社會秩序和重建政權的作用，希望幹部深入群眾參與文革。1966年12月末，上海建立「市委機關革命造反聯絡站」後，毛澤東表示「上海的革命學生起來了，革命工人起來了，革命的機關幹部起來了。所以上海的文化大革命是有希望的」；[77] 他也指示王力等周遭幹部，黨政幹部不應該對抗群眾運動、放棄領導權，應該和群眾打成一片，積極參與運動。[78] 從這一點來考慮，上海的聯合聲明為毛澤東的文革構想提供了例證，可以說上海的聯合聲明正是毛澤東「三結合」政權構想的現實版本。正如由毛澤東授意撰寫的《人民日報》評論員文章〈上海革命造反派向資產階級反動路線發起總攻擊〉一文所論述的：「上海地區無產階級文化大革命形勢好得很的第二個重要標誌是：市級黨政機關的革命造反派殺出來了，他們打破「內外有別」的條條框框，同工人、革命學生一起批判資產階級反動路線，鬥爭黨內一小撮走資產階級反動路線的當權派。」[79]

　　由於上述原因，進入1967年，建立「三結合」政權成為文革的主要目標，上海被樹立為實現這一目標的樣板。因此，1967年以後，上海文革的展開呈現出不同於其他地區的狀況。

77　〈張春橋、姚文元同志在上海接見各校紅革會負責人時的講話〉（1967年1月9日），《無產階級文化大革命首長講話彙集》，頁117。

78　王力，《現場歷史》，頁104。

79　〈上海革命造反派向資產階級反動路線發起總攻擊〉，《人民日報》，1967年1月12日。

第三節 「三結合」政權的建立
—— 全國大亂與上海的穩定

1967年1月，毛澤東表揚上海《文匯報》的奪權。其後，全國普遍發生了群眾組織奪取黨政機關權力的事件，文革進入「全面奪權」的階段。原本毛澤東通過「大聯合」組建「三結合」政權的目的在於實現政治領域的革命化和經濟領域的有序化，但是在官僚體系和社會控制體系陷入癱瘓的情況下發生的無限制的「奪權」轉化成群眾組織之間的權力爭奪，使得全中國的社會秩序更加混亂，各地都發生了派別間的武鬥。從當時全國的「奪權」狀況來看，儘管上海發生了小規模的衝突，但是較之武鬥長時間持續的武漢、成都、重慶、廣州等地區，上海可以說維持了相對的穩定。那麼，為什麼在全國大多數城市和地區發生大亂之時，上海能夠維持相對的穩定呢？要搞清這一點，有必要著眼於在「三結合」政權的建設過程中，張春橋處理派別間的利益競爭的獨特方式。

一、組織化的「奪權」

1967年，在維持上海的秩序這一點上，張春橋所起的作用極為重要，當然這裏也包含有他個人追求利益的動機。張春橋是文革前的上海市委文教書記，1966年5月他被選為中央文革小組副組長，但在陶鑄、康生、陳伯達、江青五人之中政治地位最低。文革初期張春橋的活動並無引人注目之處，但是以「安亭事件」的解決為開端，他開始得到毛澤東的器重。在這種情況之下，1966年末張春橋和姚文元被毛澤東委以領導上海文革的重任，以中央文革小組特派員的身份返回上海。對於在中央領導層的政治地位尚不穩定的張春橋來說，能否通過上海的業績獲得毛澤東的青睞，是關乎未來政治地位的重要條件。而且上海已經被毛澤東指定為重建政權的樣板，因此如何把握上海文革的進行狀況，使之變成符合毛澤東心意的模式，對張春橋來說是至關重要的課題，他返回上海後便非常細緻周密地籌劃上海文革進展的每一步。

　　例如1967年1月8日，王洪文受張春橋指示，以群眾組織的名義成立了「上海『抓革命促生產』指揮部」。張春橋稱之為「經濟蘇維埃」，期待它代行使人民代表大會的職能。此外，1月15日成立了指揮「奪權」的「上海市革命造反派組織聯絡總站」，使之代行市政府的職能。2月，在奪取上海市黨政機關的權力之後，甚至將其命名為「上海人民公社」。以上措施上報毛澤東希望獲得支持，但卻未能如願。從上面一系列舉措中可以窺見，張春橋在努力嘗試沿著毛澤東所希望的方向推進上海文革。

　　可以説正是由於張春橋的努力，在上海的黨政機構陷入癱瘓之後，毛澤東→中央文革小組→張春橋、姚文元→「工總司」這一類似以往黨的行政領導的縱向指揮系統才得以構建，從而使群眾間的派別對立所造成的弊害被控制在最小範圍內。這一點是與省市黨政機構陷入癱瘓後，未能產生承擔其職能的人物或團體的其他地區最大的區別。有關這一點，下面通過梳理「三結合」政權的建設過程來加以説明。

（1）抑制混亂「奪權」

　　「赤衛隊」組織瓦解後，上海市出現了機關幹部造反派組織、工人造反派組織和學生紅衛兵造反派組織三足鼎立的局面。[80] 不僅這三者之間存在著對立，三個組織的內部也都存在派別對立。最大的工人組織「工總司」從「安亭事件」開始就已經分化成「工總司」、「一兵團」、「二兵團」、「三兵團」四個部分。[81]「一兵團」、「二兵團」、「三兵團」名義上是「工總司」的下級組織，但實際上各自獨立。紅衛兵造反派組織原本就不是一個聯合組織，其最活躍的「紅革會」、「紅三司」、「上三司」均是獨立的學生造反派組織。[82] 進入1967年1月，上海和其他地區一樣，各

80　安文江，〈我不後悔〉，徐友漁編，《一九六六》，頁100。

81　李遜，《大崩潰》，頁127–128。

82　安文江，〈我不後悔〉，頁93。

造反派組織為奪權展開了爭鬥。具體來説，在上海人民公社建立之前，為爭奪市黨政機構的權力群眾組織之間發生了四場奪權爭奪戰。

第一次是1967年1月15日「二兵團」和「上三司」的聯合行動。在「奪權」之前，「二兵團」的負責人耿金章將行動報告了張春橋。張春橋指示：「很好，向中央彙報後再行動」，於是報告了毛澤東。但是耿金章和「上三司」負責人趙全國不待中央的指示便開始行動。其後，雖然毛澤東也表示對這次「奪權」的支持，但是張春橋認為其他群眾組織並沒有參與行動，為防止造反派組織內部發生混亂，説服耿金章退出市政設施，歸還權力。[83]

第二次是1月22日以「上三司」為主體的大學紅衛兵造反派組織採取的奪權行動。領導人趙全國在「奪權」後為了使自己的行動合法化，謊稱是奉周恩來的指示，事情敗露後被王洪文扭送公安機關，「奪權」被宣布無效。[84]

第三次是1月25日紅衛兵造反派組織「紅革會」和「工總司」負責人之一潘國平聯合採取的奪權行動。張春橋説服潘國平交還黨委的公章，「奪權」被無效化。[85]

第四次是「二兵團」聯合「一兵團」、「三兵團」等造反派組織，在張春橋、姚文元領導下的「上海人民公社」成立前夕，組成「上海市革命造反派大聯合委員會」與之對抗，宣布接管上海市委的權力，但是張春橋説服耿金章解散「上海市革命造反派大聯合委員會」，由此「奪權」被無效化。[86]

綜上所述，1967年1月上海也和其他地區一樣，發生了群眾組織爭奪權力的鬥爭。其中有的「奪權」行動得到了毛澤東的讚賞，但是張春橋為防止造反派組織內部發生混亂，説服各派別的領袖放棄已奪取的權力，以不支持「奪權」行動的方式，扼殺了行動。與此同時，張春橋和姚文元積極地推動政權的重建。這點在下面部分詳述。

83　李遜，《大崩潰》，頁319–323。

84　同上註，頁326–331。

85　同上註，頁331–335。

86　同上註，頁356–358。

（2）張春橋在建立「三結合」政權中的作用

1967年1月5日，王洪文受張春橋指示，建立了準備奪上海市委權的「上海市革命造反派組織聯絡站」。通過這個機構，張春橋和姚文元領導了參加「上海人民公社」組織的選舉及代表議席的分配。結果，2月5日，作為「三結合」政權的「上海人民公社」正式建立，其後在毛澤東的建議下改名為「上海市革命委員會」。「上海市革命委員會」除張春橋和姚文元外，由工人代表三名(全部為「工總司」成員)、農民代表二名、學生代表一名、「市委機關革命造反聯絡站」的代表一名、委員會下設的七個部門的負責人各一名及駐滬三軍的負責人組成。[87] 此後不久，張春橋安排原市委書記馬天水、候補書記王少庸等在「安亭事件」後轉而支持造反派的幹部們擔任「上海市革命委員會」的重要領導職務。[88] 這樣一來，在張春橋和姚文元的積極領導下，上海市群眾組織間的權力爭奪和「三結合」政權建設中關於原幹部的處理所產生的混亂，就被控制在最小範圍內，通過有組織的「奪權」完成了政權的重建。

在此還有一個重要問題需要解釋，即在「打倒一切」的無政府主義泛濫的政治形勢中，為什麼張春橋能夠控制上海的群眾組織？究其原因，主要有以下三個。

第一，張春橋擁有來自最高領袖毛澤東和中央文革小組授予的領導群眾運動的合法地位和絕對權威。例如，1967年1月末對「上海人民公社」的政治權力分配感到不滿的大學造反派組織，在街頭展開大規模的批判張春橋的遊行示威，發起「一・二八炮轟張春橋事件」。但是中央文革小組發出了支持張春橋、姚文元的緊急通電，紅衛兵造反派組織的行動便中途夭折。[89]

87　李遜，《大崩潰》，頁359。

88　同上註，頁317。

89　金春明，《「文化大革命」史稿》，頁205–207。

　　第二，張春橋得到人民解放軍的支持。1967年1月，毛澤東指示人民解放軍介入文革。根據哈丁的研究，這個時期由於人民解放軍在許多地區將保守派群眾組織作為「左派」加以支持的結果，帶來了造反派對人民解放軍的攻擊，激化了保守派與造反派之間的派別鬥爭。不僅如此，人民解放軍與支持造反派的中央文革小組之間也產生了矛盾。由此對立結構進一步複雜化，混亂逐步擴大並升級。[90] 但是，上海的情況則完全不同，三軍的領導給予張春橋全面的支持與合作。例如，1967年1月發生「一·二八炮轟張春橋事件」時，人民解放軍接受張春橋的指示，為救出被學生造反派扣押的「市委機關革命造反聯絡站」負責人徐景賢，衝入了復旦大學，行動失敗後連軍政委徐海濤也被造反派紅衛兵扣押了。造反派紅衛兵為使攻擊張春橋的行為正當化，逼迫徐海濤供出派遣軍隊的幕後人物，但是徐海濤拒絕交待出張春橋。山西、黑龍江、山東、貴州的「市革命委員會」的建立也顯示出同樣的結果。[91] 也就是說，軍隊對地方幹部的支持與合作在穩定秩序方面起了重要的作用。

　　第三，張春橋得到上海市最大的群眾組織「工總司」的配合。關於這一點，將在下一節詳細說明。

二、「工總司」在穩定上海中的作用

　　在穩定上海的社會秩序方面，張春橋和「工總司」的合作至關重要。

90　Harding, *Organizing China*, pp. 169–170.

91　山西省委的幹部劉格平因為得到省軍區第二政委張日清的支持，才得以在早期就建立了「市革命委員會」。黑龍江省委第一書記潘復生不僅親自擔任黑龍江省軍區第一政委，還得到省軍區司令員汪家道的大力支持。山東省青島市副市長王效禹由於得到省軍區司令員童國貴的支持，得以控制住群眾間的權力鬥爭，並成立了「山東省革命委員會」。貴州省的「省革命委員會」是在省軍區第二政委李再含的直接領導下建立的。金春明，《「文化大革命」史稿》，頁213–214；劉國凱編，《封殺不了的歷史》，頁347–348。

王洪文及其領導的「工總司」對張春橋、姚文元而言，可以說事實上起到代替政府傳達和執行政策的作用。

在上海市黨政組織陷入癱瘓的情況下，張春橋和姚文元受命領導上海的文革。在這樣的情況下，僅靠「解放日報事件」後組織起來的幹部造反派組織「市委機關革命造反聯絡站」幹部的合作是不夠的；為將張春橋的指示貫徹到群眾中去，必須取得群眾組織的配合。此外，由於毛澤東也強調革命幹部與群眾相結合，所以僅僅依靠「市委機關革命造反聯絡站」幹部的做法不僅有可能招致群眾組織的反叛，甚至還有可能會失去毛澤東的支持。更為重要的是，在派別對立爭奪黨政權力的情況之下，張春橋很難不借助群眾組織的力量獨立處理派別間的衝突。因為結果會很明確，如果一旦失敗，就有可能像上海市委那樣招致中央領導層和群眾組織雙方的批判。在這種情況下，「工總司」成為了張春橋解決派別對立的工具。另一方面，從王洪文的立場來考慮，張春橋的支持是瓦解「工總司」的對立派的絕好機會。兩者利益的一致，在穩定上海和解決派別對立方面起到重要的作用。有關這一點，可以用以下的事例來加以說明。

（1）弱化紅衛兵造反派組織

如前所述，1967年上海出現了工人造反派組織、機關幹部造反派組織和大學的紅衛兵造反派組織三股勢力鼎足而立的局面。機關幹部的造反派組織「市委機關革命造反聯絡站」原本是在張春橋、姚文元的指示下起來造反的組織。[92] 對於該組織，張春橋、姚文元可以直接發揮影響力。工人造反派組織的內部存在各種派別，派別間的對立和領袖間的鬥爭十分激烈。儘管如此，張春橋仍然可以通過其中兩大組織「工總司」和「二兵團」的領袖王洪文和耿金章，發揮其影響力。不過，王洪文和耿金章之間的權力鬥爭對張春橋來說也是不安定的因素，尤其是耿金章

---

92 李遜，《大崩潰》，頁 186–202。

常常無視張春橋的指示獨斷行動。但是從「奪權」無效的事例來看，對張春橋來說，要控制以奪取權力為最大目的的他們並非難事。

相反，對於實行「無政府主義」的紅衛兵造反派組織，張春橋不僅沒有控制他們的機制，也不具備將其吸收進自己的領導圈內的方法。因此，張春橋只能提醒工人造反派組織的負責人不要受紅衛兵造反派的左右。[93] 也就是説，可以認為張春橋的意圖是切斷工人造反派和學生造反派之間組織上的聯繫，通過支援工人造反派組織，間接地弱化學生造反派組織的勢力。

在這個背景下，得不到張春橋支持的紅衛兵造反派組織和張春橋領導下的工人造反派組織及機關幹部的造反派組織之間，圍繞爭奪權力產生了微妙的競爭關係。[94] 於是，這一潛在的競爭關係於1967年初圍繞「三結合」政權建立時期的權力爭奪而日益表面化，並且在以下兩大事態的影響下呈現出複雜的狀況。一是1967年以來，工人造反派組織成為運動的主體，尤其是較之學生造反派組織，「工總司」在上海發揮了壓倒性的領導作用，不與工人造反派組織合作、單憑學生造反派組織奪取市黨政機構權力的可能性極其低下。二是工人造反派組織內部的派別領袖間的權力鬥爭，尤其是王洪文和耿金章之間的權力鬥爭，弱化了工人造反派組織內部的凝聚力，緩和了與「工總司」對抗的其餘工人造反派組織和紅衛兵造反派組織之間的競爭關係。

結果，張春橋、「工總司」、「二兵團」、紅衛兵造反派組織之間形成了以下利益關係。首先，「二兵團」的頭頭耿金章通過與紅衛兵組織的聯繫，率先發起「奪權」行動，試圖以此在權力分配中奠定優於王洪文

93　同上註，頁321。

94　「紅三司」的頭頭安文江曾在回憶錄中表示，1967年1月「紅三司」之所以率先接管市公安局的權力，是為了在「奪權」運動中通過搶先行動，建立比工人造反派組織和機關幹部造反派組織更大的功勞。也就是説，建立功勞就有可能得到政治領導人的支持，從而奪回正在失去的政治地位。安文江，〈我不後悔〉，頁100。

的地位。為此，他為了對抗壟斷權力的王洪文，進行了第一次「奪權」行動。在這個事件中，王洪文與耿金章的權力鬥爭，以及張春橋所表現出來的比起耿金章更加重用王洪文的做法，促成紅衛兵造反派組織和「二兵團」為了利益而攜手。另一方面，打擊紅衛兵造反派組織的獨斷「奪權」行為對王洪文來說，可謂一石二鳥。因為這既是在權力分配中消滅一個有力的競爭對手的機會，也是向對紅衛兵造反派組織沒有好感的張春橋表示忠心，間接地在權力分配中獲取有利地位的手段。

在這個背景下，從1967年1月到2月之間，「工總司」對紅衛兵造反派組織及其領袖採取了以下的一連串措施。1月末，在「上三司」第二次「奪權」失敗之後，其領袖趙全國被王洪文以偽造周恩來的指示為理由，扭送到市公安局，「上三司」的勢力由此而衰退。此外，1月的「一‧二八炮轟張春橋事件」結束後不久，「工總司」就開始調查事件。結果紅衛兵造反派組織的2,500多人被調查，其中約440人被送進學習班。[95] 再加上「上海人民公社」成立之際，王洪文以參加了「一‧二八炮轟張春橋事件」的紅衛兵造反派組織沒有資格參加「上海人民公社」為理由，將紅衛兵造反派組織排除在權力格局之外。[96] 這樣一來，紅衛兵造反派組織就被弱化，導致社會動亂的重要因素之一被消除。但是，其後工人造反派組織內部的對立變得更加突出。

（2）三個「兵團」的解體

「赤衛隊」瓦解後，工人造反派組織內部圍繞權力的爭奪開始表面化，這主要是發生在「工總司」和「二兵團」之間。耿金章領導下的「二兵團」在「康平路事件」後大量吸收赤衛隊員，勢力急劇擴大，幾乎成為與「工總司」具有同樣實力的組織。[97] 進入1967年以來，王洪文的「工總

95 金春明，《「文化大革命」史稿》，頁207。
96 李遜，《大崩潰》，頁355。
97 同上註，頁292。

司」與耿金章的「二兵團」之間發生了數起衝突。王洪文一方面試圖將耿金章的「二兵團」及其他工人造反派組織從權力分配的格局中排除出去，另一方面耿金章也企圖取代王洪文在工人造反派組織中的最高地位。「上海人民公社」政權建立前夕，兩者的鬥爭更加激化了。在「上海人民公社」的籌備委員會上，王洪文規定「市級規模的組織才能參加『上海人民公社』」。由此，「一兵團」、「二兵團」、「三兵團」、「工三司」（正式名稱為「上海工人革命造反第三司令部」）等工人造反派組織就被排除在「上海人民公社」的組成機構之外。其後，「一兵團」與「二兵團」、「三兵團」、「工三司」聯合組建了「上海工人革命造反聯合指揮部」，試圖建立與「上海人民公社」政權對抗的「第二上海人民公社」政權。但是，在張春橋的說服下，組織自動解散，計劃流產了。[98]

就算張春橋能夠在某種程度上控制工人造反派內部的派別對立，只要派別對立本身還存在，就會極大地影響上海的穩定；並且「二兵團」企圖建立「第二上海人民公社」政權的行動，給「上海人民公社」政權造成了很大的威脅。在這個背景下，為解決紛爭，張春橋給了王洪文解決工人造反派組織內部派別對立的最大權限。

「上海人民公社」建立兩週後，王洪文以討論「大聯合」為藉口，將「二兵團」的負責人耿金章誘至上海國棉三十一廠，將其逮捕扭送公安局。此後，「一兵團」的負責人戴祖祥也被王洪文送進公安局。其後，失去了領導的「二兵團」和「一兵團」便自動解體了。在此情況之下，與「工總司」對立的「三兵團」和「工三司」頓時陷入孤立，不久後也由於成員的相繼退出而自行瓦解。[99] 結果，上海市內就再也不存在有能力抗衡「工總司」的群眾組織了。其結果一方面強化王洪文的政治地位，另一方面也達成張春橋利用派別間的利益競爭解決派別紛爭，強化「上海人民公社」政權的目的。

98　同上註，頁348、356–358。

99　葉永烈，《王洪文興衰錄》（時代文藝出版社，1989年），頁258。

(3)「聯司」的毀滅

「二兵團」等組織解體後,「工總司」吸收了這些組織的部分成員,發展成具有萬人以上成員的組織,上海再無可與之匹敵的組織了。可以說正是因為如此,上海才得以維持比其他地區更為穩定的社會秩序。但是其中仍然隱藏有一個不安定的因素,它來自於上海柴油機廠。

從文革初期開始,上海柴油機廠就存在「聯司」(正式名稱是「革命造反聯合司令部」)和「東方紅總部」兩個對立的派別。因為「東方紅總部」是「工總司」的下級組織,「工總司」介入了兩者的對立。1967年6月,「聯司」被「工總司」認定為反動組織,結果對「工總司」不滿的工人造反派和弱體化的紅衛兵造派組織集結在「支聯站」(全稱「『革命造反聯合司令部』支持站」),在全向東的領導下一面與「工總司」對抗,一面發起批判張春橋的行動。1967年7月,「聯司」與「東方紅總部」之間發生了武鬥,「東方紅總部」的成員解福喜在武鬥的混亂中死亡。於是8月,王洪文以此事件為藉口,派遣「工總司」的成員發動了對「聯司」的武鬥,一舉摧毀「聯司」。事件後,多達663人被王洪文扭送公安局。幾乎就在同一時間,王洪文親自兼任柴油機廠的革命委員會主任,肅清「聯司」的殘餘勢力。[100] 由此,影響上海穩定的另一個因素被鏟除了。

根據李遜的研究,在「工總司」對「聯司」發動武力進攻的當天,毛澤東恰好就在上海。1970年9月,毛澤東對王洪文說:「你們的『電影』我看了。你們取得了大勝利。上海的情況穩定了。」[101] 也就是說,儘管「工總司」的行動極為激進,採取的是以暴制暴的方法,且包含擴張本派勢力的私利目的,但就結果看則解決了派別間的紛爭,在穩定上海的秩序方面起到一定的作用,這也是毛澤東讚賞的地方。

在以上三起事件中,表面看來「工總司」似乎主導了行動,但是實際上張春橋在其背後的容忍、支持乃至暗示可以說發揮了十分重要的作

---

100 陳祖恩等,《上海通史》(第11卷),頁232–235。

101 李遜,《大崩潰》,頁384。

用。也就是說，如果沒有張春橋的容忍和支持，以及給予王洪文鎮壓其他派別及其領袖的權力，王洪文的行動就不會成功。另一方面，可以認為，如果沒有理解和貫徹張春橋意圖的王洪文及「工總司」的配合，張春橋也無法控制住上海的混亂形勢。因此，以上三個事件可以說既有派別競爭的一面，也有張春橋利用派別間的利益競爭控制上海形勢的一面。

三、「工總司」的「準政府化」

在維持上海穩定的諸要素中，另一個重要原因是「工總司」的準政府化。「工總司」從變成在上海擁有巨大行動力的群眾組織開始，經過以下四個階段逐漸具備代行政府職能的作用。

第一個階段通過建立「文攻武衛指揮部」，掌握壟斷合法使用暴力的權限。1967年9月以後，為防止像「聯司」那樣的反對勢力再度崛起，張春橋和王洪文響應江青「文攻武衛」的號召，設立「文攻武衛指揮部」，實現「工總司」的武裝化。「文攻武衛指揮部」實際上發揮了民兵的作用，是受張春橋和王洪文直接領導的組織。此外，在這之前的1967年1月，王洪文已經奪了市公安局的權，將其掌握在自己的手中。具體來說，1967年1月「紅三司」奪了上海市公安局的權之後，公安局的造反派組織「公革會」、「工總司」、「紅三司」等組織建立了將公安局、檢察院、法院三者的機能一體化的「無產階級文化保衛委員會」（以下簡稱「文保會」），王洪文擔任「文保會」的主任。[102] 這一系列行動的結果，到1967年9月時王洪文和張春橋掌握了公安局、檢察院、法院的權力，通過武裝「工總司」組織，壟斷了在上海合法使用暴力的權限。「文攻武衛指揮部」除了鎮壓反對勢力之外，也發揮了維護社會治安等方面的作用，因此在維持穩定方面起到一定的作用。1970年，「文攻武衛指揮部」改名為「上海民兵」，但其本質沒有變化，一直延續到「四人幫」垮台。[103]

---

102 同上註，頁317。
103 陳祖恩等，《上海通史》（第11卷），頁236。

　　第二個階段通過成立「上海工人革命造反派代表大會」(簡稱「工代
會」)，實現了組織的政權化。1967年末，「上海工人革命造反派代表大
會」召開。在這次會議上，王洪文、潘國平、陳阿大、葉昌明、蔣周法
五人被任命為常務委員。由於這五人均為「工總司」的領袖，因此實際
上可以說是「工總司」壟斷了「工代會」的領導權。結果，原本是群眾組
織的「工總司」變身成工人指揮機構。[104]

　　第三個階段通過派遣工人毛澤東思想宣傳隊，「工總司」掌握了上
海市的領導權。1968年夏，毛澤東關於派遣工人毛澤東思想宣傳隊進
學校的指示，給了「工總司」擴張勢力的機會。「工總司」的勢力原本只
存在於產業工人內部，張春橋和姚文元主張工人毛澤東思想宣傳隊應該
領導黨政機構、工礦業、商業部門、學校、居民委員會等所有領域，於
是向黨政機構、工礦業、商業部門、學校、居民委員會等所有部門都派
遣了工人毛澤東思想宣傳隊。這些行動得到了中央領導層、尤其是毛澤
東的支持，[105] 結果「工總司」掌握了上海的領導權。

　　第四個階段通過讓「工總司」的領袖入黨，提高了在黨內的發言權。
進入1968年，中共中央在開展批判派別主義和無政府主義運動的同
時，開始重建黨組織、「整頓階級隊伍」及恢復生產活動，這些成為了
剛剛成立的革命委員會的主要任務。在許多城市和地區，造反派組織的
勢力因此而被削弱，因為多數共產黨員都加入了保守派，重啟黨組織的
活動意味著保守派的政治地位優於造反派。此外，由於造反派內部「非
紅五類」階級出身的人較多，「整頓階級隊伍」也對造反派不利。但是在
上海黨組織的整頓和重建，卻變成令「工總司」的領袖們入黨的機會。
因為1967年2月，中共中央、中央文革小組發布的〈關於黨組織的整
頓、恢復與重建的意見與問題〉的文獻中，除了規定將反革命的修正主
義分子等前黨員開除出黨組織之外，還規定從工人、農民、紅衛兵中篩

104　李遜，《大崩潰》，頁408。

105　同上註，頁348、421。

選積極分子入黨。[106] 在這種情況下，張春橋指示王洪文等令「工總司」的領袖陳阿大、戴立清、黃金海、葉昌明等加入共產黨，並提名他們為中國共產黨第九次全國代表大會的代表。[107] 不僅如此，入黨後的陳阿大也大量吸收自己的部下加入共產黨，並將他們任命為各級黨政組織的幹部。根據李遜的研究，在黃金海工作的國棉三十一廠有超過200名造反派入黨。此外，王洪文工作的國棉十七廠，在1968年末進行第一次黨組織的重建時，王洪文讓16名造反派入黨，並將之任命為各級黨政組織的幹部。[108] 「工總司」用這一方法提升了在黨內的發言權。

第四節　結語

張春橋利用上海群眾組織之間的對立和競爭，採用駕馭、合併、弱化、解體等方法控制群眾組織，擴充與自己合作的組織的勢力，幫助其提高政治地位。具體來説，首先給予「工總司」上海市群眾組織的主導性地位，由這個組織來控制其他組織的行動。接著利用成立「上海市革命委員會」和派遣工人毛澤東思想宣傳隊等機會，實現「工總司」的「準政府化」。可以説，張春橋通過以上方法成功地控制各組織間的利益競爭，避免其他地區那樣的大規模暴力的頻繁出現。這是上海有可能維持穩定的根本原因。

始於上海「一月革命」的「奪權」在很多地方激化了派別競爭，造成大規模的武鬥。但是在上海，張春橋採用以派別控制派別、以暴制暴的方法，建立了革命幹部、革命軍人和革命群眾三者一體化的「三結合」政權，實現了毛澤東革命和生產並行的構想。張春橋用來穩定秩序的方

---

106 〈中共中央、中央文革關於整頓、恢復、重建黨的組織的意見和問題〉
　　（1967年12月2日），《「文化大革命」研究資料》（上），頁640–642。
107 李遜，《大崩潰》，頁438–444。
108 同上註，頁444。

法不同於以往的行政手段，其方法本身也具有暴力的特徵。但是，這可
以説是在黨政機構陷於癱瘓，警察、軍隊等保障社會秩序的機構均被捲
入文革的狀況之中，能夠令社會秩序穩定的有效方法。並且該方法不僅
得到了毛澤東的認可，張春橋、王洪文也被升任為中央領導。張春橋在
1969年召開的黨的第九次全國代表大會上進入中央政治局，林彪事件
發生後，在中央的排名升至第五位，僅次於毛澤東、周恩來、康生、江
青。王洪文也作為工人代表在黨的第九次全國代表大會上被提名為中央
委員，1973年召開的黨的第十次全國代表大會上進入中央政治局，成
為黨的副主席。此時，王洪文在黨內的地位已經超過張春橋和江青，僅
次於毛澤東和周恩來，排在第三位。積極推進文革的激進路線的江青、
姚文元、康生也在黨的第九次全國代表大會上全部進入中央政治局，在
黨內的地位都獲得上升。[109] 結果，他們的激進理念開始被融入國家政
策，進而影響全國。張春橋和王洪文雖然進入了中央領導層，政治基礎
依然在上海，因此，一直到四人幫垮台為止，上海模式都對全國政治運
動的展開，發揮著持續的影響。1976年毛澤東去世後不久，在權力鬥
爭中敗北的張春橋也隨之倒台。在其後的政權重建中，他所推進的激進
路線變成了重建政權的障礙而被廢棄和批判。此外，他曾被毛澤東高度
評價的業績，也在1981年召開的中共中央十一屆六中全會通過的〈關於
建國以來黨的若干歷史問題的決議〉中被作為引起混亂的根源，而加以
全面否定。

109　安藤正士等，《文化大革命と中国》，頁117、140。

第7章

公民權的競爭策略
——小城市的文革

　　前面三章分別闡述了文革時期三個次運動中的三個主角派別在運動中的行為，並著重分析了國家和社會的互動如何影響和規制派別行為，派別行為又如何影響高層政治領袖之間的政治競爭，國家和社會兩者間的互動如何將文革從一個次運動推向另一個次運動，而運動的目標以及運動承擔的主體派別又是如何隨著次運動的變化而變化。這裏還必須涉及到一個同樣重要的問題：在非政治中心的地方城市，那些非運動主角的派別又是如何形成、如何參與運動、如何在運動中競爭公民權的？

　　本章以山西省榆次市東方紅紡織廠（文革期間的名稱）的派別鬥爭為事例，將分析重心聚焦於派別領袖，從邊緣（與政治中心相對而言）和微觀層面來考察文革中的派別行為。聚焦於派別領袖而非派別中的普通參與者，是因為和任何集體行為一樣，之所以能夠持續與派別領袖以及積極參與者所投入的熱情、動機、所掌握的資源、運動中動員能力以及競爭策略等直接相關。因此想要理解文革中的派別競爭，對派別領袖行為的分析將是關鍵。在本章中，筆者試圖通過對派別領袖行為的研究，解釋以下一系列問題：在遠離政治中心的其他城市，文革是如何展開的？普通的民眾是如何被「捲入」到運動中的？最先起來造反的會是什麼樣的人？他們為什麼要積極參加運動？什麼樣的人會成為派別領袖？派別領袖如何組織和動員集體行為？當運動目標變更或者其他政治機會構造發生變化時，派別領袖如何應對？

　　之所以選擇山西省榆次市東方紅紡織廠為研究對象，其決定性因素在於史料。文革研究領域微觀層面的研究非常少，通常關於派別行為的研究多停留在市級層面。這主要是因為微觀層面的資料通常不易取得。筆者在2001年在山西收集文革資料時，非常幸運地收集到了榆次市東方紅紡織廠文革運動的相關資料，其中包括工廠「四清」運動的調查記錄、廠裏從業人員的個人檔案記錄、文革中的揭發批判材料等。正因為這些資料，使得筆者有可能將對文革中參與者的行為分析聚焦到派別領袖，並且能夠將其動機分析追述到文革之前；這也使得筆者關於山西文革的探討超越了以往把文革僅當作單一運動研究的局限，來思考文革之前的「四清」等政治運動如何影響文革中的派別行為。

　　除了資料因素之外，對於榆次市東方紅紡織廠文革相關資料的分析，在探究文革在地方城市的展開方面也頗有借鑒價值。榆次市在當時是以輕工業為主、城市人口約50萬的一般性地方城市，然而在文革期間卻發生了與大城市同等程度的嚴重的派系鬥爭。從這一點來看，分析東方紅紡織廠的派系鬥爭將有助於理解文革在地方上的展開。並且，從政治特徵來看，榆次市是晉中地區黨政機關的所在地，緊鄰山西省的黨政權力中心太原，與被樹為全國農業生產模範的大寨在地理上也十分接近。當時榆次市有三家大型國有企業，東方紅紡織廠是其中之一。中共中央、山西省、晉中地區、榆次市這四個層面上展開的黨政幹部間的權力鬥爭、黨政幹部與軍隊幹部之間、軍隊幹部之間的權力鬥爭、以及受到毛澤東高度評價的大寨的陳永貴（全國勞動模範）與黨政軍幹部之間的對立，構成了政治混亂的複雜圖景；在這一複雜的政治圖景中觀察東方紅紡織廠的派系鬥爭，為從微觀層面理解文革提供了絕好的素材。

　　然而，透過複雜政治構造來考察派別行為並非本書的內容，筆者將在今後的研究中來探討。本章僅將分析的範圍限定在1965年11月上旬「四清」運動的展開，至1967年3月末「捍衛兵團」暫時解散這一時間段。本章由以下五節構成。第一節重點討論派別領袖是如何形成的？第二節討論發生在文革之前的「四清」運動在哪些方面對文革中的集體行為造成影響？第三節討論派別領袖在不確定的政治形勢中如何維持本派別的

集體行為？他們會採用什麼樣的動員策略和方法，來吸引更多的參加者加入派別或是阻止派別人員的流失？當政治形勢向不利於己方的方向變化時，他們用什麼樣的方法來挽救派別在政治上的合法性？第四節討論在派別與對立派別競爭時，派別領袖通常會採取什麼樣的動員方法和戰略手段組織集體行為，以確保自己的派別能夠在競爭中處於優位？最後一節對本研究的主要發現做個簡短小結。

第一節　派別的形成和派別領袖的崛起

　　東方紅紡織廠的派系對立主要是在「東聯」（「東方紅紡織廠革命組織聯合站」的簡稱）與「捍衛兵團」（「捍衛毛澤東思想革命造反兵團」的簡稱）這兩個聯合組織之間展開的。「東聯」成立於1967年1月5日，成立時約500人，一個月後人數激增，全盛時期大約有4,000名成員（當時該廠的從業人員逾6,000人），在「東聯」組織中發揮核心作用的成員，是在後文中將會具體闡述的「四清」運動中下台的幹部及遭受迫害的人們。「捍衛兵團」成立於1967年2月，這一派成立時的人數大約為1,200至1,300人，多數成員為「四清」幹部、「四清」代表、以及「四清」運動中的積極分子。「捍衛兵團」的成立時間雖晚於「東聯」，但它改編自1966年9月組成的「紅衛兵總部」和1967年1月7日組成的「捍衛站」（全稱為「捍衛毛澤東思想聯絡站」），可以說其組織基礎的建立要早於「東聯」。

　　從東方紅紡織廠派別對立的結構來看，派別領袖的形成以及派別間的對立與「四清」運動有著密切相關性。也就是說，東方紅紡織廠的派別對立起源於「四清」幹部和「四不清」幹部之間的對立。為了很好地解釋這一觀點，本章會將1965年11月「四清」運動在工廠展開到1967年1月工廠群眾造反運動興起的大約一年時間，分四個階段加以分析。通過對這四個階段政治變化的分析，清楚地揭示「四清」運動是如何影響和建構了文革中東方紅紡織廠的派別對立。

一、篩選「四清」代表與派別對立的關聯

第一個階段為從1965年11月到1966年1月底的「四清」代表篩選階段。這個階段為文革時期的派別對立打下了基礎。東方紅紡織廠的「四清」運動開始於1965年11月。工廠進駐了約100人的工作組,晉中地區黨委副書記卜虹雲擔任團長。[1] 工作組最初的工作是選出工廠的「四清」代表。為了達成這一目標,工作組以全廠黨員及積極分子為對象,通過對其個人檔案查閱及在群眾中的口頭詢問調查,在大約三個月後的1966年2月,從黨員和積極分子當中選出了345名「四清」代表。[2]

可以說「四清」代表在文革期間的命運,在其被選出的瞬間就已經被決定了。也就是說,擔任「四清」代表意味著與工廠的其他職工,尤其是被作為重要調查對象的黨政幹部之間的對立。因為「四清」代表在整個「四清」運動中協助工作組進行「審幹」調查(對黨政幹部的政治審查),並且直接參與記錄了文革期間被稱作「黑材料」的「四清」檔案資料。也就是說,審查者與被審查者的身份對立,其實已經埋下了今後派別對立的潛在因素。而「四清」運動中官職越大、介入越深者,今後在運動大翻轉的文革時期將被清算的可能性就越大,受衝擊的程度也就會越深。比如說,工廠黨委書記宋明遠和政治部副主任李更羊當時被選為廠黨委會的「四清」代表。而文革期間,宋明遠和李更羊都與工作組團長卜虹雲一起,因「四清」運動期間執行了「劉少奇資產階級反動路線」被打成「走資本主義道路的當權派」而遭受批鬥。其餘的「四清」代表中的多數則被1967年1月奪權的「東聯」下放到「車間」進行勞動改造。[3]

1　東方紅紡織廠檔案資料,〈七個工作隊員代表揭發:關於卜虹雲在四清運動中所犯的滔天罪惡〉。

2　東方紅紡織廠檔案資料,〈1965年第一季度黨員類型〉。

3　東方紅紡織廠聯合指揮部,〈「東聯」的形成及其在晉中「四月黑風」以前〉,1967年11月21日。

此外，從文革派別的構成來看，「四清」代表的大多數都是被稱為保守派組織的「紅衛兵總部」和「捍衛站」的成員，甚至核心。正如本章之後將會具體討論的，儘管被選為「四清」代表在當時是個非常榮耀的事情，並且意味著政治上的升進，然而這一身份卻對他們在文革中的境遇產生很大的影響，很大程度地制約了他們行為選擇的可能性，也嚴重影響了他們進行資源動員的戰略可能性。在文革中，儘管「四清」代表們使出渾身解數，試圖擺脫被指責為「保守」的立場，但他們的努力卻從來沒有成功過。

二、審幹與幹部組織的內部分裂

第二個階段為從1966年2月到7月底、長達半年之久的「審幹」階段。「審幹」造成幹部、黨員群體的內部分裂，同時也為文革時期派別領袖的資源動員打下了基礎，因為這段相互揭發檢舉的歷史不僅帶來了人際關係的撕裂，被記錄在檔案的內容，日後成為了政治動員的資料被利用。城市「四清」運動的目標為「清政治、清思想、清組織、清經濟」。1966年2月以這四項肅清為目標，工廠在工作組的帶領下，展開了對各級黨政幹部和工人黨員的政治審查。「審幹」通過參看個人檔案記錄、自我坦白及對被調查者周遭相關人員的口頭調查等方式進行。特別值得一提的是在調查中鼓勵相互揭發，被稱為「背靠背」式調查。也就是說，對每個調查對象而言，不僅有義務交待自身的問題，也有義務揭發他人的問題，同時其自身也有被他人揭發的可能性。根據調查結果，黨政幹部和工人黨員被劃分為①良好、②比較好、③有問題、④有重大問題四個類型。第一和第二類被歸為「四清」幹部、黨員，第三和第四類被歸為「四不清」幹部、黨員，其中第四位為「四清」運動的鬥爭對象。[4]

---

4 東方紅紡織廠四清運動檔案資料，〈黨的基層組織和黨員隊伍摸底排隊情況〉，1966年4月28日。

對幹部、黨員做上述分類無疑導致了幹部、黨員群體的內部分裂。然而更為嚴重的是，要求被審查者揭發他人的問題，並獎勵積極揭發者、懲罰消極揭發者的一系列行政手段使得幹部、黨員內部的分裂變得不可修復。可以說，文革期間上演的人與人之間相互鬥爭的悲劇種子，正是在「四清」運動中播撒下的。「審幹」過程中，不積極揭發他人問題或按要求提供情況的人會被指責為對黨缺乏忠誠，並且會記錄於「四清」調查表，存放於個人檔案資料袋中。筆者發現，在「四清」調查表中詳盡地記錄了運動中「背靠背」揭發的實態，被記錄的每一項「四不清」行為背後，都有情況提供人的姓名或者是證明者的姓名。這種調查就像是博弈理論中的「囚徒」理論，在如果不揭發別人將會在被揭發之後處於不利地位的恐慌中，開啟了揭發比賽。在得知被揭發之後，為了在排名中不處於下位而捏造更大的問題揭發對方等等，這樣的事例在調查表和訪談記錄中比比皆是。在這場揭發比賽中，廠裏的幹部分類排名單多次變更，有不少人最初排名為「四清」的幹部，最終卻跌入了「四不清」名單。[5]

整風、審幹、肅清反革命，是自延安時代的整風運動以來就確立起來的黨的政治思想運動的三個步驟，「四清」運動也不例外。如通過「審幹」挖出了「二車間」反革命集團、南食堂貪污盜竊集團等等，將其作為「四清」運動的主要成果上報給了上級黨組織，在這些事件中受到牽連者多達200人。廠黨委委員王兆彬、郭驥、郭俊山、師尊仁由於政治歷史問題和貪污問題被打成了「黨內走資本主義道路的當權派」，變成了鬥爭的對象。[6]約有180名中層和基層幹部被揭發曾參加過秘密組織或間諜活動，其中約50名被揭發出曾擔任過「一貫道」等秘密結社組織小組長以上職務，這50人被劃定為這次運動的鬥爭對象。這些被認定為鬥爭對象的人中的多數，在半年後工廠開始的文革中成了最初的

5　東方紅紡織廠四清運動檔案資料，〈對敵鬥爭後各級黨組織和黨員摸底排隊情況〉，1966年10月23日。
6　東方紅紡織廠革命組織聯絡站，〈假四清、真復辟〉，1967年10月26日。

造反者，一部分人成為了「東聯」的領袖。[7] 對幹部、黨員工人進行「四清」、「四不清」的分類，進而將其劃分為積極分子和鬥爭對象，對文革時期的派別形成和對立產生了極大的影響。尤其是將一些人打成反革命集團的做法，從結果上講給原本沒有任何連帶意識的人們提供了創造出連帶感的機會。連帶感，或者說這種命運共同體的生成，非常有助於文革時期派別的結成，也為日後派別領袖的政治動員提供了豐富的資源。

三、成立「紅衛兵總部」和「文革籌備委員會」與派別雛形

第三個階段為1966年8月至11月底，這一時期為派別胚胎形成的時期。這期間，隨著「紅衛兵總部」和文革籌備委員會的組建以及中層幹部領導層職位的調整，「四清」運動的升職者和降職者開始變得明朗，兩個陣營的分野也開始初具雛形。從1966年8月中旬開始，工廠「四清」運動從「審幹」階段，過渡到了被稱作「對敵鬥爭」的「大四清」階段。這一時期，主要是頻繁舉行各種針對「審幹」階段揭發出來的「反革命分子」的批鬥會。[8] 另一方面，1966年8月受全國性政治氣候的影響，作為文革領導機構的文革籌備委員會開始在榆次的各個單位相繼成立。東方紅紡織廠的文革籌備委員會由從「四清」幹部、「四清」代表、「四清」積極分子中選出的214人組成。[9] 工廠黨委常務委員智風擔任主任，「四清」代表李更羊和王福貴擔任副主任。三人均為在「審幹」中被判定為第一類型的幹部、黨員，尤其是王福貴在當選為「四清」代表之前只是普通工人黨員，半年後便被任命為文革委員會副主任，進而在10月被任命

7　東方紅紡織廠捍衛毛澤東思想革命造反兵團第十分團，〈揭開東方紅紡織廠「革命組織聯絡站」一小撮別有用心的人的內幕〉，1967年2月27日。
8　東方紅紡織廠文革資料，《吳晉增的揭發批判材料》，1967年。
9　東方紅紡織廠四清運動檔案資料，《東方紅紡織廠文化革命代表名冊》，1966年8月。

為臨時領導班維修科副主任兼黨支部書記。1966年12月，王福貴受黨委會指示，為對抗企圖進駐工廠的「串聯」學生組建了「東風隊」，並自任隊長。[10] 1967年1月，文革籌備委員會因被造反派批判為未經民主選舉產生，從而被迫終止了活動，但文革籌委會代表仍舊在黨委的領導下以黨總支部、黨支部為單位組建群眾組織，繼續進行對抗「串聯」學生和工人造反組織的活動。1967年1月6日，上述群眾組織聯合起來組建了「捍衛站」。[11]

　　1966年8月正是毛澤東在天安門接見紅衛兵的時期。山西省與北京之間存在政治「時差」，加之當時文革仍限於文化教育領域，東方紅紡織廠仍然是由工作組掌握絕對領導權。儘管如此，受到媒體熱捧的紅衛兵組織也開始在工廠出現了，只是較之北京的紅衛兵組織，工廠的紅衛兵組織並非自發組成，而是在工作組和黨委的領導下組建而成的。工作組和廠黨委規定，紅衛兵必須產生自「紅五類」階級出身，並且人數必須限定在各黨支部總人數的3%之內。這個數字比13.7%的黨員比率要低得多，其結果便是只有「四清」幹部、黨員和積極分子有權利成為紅衛兵。1966年9月，由約200名「四清」運動中的受益群體組成的紅衛兵組織在工廠成立，為了與同名的學生紅衛兵組織作區別，取名為「紅衛兵總部」。當時的第一任負責人為工廠保衛科副科長粟福年。由於「紅衛兵總部」成員中各級黨組織成員佔比極高，因此工廠黨的權力結構也很自然地被帶入了「紅衛兵總部」。[12] 在這種情形之下，只要黨組織領導文革的合法性存在，從結構上講，「紅衛兵總部」的行動就無法脫離黨組織的意圖。

10　《東方紅紡織廠文化革命代表名冊》；中共東方紅紡織廠黨委會，〈各單位有關負責人名單〉，1966年10月14日。
11　東方紅紡織廠革命組織聯絡站宣傳部編印，《東方紅紡織廠無產階級文化大革命大事記》，1967年12月，頁11。
12　東方紅紡織廠革命組織聯絡站，《評我廠紅衛兵總部的五大法寶》，1967年1月。

　　就在工廠文革籌備委員會和「紅衛兵總部」相繼成立後不久，由於劉少奇派遣工作組的做法受到了最高領袖毛澤東的責難，工廠的「四清」工作組也於1966年10月迎來了撤退的命運。在撤退前夕，工作組指定了各部門的臨時負責人，進行了工廠中層幹部的「大換血」。舊的中層幹部有半數以上被免職、降職，相反另一部分人則獲得了提升。新任中層幹部中，有28名為來自工人黨員和黨政機關幹事中的晉升者。共計99名臨時負責人中，有74人後來參加了「捍衛兵團」，25人參加了「東聯」。[13]根據檔案記錄，參加「東聯」的25人中，24人為或因「非紅五類」階級出身，或是由於政治歷史問題以及經濟問題等原因在中層幹部隊伍調整中被降職和失去晉升機會者。[14]相反，由工人黨員和黨政機關幹事破格提拔為中層幹部的28人中，25人參加了「捍衛兵團」。尤其是王福貴、李健、王友山三人在日後的派別鬥爭中，始終擔任派別領袖，對派別的維繫起了極大的作用。[15]從工廠文革的後續展開中，可以明顯觀察到，「四清」運動中工廠上升者集團與降職者集團的對立構造，幾乎原封不動地轉化成了當時在全國範圍內展開的保守派與造反派的鬥爭。

四、派別的形成

　　第四個階段為1966年12月到1967年1月的派別形成期。在這一時期，傳統的由黨組織主導的自上而下展開的「四清」運動，與號召自下而上向黨政機構造反的文革，其在運動方式以及目標等方面的矛盾衝突在東方紅紡織廠以新舊幹部間、升職降職者之間的利害衝突的方式爆發，這構成了該廠派別形成和對立的主要原因。在東方紅紡織廠派別形成的過程中，前面章節提到的在1966年末發生於全國的幾個標誌性事

13　中共東方紅紡織廠黨委會，〈各單位新班子成員名單〉，1966年10月12日。
14　東方紅紡織廠四清運動檔案資料，《培養提拔調整幹部表》，1966年。
15　東方紅紡織廠檔案資料，《東方紅紡織廠檔案記錄》，1965–1967年。

件非常重要。其一，批判劉少奇、鄧小平「資產階級反動路線」的公開化；其二，中央文件明確指示為受工作組壓制的群眾平反；其三，上海「安亭事件」的正當化以及上海工人造反組織的合法化；其四，「串聯」紅衛兵帶來新的「革命方式」在地方廣泛傳播和影響。這一系列政治環境的變化，都給「四清」時期政治上受到迫害的人提供了機會。進入12月之後，工廠一部分「四不清」幹部、黨員貼出了控訴「四清」運動時期受到不公正待遇，要求恢復名譽和職位的大字報。這些大字報的寫作者通常為隱瞞姓名，署名「某戰鬥隊」。到12月底，特別是12月25日批劉鄧在全國正式公開化，次日的《人民日報》刊發社論號召工人們組織起來參加無產階級文化大革命之後，工廠中的造反行動也不再遮遮掩掩，以「某某戰鬥隊」之類命名的各種造反派組織也開始急劇增加。[16]

　　1967年1月5日，近20個戰鬥隊聯合組建了被認為是造反派聯合組織的「東聯」，「四清」運動中的下台幹部李金龍和彭耀軒分別擔任司令和副司令，「四清」運動中被打成「反黨分子」的周漢卿和「四不清」幹部常連通等被選為常務委員。原任職工廠黨委的下台幹部郭驥、郭俊山、師尊仁、王兆彬名義上不是「東聯」成員，實質上卻發揮著領導作用。[17]「東聯」成立時大部分派別領袖和成員都是「四清」運動中被打成有政治歷史問題和經濟問題的人，比如說「東聯」的兩個核心組織「多壯志戰鬥隊」和「長纓戰鬥隊」共計11人，其中8人是「四清」運動中被認為有政治歷史問題的人。[18]「東聯」成立後組織擴展非常快，到1967年2月成員已擴展至4,000人以上，其中在派別中擔任小隊長以上職務的共計約300人。根據「捍衛兵團」的調查結果，這約300人的派別領袖中，有100人為「四清」運動中被判定為具有階級問題、政治歷史問題、經濟問題。[19]

16　東方紅紡織廠革命組織聯絡站宣傳部，《材料匯輯》，1966–1968年。

17　〈揭開東方紅紡織廠「革命組織聯絡站」一小撮別有用心的人的內幕〉。

18　同上註。

19　東方紅紡織廠革命組織聯絡站，〈崔冰之流是鎮壓革命組織的罪魁禍首——揭露崔冰之流在東方紅紡織廠的罪行之二〉，《沉痛的教訓：反戈一

另一方面，為了對抗「東聯」，在黨委的支持下，之前由文革籌委會代表組建的14個群眾組織，在1967年1月6日成立了聯合組織「捍衛站」，成員中「四清」幹部和積極分子佔比很大，其核心組織為「東風隊」。[20]此外1月7日，為了維繫派系，「紅衛兵總部」也進行了人事更迭，原因是組織的總負責人保衛科副科長粟福年等在「四清」運動中直接參與了對「四不清」幹部的調查和壓制，受到了造反派的激烈攻擊。「紅衛兵總部」為了維護組織在意識形態方面的合法性，不得不讓粟福年等辭職。為了自保，「紅衛兵總部」對新任領導班子作了精心安排。保全科工人黨員、積極分子張治祥被安排做臨時權力部的總隊長，但是實際上「紅衛兵總部」的運營卻由工廠新任中層幹部、復員軍人劉桂山負責。改組後的臨時權力部由18名成員組成，清一色為文革籌備委員會代表、「四清」代表和新任中層幹部。[21]不過，領導機構的更迭並沒有能夠挽救組織衰落的命運，不少成員開始轉向了對立派別。在1967年2月3日，「紅衛兵總部」和「捍衛站」的派別領袖公開宣布解散組織。又在同一天，解散組織後的兩個派別的領袖共同成立了「捍衛兵團」，試圖以新的組織投入派系鬥爭。新成立的「捍衛兵團」實際上是原「紅衛兵總部」和「捍衛站」剩餘成員的合體，之前的「紅衛兵總部」和「捍衛站」與「捍衛兵團」性質和人員構成上並無多大差異，下文為了便於分析，將不刻意做區分，統稱「捍衛兵團」。

第二節　連帶關係與派別競爭

從以上的分析中可以看出以下五點。第一，「四清」運動時期至文革初期，權力體系中的上升者和下降者完全大調轉。也就是說「四清」

撃材料彙編之二》，1967年。

20　《東方紅紡織廠無產階級文化大革命大事記》，頁12–13。

21　東方紅紡織廠四清運動檔案資料，〈紅衛兵總部臨時責任名簿〉，1967年1月10日；〈東方紅紡織廠文化革命代表名冊〉。

運動中的上升者成了文革時期劉、鄧「資產階級反動路線」的推動者，而「四清」運動中的下台者則成為了劉、鄧路線的受迫害者。這樣一來，相關集團之間的利害衝突很顯然從一開始就難以調和，因為工廠不同於學校的學生造反，對「四清」運動期間受壓制和迫害人員平反和恢復名譽，與下台幹部是否重新掌權密切相關。因為恢復名譽也意味著應該恢復職位，而這些職位早已被新任幹部們佔據，所以，下台幹部恢復名譽和職位的要求直接威脅到了「四清」運動中升官幹部們獲得的權力。從這點以及後續的文革派別鬥爭中，我們可以明確地看到，派別間的對立歸根結底是派別領袖，也就是說工廠「四清」幹部和「四不清」幹部之間圍繞政治地位和權力展開的爭奪。而政治權利的爭奪是公民權競爭中最為重要也是最為激烈的部分，因此，本章中揭示的工廠精英們圍繞權力的競爭，正反映了公民權競爭中最激烈的一面。

第二，群眾組織間的連帶關係是以「車間」及黨支部等既存的正式組織關係為基礎形成的。這主要是因為文革是政治動員型社會運動，因此，派別的形成以及同質派別的聯合，也深受基於黨組織和「單位」的行政結構而進行的政治運動的動員結構的影響。再加上做為文革前奏的「四清」的政治動員是直接按照工廠的行政組織，以「車間」、「科室」（職場中的行政部門，例如工廠的總務科、醫務室等）以及「車間」的下級組織「班組」為單位進行的。最初由黨委指示成立的群眾組織，也是在基於「車間」和「班組」的行政形式之上組建的。這一方式至少在以下幾個方面影響了文革中的集體行為。首先，派別領袖可以通過利用現成的行政組織網絡，實現小成本高效率的動員。換句話說，既有的行政結構為派別的形成提供了組織化的便利性。其次，由於「四清」運動中揭發問題和調整幹部的職位是以「車間」、「班組」等行政單位，是在相互熟識的人之間進行的，日常積累的人際關係等複雜要素就反映在揭發問題和職位調整上。這樣一來給派別領袖提供了豐富的可供動員的資源，使之可以不需要太多成本就可以輕易地動員利益連帶關係緊密的人員形成組織。最後一點，基於「車間」、「班組」的政治動員也使得利益集團相對小規模化。比如說，各種戰鬥隊基本都是以「班組」為單位

組建的。這種依附在行政結構上的小型派別組織的存在，很容易形成同質性組織之間的聯合。換句話説，以「車間」、「班組」為單位組建的各種小型「戰鬥隊」等同質組織很容易隨著政治環境的變化，在瞬間就可以實現橫斷的聯合。「東聯」和「捍衛兵團」都是由以各「車間」、「班組」為單位形成的諸多下級組織（戰鬥隊等）聯合而成的聯合組織。這種派別在組織層面上對工廠行政結構的依存性，也為派別領袖在運動中組織和動員資源提供了便利性。當然，這裏需要指出的是，派別組織對工廠行政結構的依存性與工廠實行的白班、中班和夜班三班輪換制[22]的工作方式有很大關係。

第三，在派別形成的過程中，成員之間從對連帶關係的自覺意識產生到組建組織，外部政治環境的作用非常關鍵。也就是説，雖然構成派系形成基礎的連帶關係是在「四清」運動中形成的，但對於它的自覺及追求集體利益的信念和目標卻產生於1967年前後中央領導層的政治動員、「串聯」學生的煽動、工廠黨組織權力合法性的喪失等政治環境的變化之中。正是政治環境的變化使人們意識到了連帶關係，為集體行為的發生創造了機會。例如，「紅衛兵總部」在成立之初全無組織目標，但是在維繫行將喪失的政治地位的過程中萌發了派別連帶意識，也逐漸具有了明確的組織目標。

第四，派別對立的核心是「四清」運動中上台的幹部、黨員和下台的幹部、黨員之間的對立，是在工廠「四清」運動前的掌權者和「四清」運動中提升的掌權者之間的對立。也就是説，東方紅紡織廠的派別對立既非產生於「紅五類」和「黑五類」之間，也非「保護和被保護」關係中的受益群體和疏外群體之間。這一點與序章先行研究中學者們對造成派別對立原因的分析有著很大不同，也與魏昂德所指出的模糊而不確定政治環境下的行為結果的分析有著很大不同。對立的兩個群體在工廠由「四

22　該廠實行的三班輪換制為：工作時段為早上7點到下午3點的早班、下午3點到晚上11點的中班、晚上11點到凌晨7點的夜班。三個班每一週輪換一次。

清」運動轉為文革時，就已經陣野分明，彼此所要達成的目標其實也可以說是相對明確的。從工廠的文革進展來看，兩者的鬥爭其實始終圍繞著究竟哪一方該掌權的核心目標而展開。當然，從全盛期的派系構成來看，「捍衛兵團」中「紅五類」、黨員、積極分子佔比高，「非紅五類」、一般群眾、「落後分子」多選擇參加「東聯」。但是，上述特點是由派別領袖的動員及政治機會構造所產生的結果，是一種表像。如果從參與運動的必要性來考慮的話，具有強烈利害對立的職位的上升者和下降者才是運動的積極參與者。遠離權力分配體系的一般群眾和「落後分子」即便沖到運動的前列也絕無晉升的可能性，因此對他們而言無論哪一派掌了權，都與自身的命運關係不大。在這種情況下，儘管很多人都在隨大流地隨著運動政治方向的變動，在兩個派別之間流動，或是在適當的時候選擇逍遙，但他們並非派別競爭的核心力量。這類人往往也沒有太大的動機成為派別中的核心力量。此外，從政治資源流動的角度來看，「紅衛兵總部」成立時由於受到當時依然掌握著工廠文革領導權的黨組織的支持，領袖們曾控制著豐富的政治資源，因此當時有很多人都希望能加入該組織。但是，大多數申請者都被階級出身、政治歷史問題等各種理由擋在門外。如果當時「紅衛兵總部」的大門不是那麼封閉、那麼在意政治上的「純淨性」的話，「捍衛兵團」和「東聯」的派系結構特點說不定也會有所變化。1967年1月，「紅衛兵總部」改變了以往的封閉性格，開始積極努力擴充成員，但那個時候政治資源已經流向了對立派系「東聯」。總而言之，派系結構的特點是由政治運動的發展決定的，與政治資源的流向有關。1967年初，「捍衛兵團」為強調自身的合法性，指責「東聯」的許多成員都有問題，頭目們更是一群由「牛鬼蛇神」組成的集合體，希望能以此減緩成員的流失的同時，也能阻止對立派別的擴張。然而，這一與當時批判「血統論」逆行的做法不僅沒有得到期待的效果，反而更加深了普通工人對「東聯」的反感，因為「四清」運動時期也進行了針對一般工人的政治歷史調查。因此，「捍衛兵團」的領袖強調階級出身和政治歷史問題的做法，反而從結果上強化了「四清」運動時期被壓迫者之間的連帶感。

第五，利用政治目標達成派系目標的做法模糊了意識形態、政治口號等「大義名分」與私人利益的界限。「大義名分」與利益的混同有利於擴大動員範圍、吸引與利益鬥爭並不是很相關的人們加入派別行為，對政治動員型社會運動的派別領袖而言是極為便利的方法。

第三節　派別領袖的資源動員

正如前文所揭示的，東方紅紡織廠派別的形成是政治構造的結果。「四清」運動到文革期間的政治過程構造了兩個對立的派別，也構造了兩者之間圍繞工廠政治權力展開的競爭，而這種競爭又是超乎於通常狀態下的權力競爭。首先這種競爭是前面章節所說的，在沒有退出選擇的國家和社會的制度性空間配置中展開的；其次，權力的得與失不僅僅意味著政治地位的高低，更意味著公民權的質量，被劃入「四不清」幹部將意味著被打入政治「賤民」，如果不獲得平反機會，將會影響終生，而且也會株連到家人。因而兩個陣營之間的競爭，從開始就是不可調和的。在這種情況下，沒有退路的派別領袖要想在競爭中取勝，需要資源和智慧去經營派別，保證派別的存續和發展。一般來講，影響派別存續和發展的因素主要有兩個：其一為派別領袖的資源動員能力和競爭戰略，其二為政治機會構造，兩個互為關聯。政治機會構造會帶來政治資源的流向變動，從而會影響派別領袖的資源動員方法和競爭戰略；另一方面，派別領袖的資源動員方法和競爭能力也會帶來派別力量的壯大，從而以施壓的形式影響政治機會構造，儘管在毛澤東時代的中國，這種影響是有限的。這節主要討論派別領袖採用怎樣的動員方法來爭取政治資源，以保障派別能夠在多變的政治環境中存續和發展，因為派別的存續和發展很大程度上是派別領袖進行資源動員和戰略競爭的結果。

文革時期可供動員的資源大致可分為以下三類。第一，意識形態及與其相關的事件等政治資源；第二，人力資源；第三，包括宣傳車在內的宣傳設備、印刷設備、資金等經濟資源。這三種資源都是影響派系

競爭結果的主要變量。由於經濟資源的獲取狀況幾乎完全依賴於派別對於政治資源的競爭結果，這裏主要探討派別領袖在派別競爭中圍繞政治資源和人力資源而展開的動員方法及其效果。

一、政治資源的動員方法和效果

在文革時期可供動員的資源當中，獲取政治資源對派別領袖最為重要。這點在前面的章節中已經闡述過，文革中的派別競爭是一場圍繞著公民權的競爭，而公民權中政治權利的取得決定一切。獲取政治資源的方法雖然多種多樣，但對派別的存續起決定作用的首推獲得意識形態上的正當性。由於對不同派系的領袖而言，由於在運動之前的政治經濟地位等相關條件存在差異，也就是說其利用政治機會構造的初始條件存在差異，因此他們在運動中接近各種政治資源的方法及動員成本之間便也產生了差異。「捍衛兵團」的領袖中的多數為工廠的現役幹部和黨員，非常容易利用工廠的行政系統與工廠權力機構建立溝通渠道。當然，這種便利性的反面是「捍衛兵團」也嚴重受制於黨組織，在運動中將與黨組織一損俱損、一榮共榮。因為從組織層面來講，只要工廠最高權力機構黨委會還維持著領導工廠的正當性，作為各級黨支部成員的「捍衛兵團」的領袖就必須執行黨委會的行政命令。並且，從利害關係來看，由於黨組織掌握著公民權的分配權，而所有的利益都可以還原為權力的獲取，因此在上級黨政組織掌握黨政幹部的任命權這樣的制度環境之下，對各級黨支部成員來說，一旦黨委會失去權力，也就意味著自身權力和利益的喪失。在這種情形下，作為黨的末端組織和行政執行部門的工廠黨的組織系統，與保護自身權力和利益的「捍衛兵團」在人員上的相互重疊，決定了「捍衛兵團」的派系領袖利用文革中的政治機會構造的界限及資源動員的方法。

從派別組建的1967年1月6日開始到宣布組織解散的3月24日這兩個半月時間裏，以1月末為分界線，「捍衛兵團」採取了前後極為特異的行動方式。1月末以前，「捍衛兵團」遵從黨委會的指示，抵抗「串聯」學

生的造反煽動、極力對抗來自各種造反組織對黨委權力體系的挑戰，同時積極保護工廠檔案。然而到了黨委被奪權已成定局的 1 月末，「捍衛兵團」就轉而開始激烈批判以宋明遠為中心的黨委主要幹部。「捍衛兵團」從黨委的堅定「支持者」轉向為猛烈的「批判者」，表面看來其行為前後自相矛盾難以理解。然而，如果換一種理解方式，也可以說表面上前後矛盾的行為並不代表實質上的政治傾向性或是認同的變化，這種行為的轉向只不過是派別領袖為了派別或自身利益，改變了鬥爭手段以及資源動員的策略而已。這個觀察也剛好印證了本書的觀點，文革中的派別競爭本質上是圍繞公民權的競爭，所謂的「保守派」或「造反派」並非政治認同之爭，而是對公民權的保和爭。

　　另一方面，「東聯」的多數領袖雖被工作組主建的工廠權力機構排除在外，但他們「四清」運動中被壓制其至降職的經歷，卻使他們在政治風雲變幻的文革中成為了受「資產階級反動路線」迫害的人，因此工廠開始文革之後，他們「天然地」獲得了意識形態的合法性。1967 年 1 月，「東聯」的領袖在「串聯」學生的支援下積極展開對廠黨委的批判，同時也多次試圖搶奪記錄著他們的「不當」歷史的「黑材料」。為了能順利奪取黨委會的權力，他們還集結工廠外部的造反勢力，組成地區造反派聯合組織「總司」（「晉中地區革命造反總司令部」的簡稱），試圖用與比工廠黨委更強大的政治勢力聯手的方式來對抗黨委。結果，「東聯」在 1 月 8 日採取行動，奪取了廠黨委的章，宣布奪權成功。之後不久，由於與其聯手的政治勢力在晉中地區黨政機關的權力鬥爭中也取得了勝利，1 月末「東聯」事實上掌控了工廠的領導權。繼而於 3 月 4 日，「東聯」通過與工廠黨委常委智風聯手組建了工廠「三結合政權」革命委員會。「三結合政權」的組建成功合法化了「東聯」對工廠領導權的掌控。

　　在獲取政治資源方面，與被賦予了意識形態合法性的政治領袖及政治組織建立關係是另一個重要的方法。他們的支持對派別行為十分有利。例如，1967 年 1 月 26 日，「東聯」主持召開對「資產階級反動路線」的批鬥大會時，成功地邀請到當時被賦予了「支左」任務的山西省軍分區 4558 部隊幹部參會和發言。此事極大地影響了兩派的構成。因為軍

隊幹部的參會和發言，被群眾組織以及尚未參加任何組織的游離群眾解讀為「東聯」是地方「支左」部隊支持的派別。會議結束後，不僅多數持中立立場者加入了「東聯」，「捍衛兵團」的許多成員也紛紛脫離了組織投向了「東聯」。三日後的29日，「東聯」又成功地邀請到了該部隊參加其舉辦的「批判資產階級反動路線」遊行，這一事件更加速了「捍衛兵團」成員脫隊投向「東聯」的行為。當然，加入對立的組織也並非易事。例如，「紅衛兵總部」的分隊長宋明旺為了加入對立組織被迫寫下了投降書，該投降書被用作分化對立陣營及從中立陣營吸收成員的宣傳材料，而在城中廣為散發。即便是非派別領袖的「捍衛兵團」成員在投靠對立組織「東聯」時，也被要求必須向原派別的袖章吐唾沫，以向新組織表達與舊派別勢不兩立的決心。[23] 值得注意的是，投向對立組織的人員中鮮少有派別領袖。根據「東聯」的記錄，在1967年1月至3月派別流動高峰的這段時間，投向「東聯」的原「捍衛兵團」領袖只有宋明旺、閻小平、宋喜桃、王同生四人。[24]

　　儘管得到政治領袖及政治組織的支持非常重要，但這並非一件容易的事。通常在無法實現的情況下，為取得相同效果，派別領袖們往往會採取製造輿論、製造表面事實、誤導等各種戰術。例如，1967年1月，為平息派別鬥爭，毛澤東命令人民解放軍介入文革。進駐工廠的是山西省軍分區4655部隊，時間為3月11日。由於人民解放軍在進駐工廠的初期對對立的兩派採取了中立態度，因此兩派為爭取解放軍的支持，都使出了渾身解數。與此同時，兩派都在製造輿論，假裝自己的派別得到了軍隊支持，試圖讓工廠對立派別以及尚未加入派別的其他人相信，軍隊是站在自己一邊，自己的派別才是真正的「左派」組織。「捍衛兵團」在軍隊進駐工廠之後，立即掛出「軍隊介入文革，預示著對一小撮牛鬼蛇神發動總攻擊的時刻已經到來」大幅橫標表示歡迎，並大量散發同類

23　東方紅紡織廠革命組織、學生聯絡站，《特快新聞》，1967年1月26日。

24　《東方紅紡織廠無產階級文化大革命大事記》，頁1–33。

內容的傳單，試圖營造軍隊支持自己組織的氣氛，從而重新集結起對抗「東聯」的勢力。另一方面，「東聯」則在行動上力圖製造與軍方聯手的具體證據。其做法之一是在解放軍完成拉練列隊回駐地時，「東聯」領袖讓其成員列隊尾隨在軍隊隊列後面，並隨著解放軍喊口號、唱軍歌，以此強調與軍方的共同行動。「東聯」這樣做的目的一方面為了強化自己派別的向心力，避免不堅定成員在對方的輿論誘導下脫離派別，另一方面也為了防止反對勢力的集結。

從政治領導人處獲得支持雖然有利於派別獲取政治資源，但同時也意味著一旦相關領導人失勢，派別也將不得不面臨政治資源流失的危險。例如，「捍衛兵團」原本得到了工廠黨委書記宋明遠和地區黨委書記王錦繡的支持，但是 1967 年 1 月下旬，由於王錦繡在與地區黨委幹部任井夫、王振國的權力鬥爭中敗北，「捍衛兵團」存在的政治合法性也遭遇了危機。為了擺脫困境，「捍衛兵團」宣布脫離一直並肩作戰的聯合組織「總站」(全稱是「晉中地區無產階級革命派聯絡總站」，成立於 1 月 15 日，為地區保守派聯合組織，該組織直接接受地區黨委書記王錦繡的指示)，180 度大轉變將鬥爭的矛頭對準了王錦繡。然而，該行動並未取得預期的效果。到了 1 月末，「捍衛兵團」只剩下了領袖和積極分子。相反，「東聯」及其上級組織——地區造反派聯合組織「總司」(成立於 1967 年 1 月 18 日，受晉中地區黨委幹部任井夫、王振國的直接指示) 支持王錦繡的政敵任井夫、王振國，由於任、王的勝利，「東聯」也大獲全勝，迎來了組織的大擴張。

此外，利用意識形態色彩濃郁的政治事件，也是進行政治資源動員的主要方法。例如，在批判「資產階級反動路線」及恢復名譽的政治環境中，「東聯」領袖將「張鐵保黑店事件」及 1958 年被工廠黨委會認定的「何文華反黨集團」等事件大肆渲染成「何文華迫害事件」和「張鐵保迫害事件」，以此進行政治資源的動員。[25]「張鐵保黑店」的起因極為單純，

25　〈揭開東方紅紡織廠「革命組織聯絡站」一小撮別有用心的人的內幕〉。

黨員張鐵保對「反革命分子」的遺孀周某有好感，長期在生活上幫助她，
於是「四清」運動中有人便向工作組揭發其喪失黨員立場，搞不正當男
女關係。張鐵保為了自保，便聯合其他被判為有「四不清」問題的人積
極揭發黨支部幹部們的問題，結果被工作組扣上了「張鐵保黑店」的帽
子，受其牽連的有30多人。1967年12月末，隨著政治環境的變化，張
鐵保及其連坐者們組成了「無產階級硬骨頭戰鬥隊」，對拷問過他們的
工作組長和黨委書記召開了批鬥會。「東聯」組建後將「無產階級硬骨頭
戰鬥隊」推為了核心組織，並廣為散發「張鐵保迫害事件」的印刷物，並
且每逢批鬥會便讓張本人控訴被迫害事實。[26] 1958年的「何文華反黨集
團」案之所以被重新翻出大肆渲染，主要與事件本身的政治利用價值有
很大關係。何文華為1950年代中期從軍隊復員轉業到工廠的基層幹
部，因對復員後的待遇和職位不滿向黨委多次提意見，認為黨組織沒有
執行階級政策，讓有政治問題的人擔任廠重要職卻不妥善安置復原軍
人，並且向地區和市黨委多次寫信告發廠黨委。結果，被定為「何文華
反黨集團」，多人被株連，何本人被勞教，家屬也被從工廠宿舍趕到了
由廁所改造的陰暗陋室。儘管沒有資料顯示何本人在文革中站出翻案，
但是由於事件中「因向黨委提意見而遭受迫害」、「黨委不執行階級政
策」、以及何的「紅五類」出身以及復員軍人身份等要素，使得事件重新
被發掘，並被作為批判廠黨委領導們的有力武器加以利用。[27] 文革中批
鬥會本身就是一個表達革命性的競技場，哪個派別在對當權派的批鬥中
能批得更狠、揭得更深，也是一個獲取政治正當性的重要手段，而政治
正當性的獲得在文革中成為了公民權競爭的核心。這不僅關乎個體的利
益，也關乎派別的整體利益。

26　東方紅紡織廠革命組織聯絡站編印，〈真是一件駭人聽聞的政治迫害大冤
　　案〉，1967年9月3日。
27　東方紅紡織廠革命組織聯絡站，《東方紅紡織廠「五八反革命事件」：鎮壓革
　　命幹部何文華同志和革命群眾的滔天罪行》，1967年。

二、人力資源的動員方法和效果

　　除了以上討論到的政治資源的動員之外，這裏也簡單探討一下派別領袖對人力資源的動員方法和效果。由於派別對立是集體行為，獲取人力資源與獲取政治資源同樣重要。正如派系結構具有異質性一樣，派別領袖可動員的人力資源也具有異質性，所對應的動員方法自然也有差異。簡單來講，人力資源可分為三類。第一，一般參與者；第二，有能力接近權力機構或政治人物的人和組織，具備宣傳、演講等能力的人；第三，重要職位的黨政幹部以及曾受過政治迫害的人們。

　　對於派別領袖而言，儘管上述三類資源都很重要，然而動員方法還是會因對象的不同而多少有所差異。對一般參與者，最常用的辦法為通過發放電影票、毛澤東像章等物質性的手法來吸引和誘惑更多的人參與到組織中，因為集體行為需要人的力量，遊行、批鬥會等都需要大的聲勢來烘托革命性。有的時候也會用威脅和強制的手段來達到目的，比如說將不參加或參加對立派別的人利用職權調換至他人不願意做的工種等。還有一種常用的辦法是製造既成事實，比如說將對方的名字簽署在自己派別寫的大字報的下方，讓對方沒有退路。[28] 對於具有各種才能的人力資源，則主要通過說服和思想動員，將他們吸納進派別內部。對於第三類人力資源，則往往採用懷柔與批判並用的動員手法。這裏需要說明的是，具有遭受迫害經歷的人們成為資源競爭的對象，其原因與利用政治事件相同，因為他們是「控訴資產階級反動路線」的重要例證，能夠達到有效動員政治資源的目的。而黨政幹部之所以也被當做資源競爭的對象，這主要與「三結合」政權的建立有關。因為在1967年組建「三結合」政權的政治形勢下，派別與黨政幹部的合作很重要。如果某個派別可以獲得有可能被上級認可的黨政幹部的支持，該派別的領袖就有可能進入「三結合」政權。但是，對於夾在兩派鬥爭之間的黨政幹部而言，

28　〈揭開東方紅紡織廠「革命組織聯絡站」一小撮別有用心的人的內幕〉。

如何應對則是件難事。如果不表明態度會遭到來自兩派的批判，如果表態支持一方則會遭到另一方泄憤式的批鬥，如果表態兩派都不支持，則是最糟糕的結局，因為會遭受來自兩派痛批的厄運。另外，正如前面提到的，批鬥會是表明革命性的競技場，所以兩派都要盡可能把當地最大的「走資本主義道路的當權派」帶到會場批鬥，以提升革命或造反的「高度」，在呈現自己的「革命性」的同時，也達到吸引更多的群眾參與到派別中來的目的。然而，相對於層出不窮的群眾組織來說，地方第一領導人屬稀缺資源。因此在東方紅紡織廠的派系鬥爭中，可以觀察到多起爭搶「走資派」的現象。為了獨佔批判「走資本主義道路當權派」的機會，將批鬥對象控制並藏匿，而對立派別則趕往藏匿地點進行搶奪。或者在某一派別將「走資派」押送至批鬥會場的路上，另一派埋伏攔截等。另外在批鬥會開始之前或進行中破壞或衝擊對方的會場，使批鬥會不能進行，也是一種常用的方法。[29]

對於兩派的人力資源爭奪戰中，「四清」運動時期的調查記錄，也就是被稱為「黑材料」的檔案，成為了雙方都積極利用的資源。對「東聯」派別領袖而言，公布「四清」運動中的「黑材料」給當事人，是爭取其加入派別的最有效的方法。因為將被記錄的內容給當事人看，很容易激起對方對材料記錄的「四清」幹部的仇恨。另一方面，「捍衛兵團」的派別領袖在1967年1月的階段拼命守護「黑材料」，以避免引火燒身，激起眾怒。然而到了2月末則改變策略，轉而公開「東聯」派別領袖們的政治歷史問題和經濟問題，指責他們不是真正的「左派」，而是「牛鬼蛇神」，其行為不過是爭權奪利泄私憤的自私利己行為。總之，在文革中廣泛展開的爭奪「黑材料」的背後，也可以看出對立派別組織之間的資源競爭。

29　本文所提到的動員策略和技巧的事例，均來自東方紅紡織廠的文革文獻《材料匯輯》。

第四節 派別之間的資源競爭

派別之間的競爭實際上就是資源動員的競爭，其最終目的是獲取更多、或者說更加優質的公民權。並且，由於這種競爭是在沒有退出可能的國家和社會制度性空間配置中展開，所以競爭也是一個無法自動停止的持續的過程。如果一方佔了優勢，另一方就會更加努力動員，凝練出更強大的集體行為的戰略。這樣一來又引發了前者努力改變策略，以便在新一輪的競爭中取得優勢。派別間的競爭就是這樣一個循環往復的過程。這裏圍繞東方紅紡織廠的案例，簡單闡述三類文革中常見的派別之間展開的資源競爭方法。

第一類是對立的兩派圍繞同一資源展開的競爭。文革時期的資源競爭，尤其是圍繞政治資源的競爭幾乎都屬這種類型。正如本章從「四清」到「文革」的派別形成過程分析中所揭示的，由於派系的形成是以階級鬥爭的意識形態為基礎的政治構造過程，而在這一構造過程中，意識形態與參與者個人的利益得失緊密纏繞，在這種情況下，儘管兩派在政治運動中都指向同一目標，但行動卻不得不以對立、鬥爭的方式展開，而勝者也只能有一個。於是，每當中央領導層下達新的指示，兩派之間就會圍繞意識形態的正當性展開資源爭奪戰。此時，兩派都會各自組織大規模的活動，宣示本派才是最早也是最徹底地貫徹中共中央和毛澤東指示的。在展示忠誠和革命性的過程中兩派之間相互競爭，相互破壞，相互攻擊。派別間的競爭在表像上充滿了「革命」的暴力性，其實正是這種「革命」的暴力性才當時被廣泛使用的獲勝手段，也是人們用來掩飾個人或派別利益要求的當時最為流行的「華麗包裝」。因為一方面派系為了獲取當權者的支持，必須展示出積極推進中共中央政策的姿態，另一方面為了增強派系內部的向心力，進而從對立派和中間層吸收新的成員，派別領袖就必須以強有力的方式展示該組織在意識形態方面的正當性。

此外，文革既是毛澤東和劉少奇之間的政策對立，同時也是兩者間的權力鬥爭。因此，政治資源的流動隨著中央領導層的政策調整及最高

領導人的失勢不斷變化，這一變化也會影響到派系的目標、資源動員的方法和手段、派系的結構等。只要超越派系的協調機制不穩定，派系間的競爭與對立就會變成一個持續不斷的過程。例如，1967年4月，晉中地區文革核心小組成員王振國、任井夫、張懷英與晉中地區軍分區負責人崔冰之間展開了權力鬥爭。在1967年初的權力鬥爭中獲勝的「東聯」支持崔冰。但是，同年7月黨中央就山西的問題召開會議，會上受到批評的是崔冰，得到支持的是王振國。結果，「東聯」存在的合法性就遭到了反對派的猛烈批判，從而不得不進行了自我批判。相反，「捍衛兵團」剛開始支持崔冰，6月末得到內部消息後轉而支持王振國等，由此挽回了失去的政治合法性。而政治合法性的獲得，使得很多游移在兩派之間的隨大流參與者重新回到了「捍衛兵團」。在此情況下，「捍衛兵團」的成員開始增加，日益萎縮的組織得以重建。兩派組織間的對立以及勢力消長極大地受制於政治環境的變化，競爭優劣勢的反覆一直持續到派別公開對立被全面禁止的1969年。

　　第二類是對立派系圍繞不同資源展開的爭奪。因為政治資源處於不斷變化的流動狀態，在某一個特定的時期兩派所擁有的政治資源並非均等。也就是說，政治形勢的變化某一個時期會有利於某個派別而不利於另一個派別。在這種情形之下，在同一政治機會構造之下，如果某一派的資源明顯不足，則要麼使用替代資源加以補足，也就是說另闢他境，要麼就只能從對立派系處搶奪資源了。例如，1967年1月中旬，兩派之間的對立陷入膠著狀態之時，「東聯」派別領袖就趁「捍衛兵團」派別領袖到訪指揮部之機，假裝接到周恩來親自打來的電話，意在散布「東聯」得到了周恩來直接支持的假消息，目的在於擾亂「捍衛兵團」的軍心，使其資源流失。

　　第三類是為了避免本派的弱化而進行的自我資源保護。派別領袖能否擁有豐富的資源取決於政治機會構造。中央領導層政策的調整及黨政幹部的失勢所造成的政治機會構造的變化，會帶來政治資源流向的變化。為了防止政治資源流失，派別領袖往往會採取調整派別目標及與相關組織的關係、進行組織內部的徹底改革等手段，來盡全力維持派別存

續的政治合法性。比如說1967年初，「東聯」和「捍衛兵團」圍繞工廠「三結合政權」的組建對立激烈。在組織上處於少數派的「捍衛兵團」為了在這一輪競爭中取得優勢，於3月4日宣布解散組織。所謂的解散組織並非放棄競爭，而是同之前的「紅衛兵總部」的領袖更替、「紅衛兵總部」和「捍衛站」解散後重組「捍衛兵團」一樣，不過是在競爭中取勝的手段。因為「三結合」政權的建設要求派別解散組織，停止對立，實現群眾組織大聯合。一方面，解散組織是當時政治上最正確的行為，另一方面解散組織重新回到傳統的「車間」、「班組」建構中，意味著在文革之前的權力結構中佔據有利地位的「捍衛兵團」成員將會獲得更多的資源。看似激情澎湃的革命，如果深入派別行為的細部，會發現是一場圍繞政治資源的動員和戰略競爭，其最終目的是上位公民權的取得，以及不墜入「賤民」——階級敵人。

第五節　結語

綜合本章的討論，至少可以得出以下結論。

第一，要理解文革中的派別行為不能單一地僅僅研究文革，需要將其放在文革之前的一系列政治運動中來考察，特別需要研究文革前的「四清」運動與文革的關聯性。

第二，文革中的動員是由上層結構進行的政治動員和派別領袖進行的資源動員所組成的雙重動員。前者給後者提供機會，並制約後者的行為，同時後者也對前者起到了或推進或阻礙的作用。正是由於兩者間的相互作用，由最高領袖動員而發動的文革，在展開過程中並不能與發動者的意圖保持一致，全民總動員的政治運動在批判「黨內走資本主義反動路線的當權派」的政治過程中，上演了一幕大範圍的派系對立。

第三，在文革時期的派別對立中，派別領袖的組織和動員在派別鬥爭中發揮了重要的作用。如果沒有派別領袖從始至終的組織和動員，就不會有派系對立。從這個意義上說，文革時期的派別集體行為既是政治

動員的結果，同時也是派系領袖之間圍繞資源動員展開競爭的結果。因此要理解文革期間的集體行為，就有必要關注迄今為止被忽視了的派別領袖的動員和戰略性競爭手段。

第四，派別的形成是一個政治構造過程，是將「四清」運動的自上而下的動員方式與文革自下而上的政治動員的方向性在短時間做截然相反的切換而產生的結果，同時也是「四清」運動中的受益群體與失利群體在文革中大倒轉的結果。從東方紅紡織廠的派別形成過程中可以看出，派別的對立核心是「四清」幹部和「四不清」幹部之間圍繞權力的爭奪。而權力的得與失在毛澤東時代的中國，將意味著公民權的質量──是成為最具先進性的公民還是淪為階級敵人的「賤民」。因而，派別間的對立也是不可調和的。另外，從這個事例分析中也可以清楚地看到，先行研究中強調的文革以前形成的階級差異及「保護和被保護關係」作為資源動員的要素，對於派別的形成產生了一定的作用，但這並非造成派別對立的直接原因。魏昂德所強調的文革初期的不確定的政治環境對參與者行為的影響，也不能解釋東方紅紡織廠的派別形成。東方紅紡織廠的派別對立在工廠文革開始以前就已經非常明確，兩者的行為目標從一開始也是相當明確──努力爭取在不確定而多變的政治環境中不處於劣勢。在兩者的競爭過程中，派別領袖的組織和動員能力、競爭策略和手段對競爭結果起到了很大作用，但決定勝敗的關鍵還是高層政治，也就是政治機會構造。

第8章

派別競爭的激進化與集體暴力行為

　　本書將文革中的暴力行為視為派別之間爭奪公民權展開的競爭。文革時期的派別競爭與其他集體行為一樣，一旦發生，就開始形成其自律性，具有影響運動自身的政治機會構造的特點。如果不存在制度性制約，派別間的競爭就會在無政府狀態下進行，其結果必然會造成競爭的激進化。文革時期派別競爭的激進化可以分為三種類型，即：①脫離正統的意識形態（異端思潮）；②參加者的大量退出（逍遙派）；③集體暴力行為。在文革的各個「次運動」時期，派別間的競爭均導致了運動的主體在言論和行動方面的激進化。尤其是在文革的第三個「次運動」時期，隨著全國性的大動亂的發生，這三種類型的激進行為同時達到最高潮。在這三種類型中，集體暴力行為是派別衝突的最極端的表現形式。集體暴力行為的頻繁發生最終導致以毛澤東為代表的中共中央強化控制派別競爭的手段，派別競爭最終走向衰退。

　　本書的第四章至第六章分析了由派別競爭所導致的文革的三個「次運動」的過程和原因，第七章則重點分析在這三個「次運動」展開的大環境之下，地方小城市派別鬥爭的展開過程。正如前面章節的分析中所顯示的，文革時期派別競爭的激進化，特別是集體暴力行為，在這三個「次運動」時期均有發生。因此本章將以前文經驗分析為基礎，對文革時期的派別衝突進行分類，並引述更多的經驗材料，進一步分析其產生的原因，其中將會把分析重心放在針對集體暴力行為的討論上。通過分

析,將會闡述以下論點:派別衝突的激進化是派別間的利益競爭產生的結果,同時也與國家政策和國家代理人,尤其是政策決定層面的國家代理人的言論和行為有著密切的關係。而派別衝突的遏制,也是社會運動自身的衰退與國家強化控制社會運動的手段兩方面相互作用的結果。

本章由四節組成。第一節梳理1966至1969三年間的集體暴力行為的各種類型。第二節從國家與社會互動的視角出發,運用文革期間的具體事例,探討集體暴力行為產生的原因。第三節分析集體暴力行為以外的兩種激進化類型——異端思潮的蔓延和逍遙派的產生,與獲取公民權的競爭之間的關係。第四節分析在派別衝突的衰退中,國家所起的作用。

第一節　集體暴力行為的類型

在序章中已經討論過,文革時期的集體暴力行為主要有四種類型:①不同陣營的派別間的集體暴力行為;②同一陣營的派別內部的集體暴力行為;③人民對於非人民或者類似於非人民的群體所施加的集體暴力行為;④派別對於國家代理人所施加的集體暴力行為。

一、派別間的集體暴力行為

不同陣營的派別間的集體暴力行為,主要是指保守派與造反派之間發生的暴力行為。從1966至1969年的三年時間中,保守派與造反派的對立所導致的武鬥貫穿始終,但是集體暴力行為的大量發生主要集中在以下四個時期。

第一個時期從1966年11月至12月。這個時期造反派組織得到中央領導層的支持,擴張了勢力,威脅到保守派組織的存續。在北京、上海等文革的中心區域,一部分保守派的成員為保住正在失去的政治地位,對支持造反派組織的中央文革小組或地方黨組織展開攻擊,結果帶來對

立的造反派組織的反擊，兩者陷入武鬥。例如，1966年末，北京的大學裏發生了保守派紅衛兵組織與造反派紅衛兵組織「三司」之間的武鬥。此外，上海也發生了工人保守派組織「赤衛隊」與造反派組織「工總司」之間的「解放日報事件」和「康平路事件」之類的武鬥。[1] 兩起事件最終都由於中央領導層支持造反派，而以保守派的敗北結束。從全國範圍來看，這個時期派別鬥爭的主流方式是大字報、大辯論等；到1967年之前，武鬥只發生在少數地方。

第二個時期從1967年2月至4月。這個時期圍繞人民解放軍的「支左」，保守派組織與造反派組織之間發生武鬥。[2] 1967年1月，毛澤東指示人民解放軍介入文革進行「支左」。由於當時中央領導層未明確規定判斷「左派」的標準，人民解放軍往往將黨、團員等先進分子佔多數的保守派組織作為「左派」來支持。這為在1966年末處於弱勢的保守派組織提供了擴充勢力的機會，同時也招致造反派組織對軍隊的攻擊。結果，軍隊直接還擊了進攻軍事設施的造反派組織，同時操縱保守派組織，令其與造反派組織對抗。另一方面，保守派組織也借助軍隊的力量，積極進攻造反派組織。結果，全國各地頻繁發生受軍隊支持的保守派組織與受中央文革小組支持的造反派組織之間的武鬥。由於人民解放

1　如本書第五章和第六章所分析的，「三司」介入保守派紅衛兵組織對中央文革小組的攻擊行動，除了要在革命性的競爭中擊潰對手組織之外，還有向中央文革小組表達忠心的目的。相反，在「康平路」事件中，「工總司」介入「赤衛隊」對市委的攻擊行動，是為了防止群眾組織批判「黨內走資本主義道路當權派」的成果被「赤衛隊」獨佔，因此利用這個機會擊潰處於對立位置的「赤衛隊」。

2　這一時期，部分地區的武鬥是在軍隊和造反派組織之間展開的。例如，新疆維吾爾自治區石河子事件就是如此（王年一，《大動亂的年代》，頁202）。這一事件起因於造反派組織對解放軍的攻擊，解放軍於是向造反派組織開槍。「文革」時期，解放軍向群眾組織的開槍事件無疑與國家內部的衝突有密切的關係，但是本書主要將其視為國家為維護社會秩序行使的國家暴力，不屬集體暴力行為的範疇，因此本書不討論此類暴力行為。

軍從毛澤東處獲得判定「左派」組織的授權,兩者間的武鬥對人民解放軍來說是鎮壓造反派組織的好機會,在武漢等地區,一部分造反派組織遭到人民解放軍取締。[3]

第三個時期從1967年7月至9月。從全國範圍來看,這個時期各地的派別鬥爭均邁入了武鬥階段,保守派組織和造反派組織之間頻繁發生武鬥(一部分地區在5、6月份已經開始武鬥)。1967年上半年,在人民解放軍的支持下,保守派組織的勢力都在不同程度上獲得擴張,並在文革的舞台上重新復活。另一方面,「二月鎮壓」中被軍隊壓制、勢力減弱的造反派組織,也在1967年4月由於毛澤東限制解放軍的權限而獲得解放。在這個背景下,造反派組織響應中央領導層「揪軍內一小撮走資本主義道路的當權派」的號召,攻擊軍隊及受軍隊支持的保守派組織。另一方面,被毛澤東削權的人民解放軍無法再公開壓制造反派組織,只能用各種方法令保守派組織獲得武器,支援保守派組織對抗造反派的行動。例如,事先通知保守派組織武器的保管場所和數量,令其在約定的時間取走武器,當他們離開後再向軍部報告武器被奪走了。[4]對於人民解放軍的行動,毛澤東發出了「武裝左派」(這裏的「左派」可以認為指的是造反派)的指示,[5]江青根據這個指示命令造反派組織「文攻武衛」。在這個背景下,保守派與造反派之間的對立更加激化,7月以後各地都發生了大規模的武鬥。這個時期兩者間武鬥的慘狀,可以從以下事例中窺見。

3　王紹光,《理性與瘋狂:文化大革命中的群眾》,頁101–108。

4　徐友漁,《自由的言說》(長春出版社,1999年),頁52。

5　北京函授學院東方紅公社編輯的《動態報》第65期(1967年8月26日)刊登了〈毛澤東的決心:給延邊造反派發槍〉。這篇報道的主要內容如下:根據王力同志8月15日的新華社講話,吉林省延邊地區的軍分區集結地方「黨內走資本主義道路當權派」支持保守派組織,鎮壓造反派組織,連郵電大廈都被造反派燒毀。事件發生後,毛澤東決定給造反派組織發放1,000支以上的槍械。這是全國首次給造反派發槍的事例。

- 1967年5月6日，四川省成都市的某工廠中發生了保守派與造反派之間的武鬥。根據造反派組織紀錄的資料，保守派組織「產業軍」擁有1,000至2,000支槍支。兩派之間的戰鬥持續了六個多小時，共發射子彈約300發，傷亡者達200人以上。在這場戰鬥中，除自動步槍、機關槍等武器外，還用上手榴彈和毒氣。[6] 此外，次日，兩者間再度爆發武鬥，「產業軍」動員了數萬農民參戰軍，從成都的北、西、南三個方向向城內的造反派發動進攻。這次武鬥和前一天一樣使用了自動步槍、機關槍、手榴彈等武器。兩派的戰鬥持續了幾個鐘頭以上，造成了100多人死亡，3,000多人受傷。[7]

- 1967年5月13日至15日，四川省宜賓發生了保守派與造反派之間的武鬥。根據造反派組織紀錄的資料，在持續三天的武鬥中，死亡人數達300餘人，受傷人數達100餘人。[8]

- 1967年7月至9月之間，廣州頻繁發生以「地總」為主的保守派組織和名為「旗派」的造反派組織之間的武鬥，爆發了「七‧二三」、「八‧一一」、「八‧一三」、「八‧一八」、「八‧二〇」、「八‧三一」、「九‧〇二」、「九‧一一」等武鬥事件。[9] 根據造反派組織的統計，僅其中的「八‧二〇」事件就有160人以上的死傷者。[10]

- 從1967年4月開始，武漢的保守派組織獲得了軍隊的支持，得以將年初重建的組織進一步擴張，到5月聯合同類組織發展成號

6　〈成都急電〉，水電部電研所紅色造反總部宣傳組，《動態資料》，第85期（1967年5月9日）。

7　〈成都五六事件以後〉，《動態資料》，第85期。

8　〈宜賓加急電報〉，《動態資料》，第93期（1967年5月）。

9　文玉山，〈廣州紅旗派的興亡〉，劉國凱編，《封殺不了的歷史》（重新評價文化大革命叢書編輯部，1996年），頁93。

10　王湘，〈無產階級文化大革命的經驗和教訓〉，劉國凱編，《封殺不了的歷史》，頁222。

稱有百萬以上成員的「百萬雄師」。1967年1月的「奪權」時期分裂的造反派組織也為了對抗軍隊的壓制和保守派組織的進攻，6月再度聯合組成「武漢革命造反總司令部」。這樣一來，4月末就已經開始的保守派與造反派之間的武鬥，到6月就更加激化了。根據造反派的統計，從4月29日到6月末共計進行了174次的武鬥，其中133次發生在6月4日至26日。在武鬥頻發的4月到6月期間，武漢市內約有7萬人被捲入武鬥，158人死亡，1,060人重傷。[11] 對於武漢的武鬥，中央領導層數次發出關於禁止武鬥的命令，但是未能遏制事態的惡化。[12] 7月，為解決問題，中央文革小組派遣王力等前往武漢，但是武漢之行更激化了兩者間的對立。不僅如此，軍隊一直以來對中央文革小組的不滿也一次性地爆發出來。在這一情形之下，承擔武漢「支左」任務的8201和8199部隊的人民解放軍戰士聯合「百萬雄師」扣留了王力等，發動了公然與中央文革小組對抗的「武漢事件」。[13]

第四個時期是1968年夏天「整頓階級隊伍的時期」。1968年5月，全國展開了整頓階級隊伍的運動。這個時期保守派組織以整頓階級隊伍為名，在取得人民解放軍毛澤東思想宣傳隊的支持後，對造反派組織施加了集體暴力行為。王年一指出，整頓階級隊伍運動的開展與毛澤東改變關於文革的鬥爭對象的認識有關。也就是說，從1967年夏天開始，毛澤東將文革的目標從打倒「黨內走資本主義道路的當權派」調整成肅清群眾組織中的壞分子。1967年，毛澤東構思的「三結合」政權在許多地區帶來了派別間的武鬥，政權的重建因此遲遲未能實現。對此，毛澤東認為這是由於群眾組織內混入了壞分子，[14] 因此1968年為消除障礙，

11　王紹光，《理性與瘋狂》，頁116–129。
12　同上註，頁127。
13　同上註，頁131、146。
14　王年一，《大動亂的年代》，頁298、299。

在全力推進政權重建的同時，對群眾組織開展整頓階級隊伍的運動。但是，關於什麼樣的人應該被界定為壞分子而清除，中央的規定十分曖昧。再加上政權重建在多數地方意味著文革前的舊官僚重新掌權，這也意味著文革前的受益群體重新獲得機會。於是，在大多數地方恢復黨組織的活動擴張了保守派的勢力，削弱了黨員人數較少的造反派組織的勢力。此外，1968年重建政權和恢復治安的重要承擔者「人民解放軍毛澤東思想宣傳隊」，在多數場合中都支持保守派組織。因此，整頓階級隊伍的運動一方面限制了派別間的無政府主義式的競爭，另一方面在部分地區演化成保守派組織以揭發壞分子的名義對造反派組織施加集體暴力的報復行動。

這個時期，大量原造反派成員作為「階級異己分子」被揪出，並遭受拷問和關押。[15] 根據王年一的研究，在整頓階級隊伍的運動中有數百萬人受到迫害；[16] 受迫害的人群中，被置於人民範疇外的「黑五類」群體和原造反派成員佔多數。在一部分地區，由於造反派組織的抵抗，保守派組織和造反派組織之間甚至再度爆發武鬥。例如，1968年5月至6月之間，廣州的造反派組織「旗派」與人民解放軍和省、市革委會支持的保守派組織「總派」之間數次發生武鬥。[17]

二、派別內部的集體暴力行為

同一陣營的派別內部所發生的集體暴力行為，主要是指造反派內部的武力衝突。這種類型的集體暴力行為主要發生在1967年。1967年初圍繞「奪權」造反派組織內部產生了分裂，兩派的對立上升至武鬥。例如，1967年1月廣州的造反派組織內部圍繞奪取黨政機構的領導權發生

15　王紹光，《理性與瘋狂》，頁206；文玉山，〈廣州紅旗派的興亡〉，頁161。

16　王年一，《大動亂的年代》，頁299。

17　文玉山，〈廣州紅旗派的興亡〉，頁169–172。

了爭奪戰，「中大紅旗」等派別一宣布「奪權」，就帶來「地總」等被「奪權」排除在外的其他派別的「反奪權」行動，兩派之間的衝突最終上升為武鬥。不僅如此，參加「奪權」的派別內部也因為權力分配不均，發生了暴力衝突。[18]

在此需要注意的是，1967年4月，隨著一部分地區保守派組織的死灰復燃，保守派組織和造反派組織之間的矛盾比起造反派組織內部的矛盾變得更為重要。在這樣的情況下，造反派組織為了對抗得到人民解放軍支持的保守派組織，而達成了再度聯合。1967年夏天的武鬥在保守派組織勢力較強的地區，表現為保守派組織與造反派組織之間的集體暴力行為；在保守派組織勢力較弱的地區，則依舊表現為造反派組織內部為爭奪權力的集體暴力行為。

例如，1967年2月，重慶市的造反派組織由於對市革命造反聯合委員會態度的差異（支持還是反對）分裂成「八一五派」和「反到底派」。兩派在1967年夏天至1968年夏天發動了31次武鬥，其中有兩次使用了自動步槍、機關槍、手榴彈、高射炮、軍艦、戰車等武器。1967年8月末進行的武鬥，據說在一夜之間發射了約一萬發高射炮。在這一年間，有數不清的人因武鬥而負傷，約645人死亡。[19]

1967年7月至9月是全國各地的派別進行武鬥的時期，派別間的集體暴力行為呈現出極其混亂和複雜的情況。因此可以認為，有的地區同時或者交替出現了異質派別間與同質派別內部這兩種類型的集體暴力行為。這個時期的武鬥最終在1967年末以強化人民解放軍的權限、中央文革小組一部分成員的倒台、群眾組織政治勢力的弱化等方法逐漸得到控制。

18　同上註，頁50。

19　陳曉文，〈重慶紅衛兵墓地素描〉，劉青峰編，《文化大革命：史實與研究》，頁163、173–175。

三、人民與非人民之間的集體暴力行為

人民與非人民之間的集體暴力行為，不同於異質派別之間以及同質派別內部發生的雙向暴力行為，是屬人民範疇的人們對不屬人民範疇的人們所施加的單向暴力行為，其特徵是被施暴者沒有抵抗和保護自己的權利。這一類型的集體暴力行為主要可以細分為以下兩種。

第一種類型是1966年夏天「紅五類」紅衛兵對「黑五類」、「黑七類」、「牛鬼蛇神」及其家族所行使的暴力。1966年5月末，北京以幹部子女為中心組成的「紅五類」紅衛兵組織「破四舊」、抄家、在批鬥會上用「淋浴式」、「噴氣式」等拷打方式實行「紅色恐怖」。從1966年8月中旬到9月中旬的短短一個月裏，隨著類似的組織發展至全國，「紅色恐怖」也蔓延全國，其暴烈程度從以下事例中可見一斑。

例如，從1966年8月中旬到9月下旬的大約40天時間裏，北京有1,700人被毆打致死，約33萬6,000戶家庭被抄家，「黑五類」及其家庭約85萬人被強行下放至農村。[20]

此外，在紅衛兵的造反風暴席捲全中國的1966年8月27日，北京南部的大興縣發生了集體虐殺事件。從8月27日到9月1日，大興縣各地有22戶從88歲到出生38天尚在襁褓中的嬰兒，共325人被虐殺。在這一事件中，被滿門抄斬的達到20戶。[21]

第二，1967年10月以後，出現了全國各地的保守派組織迫害當地「黑五類」階級出身的人及其家庭的新的暴力形式。這種暴力行為從行為的主體和客體來看，類似於1966年的「紅五類」紅衛兵組織對「黑五類」施加的暴力行為。但是，「保守派」組織將「黑五類」階級出身的人和家庭視為「造反派」組織的幕後黑手而加以迫害，在這一點上有異於前者。

例如，從1967年10月到1968年10月的一年間，廣西頻繁發生「黑五類」及其家人被「保守派」組織殘殺的事件。第一起事件發生在全州縣

20　周明，《歷史在這裏沉思》，第5卷（華夏出版社，1986年），頁73。
21　王年一，《大動亂的年代》，頁69–70。

東山公社，兩天時間裏有76人遇害，其中甚至包含一歲左右的嬰兒。同在廣西的賓陽縣，1968年7月26日至8月6日的11天裏，有3,681人遇害，其中全家遇害的有176戶之多。[22]

此外，1967年8月13日至10月17日，湖南省道縣地區發生了長達66天的大規模屠殺「黑五類」及其家人的集體暴力事件。這次事件波及10個地區、36個人民公社、468個生產大隊、1,590個生產小隊、2,778個家庭，其中4,193人被殺害，326人自殺。[23]

四、派別對國家代理人施加的集體暴力行為

派別對國家代理人施加的集體暴力行為細分起來，主要有以下兩種類型。第一種是文革初期「紅五類」紅衛兵對學校教師、即「反動學術權威」及學校代理人所施加的暴力行為。[24] 1966年6月8日，《人民日報》發表了〈放手發動群眾徹底打倒反革命黑幫〉的社論後，學校裏便開始發生學生對被認為是「黑幫」的黨政幹部及教職員工施加的暴力行為。6月18日，北京大學的學生建立了「鬥鬼台」、「斬妖台」，陸平等60多名「黑幫」被戴上高帽批鬥。[25] 這個行動經廣泛傳播，校內的暴力行為擴展至各地的大學、中學。一部分階級出身不好的學生也被作為施暴的對象。從工作組撤退的1966年7月末至8月中旬，這一類型的暴力行為達到高潮。根據王年一的研究，1966年夏天有高達數萬的大學、中學和小學教師受到迫害。[26]

22　廣西文化大革命大事年表編寫組編，《廣西文化大革命大事年表》，頁53、111。

23　文聿，《中國左禍》(北京朝華出版社，1992年)，頁444。

24　關於學生施加於教師的暴力行為，參見王友琴，〈一九六六：學生打老師的革命〉，《文化大革命：史實與研究》，頁17–36。

25　王友琴，〈一九六六〉，頁18。

26　王年一，《大動亂的年代》，頁86。

　　1966年10月以後的大約兩年裏，隨著運動的方向從「橫掃一切牛鬼蛇神」轉向「打倒黨內走資本主義道路的當權派」，暴力行為的主體和客體也發生了極大的變化。在這個時期，「造反派」組織對各級黨政機關和單位的部門負責人、即「走資本主義道路的當權派」施以暴力迫害。暴力的主體和客體變化了，但是從行動的方式來看，與文革初期的「紅五類」紅衛兵完全相同，繼承了「紅色恐怖」。這是派別對國家代理人施加的第二種類型的集體暴力。1966年10月以後的大約兩年裏，高級幹部（中央黨政機關副部長以上、地方黨政機關省級幹部）中有四分之三受到造反運動的迫害，其中在以天津南開大學學生造反派組織為主體的「揭發叛徒運動」中受到迫害的高級幹部達到1,200人以上。[27] 在這次運動中受迫害的不僅是高級幹部，也同樣波及到普通幹部。根據紀錄，在河北省深澤縣的「揭發叛徒運動」中受到迫害的幹部達到1,400人以上。[28]

第二節　集體暴力行為發生的原因

　　如前所述，本書將文革時期的集體暴力行為視為國家與社會相互作用的結果。因此，這裏根據本書第一章所提示的分析框架，採用文革時期的具體事例，從①國家內部的權力鬥爭、②派別之間的利益競爭、③派別內部的利益競爭、④國家與社會的相互作用四個方面，分析集體暴力行為產生的原因。

一、國家內部的權力鬥爭與集體暴力行為

　　現代國家通過壟斷暴力機器為社會提供秩序，但是在文革時期的中國，國家內部的紛爭削弱了國家對暴力行為的控制能力。不僅如此，下

27　《「文化大革命」研究資料》（上），頁353。
28　《河北日報》，1978年12月14日。

文的分析會展示，由於領導層內部的權力鬥爭的需要，政府或國家代理人個人鼓勵暴力，結果使得原本應該提供社會秩序的國家反而變成導致社會無序化的根本原因。

正如本書前面章節所討論過的，文革始於黨內的政治鬥爭，文革這場社會運動的發生是黨內政治鬥爭社會化和群眾利益競爭政治化兩者相互作用的結果。1960年代中期，毛澤東開始對官僚體系及運營該體系的劉少奇等中央第一線領導人的指導方針產生不滿。為此，毛澤東開始強調階級鬥爭，並且將階級對立定義為「黨內走資本主義道路的當權派」與廣大的工人農民之間。這種定義給階級鬥爭的理論賦予了新的含義。毛澤東發動文革的目的在於動員群眾進行階級鬥爭，清除重視正規化和行政化的劉少奇的勢力，改造官僚體系，淨化意識形態。這裏，階級鬥爭的理論既是毛澤東對群眾進行政治動員的工具，又是文革試圖達成的意識形態目標，或者說是文革時期所追求的價值。

階級鬥爭理論是社會主義中國意識形態的重要組成部分。但是在此需要留意的是，在不同的時期，階級鬥爭這一意識形態所涵蓋的內容不盡相同。在1950年代的中國，已經存在兩個由毛澤東自身所定義的階級鬥爭理論。第一個將階級對立定義為舊中國的地主資本家等剝削階級與被剝削的廣大工農之間，其理論依據是舊的剝削階級試圖採用新的手段以達到復辟的目的，因而必須對其進行階級鬥爭。這一理論在1950年代初的「土地改革運動」、「肅反」以及「三反五反運動」等各種政治運動中得到廣泛的宣傳和強調。另外一個是將階級鬥爭的對象擴大到保留著舊統治階級的價值觀和習慣的知識分子，這一理論出現於1950年代後半期的反右運動中。在這種情形之下，1960年代毛澤東重提階級鬥爭理論，並將其賦予新的含義，意味著將階級鬥爭的對象從舊的剝削階級、知識分子擴大到黨內的一部分官僚。也就是說，出身「黑五類」階級及其家人、知識分子、國家黨政幹部成為集體暴力行為的對象，可以說在文革前夕就已經被意識形態正當化了。此外，由於毛澤東的階級鬥爭理論包含三種不同的內容，造成了掌握文革領導權的國家代理人和參加文革的一般群眾可以基於各自不同的目的自由解釋，從而有選擇地

用階級鬥爭理論將自身的行動正當化。

另一方面，徐賁指出，劉少奇雖不具備像毛澤東那樣擁有定義意識形態的權力，但卻擁有行使解釋階級鬥爭理論的權力，將文革變成另一場「反右派」運動。[29] 在劉少奇領導文革的 1966 年 7 月，他指示：「中學文化大革命的主要任務是審查教職員隊伍。」[30] 在此情形之下，學校的黨政幹部和「反動學術權威」以及被認為是「牛鬼蛇神」的教職員工首當其衝，成為了集體暴力行為的最初受害者。

此外，在運動參與者層面，文革初期在升學競爭中受到中間階級子女威脅、逐漸失去特權地位的幹部子女最先響應階級鬥爭的號召，起來造反。他們拿出了毛澤東在 1950 年代提出的階級鬥爭理論，進而在文革中將其發展成「出身血統論」，試圖把出身「紅五類」階級以外的人排除在利益競爭之外，用「出身血統論」將自身的利益制度化。儘管他們的行動背離了毛澤東發動群眾改造官僚體系的文革理念，但是在文革初期給毛澤東提供了動員群眾的方法，因此得到毛澤東的強烈支持。「紅五類」紅衛兵批鬥「反動學術權威」、「牛鬼蛇神」、「剝削階級」的「革命行動」及由此產生的「紅色恐怖」暴力行為，也蔓延到全國。

在校園內發生暴力時，劉少奇派遣的工作組積極加以控制，可以說取得了一定程度的效果。7 月上旬，北京多所中學的暴力行動受到控制。控制暴力行為是國家應有的行為，但是「工作組」的行動卻背離毛澤東的文革理念。也就是說，原本國家是唯一合法控制社會暴力的機構，但是毛澤東發動文革的目的之一是借助社會的力量改造官僚機構。為達成此目的，毛澤東積極號召群眾起來造中央的反，從而鼓勵社會動亂。對毛澤東來說，社會動亂是「以大亂達到大治」的過程。因此，劉少奇派工作組的行為受到毛澤東指責，同時，工作組控制暴力的行動也

29　徐賁，〈論文革政治文化中的恐懼和暴力〉，羅金義等編，《浩劫之外：再論文化大革命》，頁 63。

30　嚴家其、高皋，《文革十年史》（天津人民出版社，1986 年），頁 47。

被毛批判為「鎮壓學生運動」,[31] 被指責為是抵抗文革的行為。也就是說,由於中央領導層的政治鬥爭,國家放任了對派別間的集體暴力行為的控制,到8月份甚至開始獎勵集體暴力行為。

如前所述,在大興縣發生虐殺行為之前的1966年8月下旬,政治局候補委員、國務院公安部長謝富治在北京市公安局擴大會議上說:「群眾打死人,我不贊成,但群眾對壞人恨之入骨,我們勸阻不住,就不要勉強。民警要站在紅衛兵一邊,提供給他們情況。」[32] 謝富治的講話也被傳達到大興縣的公安組織,公安將所掌握管轄範圍內關於「黑五類」的資料提供給紅衛兵,從而引起大虐殺。[33] 在8月下旬的同一時期,公安機關和人民解放軍發出了〈關於嚴禁出動警察鎮壓革命學生運動的規定〉和〈關於絕對不許動用部隊武裝鎮壓革命學生運動的規定〉。[34] 此外,中央領導人在各種場合發言時,均強調暴力行為的正當性。例如,1966年7月28日,江青對群眾說:「我們不提倡打人,但打人也沒什麼了不起嘛」,「好人打壞人活該,壞人打好人,好人光榮,好人打好人誤會,不打不相識」。[35] 接著,陳毅也為「紅五類」紅衛兵的暴力行為辯護:「群眾運動打死幾個地主沒什麼大不了。」[36] 這樣一來,由於國家及國家代理人的鼓勵,集體暴力行為被合法化了。

另一方面,1966年8月至9月末期間,以幹部子女為中心的「紅五類」紅衛兵的「出身血統論」被一部分地方黨政幹部用作維護自身政治地位的工具,明顯阻礙了文革的進行。因此1966年10月,毛澤東修正軌道,將運動的矛頭對準黨內「走資本主義道路的當權派」。文革的這一軌道修正,給迄今對階級政策不滿、文革初期被紅衛兵組織排除在外的

---

31 王年一,《大動亂的年代》,頁48。

32 同上註,頁69。

33 同上註。

34 《「文化大革命」研究資料》(上),頁90–91。

35 王年一,《大動亂的年代》,頁74。

36 〈陳毅同志8月30日講話〉,《無產階級文化大革命資料彙編》,頁147。

中間階級子女提供了表達不滿的機會，同時也使其擁有了合法的參加政
治的權利。於是，這個群體開始成立造反派組織，運用毛澤東在1960
年代提出的「紅色變質論」的階級鬥爭理論，參與政治運動的同時也開
始追求集體利益。他們的行動在1966年末被毛澤東最大限度地用作肅
清黨內劉、鄧集團的工具。這種文革鬥爭方向的調整帶來了政治機會構
造的變化，同時也帶來新的公民權分配和競爭方式的變化。其結果激化
了保守派組織和造反派組織內部的對立，並引發暴力衝突。例如，關於
清華大學的派別分化和對立的研究顯示，1966年末北京的保守派紅衛
兵組織與「三司」造反派組織之間發生的武鬥，與國家政策的調整及中
央文革小組對「三司」的支持密切相關。

　　同樣，工人造反派組織各派別間發生的武裝鬥爭，也與派別競爭的
激化以及國家和國家代理人對於武鬥的默認、獎勵密不可分。具體來
說，「三結合」政權的建設使得派別之間圍繞權力和權利的競爭更加激
化。另一方面，周恩來等國務院幹部與中央文革小組之間、解放軍幹部
與中央文革小組之間、解放軍幹部與地方黨政幹部之間、解放軍內部的
幹部之間與中央領導層的內部，處於錯綜複雜的矛盾關係之中。這些矛
盾關係影響了派別間的競爭，使競爭更加複雜化。值得引起注意的是，
正如前面章節的事例分析所顯示的，群眾組織並非被動的參與者。一方
面群眾組織被利用作權力鬥爭的工具，另一方面群眾組織也反過來利用
權力鬥爭中的政治機會謀求利益。文革的混亂在於「制禦和反制禦」、
「利用和反利用」的錯綜複雜的糾葛所致。

　　例如，1967年7月的武漢事件既反映保守派組織和造反派組織之間圍
繞「三結合」政權的權力和利益競爭，也反映中央文革小組和武漢軍區之
間的對立。保守派組織和造反派組織各自獲得了武漢軍區和中央文革小
組的支持，在被他們操縱進行政治鬥爭的同時，保守派組織和造反派組織
也試圖利用武漢軍區和中央文革小組之間的政治鬥爭，摧毀敵對組織。[37]

37　關於武漢事件的研究，參照王紹光，《理性與瘋狂：文化大革命中的群眾》。

此外，在前一章關於「工總司」的研究中也顯示，上海「赤衛隊」與「工總司」之間發生的「解放日報事件」和「康平路事件」等一連串的武鬥，也是受中央領導層的政策變化與內部的政治見解不一致的影響所致，同時也是上海市的黨政機關喪失控制社會的合法性，以及駕馭社會運動無序化的能力衰退的結果。

與1966年夏天的「紅色恐怖」一樣，1967年春秋之間在全國展開的派別間的武鬥也得到了國家代理人的直接鼓勵。江青在1967年9月接見安徽的造反派代表時說：「我是不提倡武鬥的，但誰要跟我武鬥，我一定要自衛，一定還擊。」[38] 類似的發言在張春橋接見山東的造反派組織的言論中也有發現。[39] 於是，1967年夏天，毛澤東關於給「左派」發槍的最高指示(謠言)傳遍了全國，進一步賦予造反派組織與保守派組織對立的合法性和勇氣。

如前所述，集體暴力行為的發生與國家有關。一方面，當發生集體暴力行為時，國家可以說也採取了控制措施。但是，由於國家、社會及國家與社會的相互作用的制度化程度低，國家控制社會運動的措施極為無力，即便能夠暫時控制眼前的暴力行為，其措施也會帶來新的問題，觸發新的集體暴力行為。例如1966年8月，出身「紅五類」階級的紅衛兵在對「黑幫」和「黑五類」及其家人施加暴力時，中共中央下令軍隊、警察等國家暴力機關不得鎮壓學生運動，因此周恩來命令紅衛兵組織的領袖組建控制暴力行為的紅衛兵糾察隊，其目的可以認為是要求紅衛兵組織內部的自律。在當時「不得壓制群眾」、「群眾自己解放自己」的造反動員令下，這種方法可以看作是周恩來在非正常情況下採取的應急方法。「首都紅衛兵糾察隊西城分隊指揮部」(簡稱「西糾」)於1966年9月下達

38　〈江青同志重要講話〉(1967年9月5日)(新華公社、紅旗戰鬥隊整理)，頁1。

39　張春橋在接見山東省造反派組織的代表時，做了以下指示：「我們不贊成武鬥，但是如果對方(指保守派組織，筆者註)先挑起，我們就以武鬥應戰。」〈中央領導人接見山東代表團的講話〉(1967年4月27日)(北航《紅旗》宣傳組翻印)。

了禁止武鬥的一連串通令。[40] 從社會控制方法的角度來看，被周恩來賦予了控制暴力的權力的「西糾」等紅衛兵糾察隊採用了以暴制暴的方法，[41] 因此無法獲得其他紅衛兵組織的支持與合作。更為重要的是，由於紅衛兵糾察隊的成員幾乎都是「出身血統論」的宣傳者，因此遭到正在崛起的造反派紅衛兵組織的頑強抵抗，「西糾」試圖控制暴力的行為也被看成是和「出身血統論」一樣，是由官僚特權階級的子女壟斷行使暴力的權力的行動。這不僅激化了保守派紅衛兵組織和造反派紅衛兵組織之間的對立，甚至使得兩者間的利益衝突發展成武鬥。隨著中央文革小組對學生組織的支持轉向了「三司」等造反派學生組織，幹部子女居多的紅衛兵糾察隊也被中央文革小組指控為了「資產階級反動路線的憲兵」。[42]

1966年末，不僅保守派紅衛兵與造反派紅衛兵之間發生了武鬥，學生的「南下串聯」也帶來地方上的保守派工人組織與造反派工人組織之間的武鬥。在這種情形之下，毛澤東下令人民解放軍介入文革，試圖動用人民解放軍控制集體暴力行為發生。但是，正如有關清華大學的派別鬥爭及上海「工總司」興衰的分析所顯示的那樣，由於國家的制度化程度低，人民解放軍的全面介入反而導致國家內部、國家與社會的各派別之間以及社會的各個派別之間存在的各種矛盾同時噴發。這些衝突在1967年的「揪軍內一小撮反動分子」的運動中，使得群眾組織之間的集體暴力行為變得更加激烈。

在缺乏法治、國家機構全面陷入癱瘓，原本應維持社會秩序的警察這一國家機器也被捲入紛爭的情況下，要收拾大混亂就只能依靠人民解放軍。因此，1967年9月以後，人民解放軍再度被毛澤東賦予恢復社會

40　首都紅衛兵糾察隊西城分隊指揮部，〈第六號通令 (1966年9月9日)〉、〈第九號通令 (1966年9月14日)〉、〈第十號通令 (1966年9月14日)〉(首都革命永紅戰校 [原北京七十七中] 印刷，1966年9月)。

41　江沛，《紅衛兵狂飇》(河南人民出版社，1994年)，頁77。

42　〈江青、陳伯達、周恩來、康生同志12月16日在北京中學批判資產階級反動路線誓師大會上的講話〉，《無產階級文化大革命資料彙編》，頁569。

秩序和控制派別衝突的權限。結果，隨著軍人干預政治及勢力增長，文革打破了「黨指揮槍」這一中國革命的鐵的法則。正如毛里和子所指出的，「軍隊勢力佔據優位的毛澤東、林彪體制喚起了軍隊實行軍事獨裁的野心，最終導致了林彪派的『政變』及對『政變』的鎮壓（1971年9月的林彪事件）」。[43]

二、派別間的利益競爭與集體暴力行為

　　文革時期發生的集體暴力行為不僅與國家有著密切的關係，也與派別間的競爭密切相關。簡而言之，由於派別之間爭奪公民權的競爭激化，因而發生了集體暴力行為。

　　一般來講，如果除去討論過的國家要素，可以認為派別競爭在兩個條件之下難以產生暴力。第一，在具備私人領域這一退出場所的國家裏，公共領域裏所展開的派別競爭難以轉化成暴力行為。因為一旦無法在競爭中獲勝，或是運動的進行與參加者本來的目標之間產生不一致時，參加者可以選擇退回到私人領域。第二，受到制度和規則制約的派別競爭，不容易產生暴力行為。

　　由此看來，文革時期的派別競爭正是在缺少這兩個條件下展開的。第一，是在不存在私人領域和退出選項的情況下進行的，因此圍繞權力和利益所展開的派別間的競爭非常容易激進化。對群眾來說，由於所需的一切公民權均由國家壟斷，並由國家等級性分配給各個集團。國家壟斷公民權以及對公民權進行的等級性分配轉而激發派別壟斷政治資源的野心，使得派別間的利益競爭具有排他性的特點。這是因為由競爭所創造出來的政治權利和文化權利等公共財是由集體乃至派別的所有成員所共享的，也就是說，一旦某個集團或派別獲得較高的政治地位，所有的成員都能享受其恩惠。反過來，像「黑五類」階級的待遇那樣，某個集

43　毛里和子，《現代中國政治》，頁188。

團或派別一旦在權力或利益分配的結構中被置於不利的位置，所有的成員就都不得不承受這一結果。此外，資源的稀缺性，即升學和入黨、入團等上升機會極其缺乏的情況，使得所有的集團和派別都產生了不希望與其他集團和派別共享機會的想法。在缺乏退出渠道的公共領域進行的排他性的利益競爭極易引發暴力衝突，這也就是為什麼圍繞「三結合」政權建立派別間及派別內部頻繁發生暴力衝突的一個原因。

第二，派別間的利益競爭不存在受制度和規則制約的機制，是處於無政府狀態下進行的利益競爭。在這種制度化程度低下的狀況下發生的派別間的利益競爭，對集體行為造成以下三個方面的影響，因而極易發生集體暴力行為。

其一，派別自身的自治能力極為低下。文革時期的多數派別均非自發形成，而是在國家的政治動員之下組成的。例如，「紅五類」紅衛兵組織產生於 1966 年春夏的政治動員，1966 年 10 月大量出現的造反派紅衛兵組織是響應中央批判「黨內走資本主義道路的當權派」的號召參加運動的。此外，如上海的例子所顯示的，工人內部保守派和造反派的分化及組織化，是文革初期地方黨組織為了掌控運動方向和自我保護而動員群眾，以及被這場動員排除在外的人們集結並組織化的結果。儘管文革中組織化的派別具有追求本集團利益的一面，但是與市民社會中經過長期的發展所形成的制度化的自治組織有著本質的區別，派別自身的自治性極為低下。

其二，派別與派別之間不存在協同、合作及解決糾紛的機制，只存在非制度性的競爭關係。保守派與造反派之間在組成派別之前，就已經形成了對立的關係。換句話說，某一派別正是為了反對另一派別而出場的，在組織形成之時就已經站在與另一派對立的陣營之中。例如，關於「老紅衛兵」的崛起和衰落的分析顯示，以幹部子女為中心的「紅五類」紅衛兵組織在成立以前，就已經與知識分子等中間階級的子女之間圍繞升學、入黨入團等產生了利益競爭，他們組織起來後便直接將批判的矛頭明確對準「非紅五類」階級及其子女。相反，中間階級子女大量集中的造反派紅衛兵組織是在反對幹部子女的「出身血統論」的聲浪中而組織起來

的，在其成立之前就具有反對「紅五類」紅衛兵的特徵。兩者的對立在1966年末釀成了暴力衝突。有關上海的分析也顯示同樣的結果，即工人保守派聯合組織「赤衛隊」是為了對抗工人造反派聯合組織「工總司」而成立的。兩者組織起來後不久就發生了「解放日報事件」等武鬥。

　　文革時期，幾乎所有學校和工廠等單位內部都存在保守派和造反派兩大對立組織。這些對立組織為了戰勝反對陣營的組織，往往與單位外部的組織建立聯合關係，尋求外部組織的支援。但是，在與外部組織建立聯合關係時，並非完全基於政治見解採取行動，大多數派別的最大目標是借助具有強大政治勢力的外部派別，對抗單位內部的對立組織，因此在某些情況下會出現政治見解完全不同的組織之間建立合作關係的例子。例如文革初期，上海柴油機工廠圍繞支持還是反對一朱姓廠幹部，工人們分裂成「保朱派」和「反朱派」兩個群體。由於「反朱派」在1966年9月15日組建了「東方紅總部」，一週後的9月22日「保朱派」也組成了「上柴革命造反聯合司令部」。「東方紅總部」內部黨員、團員、積極分子、「老工人」佔大多數，「上柴革命造反聯合司令部」內部則是一般工人佔大多數。從文革時期的一般現象來考慮，前者應該加入保守派組織的陣營，後者則應該加入造反派組織的陣營，但實際情況卻完全相反。「東方紅總部」隸屬市工人造反派組織「工總司」，在「安亭事件」、「解放日報事件」和「康平路事件」中作為「工總司」的主力而活躍。另一方面，「上柴革命造反聯合司令部」隸屬市工人造反派聯合組織「赤衛隊」，是「赤衛隊」的主力。[44] 根據李遜的研究，這種狀況的形成與雙方的政治見解完全無關，是極為偶然的結果。也就是說，在這兩個組織組建之時，雙方都想聯合勢力強大的「工總司」，但是「東方紅總部」先一步與「工總司」取得聯繫，「上柴革命造反聯合司令部」不得已才加入「工總司」的對立面「赤衛隊」。[45]

44　李遜，《大崩潰——上海工人造反派興衰史》，頁371–372。
45　同上註，頁372。

　　其三，正因為前面業已提到的，文革時期的派別並非自主形成，而是政治動員的結果，因此較之市民社會的自治組織，在派別的目標和派別間的競爭機制等方面均缺乏穩定性。具體而言，文革時期各派別的最終目標是追求政治經濟利益，但是他們所追求的利益並不是自己確定的，而是由國家所規定的。這決定了派別所追求的派別利益受制於文革所規定的政治目標，並需要隨著政治目標的變化而不斷調整派別行為。在經濟主義風潮蔓延的時期出現了大量臨時工造反派組織，這些派別明確亮出了經濟利益的要求，表面看來具有獨立於國家政治目標之外的集體利益目標。但是，這些集體目標是從批判劉少奇這一文革的政治目標中派生出來的。也就是説，經濟主義風潮的蔓延是在經濟利益方面心懷不滿的社會集團利用批判劉少奇的機會，追求本集團的利益為開端的。因為如果劉少奇在文革之前實行的路線被批判為「資產階級反動路線」，那麼在他主政時期的各種政策（如臨時工僱用政策等）中遭遇不公正待遇的人，就有理由在批判劉少奇的運動中要求平反。也就是説，貌似有著獨立經濟目標的臨時工造反，實則是這個群體在利用文革的政治目標而追求自己的經濟利益。當然，這裏必須看到的是，他們追求經濟利益的要求，當時被有意識地利用做國家內部的政治鬥爭的工具。或者説，這些群體之所以能夠有機會組織化來追求經濟利益，是由政治鬥爭的需要所提供的政治機會構造所決定的。周恩來以及中央文革小組的領導們在 1966 年 10 月前後屢屢做出鼓勵半工（農）半讀學生和臨時工造反運動的發言，地方黨政幹部也為了明哲保身，盡量滿足他們的經濟要求。這樣一來，國家代理人的鼓勵促進了經濟主義風潮的蔓延，於是在極短的時間內追求經濟利益的組織在全國各地誕生。

　　總而言之，這些追求經濟利益的組織是國家進行政治動員的結果，他們所追求的經濟利益也並非獨立於國家政治目標的集體目標，因此派別的存續及派別目標的合法性完全取決於國家的政治目標。此外，對於追求政治利益的派別來説，要確立自身的派別目標比起追求經濟利益的組織要困難得多。文革時期，國家的政治目標是隨著國家內部的權力鬥爭和文革的推進而不斷發生變化的。這種外部政治環境的不穩定影響了

派別，使得派別目標的確立、派別內部的制度化以及建立派別競爭制度
化的機制都變得極為困難。

三、派別內部的利益競爭與集體暴力行為

在考察派別內部的利益競爭時，有必要分成以下兩個方面來加以分
析。一是派別內部的分化，也就是某個派別或是聯合組織分化成若干個
派生組織，這些分化而成的派生組織之間的利益競爭如何影響集體暴力
行為；二是某個派別內部的領袖與成員之間的關係，如何影響集體暴力
行為。

（1）派別內部的利益競爭

派別內部的利益競爭基本上與派別之間的競爭相同。因為在某個
組織或是聯合組織分裂成若干個派生組織之後，派生組織之間的競爭就
具備了與派別之間的競爭相同的性質。文革時期派別內部的利益競爭主
要可以分為兩個類型，第一種類型是聯合組織內部的派生組織之間的競
爭，第二種類型是某個組織分化形成的派生組織之間的競爭。

首先闡述第一種類型的聯合組織內部的派別競爭與集體暴力行為的
關係。如前所論，文革時期學校和工廠等單位內部通常存在兩個對立的
組織，這些組織往往為了戰勝對立組織而尋求外部組織的支援，會和單
位外部的組織建立聯盟關係。但是，這些聯合組織之間並不存在制度化
的合作關係。因此，各種各樣的派別即便基於眼前的共同利益和目標形
成暫時的聯合，一旦利益和目標發生變化便失去了聯合組織存續的基
礎，聯合組織解體和分裂的可能性也隨之增大。在解體和分裂的組織之
間，基於與保守派和造反派組織之間的對立相同的理由，由無序競爭而
引起的集體暴力行為極易發生。

例如，北京的大學造反派組織「三司」是由在工作組掌握學校文革領
導權時期，受到壓制的造反學生們為「恢復名譽」以及謀求參加文革的權
利，聯合各學校的造反派組織而組成的。1966年10月以後，「三司」得

到中央文革小組的支持，隨著其勢力大增和目標達成，開始失去內部的統一性，最終分裂成「天派」和「地派」兩個組織。「天派」的核心組織有分別以聶元梓、蒯大富、韓愛晶為首的北京大學「新北大公社」、清華大學「井岡山兵團」、北京航空學院「紅旗戰鬥隊」，「地派」的核心組織是北京師範大學的「井岡山紅衛兵」和北京地質學院的「東方紅公社」。1966年末，隨著保守派學生組織的崩潰，「天派」與「地派」的對立變成了北京的大學紅衛兵組織內部最大的矛盾，並且由於「天派」和「地派」都是由內部缺乏制度化協作關係的諸派別聯合而成的大型聯合組織。因而，各自的內部組織之間的衝突也是接連不斷。比如説，「天派」內部由於聶元梓和蒯大富之間為了最終取得對北京紅衛兵的控制權，展開向中央文革小組競爭忠誠的比賽，導致所領導的兩個派別之間不斷發生衝突。「地派」內部組織之間衝突的情況也大致相同。[46] 前面章節關於清華大學的派別分化與集體暴力行為的分析顯示，發生於 1967 年夏天的中南海前靜坐事件中的暴力衝突，完全是一場由競爭忠誠所引發的造反派諸組織之間的衝突。也就是説，引發衝突的並非政治見解不同或出身階級差異等，而是造反派內部的組織間圍繞哪一方更革命的競爭而導致的。

　　接下來説明第二類型的派別內部的派生組織之間的利益競爭所產生的暴力行為。在市民社會中，當一部分成員因組織不能滿足成員的利益和要求，脱離原組織、組建新組織時，分離出來的組織往往會確立新的組織目標、綱領和達成目標的方法，基於制度和規則來追求集體利益。與此相反，對於文革時期從母體中分離出來的組織來説，最重要的敵人就是母體組織。換句話説，分離的目的是為了對抗母體組織；在某些情形之下，為了摧毀母體組織，甚至不惜與原先的對立組織建立聯合。因為，用當時的話來説，「敵人的敵人就是我們的朋友」。

　　例如，清華大學的派別分化的例子顯示，造反派組織「井岡山兵團」圍繞建設「三結合」政權內部發生了意見分歧，最終分裂為「四·一四派」

46　江沛，《紅衛兵狂飆》，頁 129。

和「團派」兩個派別。「四‧一四派」為了對抗「團派」，加入與「井岡山兵團」對立的組織「地派」的陣營。[47]同樣的情況也發生在1967年夏天的「揪許世友」的運動中。「四‧一四派」本來也打算參加「揪許世友」的運動，但是被「團派」批評為表面上反對、內心卻支持許世友，受到「團派」及其聯合組織的攻擊。結果「四‧一四派」最終選擇與支持許世友的「風波」派聯合共鬥的道路。[48]

在此需要留意的是，文革時期派別內部的對立所產生的暴力行為，幾乎都發生在造反派組織的內部。在筆者所知範圍之內，保守派組織內部鮮少找到這樣的事例。這一點在理解文革時期的派別行為時十分重要。因為不是本書的重點，將不做深入分析，僅就其原因提供以下兩點供參考。

第一，從組織的構成來考慮，一般來說，保守派組織中黨員、團員、積極分子等先進人民佔大多數，而造反派組織中文革以前被置於既得利益團體以外的一般人民佔多數。因此，從組織內部及聯合組織間的聯合關係這一組織機制來考慮，前者儘管也和後者一樣不存在嚴謹的組織機制，但是因為黨員、團員和積極分子居多，可以認為原有的官僚體制內部的組織機制以及派別領袖的組織和動員能力等，仍以一定的形式對保守派組織施加影響。與此相反，造反派內部由於多數成員在文革前是被動員和被組織的一方，他們自身不曾接受過組織和動員能力的訓練，因此維持造反派組織內部的穩定比起保守派組織要困難得多。有關這一點，在王紹光關於武漢的保守派聯合組織「百萬雄師」和造反派聯合組織「武漢造反總司令部」的研究中可找到例證。[49]

第二，從組織目標的同一性來考慮，保守派參加運動的目的是保護正在遭受破壞的官僚體制。當然，該目的與他們自身的政治、經濟利益

47　W‧ヒントン著，春名徹譯，《百日戦争 —— 清華大学の文化大革命》，頁169。

48　同上註，頁168。

49　王紹光，《理性與瘋狂》，頁117–121。

緊密相連，因為他們本身就是官僚體制下既得利益集團的一員。王紹光指出，對保守派的成員來說，保住文革時期已經擁有的東西是首要目的，因此比較容易做到保持內部的同一性。[50] 與此相反，通過參加文革改善現狀是造反派成員的共同目的，但是這一共同目的之下的利益追求卻十分複雜。對王洪文等一部分派別領袖來說，參加文革是為了當官，但是對於多數參與者來說，參加文革是為了自保，因為儘管參加未必一定能獲利，但不參加則有可能變成運動批判的對象。用一句文革時的流行語來說，「不革命離反革命已經不遠了」。當然，還有一部分參與者是文革理念的追隨者，他們因與毛澤東的反官僚的文革理念有共鳴而參加了運動。這樣一來，造反派內部就存在有不同的目標，要保持長期的行動的同一性極為困難，組織會隨外部的政治環境和內部的利益分化的變化而不斷分化和重組。即便組織內部能夠保持相對一致的目標，因為最終能夠掌握權力的是極少數，所以具有共同志向的同盟者也是潛在的競爭者。隨著保守派這一共同的對立組織的崩潰，造反派內部的派別間的競爭就變得重要，這也是「奪權」時期造反派內部頻繁發生武鬥的原因所在。此外，不同派別的領袖之間的利益競爭以及對於其派別內部成員的動員也激化了派別間的衝突。有關這一點，將在下一節中詳細論述。

（2）派別領袖與成員的相互作用

在考察利益競爭所產生的集體暴力行為時，必須討論派別領袖與成員的相互作用，這是因為文革時期的多數集體暴力行為都是派別領袖與成員之間的相互作用所產生的。

對派別成員來說，暴力行為是向領袖表示忠心的手段。文革期間，個人要參加文革，加入派別是參與運動的唯一方法。也就是說，個人為獲取公民權展開的競爭，必須通過派別的集體行為來實現。龔小夏指出，某一派別要戰勝對立的派別，需要有積極性和戰鬥力的成員。再

50　同上註，頁119。

者，有積極性和戰鬥力的成員往往能在派別內部受到信賴和尊敬，獲得晉升的機會。因此，一部分激進的成員為了證明自身的革命性和在派別內部獲得晉升的機會，積極地使用暴力。[51] 例如，1966年8月「紅色恐怖」時期，對「黑幫」和「黑五類」階級出身的人們及其家人行使暴力，是「紅五類」紅衛兵的特權。紅衛兵組織也是只有「紅五類」階級出身中的先進分子才能夠參加。[52] 為此，紅衛兵組織內部的人為了顯示自己的革命性，競相使用暴力，以打人的數量作為革命的業績。當時，劉少奇14歲的女兒就以打死了三個人為炫耀的話題。[53] 另一方面，被紅衛兵組織排除在外的人為了證明自己也有參加革命的資格，比紅衛兵的成員更加狂熱地對「黑幫」和比自己政治地位低的人們施加暴力。[54] 在這個背景下，8月下旬北京被毆打致死的人數達到每日數百人。[55]

另一方面，同一陣營內也有許多各種名稱的派別，這些派別之間都存在競爭關係。如前所述，派別並非制度化的自治性組織。因此，在派別的存續方面，領袖的動員起了重要的作用。也就是說，派別是靠領袖的動員來維持的。因此，派別間的衝突在某種意義上說也是派別領袖之間的利益衝突。派別的領袖為了在與其他派別的領袖之間的利益衝突中取勝，動員本派別的成員積極加入競爭，結果導致派別間的衝突。換言之，派別間的衝突在某種意義上可以說是派別領袖為了向其所支持的國家代理人表達忠心，或者是為了追求個人的政治利益動員群眾的結果，正是領袖之間利益衝突導致了派別間的衝突。

比如，聶元梓、蒯大富、韓愛晶、譚厚蘭、王大賓這北京的「五大學生組織領袖」為了爭奪紅衛兵組織的指揮權，獨享中央文革小組的支持，相互之間發生了利益衝突。他們之間的利益衝突帶來「天派」與「地

51　龔小夏，〈文革中群眾暴力行為的起源與發展〉，頁108。
52　加々美光行，《逆説としての中国革命》，頁22。
53　王友琴，〈一九六六：學生打老師的革命〉，頁31。
54　仲維光，〈「清華附中紅衛兵小組」誕生史實〉，頁13。
55　王友琴，〈打老師和打同學之間〉，《文化大革命：史實與研究》，頁47。

派」之間、「天派」及「地派」各自的內部組織之間的衝突，導致一部分組織之間發生武鬥。[56]

關於清華大學的派別分化的分析也顯示，「團派」與「四‧一四派」之間發生的「百日戰爭」同樣是兩派的領袖為爭奪學校的控制權動員成員的結果。而「百日戰爭」其實是蒯大富為了將事情鬧大吸引中央介入，企圖借助中央領導層的力量摧毀對立的「四‧一四派」而有意識地發動的。也就是說，暴力行為成了派別領袖用以追求個人政治利益的工具。在這種情況下，暴力行為不僅是利益競爭激進化所產生的結果，暴力行為本身也被用做利益競爭的方法。當暴力行為被有意識地用做利益競爭的方法時，其暴力程度就有可能會比利益競爭的激進化所產生的暴力行為更加慘烈。

四、國家與社會的相互作用與集體暴力行為

前面分析了國家內部的權力鬥爭、派別之間以及派別內部的利益競爭帶給集體暴力行為的影響。這些分析當中其實已經涉及國家與社會的相互作用帶給集體暴力行為的影響。除了前文已經論述過的之外，這裏還有一個非常重要的問題需要進一步探討，即圍繞國家內部的權力鬥爭、派別之間以及派別內部的利益競爭，政策決定層面的國家代理人與派別之間的政策溝通帶給集體暴力行為的影響。

國家是由等級化的政治機構與國家代理人組成的集合體。文革時期國家政策決定層面的國家代理人由於政策分歧、權力鬥爭、對國家建設的見解和處理問題時的手段及方法的差異，分裂成若干個集團。這些集團之間也和社會的各派別之間、派別內部的成員之間一樣存在著競爭的關係。於是，他們之間的競爭通過國家政策和言論對派別的行動施加了影響。這一影響可以歸納成以下兩類。

56　江沛，《紅衛兵狂飆》，頁129。

　　第一，國家代理人為達到權力鬥爭和其他政治目的，有意識地通過言論誘導派別行為。例如，如前所述的1966年夏天，毛澤東為了動員社會造反，以中共中央的名義下令軍隊和警察不得鎮壓群眾運動，這一舉動起了鼓勵暴力行為的作用。此外，1967年夏天，江青等為了與軍隊中的反文革勢力相對抗，號召造反派組織「文攻武衛」，結果賦予造反派組織行使暴力的正當權利，從而激化了武鬥。

　　第二，對國家代理人來說，也許沒有明確鼓勵暴力行為的目的，但是國家政策的調整給派別提供了追求自身利益的機會，間接地激化派別間的利益競爭。例如1967年4月，毛澤東為防止「支左」的人民解放軍鎮壓造反派，削弱了軍隊的權限。這雖然並不意味著贊成造反派組織攻擊人民解放軍，但是削弱在當時承擔著控制暴力和維持社會秩序的角色的軍隊的權限，造成了集體暴力行為的重現和社會無序化的結果。此後，從人民解放軍的控制下解放出來的造反派，立即對軍隊以及軍隊支持的造反派組織展開反擊。

　　國家代理人的言論也一樣。國家代理人也許沒有明確煽動暴力行為的意圖，但他們的言論在許多場合下都起到間接的煽動效果。例如1966年8月18日，毛澤東在天安門第一次接見紅衛兵時，在問及給他戴上紅衛兵袖章的宋彬彬的名字後回答道：「要武嘛。」「彬」在中文裏多被用做「彬彬有禮」、「文質彬彬」，兩者都是文雅有禮之意。結果毛澤東的回答經各大媒體報道，在全國範圍內廣為傳播。毛澤東所要表達的也許是鼓勵造反的精神，而非身體暴力，但實際上卻起到鼓勵紅衛兵的暴力行為的作用。[57]從「八‧一八」接見之後到9月上旬，「紅五類」紅衛兵主導的「紅色恐怖」暴力行為達到最高潮。[58]

　　另一方面，派別在理解國家政策和國家代理人的言論時，也有兩種傾向。

57　王友琴，〈一九六六：學生打老師的革命〉，頁29。

58　王友琴，〈打老師和打同學之間〉，頁47。

　　第一，從國家和國家代理人處接受明確的指令，推進暴力行為。例如，清華大學的蒯大富為了批鬥南京軍區的許世友、福州軍區的韓先楚、瀋陽軍區的陳錫聯等軍隊幹部，在南京、福州、瀋陽三地指揮「團派」挑起當地派別間的武鬥，就是明確獲得了中央文革小組王力的指示。[59] 此外，1967年1月，上海的王洪文和耿金章也從張春橋處獲得了調集工人造反派組織，鎮壓策劃了「一·二八炮擊張春橋」的造反派紅衛兵組織的指示，但是由於炮擊計劃的流產，未能行動。[60]

　　第二，誤解國家政策及國家代理人的言論和行動，或者為了追求集團乃至個人的利益，有意識地曲解國家政策及國家代理人的言論和行動所產生的暴力行為，被動員的參與者未必是消極的參加者。關於「老紅衛兵」、清華大學的「井岡山兵團」、上海的「工總司」的事例分析顯示，被動員的參與者有可能利用國家提供的機會，自發地追求利益，變成積極的參加者。文革的參與者往往基於自身的利益，解釋國家政策及國家代理人的言論和行動。例如，關於毛澤東的階級鬥爭理論，隨派別利益的不同解釋方法也不一樣。對於「紅五類」紅衛兵來説，階級鬥爭的對象是舊知識分子及「黑五類」；但是對於造反派紅衛兵來説，階級鬥爭的對象是官僚特權階級。兩者均利用毛澤東的階級鬥爭理論追求集團的利益。[61] 此外，在上海的「奪權」時期，造反派紅衛兵組織「上三司」的領袖趙全國為了奪取上海市黨政機關的權力，謊稱從周恩來處接受了「四點指示」。[62] 文革的派系鬥爭中有很多這樣的類似事件，對國家政策及國家代理人的言論和行為的誤解和曲解，激化了派別間的利益競爭，催生了暴力行為。

59　W·ヒントン，《百日戦争》，頁162–168。

60　李遜，《大崩潰》，頁349。

61　楊麗君，〈红卫兵运动の社会的要因：階級と階層の視点から〉，《現代中国》，第74期（2000年），頁209–221。

62　李遜，《大崩潰》，頁327。

第三節　異端思潮與逍遙派

一、異端思潮

　　異端思潮是派別競爭激進化的另一種類型。異端思潮有別於集體暴力行為這樣的激進行動，是在思想層面偏離了文革正統的意識形態，可以看作是派別在競爭文革意識形態的過程中激進化的結果。從1966年到1969年的文革三年期間，僅被中共中央判定為異端思潮並展開批判的就達到十種以上。例如，文革初期以幹部子女為主體的紅衛兵，提出了宣揚特權思想的「出身血統論」。為了對抗「出身血統論」，遇羅克提出了主張權利平等的「出身論」。1966年末，對中央文革小組和林彪等文革時期的權威人物心存不信任感的北京的大學裏的保守派紅衛兵，提出了「懷疑一切論」。1967年，圍繞「三結合」政權的建設，北京的中學的「四·三派」紅衛兵要求重新分配財產和權力，提出了主張「階級關係變動論」的「四·三思潮」；另一方面，清華大學的「四·一四派」提出了主張「階級關係不變論」的「四·一四思潮」。1967年夏天，「首都五·一六兵團」為反對周恩來的折衷主義，提出了「五·一六思潮」。從1967年末到1968年夏期間，對「三結合」政權持不信任感的湖南省長沙市的「省無聯」和武漢的「北、決、揚」，提出了追求巴黎公社式的民主制度的「省無聯思潮」和「北、決、揚思潮」。1968年，被「三結合」政權排除在外的學生造反派組織為反對張春橋和「工總司」獨佔上海的黨政權力，提出了應在上海發動二次革命的「上海新思潮」。此外，在後文革時期[63]的1974年，強調民主與法制的廣州的「李一哲思潮」也在全國廣為流傳。[64]

63　本書將1966年5月（〈五·一六通知〉的發表）至1969年4月（中國共產黨第九次全國代表大會的召開）的三年間定義為「文革期」，1969年4月至1976年10月（毛澤東去世、「四人幫」垮台）的期間定義為「後文革時期」。

64　關於文革時期異端思潮的具體內容的解釋，參照宋永毅、孫大進，《文化大革命和它的異端思潮》。

　　不同時期促成異端思潮產生的政治背景不同，異端思潮的內容也不一樣。但是總體來看，這些異端思潮與集體暴力行為相同，是在派別間的利益競爭的過程中發展而來的，只是這些利益競爭發生在意識形態方面。

　　文革時期的異端思潮大致可以分為：在派別競爭的過程中發展而來的異端思潮，和派別與國家的衝突過程中發展而來的異端思潮兩種類型。

（1）派別競爭與異端思潮

　　關於派別競爭過程中發展出來的異端思潮，以上所列舉的「出身血統論」與「出身論」的較量、「四‧三思潮」與「四‧一四思潮」的對抗，都屬這一類型。這個類型的異端思潮主要反映派別之間的競爭，可以說是派別為了論證自身行為的正當性而產生的。具體而言，「出身血統論」和「出身論」是在文革的第一個「次運動」時期，以幹部子女為主體的「老紅衛兵」與以知識分子等中間階級子女為主體的造反派紅衛兵在進行利益競爭的過程中，為給自己的行為在意識形態領域確立正當性而創造出來的。如前文所論，文革以前幹部子女和知識分子子女之間已經圍繞升學的機會展開競爭。進入文革時期，幹部子女率先起來參加運動。他們運用毛澤東在1950年代提出的階級鬥爭理論，把出身「紅五類」階級以外的人們作為批判的對象，企圖壟斷參加文革的權利，進而提出「老子英雄兒好漢，老子反動兒混蛋」的對聯。其目的一方面用以證明自己行為的正當性，另一方面用「出身血統論」將自己在政治、經濟、文化教育方面的特權地位制度化。「出身血統論」是共產黨的階級路線的終極表現，可以說與階級路線政策沒有本質的區別。因此，文革初期毛澤東等中央領導人即便不贊成，也沒有採取明確的阻止措施。但是，從1966年9月到10月期間，「出身血統論」被一部分中央和地方幹部用作自我防衛的政治工具，於是，幹部子女將批判的矛頭轉向黨外的行動，很明顯成了文革向既定目標推進的阻礙。在這個背景下，隨著10月中旬中央工作會議對文革的方向性所做的調整，

「出身血統論」被判定為「反馬克思主義、反毛澤東思想的東西」。[65]

　　另一方面，在「出身血統論」的論戰中，出現了主張政治權力和教育機會平等的遇羅克的「出身論」，並很快在沒有特權地位的年青人之間產生極大的影響，成為他們追求自身利益的理論工具。「出身論」的主要觀點是「所有的青年都是平等的」。遇羅克認為，建國17年間貫徹階級路線的結果，在中國「形成了新的特權階級，隨之又產生了新的被壓迫階級」，並且由於階級劃分變得固定和不可動搖，結果便產生了「階級壓迫」。因此，遇羅克援用馬克思主義學說，批判中國共產黨的階級政策中的「重在表現」的論調，指出如果參加政治的態度的好壞是由階級出身、階級成分的好壞來決定的話，黨的方針中的「重在政治表現」和「重視階級成分」的同時列舉便失去了意義，事實上變成了「階級成分一邊倒」。在此基礎上，他主張：「在表現面前，所有的青年都是平等的。……誰是中堅，娘胎裏決定不了。任何通過個人努力所達不到的權利，我們一概不承認。」[66]

　　宣揚平等理念的「出身論」可以說是重視階級出身時代的「人權宣言」。但是需要留意的是，遇羅克雖然強調權利的平等，但並沒有反對階級鬥爭。在「出身論」及其後所發表的一系列相關文章中，他陳述了文革時期的主要矛盾是革命群眾與「走資本主義道路的當權派」之間的矛盾，有力地強調毛澤東1960年代的階級鬥爭理論。[67] 也就是說，毛澤東的「紅色變質論」被遇羅克用做論證平等理論的理論工具。從這個意義上說，遇羅克是用毛澤東1960年代的階級理論批判1950年代的階級理論。「出身論」正式發表是在1966年10月以後，正好是「出身血統論」

65　陳伯達，〈無產階級文化大革命中的兩條路線 (1966年10月16日在中央工作會議上的講話)〉，《「文化大革命」研究資料》(上)，頁139–140。

66　北京家庭問題研究小組，〈出身論〉，首都中學生革命造反司令部主辦，《中學文革報》，創刊號，1967年1月18日。

67　北京家庭問題研究小組，〈「連動」的騷亂說明了什麼？〉，首都中學生革命造反司令部主辦，《中學文革報》，第3期。

被中共中央判定為宣揚「階級成分一邊倒」錯誤觀點的時期。[68] 此外，遇
羅克還在文章中大量引用了毛澤東和江青的言論。從這些情況來考慮，
「出身論」一方面反映了無法享受特權利益的年青人的利益要求，另一
方面儘管存在政治條件的限制，但仍然無法否認「出身論」表現了年青
人向國家和國家代理人表達忠誠的動機。

「四‧三思潮」和「四‧一四思潮」也與「出身血統論」和「出身論」的
較量一樣，可以說是派別間的利益競爭的產物。1967 年，圍繞「三結合」
政權的建立，派別間的利益競爭激化了。許多地區的造反派內部分裂成
穩健派與激進派兩個部分。「四‧三思潮」反映激進派的思想，而「四‧
一四思潮」則反映穩健派的思想。前者指出文革的實質是圍繞重新分配
財產和權力所展開的鬥爭，共產黨的權力結構本身滋生腐敗，因此反對
結束文革，呼籲「重新分配財產和權力，促成社會的革命與變動，粉碎
特權階級」。[69] 與此相反，後者要求文革應該進入結束和整頓的階段，
主張由於文革以前的 17 年間中國的階級關係基本上沒有變化，所以激
進的造反派不可能成為掌權者。[70]

雖然主張「四‧一四思潮」的「四‧一四派」是從造反派組織中分化
出來的，但是因其組織內部在保守派組織衰落時期，吸收了大量擁護文
革前官僚體制的保守派成員，因此從他們的主張中可以看出「出身血統
論」的色彩。從這個意義上說，「四‧三思潮」與「四‧一四思潮」的爭
論只不過是「出身血統論」和「出身論」的爭論的繼續。

（2）意識形態層面的派別與國家的衝突

異端思潮的第二種類型，是在派別在文革理念層面與國家代理人衝
突的過程中發展而來的。在本節開頭所列舉的文革三年的異端思潮中，

---

68 陳伯達，〈無產階級文化大革命中的兩條路線（1966 年 10 月 16 日在中央工
    作會議上的講話）〉，頁 140。
69 東方紅抗大電校，《四三戰報》，第 1 期，1967 年 6 月 11 日。
70 宋永毅、孫大進，《文化大革命和它的異端思潮》，頁 365–371。

「懷疑主義思潮」、「五・一六思潮」、「上海新思潮」、「省無聯思潮」、「北、決、揚思潮」屬這種類型。這個類型的異端思潮與第一類型的相同之處在於，兩者都反映了派別間的利益競爭，都具有論證自身行為的合理性的特徵。但是除此之外，與第一類型相比更為顯著的是，第二類型的異端思潮極大地反映了派別與國家理念層面與國家代理人，尤其是毛澤東的文革思想之間的衝突，表達了派別對於文革的思考。這裏以對全國產生巨大影響的「省無聯思潮」為例來加以說明。

「省無聯」（正式名稱是「湖南省會無產階級革命派大聯合委員會」）是1967年10月11日為反對湖南省革命委員會籌備小組這一「三結合」臨時政權，由湖南省內的20多個被「三結合」政權排除在外的群眾組織所組成，派別主要領袖是當時的高中生楊曦光。[71]

「省無聯」的主要觀點可以概括如下。以舊官僚為主導的「三結合」政權已蛻變成早已被打倒的官僚特權階級奪回政權的工具，完全不符合〈十六條〉所規定的、通過實行全面選舉建設巴黎公社式的民主政權的目標。要建設真正的巴黎公社式的民主政權，必須徹底擊潰現存的國家政權和官僚特權階級，通過武裝人民、重建黨和軍隊，奪取政權。因此，現階段不應該結束文革，要將文革繼續進行下去。[72]

宋永毅指出，異端思潮其實正是毛澤東在發動文革時，帶有民主色彩許諾的邏輯推理與發展而已。[73]正如前面章節所談到的，文革既具有中央領導層進行政治鬥爭的一面，也有毛澤東為了探尋社會主義式民主

71　同上註，頁267。

72　「省無聯」的主要觀點參照以下文章：楊曦光，〈中國向何處去？〉（1968年1月6日）、〈長沙知識青年運動考察報告〉（1967年11月）、〈關於建立毛澤東主義小組的建議〉（1967年10月）；張玉綱，〈我們的綱領〉（1968年3月）、〈省無聯關於目前湖南無產階級文化大革命中的若干問題的決定〉（1967年12月）；宋永毅、孫大進，《文化大革命和它的異端思潮》，頁274–333。

73　宋永毅、孫大進，《文化大革命和它的異端思潮》，頁28。

的國家形式而進行實驗的一面。借助人民的力量改造等級化、官僚化的行政體系，消除幹部的特權意識是文革的目的之一。因此文革初期，毛澤東提出了十分激進的、具有「民主」色彩的理念。但是，也正因為文革是毛澤東探求新的國家形式的過程，既定的目標往往隨著政治形勢而變化和調整。1967 年以後，尤其是經過 1967 年夏季的全國性的大動亂之後，可以說在毛澤東的文革理念中，激進的、破壞性的想法已經衰退，追求穩定和建設的想法成了主流。但是，對於醉心於毛澤東的民主理念、起來批判官僚特權階級、並且在運動中學會追求自身利益的參加者來說，以建立舊官僚為主導的「三結合」政權的方式結束文革，是一個難以接受的結果，不僅在政治理念方面無法接受，在現實利益方面也無法接受。因為恢復現存的官僚體系，意味著重返舊的公民權分配結構。這對造反派來說，意味著失去在文革中得到的所有利益。不僅如此，從經驗來看，還極有可能遭到奪回權力的幹部們的報復。因此，他們堅持文革初期的毛澤東的理念，強烈反對結束文革。

在這個意義上，可以說異端思潮是在意識形態層面，派別與國家發生衝突而發展出來的。與派別在國家的政治動員之下形成的組織相類似，派別的理念也受到國家政治動員理念的影響，並從中派生出來。當國家的政治目標與派別的利益目標相一致時，派別與國家之間就在意識形態方面達成了共識。但是，當國家的政治目標與派別的利益目標產生差異時，派別開始無法全盤接受國家理念，於是在基於派別利益推進國家理念的過程中，產生了從正統國家理念中逸脫而來的「異端思潮」。

二、逍遙派的產生

文革時期未加入派別的人們被稱作「逍遙派」。在以往的有關文革時期集體行為的研究中，逍遙派的行動方式幾乎完全被忽視。本書認為，逍遙派的產生與集體暴力行為和異端思潮一樣，是派別競爭激化所帶來的另一種結果。換句話講，逍遙派屬第一章所討論的退出範疇，是

激進化的特殊表現形式。派別間的利益競爭激進化的結果，使得一部分
人試圖用暴力來解決衝突，另一部分人則試圖利用意識形態的手段論證
行為的正當性，推動運動向符合自身利益的方向發展。與這兩種行動方
式相比較，逍遙派採取了退出競爭這一完全相反的行動方式。正是由於
退出者的大量出現，逍遙派在文革時期變得十分引人矚目。在國家控制
群眾運動的方面，逍遙派起到極大的作用。因為群眾組織內部成員的大
量退出，使得運動參與者只剩下少數的激進成員。正是由於群眾運動自
身的衰退，才使得國家有可能在社會控制體系尚未恢復的情況下，用派
遣人民解放軍毛澤東思想宣傳隊和工人毛澤東思想宣傳隊的方式，控制
少數人的激進行為。而同樣的方法如果在運動參與高潮的1966年末以
及1967年夏季以前，就有可能完全行不通。

　　文革時期的逍遙派主要可以分為資格喪失者、權利競爭放棄者和退
出者三種類型。

　　第一種類型的資格喪失者是指不具備參加派別資格的人，主要由出
身「黑五類」的階級及其家人組成。文革中，「黑五類」階級出身的人被
定義為文革的批判和鬥爭對象之一，屬被剝奪了參加政治權利的群體。
也就是說，這類人在文革中只有被鬥爭的權利，而沒有鬥爭別人的權
力。在政策的層面上，「黑五類」階級出身的子女有參加政治的權利，
但是在現實中無論是保守派組織還是造反派組織，都不願意接受「黑五
類」階級出身的子女參加組織。從1966年末開始隨著文革的進行，一部
分「黑五類」階級出身的子女也加入了紅衛兵組織，但那只是極少數。
根據駱思典對廣州的調查結果，在接受調查的50個班級中，富農子女
加入派別的比率為17%，壞分子的子女的參加率只有7%。[74]

　　第二種類型的權利競爭放棄者，是由雖然有參加運動的資格、但是
原本就對政治運動不關心，或者是權衡利弊之後覺得還是不參加為好等
種種原因不加入派別的人們組成。例如，與學生和工人這兩個群體相

74　Rosen, *Red Guard Factionalism and the Cultural Revolution in Guangzhou*, pp. 148–149.

比，知識分子群體不算是運動的積極參加者，[75] 原因之一是文革初期很多知識分子被打成「反動學術權威」遭受了迫害。此外，還與「反右」運動的經歷，以及文革以前 17 年間被不斷強迫要求進行思想改造的知識分子的政治地位有關。過去的經歷教會了知識分子──不說不動便是最安全的護身之策。可以認為，這一認識也影響到他們的子女。根據駱思典的調查結果，在被調查的 50 個班級中，科研人員和教授等高級知識分子的子女加入派別的佔 67%，比軍隊高級幹部子女的 90% 和高級黨政幹部子女的 95% 要低得多。[76]

第三種類型的退出者，主要是指由於運動進展方向變化而退出派別的人，這當中有主動退出者和被動退出者兩種類型。前者指的是由於派別行為激進化、組織的解體、或是對國家的政治理念或派別的理念失去了認同等理由，選擇自動脫離政治運動的人們。與此相反，後者指的是在組織解體之後，被對立組織拒絕接收不得已選擇退出的人們。可以認為在被動的退出者中，派別領袖和激進的參加者居多。

在這三種類型中，資格喪失者和權利競爭放棄者這兩種類型從文革的最初階段開始就已經存在，到文革結束為止，人數都沒有很大的增減。與此相反，第三類型的逍遙派出現於文革中，是派別競爭及國家和派別關係變化的產物。與保守派和造反派組織一樣，第三類型的逍遙派也具有流動性，人數的增減也很劇烈。由於這一類型的逍遙派的數量增減對文革的興衰產生很大影響，這裏做簡單說明。

在文革的歷次「次運動」時期，一方面隨著運動的衰退創造出逍遙派，另一方面由於運動方向的變化，原先的逍遙派成為了運動的參加者。文革中最先起來造反的是幹部子女，但是最早退出運動的也是他們。1966 年 10 月，毛澤東及中央文革小組撤回了對中學的幹部子女紅

75　關於文革時期知識分子的行動，參照以下研究：印紅標，〈知識分子與群眾造反運動〉，羅金義等編，《浩劫之外》，頁 310–335。

76　Rosen, *Red Guard Factionalism and the Cultural Revolution in Guangzhou*, pp. 148–149.

衛兵組織（「老紅衛兵」）和大學的「保守派」紅衛兵組織的支持，轉而支持造反派紅衛兵組織，這一情況導致「老紅衛兵」和「保守派」紅衛兵組織的崩潰。隨著中央領導層的支持這一重要政治資源流動方向的變化，「老紅衛兵」和「保守派」紅衛兵組織的多數隨大溜成員都轉向了造反派組織。與此同時，「老紅衛兵」和「保守派」紅衛兵組織的部分成員及派別的領袖中的多數都選擇退出運動參與。[77] 退出者中的一部分人在1966年末組成了「聯動」重新投身運動，但其行動最終由於核心成員被逮捕而結束。雖然被逮捕的「聯動」成員於1967年4月獲得釋放，但在這個時期他們事實上已經失去了參與政治的權利，因為一旦他們試圖採取行動，立刻就會被造反派組織批判為企圖恢復出身血統主義，因此多數成員不得不做逍遙派。[78]

　　另一方面，有關清華大學派別分化的實例分析顯示，與原來的參加者轉化成逍遙派相反，1966年10月以後，以前由於不是「紅五類」出身，被「紅五類」紅衛兵組織排除在外，不得已做逍遙派的人們開始加入造反派紅衛兵組織。但是隨著運動的發展，造反派內部、尤其是各派別的領袖為了爭奪權力，動員和操作派別成員，結果使得派別之間的衝突升級，派別目標無法反映大多數成員的個人利益，派別認同受到影響。在這個背景下，1967年夏季以後，隨著武鬥在全國普及，文革的參加者大量退出，逍遙派的隊伍壓倒性地擴大了，工人組織內部也由於同樣的原因出現了逍遙派。但是，工人保守派組織的崩潰主要發生在1967年初，因此工人保守派成員轉化成逍遙派，比起學生中的「老紅衛兵」和保守派紅衛兵組織要遲得多。儘管存在這些差異性，無論是保守派陣營還是造反派陣營，工人逍遙派的大量產生與學生運動一樣，都是在1967年夏季以後的事情。[79]

77　米鶴都，《紅衛兵這一代》（三聯書店，1993年），頁234。
78　同上註，頁233。
79　王紹光，《理性與瘋狂》，頁163–164。

如第一章所討論的，這裏所說的退出並非從公共領域的退出，而是指從公共領域中政治風險較高的領域轉移至風險較低的領域，也意味著從某個國家代理人所提供的「保護和被保護」關係中退出。由於文革時期的中國不存在私人領域，公共領域的內部根據政治風險的不同，可以劃分為危險度較高的區域和危險度較低的區域等若干個「次領域」。政治風險度的劃定，取決於國家政策和國家政策決定層面的國家代理人。文革中派別的合法性由國家來決定。當某個派別得到了國家乃至毛澤東和中央文革小組等文革時期的權威的明確支持時，該派別的行為就會被認定為是革命行為。在這種情況之下，對參加者來說，雖然也許無法得到像派別領袖那樣的巨大利益，但加入派別不失為一個安全的選擇。但是，對於對立派來說，與得到政治權威支持的派別對抗，無論是政治成本還是政治風險都很高。例如文革初期，蒯大富等對抗「工作組」和「紅五類」紅衛兵組織的行動，就具有很高的政治風險。另一方面，當政治權威的支持這一重要的政治資源從某一個派別轉向另一個派別，也就是說，當權威撤回對某一派別的支持並將之給與其他派別，或者是出現了政治權威自身在政治鬥爭中落馬之類的情況發生時，政治風險也隨之變化，以前安全的領域就有可能突然變得極其危險。例如，當「出身血統論」遭受批判後，「聯動」成員的行動就伴隨著極高的政治風險。相反，那些反對「出身血統論」的造反派組織的政治風險開始銳減。從這個意義上說，在國家為了穩定社會秩序、明確下令停止武鬥的1967年夏季，退出派別衝突就是執行國家的指示，是最安全的選擇。但是即便做了逍遙派，並不等於退出了公共領域，所需要的公民權依然只能靠國家的分配來獲得。也就是說，並沒有一個可以保障其權益的私人空間來容納運動的退出者。因此，他們即便退出派別衝突，也不可能運用獨立於黨之外的法律手段來維護自身的權益。所以後續展開的揭發「五‧一六分子」運動和「清理階級隊伍」等一系列的政治運動中，他們也和激進的暴力行動參與者及「異端思潮」的提倡者一樣，一旦被定義為運動的清洗目標，便只能任人宰割，無路可逃。因此，逍遙派的退出並非是從公共領域的退出。從這個意義上，也可以說是從反面論證了在改革開放以

前的中國，並不存在任何用法律的手段保障公民的政治經濟權益的私人
領域。這點即便是當時的國家主席劉少奇也一樣，當治國理念與毛澤東
產生分歧，最終上升為權力鬥爭時，他並沒有選擇辭職的可能性，也沒
有運用法律手段保護自己的選擇，最終葬身於文革。

第四節　派別衝突的衰退

　　以上分析了國家內部的衝突、派別之間以及派別內部的利益競爭、
國家與社會的相互作用帶給派別衝突的影響。這些分析顯示，派別衝突
及其集體暴力行為的發生，與派別之間和派別內部的利益競爭、派別與
國家的相互作用有著密切的關係。派別競爭激進化產了集體暴力以及
「異端思潮」，並產生出大量的逍遙派。同樣，派別衝突的衰退也與派別
和國家雙方都有關係。有關派別競爭帶給派別衝突衰退的影響，在以上
的分析中已經討論過，簡單概括起來就是集體暴力行為的產生以及意識
形態層面的脫軌，給國家提供了抑制群眾運動的機會。此外，逍遙派的
增加也為國家駕馭激進的少數人的行為創造了有利的前提條件。這一節
著重分析在控制派別衝突方面國家所起的作用。

　　正如前面章節的分析所示，從1966年到1969年的三年時間裏，派
別衝突不斷發生。在幾個「次運動」時期均產生了各種不同類型的集體
暴力行為，誕生了不同內容的「異端思潮」。這些派別衝突，尤其是集
體暴力行為的發生，都與國家有關。也就是說，國家和國家代理人為了
實現某個政治目標，容忍集體暴力行為的發生，某些時候甚至直接鼓勵
暴力行為。但是這裏需要指出的是，製造集體暴力行為並非文革的目
標。更具體地說，文革具有毛澤東為探求社會主義式民主的國家形式進
行實驗的一面。在其進行的過程中，毛澤東事先沒有具體的計劃，而是
在運動的實踐中不斷探尋能夠表達自己意志或是能夠應對現實的方法。
在這個過程中，由於國家內部的政治鬥爭和派別的利益競爭等多方面的
複雜因素纏繞在一起，產生了各種類型的集體暴力行為，給當時的政

治、經濟以及社會秩序帶來極大的影響。此外，集體暴力行為的產生，也為國家控制派別增添困難。

即便在文革時期，每當集體暴力發生，中央都會立刻加以控制。但是當時由於國家與社會兩方面的制度化程度都較低，在政治動員之下起來造反的群眾並不那麼容易控制。正如前文關於集體暴力行為分析部分所顯示的那樣，每次集體暴力發生，國家都會採取措施來終止暴力行為，但是很少取得效果。某一類型的暴力行為被控制住，就又會出現新的類型的暴力行為。集體暴力行為最終被控制住，是在1968年末。

那麼，為什麼在1968年末的這個節點，國家能最終控制住集體暴力行為呢？具體來說，武鬥之所以被最終控制與〈七‧三布告〉的發布有關。1968年7月3日，為處理廣西的武鬥，中共中央、國務院、中央軍委、中央文革小組聯名下發了關於立即停止武鬥的〈七‧三布告〉，之後武鬥逐漸停止。[80] 但是，中共中央在1967年也數次下達停止武鬥的通知，例如1967年6月下令禁止武鬥的〈六‧六通令〉、7月13日的〈關於禁止挑動農民進城武鬥的通知〉、9月5日的〈關於不准搶奪人民解放軍武器裝備和各種軍用物資的命令〉等等，[81] 但是這些通知和命令在制止武鬥的方面並沒有起到多大的作用。那麼，為什麼〈七‧三布告〉發布之後，集體暴力行為就能被控制住呢？筆者認為主要原因有以下三點。

第一，逍遙派的增加這一社會運動自身的衰退，為國家控制少數人的激進行為創造了有利的前提條件。

第二，國家對文革的政策發生了變化。從1967年末開始，國家就已經明確地將文革定位為已經進入收尾階段。在這個階段，重建政權、穩定社會秩序、反對宗派主義，成為國家最重要的政策目標。政策決定層面的國家代理人之間依然存在權力鬥爭和政策分歧，但是在穩定社會

<hr>

80　〈中共中央、國務院、中央軍委、中央文革布告〉(1968年7月3日)，《「文化大革命」研究資料》(中)，頁138。

81　《「文化大革命」研究資料》(上)，頁492、500、561。

秩序和反對暴力行為這一點上，可以認為毛澤東、周恩來、林彪等主要國家代理人達成了一致的認識。在控制暴力行為成為國家最重要的政策目標的背景之下，如文革初期那種國家代理人為了達到某個政治目的，容忍甚至鼓勵集體暴力行為的情況，就不復存在了。

第三，除了公布下令停止集體暴力行為的通知之外，比起文革初期國家採取了更為有力的措施，制止派別衝突。國家控制派別衝突的方法主要有鎮壓和整頓，實行「上山下鄉運動」兩種。從1968年開始，作為恢復秩序的一環，全國開展了批判宗派主義和無政府主義的運動。在運動中，許多派別在整頓的名目下遭到解散。[82] 此外，1968年夏季開展了「整頓階級隊伍」的運動，為了推動這項運動，派遣人民解放軍毛澤東思想宣傳隊進駐派別鬥爭激烈的單位。在人民解放軍毛澤東思想宣傳隊的主導下，一部分造反派組織的領袖和激進的成員、作為煽動宗派主義和派別鬥爭的壞分子遭到了鎮壓。在這個時期，「省無聯」等提倡「異端思潮」的大多數組織，都被當成反革命組織遭到取締，許多頭目被逮捕。在當時的中國，多數城市人生活所需的所有資源都來自於單位，行動也高度受制於單位。隨著單位政權重建、黨組織的功能得以恢復以及「整頓階級隊伍」運動的展開，各工人造反派組織之間的集體暴力行為便受到控制。學生狀況與工人略微不同，由於學生並不如工人那樣受單位的限制，在言行方面較工人群體難以控制，對紅衛兵組織的控制除了上述措施之外，還實行了長期派遣人民解放軍毛澤東思想宣傳隊和工人解放軍毛澤東思想宣傳隊，以及開展「上山下鄉運動」兩項特別措施。長期派遣毛澤東思想宣傳隊，使得全國從大學到中學都被置於以軍人和工人為主體的毛澤東思想宣傳隊的管理之下，其結果使得以學校為根據地的紅衛兵運動，完全喪失了活動的據點。大力實施「上山下鄉運動」除了控制紅衛兵組織這個目的之外，還具有讓接受了學校教育的年青人到農村去幫助實現農業現代化、減輕因產業的緩慢增長和經濟不景氣所

82　王紹光，《理性與瘋狂》，頁204。

造成的城市的就業負擔等目的。[83] 1968年，約有6萬到7萬之多的年青人在結束學業之後遠離城市，被分成小股前往農村和解放軍的大農場。[84] 在這些措施之下，紅衛兵運動很快衰退，城市秩序得以恢復。1969年初期，在國家的大力控制之下，持續了三年的社會運動完全衰退了。其後，文革進入了黨領導下的有組織的政治動員為主導的政治運動時期。在這個政治運動時期，國家內部的政治鬥爭和派別內部的利益競爭仍在繼續，但是由於國家強化了對社會的控制，並未發生大規模的社會動亂。

83　ウーヴェ·リヒター著，渡部貞昭譯，《北京大学の文化大革命》(岩波書店，1993年)，頁107。

84　同上註，頁106。

第9章

集體暴力行為與社會秩序

上一章，筆者從國家和社會關係的角度分析了文革期間集體行為中的暴力現象，對集體暴力的類型、產生的原因以及結果進行了探討。前面章節的分析側重於對造成文革中集體暴力行為的宏觀性制度要素的探討。本章在前面討論的基礎之上，解釋以下幾個重要問題。第一，文革時期的集體暴力行為與文革之前各類政治運動中產生的集體暴力行為（例如土地改革中對地主施加的人身暴力行為等）之間，存在怎樣的相關性或差異性？第二，正如前面章節所揭示的，文革期間曾經出現過四種類型的集體暴力行為，不同時期集體暴力行為的表現類型也不相同。那麼，是什麼促成了集體暴力的類型轉換？第三，文革中儘管集體暴力行為大面積存在，造成了遠遠高於預想的混亂，但為何社會秩序卻並未全面崩潰？文革中的社會秩序是靠什麼來維持？或者說，文革中是否存在一種獨特的維持秩序的方法？集體暴力行為與社會秩序之間，究竟具有怎樣的關聯性？

為了回答這一系列問題，本章首先討論文革之前以及文革中社會秩序的維持方法，並在此基礎上進一步分析這兩種社會秩序的維持方法與暴力的相關性。

第一節 「運動秩序」與集體暴力行為

本書認為，文革期間的集體暴力行為是文革以前的社會秩序與毛澤東試圖通過文革所嘗試建立的理想型社會秩序之間發生衝突的結果。正如前面章節已討論過的，毛澤東發動文革有多種原因，其中之一便是打破舊的官僚體系，建構新的社會秩序。從這個意義上説，文革是毛澤東建立新社會秩序的實驗過程。本書把文革期間以運動狀態所維持的社會秩序定義為「運動秩序」。由於大規模持續進行的社會運動是一種非常態，這種非常態下得以存續的社會秩序也是一種非常態下的社會秩序。社會秩序通常被理解為社會各個角色間的關係和維持這種關係的方法，以及方法能夠被廣泛接受的合法性來源。那麼，理解文革中的「運動秩序」就是要研究：運動狀態下的角色間關係是否或如何變化？維持角色間關係的方法與之前有何不同？方法賴以存在的合法性來源是否產生變化？通過對這三個問題的解構，才能理解文革中的「運動秩序」得以維持的原因所在。另一方面，這裏「運動秩序」不僅僅體現為文革時期所存在的獨特的非常態的「社會秩序」，也是文革之前的現存秩序與建構中的理想的社會秩序之間的橋樑，其實際狀況表現為兩種秩序之間的張力關係。因此，要理解「運動秩序」的實際狀態以及在這一狀態下所進行的派別行為，就有必要探討文革以前現存的社會秩序的維持方法，和毛澤東嘗試建立的理想狀態的新社會秩序的維持方法，以及兩者之間的衝突——在現存社會秩序向理想型新社會秩序轉化過程中，主要運動主體之間的相互作用及其對運動方向所產生的影響。換句話説，要把握文革期間的集體暴力行為，就有必要分析社會秩序的變革對試圖維持或改變現存秩序的體系的各個部分之間的作用及其反作用。

提供社會秩序是現代國家的最重要的功能，在這一點上中國也不例外。在文革前的中國，社會秩序由位於政治體制權力金字塔頂端的政治領袖、處於中間位置的國家機構（包括黨政幹部）、構成社會基礎的一般民眾以及作為整肅對象的階級敵人四個部分組成。在這一結構中，黨、政、軍一體化的國家機構在保障社會秩序中發揮著極其重要的作

用。集中體現政治領袖建國方針的國家政策通過各級黨政機構層層下達至基層,政策的執行結果及社會的反饋再由各級黨政機構上傳彙報給中央。從中華人民共和國成立至文革的這段時間是國家機構從無到有的建立過程,在這一過程中國家機構在強化政權基礎、實現社會整合、謀求經濟發展及建構社會秩序等方方面面都發揮了主導性的作用。但是,隨著國家機構的逐步健全化,官僚機構內部的行政僵化、機構過度膨脹及黨政幹部的特權化等問題也漸漸浮出了水面。尤其是1960年初期進行的大躍進之後的恢復期經濟建設,使得上述問題變得更為嚴峻。官僚機構的行政化、過度膨脹化原本就是現代國家面臨的共同問題,特別是在計劃經濟體制下的社會主義國家中,與經濟相關的所有活動都是由國家獨攬,這樣一來就必然產生官僚機構的行政化、過度膨脹化以及黨政幹部的特權化等問題。但是,這裏需要注意的是,文革前的官僚機構完全背離了毛澤東建國理念中的國家—社會觀。

那麼,毛澤東原本希望通過發動文革建構怎樣的國家—社會關係呢?簡單來說,毛澤東的理想是建立以「平等」和「公正」為軸心的社會秩序。當然,此處的「平等」和「公正」是有階級性的。此外,在毛澤東理想的國家—社會觀中,官僚機構並不重要。正如天兒慧所指出的:「對毛澤東而言,國家充其量只是手段和工具」,他要建立的社會是「工、農、商、學、兵一體化、鄉(政府)、社(合作社)一體化的人民公社式政權」。[1]建設一個這樣的社會,是毛澤東自建國以來一以貫之的施政方針。1950年代末進行的從中央到地方的分權,也是為了糾正官僚機構的過度膨脹化和黨政幹部的特權化,從而建立毛澤東理想的國家—社會關係的政治實驗。文革時期,毛澤東指示要改革官僚機構,實現官僚機構的社會化和精簡化。例如,1966年8月,黨的八屆十一中全會,〈關於無產階級文化大革命的決議〉(〈十六條〉)中指出:「文化

---

1 天兒慧,《中国——溶变する社会主義大国》(東京大學出版社,1992年),頁78–79。

革命小組、文化革命委員會和文化革命代表大會是群眾在共產黨領導下
自己教育自己的最好的新組織形式，它是我們黨同群眾密切聯繫的最好
的橋樑，它是無產階級文化大革命的權力機構」。[2] 毛澤東把權力機構和
群眾組織相結合，換句話説，幹部與群眾相結合的新型組織視為公社型
權力機構。[3] 從這個意義上説，文革時期的「三結合政權」（革命幹部、
革命軍人、革命群眾三者結合的政權）正是從這一想法發展而來的。

　　總之，毛澤東認為改造官僚機構的根本在於將其與群眾銜接，因此
他把改造官僚機構的權力賦予了位於權力機構外部的人民。這種情形
下，由於原本保障和維持社會秩序的國家機構被設定為運動中的改造對
象，結果造成了國家機構的職能模糊，發生了政策執行上的混亂。不僅
如此，撇開黨政機構而進行群眾動員的方式使得最高領袖毛澤東、從中
央到地方的各級國家機構以及社會成員[4]三者之間的關係不僅打破原來
自上而下的線型狀態，而且使得三者間的關係趨於複雜化，並處於不斷
變化的不穩定狀態。

　　具體而言，三者間的關係由文革以前「自上而下」的縱向領導關係，
轉變為如圖表9.1所示的三角關係。在這一三角關係中，作為被統治者
的社會成員和統治機構的國家機關都處於毛澤東的領導之下。也就是
説，毛澤東在推進國家目標之際，放棄了原有的依靠官僚體系的做法，
轉而親自動員群眾，與群眾之間建立直接的權威關係。此時，儘管原有
的縱向權威體系仍舊存在並發揮作用，但其權限已被大幅削弱；並且隨
著文革的進展，黨政機構、軍隊以及群眾組織等多個要素的利益消長以
及合縱連橫，使得縱向權威體系的權限不斷發生變化。這一變化也影響

2　中國人民解放軍國防大學黨史黨建政工教研室編，《「文化大革命」研究資
　　料（上）》（人民解放軍國防大學出版社，1998年），頁75。

3　天兒慧，《巨竜の胎動——毛沢東vs鄧小平》（講談社，2004年），頁196–198。

4　為了更好地解釋文革中的集體暴力與社會秩序的關係，本文將社會成員限
　　定為有權參與文革的人民層加以論述，因為人民層之外被稱為「階級敵人」
　　的人們沒有參與運動的權利，更沒有施暴的權利。

了「運動秩序」內各個角色之間的關係。具體來說，就是毛澤東一方面將清除國家機關內「走資本主義道路的當權派」的權限賦予了社會成員，另一方面為約束各派別的行動，防止群眾運動脫離預定的方向，又再度強化了各級黨政機關和解放軍的權限。這意味著文革時期建構社會秩序的權限，在群眾組織和黨政軍機關之間呈現被流動性分配的態勢。同時，圍繞政治資源的各個層面的競爭——群眾組織內部的競爭、各級黨政機關內部的競爭、以及群眾組織和各級黨政機關之間的競爭，也受到上述權限變化的影響時而激化，時而暫時休止。文革期間儘管發生了長時間大範圍的集體暴力行為，但「運動秩序」始終未崩潰的原因，一方面在於最高權威毛澤東無法質疑的權力合法性以及由他所主導和掌控的意識形態，另一方面也在於主導運動的權限隨著運動趨勢的變化不斷在黨政機構、軍隊和群眾組織之間移動，這使得社會秩序所涵蓋的任何部分都無法長期獲得合法的主導權。當然，權限的調整也會帶來獲取政治資源的新的鬥爭，從而產生新的暴力。從這一意義上可以說，「運動秩序」生產了暴力，而暴力反過來又維持了「運動秩序」。

圖表9.1 構成秩序的角色之間的關係變化圖

文革以前的社會秩序 ·····················▶ 文革時期的「運動秩序」

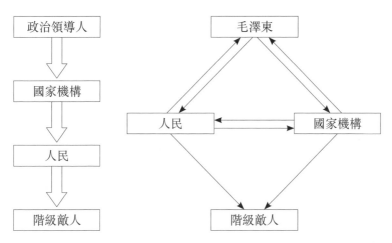

註：圖中人民層以上的三個群體被賦予了參加文革的權利，以下的階級敵人層
　　在文革中只有接受批判的權利，不被允許「造反」。

　　綜上所述，毛澤東、國家機構以及社會成員三者之間的相互作用，決定了文革中「運動秩序」的型態。隨著文革發展階段的變化，文革中主要角色之間相互作用的樣態也不斷變化，不存在恆久的平衡狀態。結果，「運動秩序」也隨著三者間的關係而不斷變化，並且這一變化反過來也規定了運動主角各自的行動方式及相互作用的樣態。

　　最高領導人、國家機構和社會成員三者間的相互作用十分複雜，因此在分析文革中的集體暴力和社會秩序之間的關係時，也需要本書一直所強調的重視國家和社會之間的相互作用，也就是說至少需要從以下三個方面來加以把握。第一，將國家機關作為行為主體的把握方式，即必須研究各級國家機構間的衝突、國家機構對於最高領導人及代表其意志的國家政策的反應、以及國家機構與社會派系的相互作用。簡而言之，就是要分析國家機構的整合性在文革時期是如何變化的，這樣的變化是如何影響權力相關方和社會派別，同時又產生了什麼樣的反作用。第二，將社會成員作為行為主體的把握方式。這裏必須考察派別之間的衝突、派別與最高領導人及代表最高領導人意志的政策之間的相互作用，以及派別與各級國家機構之間的相互作用。第三，也必須將最高領導人當作行為的主體，即是要分析最高領導人毛澤東與社會成員及國家機構間的相互作用。

　　正如本書序章中所言，考察文革期間的集體行為時，「時空」的要素極為重要。「空間」要素一方面指沒有退出空間的國家和社會制度性空間安排，這規定了文革中每一個參與者的行為；另一方面指文革展開的地域，以及行政體系中的行政部門。不同地域的黨政軍之間的關係，地方各系統主要領導人之間的關係，以及他們與上層領導人之間的關係，他們對文革的態度等都會導致文革的地方差異。「時間」是指運動的動態的進行過程。如果把上述三類角色圍繞「權力」和「資源」的分配展開競爭的互動過程放置於時間軸中加以討論的話，文革三年間可以劃分為三個階段，這三個階段剛好於前面章節提到的三個「次運動」階段重合。

第二節　社會秩序改造與集體暴力行為

一、打破舊秩序與結構性暴力

　　正如前面章節所具體分析的，文革時期最早出現的集體暴力行為是人民以「革命」的名義，單方面加諸於非人民階層的。這一類型的暴力幾乎與文革相伴而生，在1966年8月中旬至9月初的大約兩週時間裏達到了頂峰。在1966年6月初至7月末的大約兩個月裏，「紅五類」組成的紅衛兵組織在校內展開批鬥學校的黨政幹部以及「非紅五類」出身的教師和學生。同年8月，尤其是8月18日毛澤東在天安門廣場接見紅衛兵以後，這一類暴力行為便從學校擴展到社會，被打成「黑幫」的黨政幹部、民族黨派人士、舊資本家、舊銀行職員、地主、舊國民黨軍人等成為了暴力行為的對象。

　　那麼，為何文革時期最早的暴力行為會以人民階層對非人民階層的形式展開呢？本書認為，這與文革以前社會秩序所內涵的結構性暴力[5]因素有關。約翰·加爾通 (John Galtung) 在其著作《結構性暴力與和平》中，將暴力分為針對肉體的直接暴力和通過社會的政治、社會和經濟體制來起作用的結構性暴力 (structural violence) 兩種。他認為結構性暴力通常表現為剝削、滲透、分裂和排斥四種形式：剝削是一種使一方受惠的勞動分工的不平等結構；滲透是指統治的一方通過控制被統治者或對被統治者的思想控制，來佔據中心位置；分裂是指分裂和隔離被統治者，將其分而治之；排斥則是被統治者置於邊緣地位。用加爾通的概念來考察文革中的集體暴力行為時，可以看到本書前面章節所談論的文革中的暴力行為屬加爾通所定義的直接暴力範疇，但是也必須注意到這種直接暴力的背後，卻有著蘊含在社會結構以及國家治理理念中的正當性因素。比如說，人民之所以對非人民施加直接暴力，是因為無產階級專政的理念以及階級鬥爭理論所賦予的行為正當性和合法性。可以說文革

5　有關結構性暴力的研究，請參見ヨハン·ガルトゥング著，高柳先男ほか譯，《構造の暴力と平和》(中央大學出版社，1991年)。

中，特別是文革初始階段的直接暴力與結構性暴力有著很大關係。因此，為了更好地解釋集體暴力行為（直接暴力）與社會秩序的關係，這裏也將文革之前的結構性暴力納入討論範疇。也就是說，文革以前中國的社會秩序、保障秩序穩定的體系乃至維持這一體系的手段本身就包含與暴力相關聯的要素，這一結構性暴力早就內化在毛澤東時代的中國政治結構當中。毛澤東時代中國政治制度中的結構性暴力，主要表現在以階級鬥爭為綱的意識形態、群眾運動式的批判鬥爭方式、以及基於政治標準進行公民權分配的賞罰體系三個方面。如下面具體討論的，文革前的結構性暴力所塑造的政治文化和行為特性影響著文革時期，特別是文革初期的直接暴力。

與「土改」等建國後一連串的政治運動一樣，文革在最初的階段也是以動員群眾參與的大規模政治宣傳的方式展開的。也就是說，在運動的過程中具有政治合法性的一部分人民響應政治動員對肅清對象展開革命行動，是中國共產黨建國以來一直就存在的運動方式。從這個意義上說，1966年夏季的集體暴力行為的起源與結構性暴力有著很大的相關性。但是在此必須注意的是，文革時期暴力的發展及擴大與此前各政治運動中加諸於鬥爭對象的直接暴力相比較，在共性之外又有很大的不同。「土改」等一系列政治運動中所產生的暴力，是在黨組織和各級行政部門的領導下進行的政治運動過激化的結果。儘管政治運動中對鬥爭對象施加暴力，很多時候也做為一種「儀式」來強化權威和推動政策推行。但運動始終是在黨組織和各級行政部門的領導下進行，黨有著絕對的控制能力。而文革時期的集體暴力行為不僅僅是「運動過火」，它是在領導政治運動的黨政機構「缺席」或者其指令前後矛盾的情況下開展群眾運動的結果。

1966年初夏，毛澤東面向社會進行了公開的政治動員，並禁止各級黨政機構「壓制」群眾運動。這一做法在實施層面不僅引起了各級黨政機構與紅衛兵等群眾組織之間的對立，也重創了既存的社會秩序維持體系。具體來說就是紅衛兵組織被賦予了打倒「黨內走資本主義道路的當權派」的權限，使得承擔執行和監督國家政策職能的各級黨政機構喪失了對所轄範圍文革運動的領導權，並一度陷入了機能癱瘓。並且，原

本是維護社會秩序的強制裝置的警察和民兵也被要求配合紅衛兵的造反行動，其機能也不得不在實際運作層面發生了變化。結果，這種以群眾組織來改造官僚體制的政治運動就與文革前的運動不同，是在嚴重缺乏制約機制的狀態下展開。在這種情形之下，產生了如何實現政策傳達和維持社會秩序的兩大問題。

在文革初期的1966年，傳達最高領導人指示的職能實際上是由新華社、《人民日報》和《紅旗》等媒體代行的。最高領袖關於文革以及國家治理理念和政策，通常都是通過這三家媒體傳達到群眾中。媒體代行黨政機構的職能帶來了與集體暴力相關的兩大問題。

第一，媒體一方面在操縱輿論方面具有巨大的能量，另一方面在管控群眾運動方面又極其軟弱無力。從1966年夏季到年末的一段時間，為控制紅衛兵組織的集體暴力行為，將被他們轉而向下的文革的運動方向重新轉回至批判劉少奇、鄧小平；中央文革小組和周恩來等高級領導人頻繁地會見群眾組織，力圖控制他們的行動。但是其後的事態顯示，不依靠各級黨政機構，僅僅憑藉若干政治人物的超凡魅力來控制群眾組織，事實上是不可能的。不僅如此，正如前文提到的1966年秋季，江青等文革成員在公眾場合的言行所顯示的那樣，政治人物的政治傾向很多時候反而會加劇群眾組織之間的對立。

第二，媒體雖然向社會宣傳了文革的目的和方向性，但不會公開隱藏在革命這一大義名分背後的東西（例如無法公開的黨內鬥爭），也不會就運動發展的細則公告大眾，由此便產生了最高領導人與群眾組織之間溝通上的困難。派別從媒體上瞭解毛澤東的意圖，再根據自身的理解採取行動，因此有時會誤解毛澤東的意圖，有時甚至為了個人乃至集團的利益故意曲解毛澤東的意圖。例如，關於「破四舊」運動，毛澤東與「紅五類」紅衛兵組織的理解就有極大的不同，毛澤東講的是思想層面的「破四舊」，而紅衛兵卻將其體現在了行動上。[6] 此外，媒體

6　相關討論請參見印紅標，〈紅衛兵「破四舊」的文化與政治〉，石剛編著，《現

相關部門負責人對毛澤東言行的理解和反應，也會給群眾運動帶來極大的影響。

正如運動的實際進程所顯示的，毛澤東試圖利用紅衛兵的造反行動打倒劉少奇，糾正劉的路線。但是，即便是毛澤東也很難不依靠黨政機構而僅僅憑自身的權力和超凡魅力，來控制紅衛兵的行動。因此，1966年10月為將群眾運動的矛頭由黨外轉向黨內，毛澤東與大學內的造反派組織結成同盟關係，削弱了頑固堅持「出身血統論」及對人民之外的人們進行鬥爭的「紅五類」紅衛兵組織。「造反派」組織的成長與毛澤東的支持有著密不可分的關係。但是，這個組織也與「紅五類」紅衛兵組織一樣，很快就將運動的矛頭脫離了規定的方向，展開了爭權奪利的派別對立，進而帶來了「武鬥」這一更為嚴峻的集體暴力行為。

二、建設新秩序與集體暴力行為

如果說1966年夏季的集體暴力行為主要是由初中、高中的「紅五類」紅衛兵所主導，那麼1966年11月至1967年末的集體暴力行為，則將大多數中國人都捲了進去。這一時期的集體暴力行為包括保守派與造反派之間的對立，以及造反派組織內部的對立兩種類型。這兩種類型的集體暴力行為有時同時出現，有時交替出現，不同的地域呈現出不同的樣態。「武鬥」頻發期為1967年7月至9月的一段時間。

文革進入1967年，由於造反派組織的積極推動，所謂的劉、鄧「資產階級反動路線」被清除，文革進入了「三結合」政權重建的階段。但是，在推進文革路線的半年時間裏，政治結構發生了很大變化。群眾組織從一開始就呈現相互對立的局面，文革的發展不僅進一步強化了群眾組織之間的對立，還引發了國家機構內部的分裂。產生分裂的原因十分複雜，分裂表像後面隱藏著各種因素，但分裂本身也給一黨支配的國家

_____

代中國的制度與文化》(香港社會科學出版社，2004年)，頁51–97。

機構帶來了變化。具體來講，各級黨政機構內部也產生了派系，各派系在政治市場展開了類似於多黨制那樣的政治競爭。當然，這樣的競爭並非基於法制的競爭，而是各個政治人物領導的派系各自建構和發展自身的信息網絡和組織網絡，並利用這一網絡對群眾組織展開動員的競爭。結果，毛澤東、各群眾組織、各級黨政軍組織之間就形成了多重複雜的互動關係。

首先來看派系之間的對立。1967年初，學校、工廠等「單位」內部基本上都形成了兩大對立的派別。圍繞組建「三結合政權」，派別之間爭權奪利的鬥爭進一步激化。兩派鬥爭的焦點是如何將本派別代表送入「三結合政權」。為達到這一目的，派別不僅要取得當地「支左」的人民解放軍的支持，還必須與有可能進入「三結合政權」的黨政幹部建立合作。為獲取這兩類政治資源，派別之間展開了長期的鬥爭。

一方面，「單位」內部的某一派別為戰勝對立派別，常常會與「單位」外部的組織聯手，尋求他們的支援，並且在與外「單位」的派別合作的同時，也會與省、市級別的派別建立關係。這樣的關係網有利於獲得外部的支援，同時聯盟派別取得的勝利也會有利於本派別。但是另一方面，一旦關係網內的某個派系在獲取政治資源的鬥爭中，行為被認為是違反當時意識形態，則關係網內所有派別的政治資源的流失就變得不可避免，甚至還有可能陷入被對立派質疑其意識形態合法性的困境。在左右派別命運的變數多樣複雜的狀態中，某一派別想要長期獲勝極為困難。派別鬥爭也正是在這樣的背景下不斷反覆。

再來看黨政機構層面，和派系對立一樣，黨政機構內部在文革中也充滿了複雜的鬥爭。如前面章節所述，包括黨組織在內的國家機構是由行政機構和國家代理人所組成的集合體。中國政治體制固有的人事任命制，在各級黨政幹部之間催生出強固的連帶關係。例如，某個黨的幹部的政治命運不僅極有可能影響與之相關的上級和下級部門幹部，甚至其影響還會波及到同級的黨政機構內其他部門的幹部。文革以前，黨政機構內部保持著高度的整合性，但是到了文革時期，由於受到「揪出黨內走資本主義道路的當權派」運動的衝擊，黨政機構內部的整

合性被削弱了。從1966年初夏到年末，面對群眾組織的造反行動，各級黨政幹部呈現出放任、抵抗、操控等各不相同的反應。在1966年10月之前，文革被限制在文教部門，在承擔生產任務的工廠中，「工作組」依然掌握著文革的領導權，並且當時對於劉少奇、鄧小平的批判也尚未公開。在許多省、市層面，儘管黨政組織已經喪失了對文革的主導權，但在1966年底之前，黨政組織依舊保持著一定程度的整合性。但是到了1967年，隨著運動的發展，各級黨政組織內部的分裂也開始表面化。黨政機關內部的權力鬥爭不僅影響著其他相關部門的權力鬥爭，對於群眾派別鬥爭也有強大的影響力。毋庸諱言，群眾派別鬥爭反過來也影響黨內鬥爭。在這樣的狀態下，黨政幹部為在權力鬥爭中取勝，有意識地操控群眾組織的例子屢見不鮮。當然，群眾組織也為了獲取政治資源，積極地介入了黨政幹部們的權力鬥爭，支援與本派有關係的黨政幹部。在黨組織與官僚機構內部的協調機制不能正常運作的情況下，各級黨政組織內部權力鬥爭的調停，就只能指望最高領袖毛澤東了。

　　要理解1967年的派別鬥爭中發生的「武鬥」，不能不論及人民解放軍在其中扮演的角色。1967年1月，為順利組建「三結合政權」，毛澤東下令人民解放軍介入文革。但是需要注意的是，這一時期的人民解放軍並非控制派別對立的強制裝置，而是調停紛爭的裝置。也就是說，人民解放軍並沒有被賦予控制社會秩序的完整權力。不僅如此，由於受到中央文革小組與林彪等中共高層之間權力鬥爭的影響，人民解放軍控制社會秩序的權限也不斷發生變化。人民解放軍職能的不確定性削弱了軍隊作為保障社會秩序的強制裝置的機能，同時也使其對派別鬥爭難以做出有效的控制。多數情況是人民解放軍的介入不僅不能解決派別對立，反而由於其介入紛爭，使得對立的結構變得更加複雜。這個問題表現在人民解放軍與黨政機構的關係，以及與群眾組織的關係兩個方面。簡單來講，人民解放軍雖然獨立於官僚體系而存在，但是與地方上的人民武裝部等地方黨政組織之間，在工作交集以及人脈關係等方面具有密切的關聯，兩者之間有合作但也存在工作上的意見分歧，乃至

性格、人品上的矛盾。因此，人民解放軍對文革的介入，其結果往往表現為捲入當地黨政幹部們的權力鬥爭。這樣一來，省、地區一級的權力機構內部的鬥爭影響到了市、縣等相關行政級別的權力機構內部的鬥爭。當然，也不可避免地存在反向影響。另一方面，在與群眾組織的關係層面，人民解放軍不可能完全公平地對待相互對立的兩個群眾組織，往往是直接或間接地支援其中一派，壓制另外一派，其結果是加劇派別之間的糾紛。如「武漢事件」就是人民解放軍公然與其中一派聯手，對抗另一派及其背後的政治勢力的極端事件。總而言之，在群眾組織內部發生對立，進而國家機構也陷入了大範圍權力鬥爭的情況下，人民解放軍的介入反而使得國家內部、國家與社會的各派別之間以及社會各派別之間的各種矛盾井噴而出。於是，1967年在文革的火也燒向軍隊的「揪出軍內一小撮反動分子」運動中，各種衝突也以派別之間的「武鬥」集中體現出來，這也正是1967年夏季群眾組織間的集體暴力行為變得更加慘烈的原因。

在上述錯綜複雜的鬥爭關係中，到了1967年夏季，即便最高領袖毛澤東也無法憑藉其自身的超凡魅力來抑制混亂局面。不僅如此，對毛澤東的忠誠也成為了派別鬥爭的內容之一。每當毛澤東發布對文革的指示，政治人物和群眾組織就圍繞獲取政治資源展開新一輪的競爭。在此意義上說，發動文革之初，毛澤東是動員群眾的主體，但隨著文革的發展，毛澤東自身變成了最重要的政治資源，毛事實上從運動的主體變成了運動的客體。對毛澤東而言，可以說其自身的超凡魅力達到頂峰的1967年也正是其意志最無法得到貫徹的一年。群眾組織可以用毛澤東的一句話來反對另外一句話，《毛澤東語錄》成了武器，也成了護身符。被群眾組織用作工具的「戰無不勝」的毛澤東思想，實際上早已遠遠超出毛澤東本人的控制。再進一步講，毛澤東本人被其語錄和毛澤東崇拜運動架空了。事實上，不通過高度組織化的官僚體系便將領袖的意志和國家的政策貫徹至民眾層面，這在任何體制的國家中都是不可能做到的。毛澤東運用將政治資源和權力在社會成員、黨政機構及人民解放軍三者之間予取予奪、流動分配的方法，拼命維持「運動秩序」。但是，

這一方法只是暫時抑制了混亂，很快又引發了圍繞政治資源和權力的新一輪鬥爭，為派別鬥爭注入動力的同時，也帶來了新形式的暴力。最終於1967年夏，中國全境陷入了大混亂。

三、恢復秩序與國家暴力

1968年5月，全國開展了「清理整頓階級隊伍」的運動。這個時期發生了兩種暴力，一種是以「清理整頓階級隊伍」為名，在人民解放軍毛澤東思想宣傳隊和民兵的支持下，「保守派」組織對造反派組織及「黑五類」等施加的集體暴力行為；另一種是人民解放軍和地方人民武裝部為終止派系鬥爭，對派系施加的國家暴力。因為本書的重點是派系之間的暴力，關於國家暴力的討論這裏不再展開論述。

上述兩類暴力的發生，都與為終止1967年發生的大混亂而進行的政策調整有關。從1967年秋季開始，恢復黨組織的職能和重建政權成為了國家的首要目標。與此同時，群眾組織受命在學校和工廠內部實行大聯合。在當時極度混亂的政治環境下，要執行這兩項政策並非易事。因此，人民解放軍作為國家政策的執行者被賦予了絕對的權限。1968年夏，隨著「革命委員會」在全國成立，各級黨政組織的職能基本上得到了恢復。同年秋天，在人民解放軍的主導下，持續了一年多的各派系之間的武鬥基本上得到了控制。但是，為了控制暴力，人民解放軍也直接或間接地使用了暴力手段。

通過恢復黨政機構的職能及抑制派系鬥爭，於1968年末文革中的集體暴力行為終於得到抑制，社會秩序漸趨穩定。需要注意的是，得以恢復的社會秩序並非毛澤東嚮往的國家－社會的一體化的社會秩序，而是對文革前社會秩序的回歸。新的「三結合政權」——「革命委員會」名義上由革命幹部、革命軍人、革命群眾三者組成，實際上是由上級機構任命革命幹部和革命軍人，革命群眾從與革命幹部和革命軍人具有「保護和被保護關係」的群眾組織中選出，並且加入政權的革命群眾僅僅是象徵性的存在，幾乎不具備實質性的職能。從政治體制的金字塔來看，

「政治領導人→國家機關→人民→階級敵人」這一社會秩序絲毫沒有改變。如果說有什麼地方與文革前不一樣的話，那就是前文所說的群眾作為象徵進入了政權，以及在國家機構內部軍人的勢力明顯增大這兩點。這也正是為了恢復社會秩序，全面依賴人民解放軍所要付出的代價吧。當然，軍隊在政治體系中的勢力增大，也為 1970 年代的高層政治鬥爭播撒了新的種子。

第三節　結語

本章主要探討了文革中的社會秩序與集體暴力之間的關係，嘗試回答為什麼文革中的大規模集體暴力沒有導致社會秩序的全面崩潰。從前文的討論中可以看出，文革中的社會秩序與集體暴力行為互為因果。兩者間的關係可以歸納為以下三點。

第一，文革前的社會秩序當中已經存在結構性暴力，文革時期最早發生的集體暴力行為正是與這一結構性暴力有關。為打破現存社會秩序建立新的秩序，毛澤東進行了群眾動員，結果使得內在於既存社會秩序中的結構性暴力浮出水面，並且隨著維持社會秩序的國家機構的機能弱化而暴力不斷擴大。雖然這一類集體暴力由於毛澤東剝奪了原本賦予「紅五類」紅衛兵的造反權利，轉而支持造反派組織而受到了抑制，但這樣的解決辦法同時又催生了新一類的集體暴力。

第二，在毛澤東打破現存社會秩序、建立新秩序的過程中，代表舊秩序的勢力與代表新秩序的勢力之間，以及代表新秩序的勢力內部均發生了衝突，由此觸發了「武鬥」這一新的集體暴力。並且，在政治資源和權力被流動性分配於社會成員、黨政機構及人民解放軍三者間而維持下來的「運動秩序」，也由於三者內部和三者之間的衝突，陷入了行將崩潰的狀態之中。

第三，由於建立新的社會秩序遭遇了挫折，為恢復社會秩序的穩定，不得不由代表國家暴力機構的人民解放軍全面介入。由於國家暴力

機構的介入和黨政機構職能的恢復，社會秩序回歸到了文革以前的狀態。在這個過程中，內在於文革前社會秩序中的結構性暴力再度出現，一部分地區甚至出現了獲得權力機構支持的派別對地主等非人民群體及其子女進行集體虐殺的行為。

在文革期間的社會秩序儘管呈現大混亂、但最終沒有全面崩潰方面，筆者認為三個因素非常重要。第一，毋容置疑的毛澤東思想以及階級鬥爭的意識形態，以及毛澤東本人的絕對權威性起到了決定性的作用。儘管群眾組織擁有對意識形態和毛澤東思想的解釋權，但是關於文革理念和相關政策的決定權始終在毛澤東手中，任何一個群眾組織只要被認為是「方向不正確」便失去了政治合法性，也就等於在運動中被繳了械。當然另一方面，毛澤東思想和文革意識形態的絕對不容質疑，也引發了群眾組織圍繞意識形態的競爭，其結果也深化了暴力。第二，在社會秩序的最終控制方面，軍隊所發揮的作用不容忽視。這與軍隊內部的紀律有關，也與群眾造反的火相對而言沒有燒到軍隊內部也有很大關係。儘管軍隊介入了文革，但是軍隊是作為整體介入。軍隊內部鮮少發生下級向上級造反的現象。雖然文革中也出現不同部隊之間的對抗，但只是個別現象，並沒有造成大的動盪。第三，文革中沒有任何組織可以獨佔政治資源的「運動秩序」的存在和維持方法，也從結果上支撐了秩序的存續，當然正因為這種政治權利和資源的流動性分配方法也為派別間的競爭不斷注入新的動力，使得集體暴力反覆不斷，逐漸升級。

總之，暴力內在於中國社會秩序的內部。每逢社會秩序改革，國家機構的內部或者社會的不同集團之間，進而是國家機構與社會之間，就會發生暴力衝突。國家機構內部的暴力與社會成員之間的暴力相互操作、相互利用，進而相互影響。回顧歷史，正如辛亥革命以來中國的現代化歷程所顯示，新的社會秩序的建構往往伴隨著暴力。從新社會秩序的建構與暴力的關係這一視角來考慮，如何達成制度化的社會秩序建構，依然是當代中國所面臨的課題。

文革的影響與社會運動的轉型

文革時期的集體行為給其後中國的各個方面都帶來了巨大的影響，可以說一直延續到了今天。對於改革開放時期的國家政策以及在新的政治條件下所產生的社會運動，文革的影響尤為巨大。因此，研究「文革」不僅要研究歷史事件本身，也應該研究歷史事件對之後的社會發展帶來的影響，以及我們應該從中吸取的經驗教訓。也就是說，對「歷史遺產」的研究與歷史研究同樣重要。本章在概括總結本書的主要論點的基礎上，就文革對之後的國家建設以及社會運動所產生的影響作簡明論述。

本章由四節組成。第一節就本書所討論的文革時期的派別分化和集體暴力行為的主要論點作一個概述性總結；第二節分析文革時期的派別分化和集體暴力行為如何影響改革開放時期的國家－社會關係；第三節探討較之文革，改革開放時期的社會運動存在怎樣的結構變化；最後，就社會運動與國家建設的關係作簡要概括。

第一節　文革時期的集體暴力行為產生的主要原因

探究文革時期的派別分化和集體暴力行為產生的原因是本書的中心課題，這裏將前面章節所討論的內容作一個簡要的總結性概述。

在產生文革時期的派別分化和集體暴力行為的主要原因當中，國家－社會的制度性空間配置及在此環境中所實施的公民權的分配制度，可以被列為最重要的制度因素。這種私人領域被公共領域全面擠壓的制度性空間配置對於文革時期的社會運動來說，具有非常重要的意義。如第二章和第三章的分析所顯示，建國後的1950年代中期，國家導入了社會主義制度，逐漸在各個領域實行了徹底的公有制改革。這種制度變革不僅從經濟制度上再造了中國，也再造了新中國的國家和社會關係。隨著公有制改革的推進，舊有的民營企業和民間組織被逐漸解體，代之於人民公社和「單位」這種集生產和生活以及政治功能為一體的新型制度。該制度一方面承載著社會福利和社會救助功能，另一方面也使得國民生活「從搖籃到墓地」均被國家管控。再加上建立滲透至社會末端的共產黨組織及在其領導下的被管理群眾組織（工會、共青團、婦聯、少先隊等），國家權力滲透到了社會的各個角落。其結果使得私人領域逐步被公共領域吞噬，幾至消亡。私人領域縮小的過程，同時也是公共領域擴大和政治化的過程。通過這樣的國家－社會關係的重組，國家壟斷了所有的政治、經濟、文化資源——即公民權——及其分配的權力。於是，隨著階級出身制度、戶籍制度、勞動人事制度、黨政幹部的行政等級制度、企業的僱傭制度、企業所有制管理制度、積極分子的選拔政策等各式各樣的制度和政策的確立，國家創造出等級性的公民權分配制度。這種國家壟斷公民權和進行政治分配的方法不僅創造出等級制的社會結構，也決定了民眾為獲取公民權而展開競爭的狀況——用政治的方法進行利益競爭。

本書所分析的文革時期的集體行為，實際上是本書所論述的在國家－社會的制度性配置中進行的為獲取公民權展開的競爭。本書的分析顯示，從表面上看，文革時期的集體行為呈現非理性和暴力的特徵，但非理性和暴力的背後，實際上存在著作為個人的參與者在沒有退出可能的封閉空間中，利用政治運動提供的機會構造，理性地追求利益進行獲取公民權的競爭的行為。如果考慮到沒有退出可能的制度性空間配置這一前提條件，在理解文革時期的集體行為時，以下狀況便一目了然。即

無論是派別領袖還是一般參與者，可供選擇的餘地其實並不多。因為在一個沒有私人領域、所有公民權都被國家壟斷的制度性空間配置環境中，參與者只剩下在被高度政治化的公共領域中，最大限度地追求利益這一條道路可供選擇。

圍繞公民權的競爭在文革以前並沒有導致社會動亂，為什麼到了文革時期卻帶來了剎不住車的大混亂呢？本書顯示，當時中國社會治理的制度化程度低，也是導致派別分化和集體暴力行為的一個制度性因素。制度化的程度可以從國家、社會、國家與社會的相互作用三個層次來加以考察。在毛澤東時期的中國，這三個層次的制度化程度都很低。

國家的制度化程度低主要表現在法制欠缺、黨的一元化領導、中央集權、毛澤東的個人超凡魅力等方面。當中央最高領導層發生權力鬥爭時，由於不存在一個受制度和法律制約的權力制衡機制，中央領導層的權力鬥爭導致了國家層面的政治混亂，結果削弱了國家為社會提供穩定的秩序的基本功能。再者，由於國家的制度化程度低，高層領導人也無法在政治鬥爭中依據法律和制度維護自己的利益和政治地位，因此一部分人為了在政治鬥爭中取勝，轉而向社會尋求支持，並有意圖地操縱群眾。同時，派別也不僅僅是被動的參與者；相反，他們最大限度地利用國家和國家代理人提供的機會，以自己的行為將國家政策朝著有利於本集團利益的方向轉化。由於國家和社會的這一相互作用，文革作為一場運動產生了其內生的運動規律，其結果導致文革從一場「次運動」轉向另一場「次運動」。

社會的制度化程度低也阻礙了社會的自治能力和具有自治能力的社會組織的發展。也就是說，建國以後隨著私人領域的縮小，社會也失去了自主性，整個社會被置於國家和社會一體化的政治動員體制中。儘管有「單位」、共青團和工會等被管理群眾團體，但這些組織全都是由國家組建，受國家的全面管理。從表面看來，社會呈高度組織化的狀態，但實際上這些組織是國家用以統治社會和動員社會成員參加政治運動的工具，根本發揮不了追求社會自身的權利和利益的作用。正因為社會成員無法將單位、共青團和工會等被管理群眾組織用做追求公民權的工

具，所以文革中才會出現派別這一社會成員用來追求自身利益的組織。

派別的構成與文革以前的等級性社會構造有密切的關係。換句話說，正因為等級性社會構造的存在，才使人民能夠較為容易地在短時間內依政治或是經濟的認知而集結。此外，在文革以前的等級性社會結構中，政治資源和經濟資源被分散地分配給不同團體。工人和農民被譽為國家的主人翁，有很高的政治地位，但經濟地位卻不高。知識分子作為被改造階級，政治地位不高，卻擁有較高的經濟地位。而自譽為是人民公僕的黨政幹部，特別是中級以上的幹部，則擁有種種人民不能享受的特權。這種分散型分配資源的方式不僅使社會成員或多或少都產生了對社會的不滿情緒，成就了他們的造反動機，同時也為文革時期的派別重組帶來了很大的便利。因為分散型分配資源的方式為人們提供了多重集體認知，而多重集體認知則帶給人們多樣的選擇。人們可以根據共同的政治身份或政治目標而集結，也可以根據共同的經濟身份或經濟目標而集結。同時，當文革的目標變化，某一派別無法滿足成員的利益要求，或者成員對派別的價值認同發生改變的時候，人們很容易調整認知，加入別的派別或是另外重組新的派別。

文革中出現了大量的派別，但是這些派別的自治能力都很低，原因有以下四點。第一，派別的存續由國家決定，國家不允許派別發展成自治組織。第二，對於參與者根據什麼樣的集體認知來組成派別，國家起決定性的作用；也就是說，文革中國家的目標以及中央領導人之間的權力陣容的變化，影響了派別的穩定性，阻礙了派別自治能力的發展。第三，派別領袖的利益競爭阻礙了派別培養自治及建立派別之間的制度化聯繫的能力。第四，派別自治能力的發展本身就需要很長的時間，即便沒有前三項原因，文革中的派別也很難在短時間內發展成自治組織。

由於上述原因，文革時期派別內部的自治能力極為低下，派別與派別之間缺乏制度化的協同和制約的機制。結果，當國家控制社會的能力被削弱時，由於社會不具備以自身的力量解決利益衝突的能力，群眾間的利益競爭便處於無政府狀態之下，最終導致衝突的激進化和暴力化。此外，文革時期的派別關係無論是同一陣營的派別之間，還是對立陣營

的派別之間，基本上都只存在非制度性的競爭關係。一部分派別即便基於眼前利益建立暫時的同盟關係，一旦外部條件發生變化，同盟關係就會轉變成非制度性的競爭關係。此外，對一部分派別來說，自從母體派別分離之時起，其派別的目標就具備了與母體派別相對抗的特徵。這種派別間非制度化的競爭關係，最終導致了派別行為的激進化和集體暴力行為的產生。

　　文革時期不僅國家、社會各自的制度化程度極低，國家與社會相互作用層面的制度化程度也很低。國家對社會的控制並非法制性的，而是政治性的。這種政治性的統治方法可以概括為兩點。第一，通過強調階級鬥爭這一意識形態來控制社會；第二，通過對公民權的獨佔和等級性分配方式來掌控社會。階級鬥爭論隨政治目標的變更和政治鬥爭的必要性的調整，其內涵相應發生變化。公民權的分配方法也受到國家目標、政策、政策制定層面的國家代理人的政策意向、政策執行層面的國家代理人的意向、國家代理人之間的權力鬥爭等諸多要素的影響，而具有很大的不穩定性。因此，在國家－社會一體化的制度性空間配置中，國家一方面通過意識形態和組織完全控制社會，另一方面從其統治的方法來看，其制度化的程度卻非常低。

　　從社會層面來看，社會不具備制度和法律所規定的政治參與渠道，群眾對政治的參與是通過利用政治動員的機會來維護自身權益和追求利益的方法來進行的。在這個背景之下，政治運動變成了群眾之間為爭取公民權展開競爭的舞台。

　　在關於國家與社會互動的非制度化這一層面，可以用大眾動員型的政治參與形態為例來加以理解。在毛澤東時代的中國，政治動員式參與是群眾得以參與政治的唯一方式。在這樣的政治參與狀況中，階級鬥爭這一意識形態是政治動員的重要手段。一方面，強調階級鬥爭意識形態有利於實現追求國家目標和強化社會統合的功能，但另一方面，當中央領導層的最高領導之間產生政治分歧的時候，階級鬥爭也常常會被用做權力鬥爭的工具。另一方面，國家對階級鬥爭的過度強調和階級鬥爭的擴大化，也給群眾注入了等級觀念和階級對立的意識。不僅如此，在長

期強調階級鬥爭的政治運動中，國民也學會了用階級鬥爭的「大義」來追求自身的利益。

為什麼國家有必要採用大眾動員型的政治參與形態呢？其主要原因可以從下面四個方面來考慮。第一，中國共產黨是作為革命黨起家的，建國後進行國家建設之時仍援用了革命時期的政治動員方法。第二，建國後的國家建設是在社會資源缺乏的狀況下展開的，因此有必要進行從社會中吸取資源式的政治動員。第三，由於國家的制度化程度低，當權力鬥爭或政策分歧發生在最高統治者毛澤東和劉少奇之間時，由於不存在制度化的解決方法，因此毛澤東自身試圖利用大眾動員型的政治參與方式來解決問題。第四，由於國家和社會相互作用的制度化程度低，社會並不具備正常的政治參與渠道，國家也沒有抑制濫用權力的機制。在這樣的背景之下，文革中的政治動員被毛澤東用作反映民意的手段。從這個意義上可以說，政治動員和制度化相互妨礙了彼此的進步。也就是說，一方面國家採用政治動員的方法，結果阻礙了國家、社會以及國家和社會相互作用的制度化的發展；另一方面，正是由於這三個方面制度化的程度低下，使得政治動員的方法變得十分必要。同時，採用政治動員的方法又進一步造成了制度化建設停滯不前的結果。這樣的惡性循環一直延續到改革開放之前。

政治動員極大地影響了社會運動的發生、發展和衰退。一方面，政治動員給社會運動的發生創造了機會。本書的實證研究顯示，在學生組織和工人組織中，無論是造反派還是保守派，其派別的興起都與國家的政治動員有著密切的關係。不僅如此，文革中的派別間的競爭行為，也與國家的政策目標以及為達成目標進行的政治動員有著直接的關係。另一方面，文革時期的社會運動是與國家的政治動員和政治運動相伴而生的，社會運動的目標、抗爭方法、運動的存續等也受到政治運動的相應因素的制約。

正是由於上述一系列原因，文革中產生派別對立和集體暴力行為是無法避免的。再加上，當時的制度環境所造就的、將忠誠轉化成利益的中國人的普遍性精神構造，使得獲取公民權的競爭這一理性行為具有非

理性的特徵，這進一步加深了社會動亂。文革時期的大動亂對始於
1970年代後半期的改革開放時期的政策調整，也產生了很大影響。為
了使類似於文革的集體暴力行為不再發生，針對本書所討論的導致各種
集體暴力行為發生的諸制度因素，國家政策做了大幅度的調整。

第二節　文革的影響與改革開放時期的 國家－社會關係的變革

1969年，隨著黨的「九大」的閉幕，作為社會運動的文革結束了，
其後國家強化了對社會的控制。結果，儘管國家內部的政治鬥爭依舊存
在，卻沒有發生大規模的社會動亂。1969年以後，中央領導層按照毛
澤東的指示，開始了「整頓和制度重建」運動。但是，由於中央領導層
的政治鬥爭依然持續，強調階級鬥爭的文革思維依然主導著中國政局，
從整體來看，1969年到1976年「四人幫」垮台為止的後文革時期以及華
國鋒掌權的時代，中國的政治體制基本上都保持了與文革前相同的結
構。直到1977年以後的改革開放時期，執政黨才啟動了核心政治制度
的重建。改革開放以來，中央領導層為了實現現代化，進行了大規模的
國家重建 (state-rebuilding) 運動。經濟發展和社會穩定被設定為國家重
建的重要目標。為了實現這兩大目標，以鄧小平為核心的中央領導層吸
取了文革的教訓，在以下幾個方面展開了國家重建。

一、國家－社會制度性空間配置的調整

首先，在國家重建中，私人領域的重建和發展得到了國家的容許。
也就是說，國家的所有制形式從「全民所有制」和「集體所有制」的單一
所有制形式，逐步過渡到了「個人所有制」、「外資經營」、「中外合資經
營」等多種所有制形式。農業領域中以集體經營為特徵的「人民公社制
度」最終解體，農村引入了以家庭經營為核心的「農業生產責任制」，農

民獲得了土地的使用權、生產經營的自主權。產業領域中「鄉鎮企業」、「個體經濟」、「個人經營」、「民營企業」以及「外資企業」等非國營企業從國家的管束和限制中獲得了解放，轉向了市場經濟的靈活經營體制。這個領域經過不懈的經營努力，取得了飛速的發展，成為了中國經濟增長的引擎。在此基礎上，國營企業也實行了以保留利潤的制度為起點的改革，從「利改稅」（利潤和稅收的分離）、承包制到法人化，進而股份化，大大提升了企業的活力。[1]

今天，儘管國有企業仍然佔據中國經濟的主導地位，但所形成的多種所有制共存體制，為私人空間提供了經濟制度的保障。非國營企業的增加帶來了國家—社會制度性空間配置的變化，人們開始可以從國家控制的公共領域的外部——私人領域中獲得了經濟利益。非國營企業的增加促進了私人領域的存在和發展，使得一直以來的國家和社會一體化的制度性空間配置無以維續。

此外，私人領域的存在和發展，也帶來了公民權分配方式和獲取公民權競爭狀態的變化。國家壟斷公民權及其分配權的狀態已經無法延續，社會成員不僅在公共領域，就是在私人領域也擁有了獲得公民權的可能性。同時，獲取公民權的競爭也多樣化和多元化了，像文革時期那樣僅僅圍繞政治資源展開競爭的狀態已經不復存在。

二、制度建設的推進

進入改革開放時期，隨著國家制度的重建，制度化的程度較之毛澤東時代有了顯著的增加，以下從三個方面來加以說明。

（1）國家層面的制度化建設

國家層面的制度化建設主要表現在以下三個方面。

1　中兼和津次，《中國經済発展論》（有斐閣，1999年），頁243。

　　第一，國家機構的制度建設。文革時期，毛澤東反對官僚體制的
等級化和官僚化，試圖運用政治動員的方法尋求建立官民一體化的新國
家體制。進入改革開放時期，自鄧小平以來的中央領導層將改革的重點
放在實現官僚機構的制度化和正規化上，黨、政府、軍隊的重建都是以
制度化和正規化為主要目標。

　　第二，推進法制和法治建設。文革中的集體暴力的產生原因中，
最根本在於法制和法治的缺失。其結果便是之前所討論的，文革中群眾
不僅用殘暴的方式批判官僚等被定義為鬥爭對象的群體，不同派別之間
的權力和利益的爭奪也極其暴劣和殘忍。鑒於此，進入改革開放時期，
不僅國家的統治方法強調法制和法治，法制社會、法治社會的建設也被
確立為國家重建的目標之一。雖然時至今日，法制、法治國家的建設仍
在進程中，但是將其樹立為國家的目標本身比起毛澤東時代的中國，可
以說已經是一個巨大的進步了。

　　第三，隨著共產黨內部的制度建設，黨的職能也發生了轉化。黨
內的制度建設和黨的職能轉化表現在許多方面，與本書相關的主要有以
下兩點。一是黨內權力更替的制度重建。在毛澤東時代的中國，考評
黨的幹部時，「革命性」的指標優先於知識和能力，被排在第一位。當
黨內產生政策分歧時，多數情況下都是用權力鬥爭來加以解決。進入改
革開放時期，執政黨領導層在大力推進幹部的「年青化」、「知識化」和
「專業化」的同時，還引進了退休制度。結果黨政幹部的錄用和退休的
標準得到了制度性建設。

　　權力鬥爭在任何國家都存在，然而政治體制中是否具有將權力鬥爭
置於制度化的框架之內進行的機制，決定了權力鬥爭的表現方式及其結
果。1980年代，儘管鄧小平提倡政治體制改革使得黨內的權力鬥爭比
毛澤東時代有所減少，但並沒有完全消除。此外，由於黨內的權力更
替，尤其是最高領導層的權力更替的制度建設尚未完成，最高領導人之
間依然會發生權力鬥爭，政權的更替時期便是黨內權力鬥爭頻繁發生的
時期。儘管如此，較之文革中毛澤東和劉少奇之間的權力鬥爭，可以看
出改革開放時期的權力鬥爭更為重視社會的穩定。也就是說，文革時期

的權力鬥爭是以動員群眾、將政治鬥爭社會化的方法來進行的,改革開放時期的權力鬥爭則只限於黨內、特別是中央領導層的內部來進行。這種方式可以避免黨內鬥爭的社會化對社會穩定帶來惡劣影響。

再者,黨的職能也得以轉化。改革開放時期,國家放棄了階級鬥爭意識形態的同時,也廢止了與其相關的政策,轉而實行階級調和政策。政府在1980年代採取了鼓勵私有企業存在和發展的措施,1990年代鄧小平「南巡講話」後,資本主義經濟的發展更是得到了全面的推動。進入21世紀,中國共產黨不僅在憲法中將私有經濟合法化,在政治參與方面也允許私有企業的經營者加入中國共產黨。也就是說,中國共產黨從以無產階級消滅資產階級為目標的革命政黨,轉型成接受市場經濟制度和民營企業家、代表多元利益的執政黨。

(2) 社會層面的制度化建設

改革開放時期所進行的社會層面的制度化建設除了私人領域的發展之外,其他方面也有了長足的進步,特別是在社會組織的發展方面。這些社會組織僅限於非政治性的,其設立和活動必須得到政府主管部門的同意,接受政府的管理和監督。[2] 儘管如此,結社自由的擴大使得社會組織的數量急劇增加,社會組織的營運自主權也不斷增大。[3]

私人領域的擴大和擁有自治權的社會組織的存在,改變了國家與社會的關係。[4] 但是,在此需要留意的是中國的國家與社會的關係,以及自治性社會組織的性質,在現階段還不能等同於歐美民主國家的社會組

---

2 《中華人民共和國社團管理條例》。

3 唐亮,〈改革期の中国における国家=社会関係の変容〉,《アジア研究》,第46期(2000年4月),頁22。

4 關於國家和社會關係變化的研究,請參看以下著作:Yang Lijun and Shan Wei (eds.), *Governing Society in Contemporary China* (London and Singapore: World Scientific Publishing, 2016);Shan Wei and Yang Lijun (eds.), *Changing State–Society Relations in Contemporary China* (Singapore: World Scientific Publishing, 2016)。

織。國家依舊介入社會，並有力地控制著社會。與毛澤東時代的中國相比較不同的是，改革開放以後的國家對社會的控制，從之前的全方位控制轉變成通過社會組織的負責人來加以控制的方式。社會組織的負責人基本上都是黨政幹部和政府機構的工作人員，許多社會組織本身就登記為政府部門的下級組織。[5] 從這個意義上説，中國的社會組織並不具有如歐美民主國家那樣的自治權，許多組織只不過是半官辦社會組織。

(3) 國家與社會互動的制度化程度的強化

如前所述，儘管國家依然介入社會，但是較之毛澤東時期，改革開放之後在國家與社會的相互作用方面，制度化的程度也在增加，尤其是在政治參與方面變化比較大。

政府漸漸有計劃地允許人民參與基層的政治建設，確立了不同於文革時期的人民參政機制。中共中央進行了選舉制度的改革，通過引入縣及縣以下人民代表的直選制度、「差額選舉」和「預備選舉」制，逐步鮮明地顯示出重視民意的姿態。尤其是從1990年代中期開始，村民委員會的選舉引入了自由競爭的機制，選民們的意願逐漸反映到選舉結果當中。[6] 當然，基層選舉式政治參與是否能夠擴展至整個社會，最終依然需要民主化的制度和渠道來實現，但是比起毛澤東時代的群眾動員式政治參與來説，可以説是前進了一大步。

除了上述選舉制度的改革，政府在幹部任命的決策過程中，也引入了民主的手法吸納民意。近年來，地方上引進的「領導幹部任前公示制度」可謂其中的一個例子。也就是説，任免權最終依然掌握在黨委手中，但是民眾也有權表達反對意見。[7] 從努力在政治決策中反映民意，以及社會參與政治的權利擴大等情況來看，國家與社會的相互作用比起毛澤東時代的中國，可以説正在向著制度化、合理化的方向邁進。

5　孫炳耀等，《改革開放與中國的社團組織》(中國發展出版社，1993年)，頁243。

6　唐亮，〈改革期の中国における国家＝社会関係の変容〉，頁23。

7　同上註。

三、政治動員方法的終止

改革開放以後，國家完全終止了大眾動員式政治參與方式。政治和社會的穩定作為國家的一項政策目標得以確立。儘管為了政策推行，政府也會進行政治動員，但其目的與毛澤東時代以群眾運動為目的的政治動員完全不同。此外，從1970年代末開始，劃分階級的政策被取消，「紅五類」和「黑五類」的政治分類方法從此不復存在。同時，階級鬥爭的意識形態也從國家意識形態中被廢除。當然，表達對現政權的反對意見依舊不被允許，反政府的行為依然會被判做「反革命罪」，但是其判定的標準已不似文革以前那般肆意。到了1990年代，「反革命罪」這一政治色彩濃厚的概念被更改成「危害國家安全罪」的法律用語，這個變化被法學研究者們評價為剔除了法律中的政治性。[8]

由於以上變化，文革時期社會運動產生的制度環境已經不復存在。類似於文革的社會運動已經不可能再發生。但這並不意味著社會運動從中國銷聲匿跡。相反，制度環境的變化成為了孕育新形態的社會運動的土壤。

第三節　改革開放時期的社會運動的轉型

一、社會運動產生的制度環境

改革開放時期的國家重建一方面搞活了國家和社會內生的發展動力，帶來了經濟的高速增長，另一方面也滋生了許多不曾預料的社會問題，產生出孕育新的社會運動的制度環境。國家重建所產生的社會問題表現在許多方面，與本書相關的主要有以下四點。

8　石塚迅，〈現代中国法における「四つの基本原則」と思想・言論の自由〉，一橋大學大學院，《一橋研究》，第26卷第1期（2001年4月），頁96。

　　第一，收入分配差距的擴大。改革開放時期的經濟改革摧毀了平均主義的收入分配制度，引進了市場經濟的競爭方法和收入分配制度，其結果促進了經濟的發展，但是財富的分配和相對貧困的減少呈現非均衡狀態。經濟改革及其發展不僅沒有縮小社會群體之間、區域之間、城鄉之間的差距，反而使之比起毛澤東時代呈現出擴大的趨勢。

　　改革開放時期收入分配的差距主要可以分為農村內部的差距、城市內部的差距、城市與農村之間的差距、地區之間的差距四種類型。根據調查的結果，四種類型的差距在不斷擴大。[9] 收入差距的擴大在民眾中

9　農村80%以上農民的收入低於全國農民收入的平均數（Shaoguang Wang, "The Social and Political Implications of China's WTO Membership, "*Journal of Contemporary China* 9.25 (2000): 379–380）。根據世界銀行1997年公布的數據，農村的基尼係數從1981年的24.2上升至1995年的33.3（The World Bank, *China 2020: Sharing Rising Incomes*, Washington DC: The World Bank, 1997, p. 17）。農村日益嚴重的失業率給農民內部的收入差距造成了極大的影響。雖然1980年代鄉鎮企業的快速發展給許多農民提供了就業機會，但這種情況未能長期延續。1990年代中期以來，由於鄉鎮企業經營困難，農村的就業率急劇下降。根據國家統計局的統計，1997年農民的就業率比上年度下降了4.8%，1998年進一步下降了18.7%（國家統計局編，《中國統計年鑒：1999年》，中國統計出版社，1999年，頁388）。進入1990年代，城市居民的收入差距急劇增大，約3,000萬城市居民的年收入僅為全國平均水平的三分之一（Wang, "The Social and Political Implications, " p. 385）。根據世界銀行的統計，城市的基尼係數由1981年的17.6上升至1995年的27.5（The World Bank, *China 2020*, p. 16）。1990年，城市居民中家庭平均收入的最高和最低水準間相差4.2倍，到1998年進一步拉開至9.6倍（汝信等，〈1998–1999年：中國就業、收入和信息產業的分析和予測〉，汝信等編：《社會藍皮書：1999年中國社會形勢分析與預測》，社會科學文獻出版社，2000年，頁34）。此外，城鄉之間的收入差距依舊存在。在改革開放政策實施前夕，城市的平均收入是農村的2.6倍（Wang, "The Social and Political Implications, " p. 386）。改革開放時期，兩者間的差距由於農村經濟改革有所減少，但是到了1984年城市進行經濟改革之後，兩者間的收入差距呈現出擴大之勢。城市和農村間的收入差距不僅在中國，在其他國家中也存在。但是，問題在於中國城市

衍生出對社會的不滿和相對被剝奪意識，給社會抗議運動的產生創造了動機。

第二，官僚的貪污問題。如前所述，改革開放是政府主導的國家重建。政府大力推進經濟改革，創造了經濟連續成長的奇跡。但是，由於政府過度介入經濟領域，黨政官僚的貪污到今天已經上升為嚴重的社會問題。[10] 尤其是進入1990年代，黨政官僚的違法行為呈現出逐年遞增的趨勢，其中的大多數與貪污有關。

執政黨並非沒有意識到問題的嚴重性，政府多次開展「反腐」運動，不過成效並不顯著。黨政官僚的貪污給社會造成了巨大的影響，其中最為重要的是民眾對政府信任度的降低。多數國民對於政府是否真能公正合法地治理國家產生了懷疑。也就是說，黨政官僚貪污行為的普遍化和

和農村間的收入差距大大超過國際平均水平。在大多數國家中，農村居民的平均收入相當於城市居民平均收入的66%。可是在中國，農民的平均收入從1983年的佔城市居民平均收入的59%下降至1995年的40%（The World Bank, *China 2020*, p. 17）。根據1999年的統計，農民人均年收入2,162元，城市居民為7,662元（《中國統計年鑑：1999年》，頁133、161）。關於地域差距，根據世界銀行的統計，較之上述地區內部的三種類型的差距，情況稍為樂觀。例如，1992年沿海地區的平均收入高於內陸地區的50%，較之同一時期城市和農村之間的平均收入的兩倍差距要少得多（The World Bank, *China 2020*, p. 22）。但是王紹光和胡鞍鋼指出，地區間收入的差距也在擴大，形勢日益嚴峻，尤其是沿海地區和內陸地區的收入差距，進入1990年代以後正在加速發展（Shaoguang Wang and Angang Hu, *The Political Economy of Uneven Development: The Case of China*, Armonk, NY: M.E. Sharpe, 1999, pp. 56–57）。例如，除廣西以外的沿海地區的城市人均收入均已超過了全國的平均值，其中上海是全國平均水平的4.5倍。另一方面，除黑龍江外，中國中部和內陸地區沒有一個地方的人均收入超過了全國的平均水平。尤其是貴州省人均收入，只有全國平均水平的38%（Wang and Hu, *The Political Economy of Uneven Development*, pp. 56–57）。

10 中共中央組織部編寫組，《2000–2001中國調查報告：新形勢下的人民內部矛盾研究》（中央編譯出版社，2001年），頁86。

日常化動搖了共產黨的執政合法性，民眾對政府的不信任感也擴展到對社會公正和現存制度的公平性的質疑方面。1990年代以來社會治安的惡化和犯罪率的激增，在一定程度上也與民眾對政府和制度喪失信心有關。實際上，法律受制於權力的認識在老百姓中普遍存在。對於執法者的不信任已經使得一部分人為了維護自身理解的公平和正義，公然採取了觸犯法律的行為。[11]

　　第三，意識形態的後退產生了信仰危機。改革開放時期，政府為了發展市場經濟，有意識地弱化了意識形態。其結果一方面為經濟發展創造出了有利環境，另一方面也帶來了國民對國家認同意識的衰退，並由此產生出各種問題，例如共產黨內部整合力的衰退、官僚腐敗、以及社會信仰危機的蔓延等等。導致這些問題產生的主要原因在於，道德和精神層面的人類倫理、創造美好未來所必需的新的精神氣質、國家的經濟實力以外的未來形象等，在之前一直都是由共產主義的意識形態來提供的，而舊的信仰倒塌之後，一直沒有可以用以替代的價值體系出現。宗教勢力的復興可以被認為與信仰危機有著直接的相關性。政府雖然沒有明確阻止宗教的發展，但是當宗教在意識形態和組織方面威脅到共產黨的社會統合機能時，就產生了政府與宗教組織的對立。1990年代末崛起的法輪功就是在這樣的背景下發生的。

　　第四，非國營企業的增加產生的勞資糾紛。改革開放之後，政府為獲得外資，對外資企業實行了一系列的優惠政策。外資企業的增加促進了經濟繁榮，同時也解決了一部分人的就業問題。另一方面，外資企業的勞資糾紛也逐漸引人矚目。政府為保護工人的權益制定了《勞工法》，但由於「地方主義」阻礙了法律的施行，使得外資企業中工人的權益依舊得不到保障。也就是說，許多地方政府為了引進外資促進地方經濟的發展，不得不同其他地區展開競爭，對《勞工法》的實施抱消極態度。在這個背景下，非國營企業的勞資糾紛引發的社會抗議運動頻繁發生。

11　〈連殺十四人只為除貪官？——山西省榆次市胡文海案始末〉，http://news.sohu.com/26/85/news147518526.shtml。

二、改革開放時期的社會運動

正如前面所提到的，改革開放以來國家重建所帶來的社會問題產生出了新的社會不滿，而同期進行的制度改革也為社會運動的發生創造了制度環境。在這樣的背景之下，進入改革開放時期，尤其是1990年代以後，社會運動在全國各地都有發生。其中，法輪功成員的抗議運動受到了世界的矚目。1990年代社會運動在中國的頻發程度，從1998年公布的中國國家計劃委員會的調查報告中可以窺見。[12] 改革開放以來社會運動的復興也已經引起很多學者的極大興趣，社會運動已經成為社會科學研究的一門顯學。[13]

在改革開放時期的社會運動中，有一部分運動同國家利益一致，與政府沒有明確的對抗關係。例如，爭取女性權利的女權運動從一開始就具有意識形態上的合法性。因為中國政府提倡男女平等，因此政府對女權運動採取支持和領導的作用。結果，改革開放時期女權運動在追求女性權利方面取得了很大的成果。此外，從1990年代開始中國各地進行的環保運動也具有與國家的政策目標相互補充的一面，因此得到了政府的支持與合作。相反，另一部分社會運動則與政府存在著明確的對抗關係，例如農民和工人的抗議活動、宗教運動等等。

農民和工人的集體抗議行為主要可以分為遊行、上訪等非暴力抗議行為，攻擊政府機構和政府官僚、阻斷交通、製造爆炸之類的暴力抗議行為兩個類型。[14] 在非暴力的集體行為中，一部分採取的是「依法抗爭」（以法律為武器抵抗地方政府和企業管理者的違法行為，維護自身權益）

12　王春光，〈1997–1998年：中國社會穩定狀況的調查〉，汝信等編，《1998年：中國社會形勢分析與預測》(社會科學文獻出版社，1998年)，頁121–132。

13　例如：Yanqi Tong and Shaohua Lei, *Social Protest in Contemporary China, 2003–2010: Transitional Pains and Regime Legitimacy* (London: Routledge, 2014)。

14　王春光，〈1997–1998年：中國社會穩定狀況的調查〉，頁129。

的形式。[15] 很多學者指出，過於沉重的生計負擔是造成農民、工人的集體抗議行為的根本原因。[16]

造成農民、工人的生計負擔過重的原因來自多方面，除了前文論及的收入分配的差距和官僚貪污等普遍性的因素之外，1990年代進行的「分稅制」改革和國營企業改革也加重了農民、工人的生計負擔，成為了上個世紀末誘發農民和工人抗議運動的主要原因。根據王紹光等人的調查結果，[17] 從1990年代中期開始，農民、工人的集體抗議行為呈現出增長的趨勢。其中，反抗地方政府不合理地徵收費用的農民抗議運動和「下崗工人」的抗議遊行佔了很大的比率。

一方面經濟改革給農民、工人帶來了生存危機，而官僚和企業管理者的貪污更加重了他們的經濟困難，進一步強化了他們的生存危機。當他們將自身的處境與官僚和企業管理者的貪污進行對照時，農民、工人就容易對社會產生不滿，萌發抗議行為的動機。當然，生存危機這一行為動機要和具體的抗議行為相結合，還需要有誘導因素、組織、動員、決定社會運動存續的制度環境等要素。也就是說，改革開放時期集體抗議運動的大量產生也與國家—社會的制度性空間配置的變化有關。簡單來說，隨著個人對於國家的全面依附關係的解體，個人參加集體抗議運動的成本下降了。與此同時，政府避免公開鎮壓農民和「下崗工人」出於生存危機進行的抗議行動的做法，進一步減少了參加抗議行動的風險，結果帶來了集體性的抗議行為的大量發生。

15　關於農民的「依法抗爭」，參照以下研究：Lianjiang Li and Kevin J. O'Brien, "Villagers and Popular Resistance in Contemporary China," *Modern China* 22.1 (January 1996): 28–61。

16　關於農民的抗議運動，參照 Li and O'Brien, "Villagers and Popular Resistance"。關於工人抗議運動的研究有 Feng Chen, "Subsistence Crisis, Managerial Corruption and Labor Protests in China," *The China Journal* 44 (July 2000): 41–63.

17　Wang, "The Social and Political Implications," p. 386；王春光，〈1997–1998年：中國社會穩定狀況的調查〉，頁129。

宗教運動的產生與政府對宗教政策的調整有關。宗教勢力的復興不僅與共產黨意識形態的衰退和群眾的信仰需求有關，也與政府對宗教政策的調整有關。改革開放時期，政府停止了毛澤東時代對宗教的全面控制，採取了威權主義式的控制方式。也就是說一方面容忍宗教組織的存在，另一方面通過控制宗教組織的領袖，將宗教置於政府的管理之下。一旦某一宗教組織脫離了政府的管理，或是其組織的教義與共產黨的意識形態發生了對立，政府就不再允許該組織繼續存在。尤其是對於像法輪功這樣具有高度組織性和政治性的宗教組織，政府採取全面取締的做法。

在中國，許多宗教組織都是非政治性的。但是，追求宗教的合法性和獨立性的行為本身就具有某種政治性。而且，即便某個宗教團體不公開追求合法性和獨立性，但組織的擴張本身也會威脅到政府的社會整合能力。因為宗教不單單是信仰，也可以成為社會整合的重要手段和工具。現階段政府所面對的挑戰不僅來自法輪功，還來自其他宗教組織。如何處理與宗教組織的關係，對於共產黨政權來說是極為重要的課題。

這裏所舉的僅僅只是少數幾個領域的社會抗議。從經驗上看，改革開放以來的社會抗議變化萬千，在不同的時空下聚焦點不同，表現形式不同。從這個意義上說，中國已經演變成一個正常社會，社會運動隨著形勢的變化會不斷爆發出來。這和其他社會沒有任何不同。正因為如此，執政黨越來越強調社會治理的重要性。

三、改革開放時期的社會運動的特徵

較之毛澤東時代的政治動員型社會運動，改革開放時期的社會運動具有以下三個特點。

第一是社會運動的自發性。毛澤東時代的社會運動通常隨政治運動相伴而生，是國家自上而下的政治動員的結果。參與者的利益追求受制於政治目標，很多時候隱藏在政治目標之下。改革開放時期的社會運

動則與政府的政治動員無關，自發性為其主要特徵，同時也具備明確的利益目標。當然，這裏所講的利益是非政治性的，因為國家至今依然不允許具有政治目標的社會運動發生。

第二是區域性和分散性。由於毛澤東時代的社會運動是在國家的政治動員之下發生的，其特點是遍及中國全境。相反，改革開放時期的多數社會運動都不是在全國範圍展開的，區域性和分散性為主要特徵。例如，幾乎所有的「下崗工人」的抗議運動都局限在某個單位內部，不同企業之間以及不同領域的產業之間的橫向的聯合行動少之又少，[18] 主要原因有兩點。一是不同的集團追求的利益也不盡相同，很難採取共同行動。另一點是國家壓制全國性的社會運動，一旦發生全國性的社會運動，就採取毫不留情的鎮壓手段。

第三是抗議對象的多樣化。毛澤東時期，在一元化的國家－社會的制度性空間配置中，不可能存在自發的社會運動；當時的社會運動，是利用國家的政治動員所提供的政治機會構造來進行的。因此，運動的抗議對象也無法脫離國家的政治運動所規定的批判對象的制約。相反，改革開放時期的社會運動由於是社會自發進行的，其抗議對象也各式各樣，既有以中央政府為對象的抗議運動，也有以地方政府、政府官僚、工廠管理者、外資企業的負責人等為抗議對象的運動。

第四節　結語

正如序章中關於社會運動的研究史中所闡述的，社會運動是社會的恆常現象。無論是哪種政治體制的國家，都無法避免社會運動的發生。社會運動給政府施加政治壓力，有時會製造社會混亂，但所起的作用也並非全是消極性的。如本書的分析所顯示，社會運動的產生與國家的政

18　Chen, "Subsistence Crisis," pp. 41–63.

治、經濟、社會等方面的制度要素有很大的相關性，反映了政治、經濟以及社會結構中存在的問題。從這個意義來考慮，社會運動也可以看作是引導社會發展和變革的推動力。

就中國而言，文革時期國家和國家的代理人用發動政治運動的方法來面對社會問題，結果產生了社會運動。進入改革開放時期，執政黨為了維持社會的穩定，終止了政治動員的方法，一方面採取了禁止社會運動發生的措施，另一方面政府為了根除產生社會運動的制度性因素，積極地推進了政治、經濟、社會方面的改革。改革的結果，使得帶來社會運動的一部分制度性因素受到了控制，不過在改革的過程中，又產生出製造新的社會運動的制度性因素。於是，新的社會運動的發生再度成為促進執政黨領導層的政治、經濟、社會改革的動力。這樣，社會運動在與政府持續抗衡的過程中，促進著社會的發展。

日文版後記

　　本書是在2002年11月向一橋大學提交的博士學位論文《文革時期的派別分化與集體暴力行為》基礎上修訂而成。本書的出版得到了日本學術振興會平成15年度（2003年）科學研究費補助金（研究成果公開促進費）的資助，同時也承蒙諸多學界師友幫助。一部不成熟的作品得以問世，正是得到眾人厚愛的結果。

　　在研究生活起步的橫濱市立大學碩士課程時代，我幸運地遇到了兩位恩師加藤祐三先生與毛里和子先生。加藤先生教會我想像力的重要性，而嚴師毛里先生則用她對學問的一絲不苟和嚴謹把我「逼」進了學門。完成碩士課程的兩年，我都是在被毛里先生「敲打」著，努力想達到她的標準的過程中度過的。在這一過程中驀然回首，驚覺自己的進步，也深深地被研究的魅力所吸引。先生要求的標準至今仍是我奮鬥的目標，我仍然在被先生「敲打」著。

　　進入一橋大學攻讀博士課程以來，承蒙三谷孝先生、坂元ひろ子先生、以及三谷師門和坂元師門的各位學友的大力關照。我的導師三谷孝先生很大限度地容忍了我一些非現實性空想，給予了我自由發揮的空間，教會了我盡量排除價值觀和主觀臆斷的干擾，用冷靜客觀的態度探究研究對象的地域研究精神，以及實證分析的重要性。坂元ひろ子先生則從思想史的角度指出了我研究中的漏洞，為我提供了許多寶貴的意見。此外，我的兩位論文評審老師渡邊治先生和渡邊雅男先生也從比較

政治學的角度為我提供了寶貴的建議，使得取得博士學位的最終答辯會
成為了我在學術上的新的出發點。

在求學過程中，我還得到了其他許多位老師的指導。早稻田大學
的天兒慧先生自從碩士時代的研究會相識以來，就一直給予我鼓勵和指
導。先生總是給予我超出我實際能力的評價，正是這種高評成了推動我
前進的動力。1997年在北京潘家園舊貨市場搜集「文革」資料時，奇妙
地巧遇了慶應義塾大學的國分良成先生。先生當時正在北京大學訪學，
操著一口流利的中文，自稱是北京大學的教師，當時的我完全被「騙」
到了。自從那時起，先生主持的慶應義塾大學地域研究中心 (現改名為
東亞研究所) 就成了我學習的重要場所。東京大學的佐藤慎一先生、一
橋大學的吉田裕先生、橫濱市立大學的唐亮先生和法政大學的趙宏偉先
生也在本書執筆的不同階段給予了寶貴的意見。

新加坡國立大學東亞研究所的鄭永年先生既是我人生的伴侶，也是
我研究的伴侶。他對於歐美政治學理論有著極深的造詣，與他的相遇極
大地改變了我的研究風格。在本書的完成過程中，他也給了我許多啟發。

此外，一橋大學的助手太田慧子、土田扶門夫婦，上野倫代、吳世
宗夫婦 (兩位均為一橋大學的研究生) 是支撐我走過漫長留學生涯的重
要朋友，無論是悲傷還是喜悦，都與他們分享著度過了。他們還承擔了
本書大部分的日語修訂工作。一橋大學的研究生林幸司、原正人、加藤
基嗣、渡邊彰子、佐藤賢、高瀨弘文、石塚迅 (日本學術振興會特別研
究員) 也付出了許多時間和勞力，協助進行本書的日語修訂。我能夠在
預定的時間內提交博士論文，也完全得益於他們的幫助。

此外，衷心感謝御茶の水書房的橋本盛作先生，他對本書價值的認
可，為本書的出版鋪平了道路。同時也感謝從策劃到出版親力親為，為
本書的順利出版盡心盡力的小堺章夫先生。

本書執筆之初，適逢家父被診斷為癌症晚期。父親在毛澤東時代
度過了青壯年時期，因為階級出身和祖父的歷史問題備受牽連，無力掌
控人生及改變命運。也許正是由於這個原因，對於執著於走自己路的
我，父親儘管非常擔心，卻一直給予了我極大的鼓勵和支持。親自祝賀

我取得博士學位是父親最後的心願，為此他一直以頑強的毅力與病魔搏鬥，這曾給予了我無限的激勵。在本書作為博士論文即將提交審查的階段，父親往生他界。如果父親在生前能見到這本書，一定會比我更加喜悅吧。

2003年9月

楊麗君

參考文獻

以下僅列出本書直接參照以及提及的文獻。除特別註明外，項目按筆劃排序。

(1) 報紙、雜誌

《人民日報》。1955、1966–1969年。
《中國勞工通訊》（電子報）。1999–2002年。
《光明日報》。1966–1969年。
《河北日報》。1978年。
《南華早報》。1999年。
《紅旗》。1966年。
《解放日報》。1966–1969年。
《解放軍報》。1966–1969年。

(2) 資料、資料集

《中央負責同志關於無產階級文化大革命的講話》（續編）。出處不明，1967年1月。
〈中央領導人接見山東代表團的講話〉（1967年4月27日）。北航《紅旗》宣傳組翻印，1967年。
中共中國人民大學委員會社會主義思想教育辦公室編。《社會主義思想教育參考資料選》，第1–4輯。中國人民大學，1957年。
中共東方紅紡織廠黨委會。〈各單位有關負責人名單〉（1966年10月14日）。
———。〈各單位新班子成員名單〉（1966年10月12日）。

中國人民解放軍國防大學黨史黨建政工教研室編《「文化大革命」研究資料》
　　（上）、（中）、（下）。人民解放軍國防大學，1998年。

水電部電研所紅色造反總部宣傳組。《動態資料》。1967年。

北京化工學院編。《無產階級文化大革命文件彙編》。1967年。

北京函授學院東方紅公社編。《動態報》，第65期。1967年8月26日。

北京首都毛澤東思想兵團。《兵團戰報》。1966年11月。

北京電影製片廠毛澤東主義公社編印。〈戰無不勝的毛澤東思想萬歲〉。

〈江青同志在天橋劇場的講話〉（當時的傳單）。

吳晉增。《吳晉增的揭發批判材料》。

〈周恩來、陳伯達、康生、江青、王力、關鋒、戚本禹等同志的座談紀要〉
　　（1967年1月10日）。北京礦業學院東方紅公社整理，首都職工革命造
　　反總部西城分部印刷，1967年1月11日。

東方紅抗大電校。《四三戰報》，第1期。1967年6月11日。

東方紅紡織廠四清運動檔案資料。〈東方紅紡織廠文化革命代表名冊〉（1966
　　年8月）。

———。〈紅衛兵總部臨時責任名簿〉（1967年1月10日）。

———。〈培養提拔調整幹部表〉。

———。〈對敵鬥爭後各級黨組織和黨員摸底排隊情況〉（1966年10月23日）。

———。〈黨的基層組織和黨員隊伍摸底排隊情況〉（1966年4月28日）。

東方紅紡織廠革命組織、學生聯絡站。《特快新聞》，1967年1月26日。

東方紅紡織廠革命組織聯絡站。《沉痛的教訓：反戈一擊材料彙編之二》。
　　1967年。

———。〈東方紅紡織廠「五八反革命事件」：鎮壓革命幹部何文華同志和革
　　命群眾的滔天罪行〉。

———。〈假四清、真復辟〉（1967年10月26日）。

———。〈評我廠紅衛兵總部的五大法寶〉（1967年1月）。

———編印。〈真是一件駭人聽聞的政治迫害大冤案〉（1967年9月3日）。

東方紅紡織廠革命組織聯絡站宣傳部。《材料匯輯》（1966–1968）。

———編印。《東方紅紡織廠無產階級文化大革命大事記》（1967年12月）。

東方紅紡織廠捍衛毛澤東思想革命造反兵團第十分團。〈揭開東方紅紡織廠
　　「革命組織聯絡站」一小撮別有用心的人的內幕〉（1967年2月27日）。

東方紅紡織廠檔案資料。〈1965年第一季度黨員類型〉。

———。〈七個工作隊員代表揭發：關於卜虹雲在四清運動中所犯的滔天罪
　　惡〉（1967年3月15日）。

———。〈東方紅紡織廠檔案記錄〉。

東方紅紡織廠聯合指揮部。〈「東聯」的形成及其在晉中「四月黑風」以前〉（1967年11月21日）。

河北北京師範學院《鬥爭生活》編輯部編。《無產階級文化大革命資料彙編》。1966年12月。

南開大學衛東資料室編。《最高指示》。1967年。

紅代會井岡山報編輯部。《井岡山》。1967年。

紅代會清華大學井岡山報編輯部。《井岡山》。1967–1968年。

首都大專院校紅衛兵代表大會、北京政法學院政法公社編。《有關無產階級文化大革命的參考材料》。1967年。

首都大專院校紅衛兵革命造反總司令部（第三司令部）北京政法學院《政法公社》紅旗戰鬥隊編。〈有關無產階級文化大革命的參考材料〉。1967年。

首都中學生革命造反司令部主辦。《中學文革報》，創刊號至第3期。

《首都紅衛兵》，第1期（紀念八・一八專刊），1967年。

清華大學井岡山紅衛兵宣傳隊編。《清華大學大字報選》。1966年。

清華大學井岡山報編輯部。《井岡山》。1966–1967年。

《無產階級文化大革命首長講話彙集》。北航紅旗印，1967年4月。

新華公社、紅旗戰鬥隊整理。〈江青同志重要講話〉（1967年9月5日）。

廣西文化大革命大事年表編寫組。《廣西文革大事年表》。廣西人民出版社，1992年。

廣東省革命群眾批資平反總部編。《平反資料彙編》。1968年1月。

(3) 日文文獻（按五十音排序）

天兒慧。〈中国プロレタリア文化大革命〉。《岩波講座世界歷史26》。岩波書店，1999年。

———。《中華人民共和國史》。岩波新書，1999年。

———。《中国 —— 溶変する社会主義大国》。東京大學出版社，1992年。

———。《巨竜の胎動 —— 毛沢東 vs 鄧小平》。講談社，2004年。

安藤正士、古田勝洪、辻康吾。《文化大革命と中国》。岩波新書，1986年。

J. R. タウンゼント著，小島朋之譯。《現代中国 —— 政治体系の比較分析》。慶應通信，1980年（英文版：J. R. Townsend, *Politics in China*, 1974）。

石塚迅。〈現代中国法における「四つの基本原則」と思想、言論の自由〉。《一橋研究》，第26卷第1期，2001年4月。

姬田光義等。《中國近現代史》（上、下卷）。東京大學出版社，1982年。

ウーヴェ·リヒター著，渡部貞昭譯。《北京大学の文化大革命》。岩波書店，1993年。

加々美光行。《歷史のなかの中国文化大革命》。岩波書店，2001年。

———。《逆説として中国革命》。田畑書店，1986年。

———編。《現代中国の挫折：文化大革命の省察I》。アジア經濟研究所，1986年。

———。《現代中国のゆくえ：文化大革命の省察II》。アジア經濟研究所，1986年。

國分良成編。《中國文化大革命再論》。慶應義塾大學出版社，2003年。

新島淳良。〈中国教育の現状〉。《中国研究月報》，1964年2月號。

谷川真一。《中国文化大革命のダイナミクス》。御茶の水書房，2011年。

唐亮。〈改革期の中国における国家＝社会関係の変容〉。《アジア研究》，第46期，2000年4月。

竹内實。《ドキュメント現代史16：文化大革命》。平凡社，1973年。

中兼和津次。《中國經濟発展論》。有斐閣，1999年。

中島嶺雄。《中國：歷史、社會、國際関係》。中公新書，1982年。

張承志著，小島晉治等譯。《紅衛兵の時代》岩波新書，1992年。

福島正夫。《人民公社の研究》。御茶の水書房，1960年。

古厩忠夫。〈文化大革命と日本〉。池田誠等編，《世界の中の日中関係（上）》。法律文化社，1996年。

前田比呂子。〈中国における戸籍移転政策〉。《アジア經濟》，1996年5月號。

———。〈中華人民共和国における「戸口」管理制度と人口移動〉。《アジア經濟》，1993年2月號。

ミハイル. S. ウオスレンスキー著，佐久間穆等譯。《ノーメンクラツーラーソヴィエントの赤い貴族》。中央公論社，1981年。

毛里和子。〈中国政治における《幹部》問題〉。衛藤瀋吉編，《現代中国政治の構造》。日本国際問題研究所，1982年。

———。《現代中國政治》。名古屋大學出版社，1993年。

———。《現代中国政治を読む》。山川出版社，1999年。

山本恒人。〈中国文革初期における労働者階級底辺層 ——「臨時工、契約工」の造反〉。《アジア經濟》，1981年2月號。

———。〈1960年における労働教育下放の三位一体的政策展開とその破産〉。加々美光行編，《現代中国の挫折：文化大革命の省察I》。アジア經濟研究所，1986年。

———。〈中国文化大革命再考：研究史の側面から〉。《近きに在りて》，
　　2007年6月號。

山本秀夫。《中国の農村革命》。東洋經濟新報社，1975年。

ヨハン・ガルトゥング著，高柳先男ほか譯。《構造的暴力と平和》。中央大
　　學出版社，1991年。

楊麗君。〈紅衛兵運動の社会的要因：階級と階層の視点から〉。《現代中
　　国》，第74期，2000年。

———。〈文革研究の制度的アプローチ：公民権の配分と獲得競争〉。《アジ
　　ア研究》，第47卷第4期，2001年10月。

———。〈文革期における集団的暴力行為：制度論のアプローチから〉。《ア
　　ジア研究》，第49卷第1期，2003年1月。

———。〈文革期の政権再建に関する研究：「三結合政権」における上海モデ
　　ルの成立〉。《中国研究月報》，2003年11月。

———。〈文革期における派閥構造と成因——資源動員論のアプローチ〉。
　　《アジア研究》，第51卷第4期，2005年10月。

———。〈文革期における暴力と社会秩序〉歷史科学協議会編集。《歴史評
　　論》，2007年1月號（No. 681）。

渡邊一衛。〈湖南文革と「省無聯」〉。加々美光行，《現代中国の挫折：文化大
　　革命の省察I》。アジア經濟研究所，1986年。

W・ヒントン著，春名徹譯。《百日戦争——清華大学の文化大革命》。平凡
　　社，1976年。

(4) 中文文獻

丁望。《中共「文革」運動中的組織與人事問題：1965–1970》。當代中國研
　　究所，1970年。

卜大華。《「砸爛舊世界」——文化大革命的動亂與浩劫》，中華人民共和國
　　史第六卷：1966–1968。香港：中文大學出版社，2008年。

上海市總工會。〈關於集體所有制工廠企業職工要求組織工會的請示報
　　告〉，1996年8月30日。

中共中央文獻研究室編。《關於建國以來黨的若干歷史問題的決議注釋
　　本》。人民出版社，1985年。

中共中央組織部編寫組。《2000–2001中國調查報告：新形勢下的人民內部
　　矛盾研究》。中央編譯出版社，2001年。

中共中央黨史研究室。《中共黨史大事年表》。人民出版社，1981年。

《中國統計年鑒：1999年》。中國統計出版社。

文玉山。〈廣州紅旗派的興亡〉。劉國凱編，《封殺不了的歷史》。重新評價
　　文化大革命叢書編輯部出版，1996年。

文聿。《中國左禍》。北京：朝華出版社，1992年。

方圓。〈自由工人運動的先驅——紀念獨立工會全紅總成立30周年〉。《北
　　京之春》，1997年3、4、5月號。

毛澤東。《毛澤東著作選讀》（上、下冊）。人民出版社，1986年。

———。《毛澤東選集》（1–5卷）。人民出版社，1987、1991年。

王力。《現場歷史：文化大革命紀事》。牛津大學出版社，1993年。

王友琴。〈1966：學生打老師的革命〉。劉青峰編，《文化大革命：史實與研
　　究》。香港：中文大學出版社，1996年。

———。〈打老師和打同學之間〉。劉青峰編，《文化大革命：史實與研
　　究》。香港：中文大學出版社，1996年。

王年一。《大動亂的時代》。河南人民出版社，1988年。

———。〈評《「文化大革命」十年史》〉。張化、蘇采青編，《回首「文革」》
　　（上）。中共黨史出版社，2000年。

———。〈對上海「一月革命」的幾點看法〉。張化、蘇采青編，《回首「文
　　革」》（下）。中共黨史出版社，2000年。

王紹光。〈拓展文革研究的視野〉。劉青峰編，《文化大革命：史實與研
　　究》。香港：中文大學出版社，1996年。

———。《理性與瘋狂：文化大革命中的群眾》。牛津大學出版社，1993年。

王湘。〈無產階級文化大革命的經驗和教訓〉。劉國凱編，《封殺不了的歷
　　史》。重新評價文化大革命叢書編輯部出版，1996年。

史雲、李丹慧。《難以繼續的「繼續革命」——從批林到批孔》，中華人民共
　　和國史第八卷：1972–1976。香港：中文大學出版社，2008年。

史實編著。《文革中的檢討書》。香港：中國歷史出版社，2011年。

白霖（Lynn T. White III）著，岳經綸譯。〈解釋高潮中的革命〉。《社會學學
　　報》，1996年，第7期。

石剛編著。《現代中國的制度與文化》。香港：香港社會科學出版社，2004年。

石雲。〈紅衛兵運動述評〉。《中國青運》，1989年第1期。

仲維光。〈「清華附中紅衛兵小組」誕生史實〉。《北京之春》，1996年10月號。

任知初。《紅衛兵與嬉皮士》。明鏡出版社，1996年。

印紅標。〈文革的「第一張馬列主義大字報」〉。劉青峰編，《文化大革命：
　　史實與研究》。香港：中文大學出版社，1996年。

———。《失踪者的足迹——文化大革命期間的青年思潮》。香港：中文大學出版社，2009年。

———。〈紅衛兵運動的主要流派〉。《青年研究》，1997年，第4期。

安文江。〈我不懺悔〉。徐友漁編，《1966：我們那一代的回憶》。中國文聯出版公司，1998年。

汝信等編。《1998年：中國社會形式分析與預測》。社會科學文獻出版社，1998年。

———。《社會藍皮書：1999年中國社會形勢分析與預測》。社會科學文獻出版社，2000年。

———。《社會藍皮書：中國社會形勢分析與預測》。社會科學文獻出版社，2001年。

江沛。《紅衛兵狂飆》。河南人民出版社，1994年。

米鶴都。《紅衛兵這一代》。三聯書店，1993年。

米鶴都主編，卜大華等著。《回憶與反思：紅衛兵時代風雲人物——口述歷史之一》。香港：中國圖書有限公司，1999年。

何均。〈論全業合營——從上海私營工業的七個行業的情況看實行全業合營的作用〉。《學習》，1956年3月號。

吳文光。《革命現場一九六六》。台北：時報出版，1994年。

宋永毅。〈文化大革命中的異端思潮〉。劉青峰編，《文化大革命：史實與研究》。香港：中文大學出版社，1996年。

宋永毅主編。《文革大屠殺》。香港：開放雜誌社，2002年。

宋永毅、孫大進。《文化大革命和它的異端思潮》。田園書店，1997年。

李培林主編。《中國新世紀階級階層報告》。遼寧人民出版社，1995年。

李筠。〈我與三家村〉。《中共黨史資料》，總第6輯。中共黨史出版社，1998年6月。

李遜。《大崩潰——上海工人造反派興亡史》。台北：時報文化，1996年。

———。〈文革中發生在上海的「經濟主義風」〉。羅金義、鄭文龍編，《浩劫之外——再論文化大革命》。台北：風雲論壇出版社，1997年。

周恩來。《歷史在這裏沉思》（第五卷）。華夏出版社，1986年。

———。《關於發展國民經濟的第二個五年計劃的建議的報告》。人民出版社，1956年。

金春明。《「文化大革命」史稿》。四川人民出版社，1995年。

金觀濤、劉青峰。《開放中的變遷》。香港：中文大學出版社，1993年。

施拉姆 (Stuart R. Schram)。〈1949年到1976年的毛澤東思想〉。麥克法夸爾、費

正清編，《劍橋中華人民共和國史》(下)。中國社會科學出版社，1992年。

胡平。〈比賽革命的革命〉。《北京之春》，1996年6月號。

香港城市大學當代中國研究中心編。《社會科學學報》(文革專輯)，1996年
　　春季號，第7期。

唐少傑。《一葉知秋──清華大學1968年「百日大武鬥」》。香港：中文大
　　學出版社，2003年。

───。〈紅衛兵運動的喪鐘：清華大學百日大武鬥〉。劉青峰編，《文化大
　　革命：史實與研究》。香港：中文大學出版社，1996年。

───。〈清華井岡山兵團的興衰〉。劉青峰編，《文化大革命：史實與研
　　究》。香港：中文大學出版社，1996年。

孫炳耀等。《改革開放與中國的社團組織》。中國發展出版社，1993年。

徐友漁。〈文化大革命中紅衛兵行為動因的調查與分析〉。《中國社會科學季
　　刊》，1996年夏季卷，第15期。

───。《自由的言說》。長春出版社，1999年。

───。《形形色色的造反──紅衛兵精神素質的形成和演變》。香港：中
　　文大學出版社，1999年。

徐賁。〈論文革政治文化中的恐懼和暴力〉。羅金義、鄭文龍編，《浩劫之
　　外──再論文化大革命》。風雲論壇出版社，1997年。

晉夫。《文革前十年的中國》。中共黨史出版社，1998年。

馬克思・韋伯(Max Weber)著，林榮遠譯。《經濟與社會》(上、下)。商務
　　印書館，1997年。

馬繼森。《外交部文革紀實》。香港：中文大學出版社，2003年。

高樹華、程鐵軍。《內蒙文革風雷──一位造反派領袖的口述史》。香港：
　　明鏡出版社，2007年。

國家統計局編。《偉大的十年》。人民出版社，1960年。

───。《中國統計年鑑1991》。中國統計出版社，1991年。

───。《中國統計年鑑：1999年》。中國統計出版社，1999年。

崔之元。〈毛澤東「文革」理論的得失與「現代性」的重建〉。《社會科學學報》
　　(文革專輯)，1996年，第7期。(修正版：〈毛澤東「文革」理論的得失
　　與「現代性」的重建〉。崔之元，《第二次思想解放與制度創新》。香港：
　　牛津大學出版社，1997年。)

張遠淦、林幫光。〈試論1955年黨內關於農業合作化問題的爭論〉。《黨史
　　研究》，1981年1月號。

張慶五編。《戶口登記常識》。法律出版社，1983年。

張樂天。《告別理想 —— 人民公社制度研究》。東方出版中心，1998年。

陳祖恩等。《上海通史》(第11卷)。上海人民出版社，1999年。

陳清泉等著。《陸定一傳》。中共黨史出版社，1999年。

陳曉文。〈重慶紅衛兵素描〉。劉青峰編，《文化大革命：史實與研究》。香港：中文大學出版社，1996年。

麥克法夸爾、費正清編。《劍橋中華人民共和國史》(上、下)。中國社會科學出版社，1992年。

曾慧燕。〈採訪高皋〉。《九十年代月刊》，1987年4月。

華林山。〈文革期間群眾性對立派系成因〉。劉青峰編，《文化大革命：史實與研究》。香港：中文大學出版社，1996年。

馮驥才。《一百個人的十年》。江蘇文藝出版社，1997年。

楊曉民、周翼虎。《中國單位制度》。中國經濟出版社，1989年。

《當代中國》叢書編集委員會編。《當代中國的經濟體制改革》。中國社會科學出版社，1984年。

———。《當代中國經濟》。中國社會科學出版社，1987年。

葉永烈。《王洪文興衰錄》。時代文藝出版社，1989年。

遇羅克。〈出身論〉(1966年11月)。《首都中學文革報》，創刊號，1967年1月18日。

碧峽。〈把回憶的材料留給歷史〉。徐友漁編，《1966：我們那一代的回憶》。中國文聯出版社，1998年。

劉少奇。〈在中國共產黨第八次全國代表大會上的政治報告〉。人民出版社，1956年。

劉青峰。〈對歷史的再發問〉。劉青峰編，《文化大革命：史實與研究》。香港：中文大學出版社，1996年。

劉國凱編。《封殺不了的歷史》。重新評價文化大革命叢書編輯部出版，1996年。

鄭永年。《中國民族主義的復興：民族國家向何處去？》。香港：三聯書店，1997年。

鄭義。〈清華附中，紅衛兵與我〉。《北京之春》，1996年11月號。

蕭喜東。〈「兩個文革」，或「一個文革」？〉。羅金義、鄭文龍編，《浩劫之外 —— 再論文化大革命》。台北：風雲論壇出版社，1997年。

總政治部幹部部、軍事科學院軍制研究部編。《人民解放軍幹部制度概要》。軍事科學出版社，1988年。

譚合成。《血的神話 —— 公元1967年河南道縣文革大屠殺紀實》。香港：天

行健出版社，2010年。

嚴家其、高皋。《文革十年史》。天津人民出版社，1986年。

蘇采青。〈「文革」初期三個回合的鬥爭〉。張化，蘇采青編，《回首「文革」》（下）。中共黨史出版社，2000年。

龔小夏。〈文革中群眾暴力行為的起源與發展〉。《社會科學學報》（文革專輯），1996年，第7期。

(5) 英文文獻（按字母排序）

Barnes, Samuel J., Max Kaase, et al. *Political Action: Mass Participation in Five Western Democracies.* Beverly Hills, CA: Sage Publications, 1979.

Beijing Review. May 22, 2000.

Bendix, Reinhard. *Kings or People: Power and the Mandate to Rule.* Berkeley, CA: University of California Press, 1978.

———. *Max Weber, An Intellectual Portrait.* New York: Garden City, 1960. (日文版：折原浩譯。《マックス．ウェーバー：その学問の全体像》。中央公論社，1966年。)

Bergesen, Albert J. "A Durkheimian Theory of 'Witch-Hunts' with the Chinese Cultural Revolution of 1966–1969 as an Example." *Journal of the Scientific Study of Religion* 17.1 (1978): 19–29.

Button, James. *Black Violence: Political Impact of the 1960s Riots.* Princeton, NJ: Princeton University Press, 1978.

Chan, Anita. *Children of Mao: Personality Development and Political Activism in the Red Guard Generation.* Seattle: University of Washington Press, 1985.

Chan, Anita, Stanley Rosen, and Jonathan Unger. "Students and Class Warfare: The Social Roots of the Red Guard Conflict in Canton." *The China Quarterly* 83 (September 1980): 397–446.

Chen, Feng. "Subsistence Crisis, Managerial Corruption and Labor Protests in China." *The China Journal* 44 (July 2000): 41–63.

China Daily. April 22, 2000.

Crouch, Colin, and Alessandro Pizzorno, eds. *The Resurgence of Class Conflict in Western Europe since 1968*, vol. II. London: Macmillan, 1978.

Dahrendorf, Ralf. *Class and Class Conflict in Industrial Society.* London: Routledge and Kegan Paul, 1959. (日文版：富永健一譯。《産業社会における階級および階級闘争》。ダイヤモンド社，1964年。)

Dittmer, Lowell. *Liu Shao-ch'i and Chinese Cultural Revolution: The Politics of Mass Criticism.* Berkeley: University of California Press, 1987.

Djilas, Milovan. *The New Class: An Analysis of the Communist System.* New York:

Praeger, 1957.（日文版：原子林二郎譯。《新しい階級：共產主義制度の分析》。時事通信社，1957年。）

Dong, Guoqiang, and Andrew G. Walder. "Factions in a Bureaucratic Setting: The Origins of Cultural Revolution Conflict in Nanjing." *The China Journal* 65 (January 2011).

——— . "Foreshocks: Local Origins of Nanjing's Qingming Demonstrations of 1976." *The China Quarterly* 220 (2014).

Eisinger, Peter. "The Conditions of Protest Behavior in American Cities." *American Political Science Review* 67 (1973): 11–28.

Evans, Peter B., Dietrich Rueschemeyer, and Theda Skocpol, eds. *Bringing the State Back In.* New York: Cambridge University Press, 1985.

Gamson, William A. *The Strategy of Social Protest.* Homewood, IL: Dorsey, 1975.

Gerth, H., and C. W. Mills, eds. *From Max Weber: Essays in Sociology.* New York: Oxford University Press, 1958.（日文版：山口和男等譯。《マックス．ウェーバー：その人と業績》。ミネルヴァ書房，1962年。）

Gurr, Ted Robert. "A Causal Model of Civil Strife: A Comparative Analysis Using New Indices." *American Political Science Review* 62 (1968): 1104–1124.

——— . *Why Men Rebel.* Princeton, NJ: Princeton University Press, 1970.

——— , ed. *Violence in America: Historical and Comparative Perspectives.* Washington DC: US Government Printing Office, 1969.

Halsey, A. H. "T. H. Marshall: Past and Present, 1893–1981." *Sociology* 18 (1984).

Harding, Harry. *Organizing China: The Problem of Bureaucracy, 1949–1976.* Stanford: Stanford University Press, 1981.

Henderson, A. M., and T. Parsons, eds. *Max Weber: The Theory of Social and Economic Organization.* New York: The Free Press, 1964.

Hibbs, Douglas. "Industrial Conflict in Advanced Industrial Societies." *American Political Science Review* 70 (1976): 1033–1058.

——— . *Mass Political Violence: A Causal Analysis.* New York: Wiley, 1973.

Hirschman, Albert O. *Exit, Voice, and Loyalty: Responses to Decline in Firms, Organizations, and States.* Cambridge, MA: Harvard University Press, 1970.（日文版：三浦隆之譯。《組織社会の論理構造：退出、告発、ロイヤルティ》。ミネルヴァ書房，1975年。）

——— . *Shifting Involvements: Private Interest and Public Action.* Princeton, NJ: Princeton University Press, 1982.（日文版：佐々木毅等譯。《失望と参画の現象学：私的利益と公的行為》。法政大學出版局，1988年。）

Hobsbawm, Eric J. *Primitive Rebels: Studies in Archaic Forms of Social Movement in the 19th and 20th Centuries.* Manchester, England: Manchester University Press, 1959.（日文版：青木保編譯。《反抗の原初形態——千年王国主義

と社会運動》。中公新書239，1971年；水田洋等譯。《素朴な反逆者たち ——思想の社会史》。社會思想社，1989年。)

Katzenstein, Mary F., and Carole Mueller. *The Women's Movements of the United States and Western Europe: Consciousness, Political Opportunity, and Public Policy.* Philadelphia: Temple University Press, 1987.

Kitschelt, Herbert. "Political Opportunity Structures and Political Protest: Anti-Nuclear Movements in Four Democracies." *British Journal of Political Science* 16 (1986): 57–85.

Klandermans, Bert, Hanspeter Kriesi, and Sidney Tarrow, eds. *From Structure to Action: Comparing Social Movement Research Across Cultures.* Greenwich, CN: JAI, 1988.

Korpi, Walter, and Michael Shalev. "Strikes, Power, and Politics in the Western Nations." In I. M. Zeitlin, ed., *Political Power and Social Theory.* Greenwich, CN: JAI, 1980.

Lee, Hong Yung. *The Politics of the Chinese Cultural Revolution: A Case Study.* Berkeley, CA: University of California Press, 1978.

———. "The Radical Students in Kwangtung during the Cultural Revolution." *The China Quarterly* 64 (December 1975): 645–683.

Leeds, Anthony, and Elizabeth Leeds. "Accounting for Behavioral Difference: The Political Systems and the Responses of Squatters in Brazil, Peru and Chile." In John Walton and Louis Masotti, eds., *The City in Comparative Perspective.* New York: Wiley, 1976, pp. 193–248.

Leese, Daniel. *Mao Cult: Rhetoric and Ritual in China's Cultural Revolution.* Cambridge: Cambridge University Press, 2011. (中文版：丹尼爾·里斯、秦禾聲等譯。《崇拜毛——文化大革命中的言辭崇拜與儀式崇拜》。香港：中文大學出版社，2017年。)

Li, Lianjiang, and Kevin J. O'Brien. "Villagers and Popular Resistance in Contemporary China." *Modern China* 22.1 (January 1996): 28–61.

Lifton, Robert J. *Revolution Immortality: Mao Tse-tung and the Chinese Cultural Revolution.* New York: Vintage Books, 1968. (日文版：井上勇譯。《革命の不死性：毛沢東と中国文化大革命》。時事通信社，1970年。)

Lipset, Seymour Martin. "Tom Marshall—Man of Wisdom." *British Journal of Sociology* 24 (1973).

Lipsky, Michael. "Protest as a Political Resource." *American Political Science Review* 62 (1968).

Lockwood, David. "For T. H. Marshall." *Sociology* 8 (1974).

MacFarquhar, Roderick. *The Origins of the Cultural Revolution*, 3 vols. New York: Columbia University Press, 1974, 1983, 1996. (中文版：麥克法夸爾。《文化大革命的起源》，第1–2卷。河北人民出版社，1989、1991年。)

MacFarquhar, Roderick, and John K. Fairbank, eds. *The Cambridge History of China, Vol. 14: The People's Republic. Part 1: The Emergence of Revolutionary China, 1949–1965; Part 2: Revolution within the Chinese Revolution, 1966–1982.* Cambridge University Press, 1987, 1991. (麥克法夸爾、費正清編。《劍橋中華人民共和國史》(上、下)。中國社會科學出版社，1990、1992年。)

Mann, Michael. "The Autonomous Power of the State: Its Origins, Mechanism, and Results." In John A. Hall, ed., *State in History.* Oxford: Blackwell Publishers, 1986.

———. "Ruling Class Strategies and Citizenship." In Mann, *States, War, and Capitalism: Studies in Political Sociology.* Oxford: Blackwell Publishers, 1992, pp. 188–209.

Marshall, T. H., and Tom Bottomore. *Citizenship and Social Class.* Garden City, NY: Doubleday, 1965. (日文版：岩崎信彦等譯。《シティズンシップと社会的階級》。法律文化社，1993年。)

McAdam, Doug. *Political Process and the Development of Black Insurgency, 1930–1970.* Chicago: University of Chicago Press, 1982.

McCarthy, John D., and Mayer N. Zald. "Resource Mobilization and Social Movements: A Partial Theory." *American Journal of Sociology* 82 (1977): 1212–1241.

Michaels, Robert. *Political Parties: A Sociological Study of the Oligarchical Tendencies of Modern Democracy.* New York: The Free Press, 1962.

Milwertz, Cecilia. "Control as Care: Interaction between Urban Women and Birth Planning Workers." In Kjeld Erik Brødsgaard and David Strand, eds., *Reconstructing Twentieth-Century China: State Control, Civil Society, and National Identity.* Oxford: Clarendon Press, 1998, pp. 92–112.

Moore, Barrington, Jr. *Social Origins of Dictatorship and Democracy.* Boston: Beacon, 1966. (日文版：宮崎隆次等譯。《独裁と民主政治の社会的起源：近代世界形成過程における領主と農民》。岩波書店，1986年。)

Morris, Aldon D., and Carol McClurg Mueller, eds. *Frontiers in Social Movement Theory.* New Haven: Yale University Press, 1992.

Oberschall, Anthony. *Social Conflict and Social Movements.* Englewood Cliffs, NJ: Prentice Hall, 1973.

Olson, Mancur, Jr. *The Logic of Collective Action.* Cambridge, CA: Harvard University Press, 1965. (日文版：依田博等譯。《集合行為論》。ミネルヴァ書房，1983年。)

Pareto, Vilfredo. *The Rise and Fall of Elites.* New York: Arno Press, 1979.

Parkin, Frank. *Middle Class Radicalism.* Cambridge: Cambridge University Press, 1968.

Pang, Laikwan. *The Art of Cloning: Creative Production During China's Cultural Revolution.* Verso, 2017. (中文版：彭麗君著，李祖喬譯。《複製的藝術——文革期間的文化生產及實踐》。香港：香港中文大學出版社，2017年。)

Perry, Elizabeth J., and Li Xun. *Proletarian Power: Shanghai in the Cultural Revolution.* Boulder: Westview Press, 1997.

Pfeiffer, Richard. "The Pursuit of Purity: Mao's Cultural Revolution." *Problems of Communism* 18.6 (1969).

Piven, France Fox, and Richard A. Cloward. *Poor People's Movements: Why They Succeed, How They Fail.* New York: Vintage, 1979.

Popkin, Samuel L. *The Rational Peasant: The Political Economy of Rural Society in Vietnam.* Berkeley and Los Angeles: University of California Press, 1979.

Pye, Lucian W. *The Dynamics of Chinese Politics.* Cambridge, MA: Oelgeschlager, Gunn & Hain, 1981.

——— . *The Spirit of Chinese Politics: A Psychocultural Study of The Authority Crisis in Political Development.* Cambridge, MA: MIT Press, 1992.

Raddock, David. *Political Behavior of Adolescents in China: The Cultural Revolution in Kwangchow.* Tucson, AZ: The University of Arizona Press, 1977.

Rosen, Stanley. *Red Guard Factionalism and the Cultural Revolution in Guangzhou.* Boulder, CO: Westview Press, 1982.

Rozman, Gilbert. *The Modernization of China.* London, New York: Free Press, 1981. (中文版：羅茲曼。《中國的現代化》。江蘇人民出版社，1988年。)

Shan, Wei, and Lijun Yang, eds. *Changing State–Society Relations in Contemporary China.* Singapore: World Scientific Publishing, 2016.

Snyder, David, and Charles Tilly. "Hardship and Collective Violence in France: 1830–1960." *American Sociological Review* 37 (1972): 520–532.

Su, Yang. *Collective Killings in Rural China during the Cultural Revolution.* New York: Cambridge University Press, 2011. (中文版：蘇陽著，宋熙譯。《文革時期中國農村的集體殺戮》。香港：中文大學出版社，2017年。)

Tarrow, Sidney. *Peasant Communism in Southern Italy.* New Haven: Yale University Press, 1967.

——— . *Power in Movement: Social Movements, Collective Action and Politics.* New York: Cambridge University Press, 1994.

——— . *Struggle, Politics, and Reform: Collective Action, Social Movements, and Cycles of Protest.* Western Societies Program Occasional Paper No. 21 (2nd edition). Center for International Studies, Cornell University, 1991.

Teiwes, Frederick. *Leadership, Legitimacy and Conflict in China: From a Charismatic Mao to the Politics of Succession.* Armond, NY: M.E. Sharpe, 1984.

Terrill, Ross. Mao: *A Biography.* New York: Harper and Row, 1980.

Thompson, E. P. "The Moral Economy of the English Crowd in the Eighteenth Century." *Past and Present* 50 (1971): 76–136.

Thurston, Anne F. *Enemies of the People: The Order of the Intellectuals in China's Great Cultural Revolution.* New York: Knopf, 1987.

Tilly, Charles. "Collective Violence in European Perspective." In Hugh D. Graham and Ted R. Gurr, eds., *Violence in America: Historical and Comparative Perspectives.* Washington DC: US Government Printing Office, 1969.

———. *The Contentious French.* Cambridge, MA: Harvard University Press, 1986.

———. *From Mobilization to Revolution.* Englewood Cliffs, NJ: Prentice-Hall, 1978. (日文版:堀江湛譯。《政治変動論》。蘆書房,1984年。)

———. *The Vendée.* Cambridge: Harvard University Press, 1964.

———, ed. *The Formation of National States in Western Europe.* Princeton, NJ: Princeton University Press, 1975.

Tong, Yanqi, and Lei Shaohua. *Social Protest in Contemporary China, 2003–2010: Transitional Pains and Regime Legitimacy.* London: Routledge, 2014.

Turner, B. S. *Citizenship and Capitalism: The Debate over Reformism.* London: Allen and Unwin, 1986.

Unger, Jonathan. *Education Under Mao: Class and Competition in Canton Schools, 1960–1980.* New York, NY: Columbia University Press, 1982.

Walder, Andrew G. "The Chinese Cultural Revolution in the Factories: Party-State Structures and Patterns of Conflict." In Elizabeth J. Perry, ed., *Putting Class In Its Place: Worker Identities In East Asia.* Berkeley: University of California Institute of East Asian Studies, 1996.

———. *Communist Neo-Traditionalism: Work and Authority in Chinese Industry.* Berkeley, CA: University of California Press, 1986.

———. *Fractured Rebellion: The Beijing Red Guard Movement.* Cambridge: Harvard University Press, 2009.

Walton, John. "Urban Political Movements and Revolutionary Change in the Third World." *Urban Affairs Quarterly* 15 (1979).

Wang, Shaoguang. *Failure of Charisma: The Cultural Revolution in Wuhan.* Hong Kong: Oxford University Press, 1995. (中文版:王紹光。《理性與瘋狂:文化大革命中的群眾》。香港:牛津大學出版社,1993年。)

———. "The Social and Political Implications of China's WTO Membership." *Journal of Contemporary China* 9.25 (2000): 379–380.

Wang, Shaoguang, and Hu Angang. *The Political Economy of Uneven Development: The Case of China.* Armonk. NY: M.E. Sharpe, 1999.

Welch, Susan. "The Impact of Urban Riots on Urban Expenditures." *American Journal of Political Science* 19 (1975): 741–760.

White, Lynn T. III. *Policies of Chaos: The Organizational Causes of Violence in China's Cultural Revolution*. Princeton, NJ: Princeton University Press, 1989.

World Bank. *China 2020: Sharing Rising Incomes*. Washington DC: The World Bank, 1997.

Yang, Lijun. "From the 'Four Cleans' Movement to the Cultural Revolution: The Origins of Factional Conflicts." *China: An International Journal* 13.3 (2015): 1–24.

Yang, Lijun, and Wei Shan, eds. *Governing Society in Contemporary China*. London and Singapore: World Scientific Publishing, 2016.

Zald, Mayer N., and John D. McMarthy. *Social Movements in an Organizational Society: Collected Essays*. New Brunswick, NJ: Transaction, 1987.

事項索引

四畫

人名索引